AF325603

ABBÉ H. AVOINE

Trente ans de ministère à Paris

NOTES & SOUVENIRS

1870-1900

> « *Historia quoquo modo scripta delectat. De quelque manière qu'elle soit écrite, l'histoire intéresse.* » (Plin. liv. V, ep. VIII.)
>
> « *Quædam narrari et proferre numerantur...* Cela dépends art. il est des choses qui requièrent d'être dites par le témoin qui les a vues et peut les fixator de doigt. » (presque intr. XXVI.)

PARIS

LIBRAIRIE VIC & AMAT

CHARLES AMAT, LIBRAIRE-ÉDITEUR

11, RUE CASSETTE, 11

1905

Trente ans de
ministère à Paris

ABBÉ H. AVOINE

Trente ans de ministère à Paris

NOTES & SOUVENIRS

1870-1900

« *Historia quoquo modo scripta delectat.* De quelque manière qu'elle soit écrite, l'histoire intéresse. » (Pline, liv. V, ép. VIII.)

« *Quædam nonnisi a præsente monstrantur... Venu tangenda est.* Il est des choses qui requièrent d'être dites par le témoin qui les a vues et peut les toucher du doigt. » (Sénèque, leit. XXII.)

PARIS

LIBRAIRIE VIC & AMAT

CHARLES AMAT, LIBRAIRE-ÉDITEUR

11, RUE CASSETTE, 11

1905

AVANT-PROPOS

Le *je* et le *moi* sont haïssables, chacun le sait. Et toutefois, c'est l'inévitable formule du témoin qui raconte ce qu'il a vu, et l'histoire la plus vraie et la plus instructive n'est-elle pas encore celle que signent avec sincérité ce *je* et ce *moi* détestables ? Pour l'utilité qu'ils apportent, ne sont-ils pas un peu dignes de pardon ?

On a dit récemment, dans des débats exégétiques, que « le livre de Job serait plus instructif pour nous, que la pensée de Dieu s'y refléterait avec une clarté plus vive, au cas où tout le dialogue serait une pure fiction ». Il est permis de ne pas partager ce sentiment et d'attacher une importance particulière au document *vécu*. La pure fiction semblera toujours l'idéal qu'on n'atteint pas, le « Soyez parfaits comme votre Père céleste », qui ne peut être qu'en vœu sublime, tandis que le réalisé, le concret, le *véru*, porte en soi sa preuve de possibilité pratique et provoque à l'imitation par la suggestion instinctive qui fait dire à chacun : « *Cur non potero quod isti et istæ ?* Pourquoi ne pourrais-je pas ce qu'ont pu tels et telles ? » Voilà ce que signifie l'axiome : « *Longum iter per præcepta, breve per exempla.* Le chemin est long par les préceptes ; il est court par l'exemple. » L'étude de la vie veut qu'avant tout on la reproduise intégralement et sincèrement avec les banalités qui s'y mêlent et les défauts qu'on y surprend, à la façon des maîtres dans l'art de la peinture. Raphaël qui réunissait, nous dit-on, plusieurs beautés pour en composer une, se gardait bien, dans la copie qu'il faisait primitivement de chacune, de corriger lui-même la nature ; il copiait celle-ci, au contraire, avec une scrupuleuse fidélité, comme on l'a remarqué dans un carton du *Couronnement de la Vierge* où il a reproduit, dans le portrait d'un de ses camarades, jusqu'à ce léger défaut du renversement de la paupière inférieure que la science appelle ectropion.

S'il en est ainsi quand il s'agit de vrais modèles, de modèles de perfection, il n'en est pas autrement lorsqu'il s'agit seulement de sujets dont on retrace l'histoire. C'est moins de ces individualités qu'on s'occupe alors que du cours des événements d'une vie humaine particularisée, et de cette main divine qui, dans l'existence la plus banale et la plus obscure elle-même, jette les reflets de son action mystérieuse, providente, bienveillante et bienfaisante à tous. C'est ce que s'appliquait à mettre en lumière le grand cardinal Newman quand, dans sa prédication, il se faisait une loi de *particulariser* sa matière et de *réaliser* ses idées. A ce point de vue, sans sotte vanité, n'est-il pas permis à un homme de reproduire la trame de sa vie et de glaner dans ses souvenirs de quoi intéresser ceux qui suivent le même sentier que lui ? Plus qu'un autre le prêtre a ce droit, car, si humble que soit son *curriculum vitæ*, il s'y rencontre toujours, et infailliblement, des marques singulières d'intervention divine qui impressionnent, touchent et peuvent convertir. Et puis, sur le long chemin du passé, que de figures ressuscitent, réveillées par le souvenir, saluées du regard du cœur, prenant une voix pour se faire écouter encore, — *Defunctus adhuc loquitur*, — et dire aux uns : « Courage ! J'ai fait cela avant vous. Dieu maintenant m'en récompense. — *Macte animo, puer ! — Euge serve bone ! — Sic currite ut comprehendatis !* » aux autres : « Prenez garde ! »

Tu, nisi ventis
Debes ludibrium, cave !

C'est surtout pour me rencontrer avec ces belles figures sacerdotales du passé que j'ai rédigé ces *Souvenirs*, utilisant ainsi de peu enviables loisirs qui ont interrompu l'activité de ma vie, — *Dum adhuc ordirer succidit me*, — et dont je ne pourrais dire avec autant d'enthousiasme que le poète de Mantoue : *Deus nobis hæc otia fecit*. Puissent les figures sacerdotales évoquées dans ces *Souvenirs* prolonger jusqu'à nous l'écho des voix célestes entendues par Victor autrefois : « *Luctamini, adjuvabo. Vincite, coronabo !* Luttez, je vous aiderai. Triomphez, je vous couronnerai ! »

Trente ans de ministère

CHAPITRE PREMIER

SIÈGE DE PARIS

(1870)

J'ai été ordonné prêtre en plein siège de Paris, le 17 décembre 1870. L'église Saint-Sulpice atteinte par les projectiles ennemis n'offrant plus de sécurité, la cérémonie d'ordination se fit dans la chapelle des Lazaristes, rue de Sèvres. Quatre clercs devaient y participer : M. l'abbé Blériot, M. l'abbé Catry, et moi, pour la prêtrise ; M. l'abbé Brocard, décédé depuis curé de Fresnes-lès-Rungis, pour le diaconat. Le vénéré directeur de Saint-Sulpice, M. Icard, qui s'était occupé de notre préparation, avec M. Renaudet l'ancien et M. Bacuès, m'avait marqué le premier sur la liste d'appel. Cette inscription, due à l'ordre alphabétique, m'assurait le privilège du baiser de paix de l'évêque. Mais une évolution faite à rebours intervertit les rôles, et de premier je devins dernier. Un Romain des anciens jours eût vu là un mauvais présage : j'y vis seulement la privation d'indulgences attachées sans doute à l'accolade pontificale. Après la cérémonie, M. Icard dit un mot à ma mère qui demeura persuadée que mon futur placement ne me séparerait pas d'elle. Le même M. Icard daigna m'assister le lendemain à l'autel de la Très-Sainte-Vierge, en cette église de Saint-Sulpice déjà témoin de mon baptême, de ma première communion (17 juin 1858), de ma confirmation et de mes ordinations précédentes. Je me rappelle encore avec émotion le flot pressé des fidèles, des jeunes filles de la Persévérance dont M. Icard m'avait confié la direction pendant ces jours sinistres, des personnes amies jointes à ma famille.

et, parmi ceux qui s'agenouillèrent à la table sainte, la présence remarquée et profondément touchante du docte et pieux M. C..., inspecteur général de l'Université, dont le visage si expressif et les yeux si profonds regardaient dans mes mains l'hostie, et dans mes propres yeux les souvenirs de l'enfant qui avait reçu ses leçons. L'action de grâces fut longue, à genoux, dans cette stalle du chœur où vint me trouver le sacristain pour me dire, comme les disciples au Sauveur : « Voici que votre mère et vos frères sont là qui vous attendent. » Je ne le suivis pas ; j'avais trop à admirer le don de Dieu, à rendre grâces et à prier. Je ne savais pas alors, ou ne savais qu'en théorie, que le prêtre, comme les anges, doit sans cesse monter et descendre l'échelle mystérieuse qui va de la terre au ciel, et avoir, comme l'hostie, un côté qui regarde le monde, pendant que l'autre regarde la cité éternelle.

Deux jours seulement s'écoulèrent avant notre présentation à Mgr l'archevêque de Paris qui n'avait pu célébrer lui-même la cérémonie de notre ordination, et le mercredi 21 décembre nous nous rendions, mes confrères prêtres et moi, auprès de Mgr Darboy. Cette visite d'obligation fut une entrevue pleine de charme. Dans son paternel entretien l'archevêque dit un mot de notre futur placement. L'un de nous était déjà pourvu et gardait les fonctions qu'il exerçait, depuis son diaconat, à la maîtrise de Notre-Dame. « Lequel de vous deux est le plus fort ? » demanda Sa Grandeur, s'adressant à mon autre confrère et à moi. « Monseigneur, lui répondis-je un peu embarrassé, nous ne nous sommes pas encore boxés. » Et comme nous étions l'un et l'autre assez maigres, l'archevêque, fidèle à ses habitudes de lettré, récita à notre intention, avec l'aimable et fin sourire d'une réminiscence heureuse, le vers connu de Virgile, et celui de ses traducteurs, Louis Racine et Delille :

Et dans un faible corps s'allume un grand courage,
Ingentes animos angusto in pectore versant.

La modestie nous interdisait d'ajouter le vers de Stace :

Major in exiguo regnabat corpore virtus.

Avant la fin de cet entretien, aussi spirituel que gracieux, l'archevêque nous dit, avec une grande bonté : « Quand vous aurez de petites peines, ne craignez pas de venir me les conter. » Et il nous reconduisit avec tant d'égards et d'honneur, jusqu'à l'escalier de son palais, que l'un de nous en exprima de la confusion et provoqua cette belle réponse : « J'honore en vous le sacerdoce. » Nous ne devions plus revoir, moi du moins, Mgr Darboy ici-bas.

La question de mon placement allait me ramener à l'archevêché plus d'une fois. Des trois prêtres récemment ordonnés j'étais le seul, en réalité, à placer, l'un de mes confrères continuant ses fonctions à Notre-Dame, l'autre ayant exprimé à Monseigneur le désir qu'avait sa famille de le retenir le plus longtemps possible. Pour moi, j'avais été l'objet d'une dispense d'âge due à l'initiative de M. Icard, et j'avais donc lieu de penser qu'on me destinait un emploi. L'usage comportait alors pour les jeunes prêtres un stage plus ou moins long dans la banlieue, une sorte d'apprentissage du ministère dans un milieu moins brillant ou moins surchargé que celui des paroisses de la ville. Mais en décembre 1870 la banlieue était occupée militairement partout, la sortie de Paris rigoureusement interdite, et les confrères que j'avais l'occasion de voir me disaient tous : « Vous, du moins, vous êtes sûr de ne pas aller dans la banlieue. » Cela me paraissait ainsi lorsque, le 30 décembre, une lettre de M. Jourdan, archidiacre de Saint-Denis, m'appela à l'archevêché. Les antichambres de MM. les archidiacres n'étaient pas encombrées alors, celle de M. l'archidiacre de Saint-Denis moins encore que les autres, bien qu'elles fussent, je m'en souviens, chauffées, ce qui était une rareté dans ce temps. Il y vint cependant, presque en même temps que moi, un monsieur grisonnant et une dame respectable qui m'abordèrent pour me demander un renseignement. Le monsieur venait de faire parvenir à l'archevêque une lettre qui lui avait été rendue et qu'il me mit sous les yeux. Elle se terminait par cette formule plutôt brève : « Respect et salut. — X..., avocat à la Cour d'appel. » C'était

un ménage qui avait hébergé jusqu'alors un ecclésiastique
(M. l'abbé X...., prêtre habitué d'une grande paroisse de Paris)
et qui se voyait dans l'impossibilité de continuer le partage
de ressources presque entièrement épuisées. Ces généreux
chrétiens venaient demander aux chefs hiérarchiques de leur
hôte et client la faveur d'un secours qui permît à celui-ci de
ne pas mourir de faim, du moins de ne pas mourir plus que
les autres Parisiens, car nous mourions tous un peu de faim,
alors. Après une ou deux phrases qui traduisirent à mon oreille
le douloureux sentiment de cœurs aigris, le visiteur un peu ému
termina par ces mots : « Monsieur l'abbé, ceux qui sont heureux devraient se rappeler cette parole de Voltaire : « L'heureux
« devrait tomber à genoux devant le malheureux et lui demau-
« der pardon de son bonheur. » La Bruyère avait dit, avant
Voltaire : « Il y a une espèce de honte d'être heureux à la vue
« de certaines misères. » Je ne sais ce que je répondis dans cette
pénible conjoncture, mais, sûrement, je dus me dire : « D'après
la formule du monsieur, ce n'est pas à moi à m'agenouiller
aujourd'hui. » L'archidiacre parut. L'apparence était de bonne
mine, fâcheux contraste pour le monsieur hanté par le spectre
de famine. J'aime à croire qu'il dut se dire que, souvent, l'apparence est trompeuse, témoin saint Thomas d'Aquin dont le
portrait, qu'on voit au Louvre, donnerait plutôt au vulgaire
l'idée d'un homme sensuel et bien nourri, quoiqu'il fût complètement étranger au plaisir du manger et du boire, au point
qu'il ne discernait pas le goût des aliments.

M. Jourdan ne manquait pas de bienveillance pour moi.
C'était lui qui m'avait fait passer mon examen de prêtrise,
et il avait bien voulu me raconter comment il avait professé la
philosophie au séminaire de Beauvais, n'étant encore que diacre,
comment il était venu ensuite dans le diocèse de Paris et avait
été élevé, plus tard, par Mgr Darboy, du poste qu'il occupait à
la Madeleine, à la charge de promoteur diocésain, nomination
inattendue qu'il reçut, au débotté, un jour qu'il revenait de
vacances. « On vous a nommé à Saint-Denis, me dit-il en

entrant dans son cabinet. Qu'est-ce que cela vous dit ?
— Monsieur l'archidiacre, répondis-je, je suis parisien, et je
ne suis jamais allé à Saint-Denis. — Eh bien, voilà. Je vais
vous faire une lettre, et vous la porterez au curé de Saint-
Denis. » La lettre écrite et fermée sous mes yeux, M. Jourdan
descendit au secrétariat pour me faire délivrer ma feuille de
pouvoirs, et en descendant il me dit : « On vous a nommé là
dans un moment un peu difficile. Saint-Denis est bombardé.
Si le clergé de Saint-Denis rentre dans Paris, vous rentrerez
avec lui. » Et il m'avertit d'aller à la place de Paris demander
un laissez-passer. « Il serait peut-être utile que je vous fasse un
mot pour le commandant de la place de Paris, ajouta-t-il, qu'en
pensez-vous ? » M. l'abbé Pelgé, alors secrétaire de l'archevêché,
qui était là, pensa pour moi que le mot ne serait pas inutile, et
il le fit comprendre à M. Jourdan qui rédigea ce mot et me le
donna. Muni de cette pièce, j'allai droit place Vendôme, à
l'endroit indiqué. Il y avait là un corps de garde, une écurie,
des hommes qui soignaient leurs chevaux et qui ne surent de
quoi je parlais. Je me rendis alors au Louvre, auprès du chef
d'état-major général Schmitt. L'antichambre était encombrée.
L'huissier qui prit ma lettre me dit sans hésiter qu'il n'était
pas probable que j'obtinsse un laissez-passer. Il transmit toutefois ma demande et, au bout de peu d'instants, je fus introduit
auprès du secrétaire du chef d'état-major général, fils du
général Schmitt, je crois, qui, avec une grande bienveillance,
m'octroya mon laissez-passer signé du chef d'état-major et
revêtu du timbre du gouverneur de Paris. J'ai conservé cette
pièce, elle est ainsi conçue : « Laissez passer librement M. l'abbé
A..., vicaire de Saint-Denis, se rendant à Saint-Denis. — Valable jusqu'au 5 janvier. Paris, le 30 décembre 1870. Le gouverneur de Paris : P. O. : Le général chef d'état-major général.
Signé : Schmitt. » A côté, le timbre du gouverneur de Paris.

Saint-Roch étant à deux pas, j'y allai me recommander à
Dieu. On y donnait le salut : j'y assistai. Je saluai M. l'abbé
Cantel qui y était alors vicaire, et je m'en retournai chez moi.

Chemin faisant, la réflexion que j'avais jusque-là écartée s'imposa et me fit demander, comme Madeleine : *Quis revolvet nobis lapidem ?* L'exécution, en effet, n'allait pas sans obstacle. J'allai trouver M. Icard.

Pour les jeunes prêtres qui passent du séminaire au régime du diocèse, le supérieur du séminaire reste comme la maman qui connaît et qui aime et qui gâte un peu quelquefois. Dans l'entretien que j'eus avec lui, M. Icard examina trois questions qui lui parurent sérieuses, celle, en particulier, du logement à Saint-Denis, mais cet obstacle, dit-il, ne subsistera pas, « car M. le curé de Saint-Denis vous recevra chez lui en attendant que vous puissiez trouver un appartement et y mettre des meubles ». Restaient deux autres difficultés également sérieuses et pour la solution desquelles il me dit de revoir l'archidiacre.

Mon laissez-passer n'était valable que de midi à quatre heures. La consigne était rigoureuse. Les automobiles n'étaient pas alors inventées, et on sait que les chevaux non utilisés par l'armée appartenaient à la boucherie. Force était donc d'aller à pied. Comment aller à pied, du centre de Paris, à Saint-Denis, étant donné qu'on dût en revenir de la même manière, le même jour, dans l'espace de quatre heures? Ajoutez à cela que, les vivres étant mesurés avec une parcimonie extrême, pour chaque jour, à chaque habitant, et seulement dans le quartier où il était inscrit, entreprendre une longue marche dans de pareilles conditions eût été s'exposer à tomber de défaillance en chemin. Je passai le samedi 31 décembre à réfléchir et à prier, sentant autour de moi l'ambiance de silencieuses tristesses.

Le premier de l'an fut bien triste. Je l'inaugurai en allant, de bonne heure, présenter mes devoirs à M. Icard. Je le trouvai seul, écrivant une lettre sur l'entablement de sa cheminée. C'était à moi qu'il écrivait ; la lettre était presque achevée, ce qui fait que, me voyant entrer, il me dit : « J'allais vous envoyer cette lettre. Puisque vous voici, je vais vous lire ce que j'ai écrit et je vous dirai de vive voix le reste. » En lisant d'un œil, M. Icard me regardait de l'autre, observant l'impression

que me faisait la lecture de certains passages. Il se trouvait, en
effet, que dans sa lettre, les deux difficultés qu'il avait jugées,
l'avant-veille, très sérieuses, recevaient une solution facile,
tandis que celle qu'il avait crue toute résolue d'avance devenait
l'x de la situation. Cette dernière difficulté était celle de l'emménagement à Saint-Denis. Le curé de Saint-Denis était alors
M. Caron qui avait exprimé, un ou deux mois auparavant, à
l'administration diocésaine dont il devait bientôt faire partie,
le désir d'avoir un vicaire habitué à la *Méthode des Catéchismes* de Saint-Sulpice. « C'est moi, me dit M. Icard, qui ai
donné votre nom au Conseil, ne prévoyant pas que la prolon-
gation du siège nous créerait des obstacles. » M. Caron avait-il
communiqué avec M. Icard depuis ma dernière visite? Je l'i-
gnore. Toujours est-il que M. Icard m'écrivait : « M. le curé de
Saint-Denis ne peut pas vous recevoir », et il m'engageait à
m'installer tout de même, ajoutant : « On croit à votre vertu ;
vos supérieurs seront contents... » La lettre en restait là. Elle
était certainement bienveillante et, bien que la vertu jouât là
un petit rôle utilitaire qui ne me séduisait que médiocrement,
j'en fus intimement reconnaissant au vénéré directeur. Toutefois l'obstacle subsistait tout entier : comment, épuisé déjà par
les fatigues du siège, s'en aller si loin, sans nul moyen de
transport, aller et venir de midi à quatre heures? Où et comment s'installer, manquant de tout, dans un endroit d'où chacun songeait à fuir? Et puis les deux autres difficultés n'étaient
nullement aplanies.

Il en coûte de reculer devant un obstacle qu'en principe on
s'était résolu à vaincre, surtout quand la difficulté semble insuffisamment aperçue des juges de notre vie. Jamais je n'avais
précédemment pensé être acculé à cette extrémité. Volontiers
j'avais cru, sans raisonner d'ailleurs cette impression, que nos
supérieurs nous devinaient ; que, versés dans la science des
âmes, ils n'en ignoraient nul état ; qu'il leur était donné toujours d'avoir la main légère en en touchant les intimes ressorts,
pour n'y briser, n'y froisser, n'y fausser rien de ce qu'ils étaient

appelés à scruter, à soigner, à régler ; qu'habitués, enfin, à
s'adresser à la conscience, et à nous conduire par elle, ils n'imposaient au courage que ce qui s'imposait à elle. N'était-ce pas
ce que m'avait donné à comprendre la parole du supérieur
d'Issy, quelques années auparavant : « Si nous n'avions affaire
qu'à des gens comme vous, nous n'aurions pas besoin de
règles »? parole un peu flatteuse et qui n'empêchait pas le bon
supérieur de m'appliquer comme aux autres les règles faites en
vue du commun des mortels. Cet idéal était un rêve. Les âmes
ne se compénètrent pas. Et puis, les nécessités brutales de la vie
sont là, qui imposent silence au sentiment, qui pressent le
supérieur et l'obligent de presser lui-même, et d'autant mieux
que « nous ne savons pas de quoi nous sommes capables »,
comme disait Mgr Darboy dans la conférence de sa dernière
retraite à Saint-Sulpice, « et nous n'allons presque jamais au
bout de nous-mêmes ». Nos supérieurs nous y font aller quelquefois. « Marche, nous disent-ils parfois, d'une voix que nous
trouvons austère, comme jadis saint Bernard gourmandant
Robert, son neveu, marche, soldat du Christ ! *Surge, miles
Christi*. — Redouterais-tu le poids des armes, soldat délicat?
Quid armorum refugis pondus, delicate miles ? » Dieu lui-même
nous sourit-il toujours. Dieu, à qui Bossuet adresse, dans sa
foi vigoureuse, cette apostrophe surprenante : « Mon Sauveur,
que vous êtes rude ! On ne peut s'accommoder avec vous » ? Il
y a seulement cette différence entre Dieu et l'homme, que Dieu
a le secret de guérir les blessures qu'il a faites : *Lædit et
sanat ferientis idem ictus amoris*. L'homme ne le peut pas toujours. Saint Bernard en fit l'expérience avec ce même Robert,
transfuge de l'ordre de Cîteaux, avec lequel il voulait bien
reconnaître, humblement, je l'accorde, mais peut-être aussi justement, qu'il avait été un peu rude au délicat jeune homme,
un peu dur et sans assez de ménagements à une nature sensible et tendre : *Delicato quippe adolescentulo austerus extiterum
et tenerum durus nimis inhumane tractavi*. En écrivant ces choses à plus de trente ans de l'événement, je me fais la leçon à

moi-même, et mes réflexions se traduisent sous la forme juste et belle que Fanny Kemble donnait aux siennes dans le *Journal* de sa vie : « Je venais de recevoir dans la bataille de la vie ces premières blessures si rudes pour la pauvre jeunesse et par lesquelles il lui semble, dans l'infinie compassion qu'elle a d'elle-même, qu'elle verse tout le sang de son cœur. Elle est loin de prévoir alors combien de blessures plus profondes et plus mortelles l'attendent encore, sans que la vie cesse de poursuivre son cours et de lutter jusqu'au bout contre l'invincible souffrance. » (*La Jeunesse de Fanny Kemble*, par Mme Aug. Craven, p. 252.)

Pendant que j'exprimais ma surprise à M. Icard, quelqu'un était dans l'antichambre, c'était M. Bayle, membre de l'administration diocésaine. Je m'en allai, n'ayant pas sans doute *faciem euntis*, ému et affligé, comptant sur le *Confiteor* pour obtenir la divine indulgence avant de célébrer la sainte messe au catéchisme de Saint-Germain-des-Prés que dirigeaient MM. Bouquet et Crétineau Joly. Ce dernier, gai en dépit des tristesses, charitable surtout, m'avait invité à sa table ; j'y goûtai d'un pâté qui représentait plusieurs louis.

Au premier conseil qui se tint à l'archevêché, ma nomination de vicaire de Saint-Denis fut retirée, et M. Jourdan voulut bien m'en aviser dès le lendemain. Je profitai du soulagement que cette décision m'apporta pour vaquer à quelques dévotions chères, spécialement à la neuvaine de sainte Geneviève que prêchait M. l'abbé Roche. Au moment où il parlait de « briser ce cercle de fer » qui enserrait Paris, un obus tombait rue de Lourcine. C'était, je crois, le premier projectile parvenu dans la capitale. Il fut suivi bientôt d'un second qui jeta l'épouvante dans la rue de Rennes que j'habitais. Un autre étant tombé en face de notre demeure, ma famille songea à chercher un refuge dans une maison voisine du palais du Sénat. Le soir de notre arrivée des personnes amies, habitant l'immeuble, nous avaient invités à prendre une légère réfection quand, vers onze heures, une détonation se fit entendre. Elle

était sourde et lointaine et nous n'en fûmes pas effrayés. Mais,
dix minutes après, un fracas épouvantable nous avertissait que
l'obus était chez nous. Il venait de traverser trois plafonds et
d'entamer le plancher de l'appartement voisin du nôtre. Le
tremblement fut tel que, sept autour d'une table, nous demeurâmes, pendant un moment appréciable, immobiles et muets,
ayant la sensation que le plancher s'effondrait dans la cave.
Surmontant la paralysie de l'effroi, nous essayâmes de nous
rendre compte du désastre et constatâmes alors un commencement d'incendie dû à la projection de charbons en dehors d'un
foyer remué par la secousse. Les détonations continuèrent, se
succédant à cinq minutes d'intervalle, nous menaçant ainsi
pendant tout le reste de la nuit jusque vers cinq heures du matin, heure où, brisé de fatigue, je gagnai, sous le fouet d'une
pluie glaciale et du vent, le toit hospitalier du séminaire de
Saint-Sulpice, seul endroit où, à cette heure, j'espérais trouver
sûrement une chapelle et un servant de messe. Réfugiés le lendemain au rez-de-chaussée du même immeuble capitonné par
des matelas, nous pensions nous dédommager des tribulations
de la veille auprès d'un feu flambant, quand la cheminée dévo-
rant le combustible nous menaça d'un nouvel incendie. Un
torrent d'eau pour l'éteindre remplaça la chaleur et la gaieté de
la flamme par l'humidité froide et triste. Il fallait renoncer à
un asile trop voisin du danger, la poudrière du Luxembourg
et le Panthéon, objectif du feu ennemi. Nous pouvions dire
comme le Psalmiste : *Transivimus per ignem et aquam*, sans
pouvoir encore ajouter : *Et eduxisti nos in refrigerium*.

La Providence nous permit cependant de trouver un meilleur abri dans la zone préservée, rue de Berri. Mais pour en
profiter il fallait perdre plusieurs avantages et supporter plus
d'un inconvénient. Les moyens de transport faisant défaut,
c'était une nécessité de faire le chemin à pied, si on avait
affaire dans son milieu habituel. Les provisions de bouche ne
pouvaient se faire qu'aux cantines municipales des quartiers
que l'on avait quittés et où l'on était inscrit, d'où la nécessité

de s'y transporter chaque jour, et ceux-là seuls qui étaient à
Paris dans ce temps-là savent ce qu'il en coûtait pour recevoir,
après avoir fait queue durant des heures entières par le froid
le plus rigoureux, cette manne quotidienne parcimonieusement répartie et qui n'avait rien, certes, des délices de la
manne mosaïque. Encore était-il possible en ceci d'être remplacé par quelqu'un. Mais un inconvénient auquel ne pouvait
se soustraire le prêtre qu'un déplacement obligeait de se présenter dans une paroisse nouvelle, c'était la difficulté d'obtenir,
pour célébrer, un autel et un clerc. Le nombre des employés
d'église et leurs services se trouvaient, en effet, forcément limités
par suite des exigences de la défense qui appelait tous les hommes valides aux remparts ; les servants de messe manquaient et
il fallait souvent ajouter aux fatigues de l'abstinence commune
à tous celle d'un jeûne prolongé pour avoir enfin son tour, après
les messes du clergé paroissial. Pour ne pas perdre l'avantage
d'une hospitalité sûre, je me résignai à faire, pendant plusieurs
jours, le chemin de la rue de Berri à l'église Saint-Sulpice où
j'étais toujours charitablement accueilli. Mais cette course
quotidienne, le matin, à pied et à jeun, m'eût sans doute bientôt fatigué. Je fus donc très heureux quand, grâce à la recommandation de M. l'abbé Miquel, premier vicaire de Saint-Philippe, je pus dire la sainte messe, à heure fixe, en cette église
et, deux ou trois jours après, au Carmel de la rue de Messine,
en remplacement momentané de M. l'aumônier malade.

Oh ! comme elle était froide, la chapelle du Carmel ! C'était
au point que le bon aumônier n'y pouvait célébrer qu'en faisant placer sur l'autel, à proximité de ses mains qui s'y dége-
laient de temps en temps, un réchaud dissimulé sous une
étoffe de velours rouge. Ce n'était pas précaution superflue et
je pus en juger, tout en m'abstenant d'y recourir, quand,
communiant les religieuses, je vis une fois la sainte hostie
échapper de mes doigts glacés, impuissants à se rapprocher
malgré l'énergie de mes efforts. Mais si l'atmosphère extérieure
était froide, comme le cœur était réchauffé au voisinage d'âmes

si saintes chantant doucement, comme de pacifiques colombes,
quand le mont Valérien tonnait :

> O salutaris hostia
> Quæ cœli pandis ostium,
> *Bella premunt hostilia,*
> Da robur, fer auxilium !

Et puis le chant d'éternité :

> Uni trinoque Domino
> Sit sempiterna gloria
> Qui vitam sine termino
> Nobis donet in patria !

Ce souvenir ne s'effacera pas de mon âme, non plus que
celui de la messe de communion que m'invita à célébrer dans
la chapelle de la Persévérance des garçons de Saint-Sulpice où,
séminaristes, nous avions ensemble consacré les prémices de
notre zèle lévitique, le noble abbé de Broglie, âme si sacerdotale, ordonné peu auparavant, en septembre, dans la chapelle
du nonce apostolique, entouré de quelques confrères, de sa famille et de deux ou trois amis. M. Augustin Cochin entre
autres. A la réunion de la chapelle basse, je commentai pour
l'action de grâces la belle prière de saint Ignace, — *Suscipe,
Domine, universam meam libertatem,* — que j'avais retenue
des retraites du P. de Ponlevoy et du P. Lefèvre aux jours
de mon enfance, que j'avais pris l'habitude de dire après
mes communions et que j'ai toujours récitée dans mes actions
de grâces depuis mon ordination. *Amorem tui solum cum
gratia tua mihi dones, et dives sum satis, nec aliud quidquam
ultra posco.* Elle est trop belle, cette prière, pour sortir d'autres
lèvres que celles des saints, car elle exige terriblement de
l'homme en même temps qu'elle demande à Dieu, et par l'engagement que prend l'homme Dieu peut tout réclamer de lui.
Aussi dit-elle ce que l'on souhaite, plutôt qu'elle n'exprime ce
que l'on est, lorsque, n'étant pas saint, on ose la formuler
devant Dieu, et alors elle rallume la flamme des premiers
sacrifices, la ferveur de générosité qui s'éteint.

L'armistice arriva, et le pain blanc, qu'on ne connaissait plus, qu'on croyait voir pour la première fois et qui fut d'un si merveilleux effet au palais comme aux yeux. Il était temps ; on en avait assez de l'autre, et même, si peu qu'on en eût, on en avait encore trop. Chacun reprit le chemin de son quartier. Privé de mon bien-aimé directeur sulpicien, à qui j'avais transmis par ballon la nouvelle de mon ordination, — nouvelle qui ne lui parvint jamais, — je retrouvai rue de Sèvres, dans la personne du P. Lefèvre, un second et très bon père. Avant mon ordination, chargé, comme chef de la *Persévérance des Allemands* à Saint-Sulpice, d'inviter un président pour la grande fête de l'Immaculée-Conception, j'avais sollicité du P. Jouan, qui prêchait l'Avent à la paroisse, la faveur de sa présence et de sa parole goûtée. Le P. Jouan avait, en principe, accepté avec plaisir, mais m'avait prié de demander pour lui la permission au R. P. Olivaint, supérieur, me recommandant d'ajouter que, personnellement, il acceptait volontiers. Le P. Olivaint refusa, craignant la fatigue pour le Père. Je lui dis le mot de saint Augustin : *Ubi amatur non laboratur*, et aussi que le Père avait accepté l'invitation et m'avait chargé expressément de le lui dire. « Le P. Jouan, me répondit le P. Olivaint, ne se ménage pas assez. » Je portai la réponse au P. Jouan qui, un peu étonné, s'inclina, et l'idée me vint en le quittant d'inviter le P. Olivaint lui-même. Je pensais qu'il se dévouerait, n'ayant, lui, de permission à demander à personne. Mais il ne se laissa pas plus prendre qu'il n'avait laissé prendre son Père, et alors je lui dis : « C'est à un jeune diacre qui va être ordonné dans dix jours que vous refusez cela, mon Père... — Non, ce n'est pas au jeune diacre. Plus tard, nous réparerons cela », me répondit-il. On sait ce qui arriva plus tard. Ce fut la dernière fois que je vis le P. Olivaint.

Le P. Lefèvre me recommanda au frère sacristain et me donna publiquement pour la circonstance un brevet de « saint homme » que j'acceptai avec plus de reconnaissance que d'humilité, car il me permettait de dire régulièrement la sainte messe dans la grande chapelle du couvent. Il se trouvait que M. Jourdan, archidiacre de Saint-Denis, était, comme moi, pénitent du bon Père. J'admirai comme, malgré cela, le Révérend Père me soutenait et prenait à cœur ma cause. Il finit par me dire : « Faites-vous demander par un curé. » Cela ne laissa pas que de me surprendre un peu. Je vis plus tard qu'il s'y connaissait mieux que moi.

J'avais un jour rencontré le vénérable archidiacre, place de la Madeleine. « J'ai demandé pour vous, me dit-il, qu'on vous nommât vicaire auxiliaire à Saint-Sulpice, mais M. Icard m'a dit que cela n'était pas possible. A la Madeleine, ajouta-t-il, vous auriez... (telle et telle condition). » Je n'y visais nullement. La conclusion toute philosophique qu'il me donna, avec une bonne poignée de main, fut : *Abstine et sustine*. Je rencontrai, un autre jour, dans le quartier Saint-Sulpice, M. Icard qui me dit : « On cherche pour vous un quartier et un curé. » C'était une bien bonne parole, reflétant, avec la bienveillance de celui qui me l'adressait, celle de Monseigneur et de son conseil. J'eus, quelques jours après, le résultat. Il me fut d'abord annoncé par une lettre de M. Lagarde, archidiacre de Sainte-Geneviève, qui me disait : « J'ai à vous faire une communication qui, je pense, vous sera agréable. » J'allai donc voir M. Lagarde. Chargé de me notifier ma nomination au poste de Notre-Dame-des-Champs, il fut plein d'amabilité et d'égards, et me dit : « Le curé est mourant. Il ne faut pas compter sur lui. Vous n'aurez, en réalité, affaire qu'au premier vicaire. » C'était beaucoup d'avoir le quartier ; je dus me résigner à n'avoir pas pour longtemps le curé cherché pour moi, et toutefois c'est au curé que je me présentai premièrement et que je remis ma lettre de créance.

Quelle différence entre M. du Chesne d'alors et celui que, dans mon enfance, à l'époque où il bâtissait l'église, j'avais vu si plein de santé, si robuste, si gai, si remarqué pour sa bonne mine, et que j'avais entendu parler avec tant de bonne humeur au catéchisme de Saint-Sulpice où il était venu un jour présider une fête ! La respiration haletante, le teint cuivré, le corps réduit, l'œil inquiet, le front triste et la parole aussi... J'eus le cœur serré. Le brillant professeur de rhétorique du petit séminaire de Notre-Dame-des-Champs, le prêtre aux allures si crânes, au bras si vigoureux, qui, un jour, par un geste incalculé, avait fait rouler d'un bout à l'autre de l'escalier du débarcadère de la gare Montparnasse un insulteur aviné, où était-il ? Le temps avait marché, déjà, depuis mon enfance, je le comprenais, et je me croyais vieux moi-même. M. du Chesne me dit quelques paroles marquées au sceau de la bienveillance et aussi d'une grande expérience. Il partit peu de jours après à Montfort-l'Amaury où il avait une campagne et où il devait s'éteindre, le 27 mai, en connaissance et priant Dieu, presque au moment de la délivrance par l'armée de Versailles, du quartier Notre-Dame-des-Champs.

Au sortir du 155 de la rue de Rennes, demeure de M. le curé, je me rendis chez M. Fauvage, premier vicaire, administrateur de fait, et qui allait le devenir en droit, après la mort de M. du Chesne, pour six mois environ. Je parlai assez longuement avec M. Fauvage qui, ne me connaissant pas, — plus tard il ne cessa d'être bienveillant pour moi, — mêla un peu de diplomatie et de solennité imposante à une bonhomie qui avait seulement contre elle de n'être pas persistante. En le quittant je lui dis, résumant le récit d'assez pénibles vicissitudes qui duraient depuis près de deux mois : *Testis meus est in cœlo et conscius meus in excelsis.* A quoi il me répondit en me saluant avec un peu d'affectation et d'ironie, dans l'embrasure de sa porte : « Le bon Dieu se sert des hommes, Monsieur l'abbé. Oui ! oui ! » Si le mot eût été de mode alors, comme je lui aurais dit : « Vous parlez ! »

Nous touchions au 1ᵉʳ mars. C'était la date fixée pour mon entrée en fonction à Notre-Dame-des-Champs. L'église d'alors était une construction en bois contiguë aux dépendances du collège Stanislas, en bordure de la rue de Rennes.

L'église était de bois,
Et le curé du Chesne.

De L'Abbaye-aux-Bois
On le tira sans peine,

tels étaient les bouts-rimés, pas méchants, qui rappelaient à Notre-Dame-des-Champs le passé de l'abbé du Chesne et la paroisse qui l'avait autrefois possédé comme vicaire. On eût pu ajouter que le sacristain, légendaire et très édifiant personnage, sorti, comme le curé, de L'Abbaye-aux-Bois, s'appelait M. Forestier.

Si l'église était petite, grande était la paroisse, et d'étendue considérable entre les points extrêmes de sa circonscription. C'est là que je fis mes premières armes. Mes confrères furent très charitables et je n'ai pas souvenir du moindre ennui qui me soit venu d'eux pendant cette période calamiteuse pour tous et particulièrement laborieuse pour un novice comme moi. J'avais continué d'habiter l'appartement que j'occupais déjà avec ma famille rue de Rennes, mais, cette résidence étant un peu distante de l'église, pour satisfaire au désir de M. le curé et assurer la régularité de mon service, j'avais loué une chambre dans l'immeuble contigu à l'église (n° 129 d'alors) pour y passer, deux fois la semaine, mes journées et nuits de garde. C'est alors et c'est là que, pour la première fois comme prêtre, je fis connaissance avec les mourants et la mort. Les spectacles que j'ai eus alors sous les yeux sont demeurés gravés dans ma mémoire et il m'est facile, à plus de trente ans d'intervalle, d'implorer encore aujourd'hui la miséricorde divine sur des âmes dont j'ai vu, et dont je revois en esprit, l'agonie. Ici, une bonne vieille mère agonisante et, pendant le râle final, son fils exaspéré par la douleur, maudissant le siège et le sort. Là, dans une ambulance militaire où les malades se côtoyaient, où la confession des mourants devenait presque confession publique, dans cette promiscuité d'hôpital improvisé, un soldat atteint de fièvre maligne, assez conscient pour recevoir en bon chrétien une de mes premières absolutions, puis à deux jours d'intervalle, l'extrême-onction et le viatique de l'éternité. Une autre fois ce fut une victime de l'af-

freuse variole noire que j'eus à visiter, défigurée par ses plaies,
les yeux perdus sous l'envahissement de sa lèpre, n'ayant plus
de regard à diriger vers les siens qui l'entouraient impuissants,
dans l'effroi pour eux-mêmes et la désolation. J'avais pris la
précaution que le bon M. Icard, dans ses *Diaconales*, nous
avait recommandée pour le cas de maux contagieux, et préparé
autant de petites spatules de bois qu'il y avait à faire d'onctions
et dont chacune devait être brûlée, après l'usage, avec le co-
ton employé. Les parents ayant allumé des cigares pour neu-
traliser les miasmes m'invitèrent à les imiter, et je me rendis
à leur désir et aux instances de la malade plus soucieuse de
notre sécurité que de son propre mal. Elle avait tout reçu,
et elle me réclama de nouveau les trois jours qu'elle vécut
encore. Parler à Dieu et l'entendre dans la personne du prêtre,
unique ressource, suprême consolation d'une âme qui voyait
tomber par lambeaux la masure de son corps, c'étaient le désir
et la consolation de cette bonne chrétienne. Je retournai, et elle
mourut. Pour elle aussi, dans mon cœur, je dis à Dieu : *Requiem
æternam dona ei, Domine*, espérant, d'ailleurs, que, déjà et depuis longtemps, elle le possède.

Un petit mort auquel je garde un souvenir de tendresse, c'est
un enfant pauvre de quinze ans à qui j'avais fait le catéchisme
de persévérance à Saint-Sulpice, modèle de modestie et de
piété. Je dis pour lui une messe, je suivis son convoi et je bénis
sa tombe au Montparnasse. La mortalité, à la suite du siège,
s'étant considérablement accrue et le cimetière du Montparnasse étant alors réservé au quartier, jamais les prêtres n'eurent
autant d'occasions de conduire là des morts, d'autant plus que
la proximité de l'église permettait de faire la conduite à pied
et dispensait ainsi les familles peu aisées du soin, difficile alors
et dispendieux, d'assurer un moyen de transport au clergé.
C'est ainsi que s'inaugura mon ministère jusque vers le milieu
de mars, où de grands événements se préparèrent.

CHAPITRE II

NOTRE-DAME-DES-CHAMPS

LA COMMUNE

(1871)

A vrai dire, la préparation de tout ce qui devait suivre s'était faite sous nos yeux depuis la fin de la guerre. Je ne parle pas des prodromes bien sensibles du temps du siège. Combien de fois alors, en traversant Paris, n'ai-je pas entendu de la bouche des soldats en marche, gardes nationaux, mobiles ou armée régulière, de la bouche des chefs eux-mêmes, parfois, le cri sinistre : *Mort aux curés !* Je l'ai entendu un jour que passait près de la Madeleine le beau vieillard qu'était M. Deguerry; je l'ai entendu d'autres fois étant seul à passer, et je m'étonnais un peu qu'on prît la peine d'une démonstration si énergique à l'occasion d'aussi chétive personne que moi. Mais où les choses prirent un aspect menaçant, c'est quand des bandes, en nombre croissant chaque jour, descendirent comme un flot houleux du débarcadère Montparnasse le long de la rue de Rennes pour se répandre dans toutes les directions et inonder Paris. Avec de pauvres déguenillés qui pouvaient être très honnêtes, avec des francs-tireurs qui étaient peut-être de très bons citoyens, on voyait des visages sinistres, des gens qu'il ne fallait pas regarder de trop près, silencieux, menaçants et semblant concentrer une haine prête à éclater. Chez certains cependant, chez un grand nombre peut-être, que de bonne foi dans l'égarement ! Etait-ce un défenseur de l'ordre ou un soldat de l'émeute, qui vint me trouver un certain jour, en képi de fédéré, dans ce petit jardinet longeant le côté droit de l'église et menant à la sacristie? Je l'ai toujours ignoré, mais le souvenir me reste de l'édification profonde qu'il m'apporta. C'était la veille

de la manifestation de la place Vendôme, 22 mars. Il me dit :
« Demain, il y a une affaire. Je veux d'abord me confesser »,
et il ajouta : « Mais je tiens à faire comme chez nous et je
reviendrai dans huit jours pour mes pâques. » Je ne le revis
pas. Quelques jours avant la fin de mars, devançant le terme
ordinaire, M. l'abbé du Chesne faisait remettre à chacun des
vicaires son traitement mensuel sous un pli contenant cette
mention : « Par anticipation, *propter metum judæorum.* »

Le 4 avril, Mardi saint, on apprit l'arrestation de Mgr l'archevêque de Paris suivie, bientôt après, de celles de M. Icard, de
M. Moléon, curé de Saint-Séverin, et d'autres ecclésiastiques
pris dans tous les rangs du clergé. Le lendemain je ramassai
dans le jardinet un petit carré de papier blanc où étaient inscrits ces mots : *Quamprimum consulas tibi tuisque rebus.* L'écriture
ressemblait à celle de M. Icard : je pensai qu'il avait eu la prudente sollicitude d'envoyer cet avertissement au curé, son voisin,
comme il venait de faire pour l'abbé de Broglie, à Charonne.
Cependant l'exercice extérieur du ministère devenait de plus en
plus difficile aux prêtres que leur jeunesse signalait à l'attention
de la Commune, maîtresse de Paris, pour leur incorporation
dans la garde nationale. Dans le trajet que j'avais à faire de
l'église à ma demeure, je me sentis suivi de très près, plusieurs
fois, par des gens dont les intentions n'avaient rien de rassurant et qui pouvaient les mettre à exécution, en plein jour, sans
obstacle et sans répression. Le Mercredi saint, j'achevai ma
journée à la chapelle du patronage de Nazareth, rue Stanislas,
où l'excellent abbé Hello m'avait prié de venir l'aider pour
entendre les confessions pascales. Je rentrai chez moi assez
tard sans pouvoir prendre beaucoup de repos, car, à minuit, je
devais porter la communion à une malade, boulevard du
Montparnasse. A tous points de vue cette heure était peu sûre,
mais elle permettait de faire communier, sans dispense du
jeûne eucharistique, une jeune fille que le saint viatique eût trop
impressionnée, dont l'état n'était, d'ailleurs, pas extrême et
qui méritait cet égard à cause de son honorable famille et comme

ancienne persévérante du catéchisme que j'avais dirigé à Saint-Sulpice. Il fut convenu seulement que son frère m'accompagnerait à l'aller et au retour, ce qu'il fit bravement, coiffé d'un képi de fédéré, et je ne fus pas même tenté d'avoir peur en route, bien que deux gardes nationaux armés eussent proféré, en nous voyant passer, cette menace : « Faut-il tirer ? » Je devais prêcher la Passion pour les écoles, le Vendredi saint, à la chapelle des Frères de Saint-Nicolas, rue de Vaugirard, 92, et je m'y préparais quand contre-ordre me fut envoyé, les choses allant de mal en pis. Le lendemain, cependant, l'office du Samedi saint put être célébré suivant les règles liturgiques. On m'avait désigné pour chanter l'*Exultet*. Je m'acquittai de ce devoir et des autres fonctions de diacre à la grand'messe qui se termina un peu après onze heures. Le temps, dès lors, pressait.

En effet, la difficulté d'exercer le saint ministère pour ceux que visait la loi de recrutement s'aggravait de plus en plus, et l'on avait songé, à mon insu, autour de moi, au moyen de m'éloigner momentanément de Paris. C'est ainsi que, sans m'en douter, je me trouvai en possession d'un laissez-passer de la Commune, daté du 8 avril, pour quinze jours. M. Fauvage comprit l'urgence d'en user et après le chant de l'*Exultet*, contrastant alors si fort avec l'angoisse des âmes, je m'éloignai de mon domicile et descendis la rue de Rennes, revêtu d'un costume laïque qui m'allait assez mal. Comme il faisait très froid, j'avais gardé un grand manteau du genre de ceux que portent souvent les prêtres et qui faillit me faire arrêter. Un jeune homme qui le remarqua s'arrêta, en effet, en disant : « C'est un curé. Il croit qu'on ne le reconnaît pas. » Il n'en fallait pas davantage pour que le premier venu, mettant la main sur vous, vous menât au Dépôt et de là à la Santé ou à Mazas. Je fis mine de ne pas entendre et, du même pas tranquille, je poursuivis ma route, protégé par la Providence, jusque chez un confrère qui allait profiter d'un laissez-passer comme le mien et m'offrait généreusement, dans sa propre famille, en province, l'asile sûr dont j'avais besoin. Après le repas qu'il me fit partager avec lui, de belle humeur et confiants en la garde de Dieu, nous prîmes un fiacre pour nous rendre à la gare du Nord, et j'emportai mon grand manteau, la meilleure pièce de mon vestiaire. Mais au moment où le fiacre s'ébranlait le frère de mon confrère, qui venait de nous quitter, jugeant avec décision le danger, me cria : « Laissez donc cela. Vous allez vous faire reconnaître », et d'un prompt mouvement le vêtement tomba des mains de mon ami dans celles de son frère qui nous souhaita bonne chance.

Un train partait à deux heures de l'après-midi, de la gare du Nord pour Rouen, par Amiens. Nous arrivâmes à cette gare quelques minutes avant le départ et, pour recevoir nos billets, nous dûmes exhiber nos papiers. La confiance n'abondait pas dans l'âme des fédérés qui montaient la garde, l'arme au pied. Un premier garde national vit nos laissez-passer en bonne et due forme, et ne fit pas d'observation. Mais le droit d'inspection était exercé par plus d'un. Devant nous, en faisant la queue au guichet, nous entendions un grand gaillard, muni d'un laissez-passer, lui aussi, qui se lamentait bruyamment sur l'impérieuse nécessité où il était de quitter précipitamment Paris et d'abandonner le poste de tout bon citoyen, mais c'était pour vingt-quatre heures seulement, après quoi il s'empresserait de revenir combattre pour la grande cause. Il avait ses raisons pour faire tant d'embarras. Il y avait là, en effet, un factionnaire qui, nonobstant les billets pris, pouvait faire objection au passage. Ce dernier avait une figure d'honnête homme et de bon sens ; il était grave et restait muet. Son regard seul parlait, et peut-être avait-il deviné dans les deux jeunes hommes qui suivaient le grand parleur ce que ne disaient pas nos passeports. « Oh ! ce ne sont pas ceux qui crient le plus haut qui en font le plus », se contenta-t-il de dire au passage du grand escogriffe, sans daigner même le regarder, et quand nous dépliâmes sous ses yeux nos papiers, c'est à nous qu'il réserva son regard bienveillant, en même temps que, d'un signe de tête, il autorisait notre passage. La dernière barrière était franchie, — nous le pensions du moins, — quand, sur le seuil du quai, un grand diable de fédéré se dressa, — c'était le quatrième depuis notre arrivée à la gare, — botté, campé d'aplomb, n'ayant d'autre hésitation que celle de sa langue légèrement détrempée, et qui s'écria : « Halte-là, citoyens ! vous êtes bien jeunes. — Nous avons nos laissez-passer », répondîmes-nous, avec la révérence due au dernier obstacle. Il les déploya tout du long, les lut avec solennité, nous les remit sans conclure, avec un air sceptique, en maugréant un peu, comme un homme impuissant à faire la preuve d'une fraude dont il est, d'ailleurs, convaincu. Sans demander notre reste et sans l'aider à trouver, nous abordâmes le quai où, pour la première fois, nous apparurent, hélas ! les casques prussiens. Quel Français n'eût alors éprouvé comme nous un double sentiment de soulagement et de tristesse, et de tristesse accrue par le fait de ce soulagement : voir des hommes, mais, dans ces hommes, l'ennemi sur le sol de la patrie vaincue !

A Amiens où l'on s'arrêta, il y avait une autre inspection à subir, toute différente de celle du départ, celle du commissaire du gouvernement de Versailles. Pour celle-ci les pièces signées « Raoul Rigault » n'étaient pas la meilleure des recommandations et pour ne pas être suspect il en fallait d'autres. Notre cas, évidemment, devait être celui de bien des voyageurs. Cependant nous eûmes beau offrir de montrer nos soutanes, qui étaient dans nos malles, le commissaire ne nous laissa poursuivre notre route qu'avec un hochement de tête dont nous fûmes médiocrement fiers. L'explication était peut-être en ceci que deux estafettes de la Commune avaient été signalées comme venant de quitter Paris pour le lieu où nous nous rendions. D'Amiens à Rouen nous finissions par trouver le trajet un peu long et la température passablement froide. Pour moi qui n'avais plus de manteau, je grelottais d'autant plus que j'avais un habit étriqué et des manches trop courtes. Je payai cher le froid qui s'ensuivit aux poignets ainsi découverts et où

s'installa un rhumatisme qui ne délogea pas facilement. A
onze heures vingt minutes du soir, enfin, nous arrivions à
Rouen et nous faisions conduire tout droit hôtel d'Espagne où
nous pensions être connus. Ce dernier point était, en effet,
important, car les portes se fermaient devant les voyageurs
en provenance de Paris qui ne pouvaient se réclamer de
quelque relation en ville. La direction de l'hôtel appartenait à
un honnête ménage qui se montra au premier abord intrigué,
bien que, dans le passé, nous eussions déjà fréquenté l'endroit,
tant il est vrai que, si l'habit ne fait pas le moine, il lui sert
parfois de passeport. Nous proposant de sortir de très bonne
heure le lendemain, jour de Pâques, pour célébrer la sainte
messe à Bon-Secours, nous avertîmes nos hôteliers qu'ils
nous verraient en soutane et qu'ils n'en fussent pas étonnés,
car nous étions prêtres tous deux. L'homme et la femme
se regardèrent. Je parlais au mari. Par politesse, sans doute,
il voulut bien répondre, désignant ma personne : « Pour
Monsieur, oui, j'aurais bien cru qu'il était prêtre; mais pour
Monsieur (mon confrère), je ne m'en serais pas douté. » La
femme allait rétablir l'équilibre. Fut-ce par intérêt, courtoisie,
ou esprit de contradiction ? Je crois plutôt que ce fut par conviction et très sincèrement. « Eh bien, moi, non, dit-elle, d'un
ton très assuré; j'aurais plutôt cru que c'était Monsieur (mon
confrère) qui était prêtre; mais Monsieur (moi), non. » L'essentiel pour nous était de n'avoir pas les deux contre nous ; tout
était donc pour le mieux. Mais soucieux, d'une part, de satisfaire au devoir du bréviaire que nous n'avions pu réciter dans
le trajet, nos livres étant dans nos malles, et, d'autre part,
pressés de prendre une réfection indispensable avant minuit
pour pouvoir célébrer le lendemain, nous nous mîmes sans
retard à la récitation de vêpres et complies et, à minuit moins
dix minutes, à l'attaque d'un morceau de pain et d'un reste de
fromage arrosés d'un bon verre de cidre. Après quoi on s'occupa de nous installer dans nos chambres, ou plutôt dans une
chambre à deux lits. En nous y rendant, nous croisâmes dans

les corridors un Prussien ; des bottes d'officier déposées à une porte proche de la nôtre nous signifièrent assez clairement quels étaient nos voisins, et bien des réflexions douloureuses achevèrent pour nous la série étrange d'impressions de cette journée de l'*Exultet* préludant singulièrement à l'Alléluia du lendemain.

Les quinze jours d'absence présumée se prolongèrent, hélas ! du 8 avril à la fin de mai. Pendant ce temps, avec la généreuse et tout aimable hospitalité de mon confrère à Elbeuf, je fus l'objet d'attentions bien touchantes de la part du clergé de la ville et des communes voisines, de la part aussi des bonnes Sœurs de Saint-Vincent d'Elbeuf dont la supérieure, la bonne Mère Amblard, sut trouver un remède aux cruelles douleurs de mes poignets, douleurs telles qu'elles me rendaient presque impossible la célébration du saint sacrifice. Je n'oublierai jamais ce que fut alors pour moi le bon et éminent curé de Caudebec, M. l'abbé Billard, mort depuis évêque de Carcassonne. Il invita mon confrère et moi à prêcher, et comme l'occasion s'y prêtait pendant le mois de Marie, les sermons que nous avions donnés dans une église nous étaient demandés pour une autre, et nous fûmes invités ainsi à évangéliser, avec la paroisse de Caudebec, les trois paroisses d'Elbeuf et celle de Saint-Pierre-lès-Elbeuf, et à y célébrer les cérémonies du culte. Il arriva même qu'un jour je reçus de l'archevêché de Rouen les pouvoirs de curé pour cette dernière paroisse qui venait de perdre, victime d'une épidémie, son vicaire enlevé en quatre jours, et dont le curé, le vénérable M. Bizet, atteint d'un érysipèle grave, était obligé d'abandonner momentanément le soin. Je partis avec ma valise pour le presbytère de Saint-Pierre, mais l'absence fut de courte durée, l'administration diocésaine s'étant décidée à user de la bonne volonté d'un Père jésuite libre et plus expert que moi. Pendant ces semaines d'exil que la Providence rendit utiles, j'ai pu assister quelquefois à d'édifiants spectacles que la province et la campagne seules peuvent offrir, cérémonies d'adoration réunissant plu-

sieurs cantons, port solennel du viatique et de la communion
pascale aux malades, procession des Rogations dans les champs.
Cela, avec l'affluence des paroissiens en habits de fête à l'appel
des cloches, le dimanche, reste dans l'imagination et le cœur
comme un doux et profond souvenir, plein de la poésie des
peintures qu'on admire dans les tableaux et les livres, mais
autrement consistant, solide et édifiant, car cela, on l'a vu et
vécu, et on se dit : « C'est à cela qu'il faut revenir, à cela qu'il
faut s'attacher : mêler Dieu à la vie d'ici-bas pour qu'elle s'irise
de reflets célestes, et retrouve avec le *sursum corda!* l'orien-
tation qui lui convient et le meilleur élément du bonheur. »

Un jour, la nouvelle arriva du massacre des otages et de
Mgr l'archevêque de Paris... L'impression pour moi fut profonde. La visite à Mgr Darboy, l'invitation à venir « lui conter
nos petites peines », la parole du vieil avocat dans l'antichambre du grand vicaire, une lettre, enfin, que j'avais adressée
au vénéré prélat... puis, le P. Olivaint et sa promesse « au jeune
diacre » de présider *plus tard* la fête du catéchisme, toutes ces
évocations passaient dans ma mémoire comme des images enve-
loppées de crêpe. Ah ! comme je trouvais que l'homme connaît
peu sa voie et fait peu, en réalité, sa vie ! Ce n'est pas que
l'archevêque de Paris n'eût prévu, à un certain moment, l'épouvantable avenir, car un jour, en plein conseil, pendant le siège
de Paris, m'a raconté M. l'abbé Petit, à propos des événements
qu'il voyait s'accomplir, il avait dit : « Il faudra que nous en
passions par là », marquant d'un geste qu'il y aurait des têtes
coupées. Mais cette autorité morale, cet ascendant que donnaient
au prélat sa bienveillance même, son libéralisme connu, re-
haussé par l'autorité d'une intelligence supérieure, tout cela
n'était-il pas de nature à l'incliner vers des illusions optimistes,
comme à l'instant où, devant le tribunal présidé par Raoul
Rigault, il espéra trouver le chemin du cœur chez les hommes
qui l'interrogeaient, en commençant sa réponse par ces mots :
« Voyons, mes enfants... » Il n'en fallut pas davantage pour les
mettre en fureur et précipiter la sentence. M. Icard, à la Santé,

si ce que j'ai entendu est exact, ne répondait-il pas à son compagnon de captivité, M. l'abbé Roussel, qui lui disait avec son calme imperturbable : « Vous voyez ce mur. C'est là qu'un de ces jours on nous couchera en joue. — Imagination ! Vous vous montez la tête. Vous vous imaginez que ces hommes nous veulent du mal » ? Et M. Icard soulignait ses paroles d'un geste qui lui était familier et par lequel il désignait clairement, au front de l'interlocuteur, la prétendue folle du logis. C'est la Providence seule qui sauva les prisonniers, et c'est M. Roussel qui avait raison. Ainsi l'homme garde-t-il jusqu'au dernier soupir la tendance, l'illusion préférée de sa vie ! Mais quel retour des choses quand l'irrévocable survient, contrairement à nos prévisions ! Et quelle leçon pour ceux qui se croient infaillibles dans leurs vues, leurs calculs et leurs pressentiments !

A Elbœuf, nous avions eu la bonne fortune de rencontrer deux sulpiciens, nos maîtres, MM. Hogan et Boiteux, qui nous donnèrent des nouvelles de leurs confrères et nous rapportèrent cette apostrophe typique adressée à l'un d'eux par le général Eudes devant qui il comparaissait, habillé en laïque : « Vous êtes prêtre et vous vous sauvez ! Si le Christ avait fait comme vous !... »

Le retour à Paris, malgré l'action de grâces pour la préservation de ceux qu'on allait retrouver, fut anxieux et plein d'angoisse. A mesure que le train pénétrait dans la banlieue de Paris par cette ligne de l'Ouest si éprouvée, on voyait les ravages du second siège que la ville venait de subir. La tristesse et une morne stupeur semblaient régner encore. Les passions comprimées, mais non éteintes, éclataient en invectives fréquentes au passage de l'habit du prêtre. Les traces sinistres des incendies, les ruines, l'amoncellement des décombres, les innombrables vestiges des balles et des boulets remplissaient l'âme comme les yeux d'une impression de désolation indicible. Peu de jours après, elle allait s'accentuer encore quand il nous fut donné de voir, chaque jour, de la fenêtre de l'église donnant sur la rue de Rennes, le lugubre cortège des prisonniers enchaînés, trente-cinq mille, nous dit dans le magistral ouvrage qu'il vient de publier, *le Gouvernement de M. Thiers*, M. Gabriel Hanotaux. Ce n'étaient plus les envahisseurs menaçants se répandant du débarcadère dans toutes les artères de Paris, c'étaient des hommes, des femmes, des jeunes gens, des vieillards, réduits maintenant à l'impuissance, resserrés entre deux longues lignes de soldats disciplinés et d'officiers à cheval qui assuraient leur marche vers le lieu du jugement et vers celui de l'expiation. Quel contraste et, au fond du cœur, quelle pitié !

Je ne manquai pas d'aller complimenter le P. Lefèvre de sa vie sauve. « Et moi, me répondit le bon Père, j'en suis désolé ! »

La paroisse Notre-Dame-des-Champs avait eu la cérémonie de la première communion, pendant les jours de la Commune. Après le 24 mai, elle eut celle du renouvellement et de la confirmation, et des mois s'écoulèrent avant le remplacement du regretté curé. La succession échut à M. l'abbé Cognat au moment où, en réponse à certains discours de Gambetta, il venait de publier une brochure portant ce titre : *Lettre à Gambetta par Un membre du bas clergé*, signée, à la fin, du nom propre de l'auteur. Il l'offrit au clergé de Notre-Dame-des-Champs en prenant possession de sa cure, et commença l'application d'un programme de vie pastorale qu'il observa jusqu'à la fin de ses jours, soucieux d'instruire les âmes, de former l'enfance et de soulager les malheureux. Jusque-là, sa vie avait été partagée entre l'étude, l'enseignement et le ministère paroissial. Tout le monde avait pu connaître sa collaboration au journal *l'Ami de la Religion*, ses luttes contre *l'Univers*, arrêtées par le tragique événement du 3 janvier 1857, l'assassinat de Mgr Sibour ; on connaissait moins les fortes études qui l'avaient préparé, en même temps qu'au grade de licencié ès lettres, au rôle d'écrivain marquant et de professeur éminent qu'il remplit sans ambition et par pure vocation. Tout ne fut pas toujours aplani sous ses pas et il dut, à un moment donné, songer à faire valoir son titre de licencié et solliciter une chaire dans l'Université. Mais les choses s'arrangèrent avant l'exécution du projet, et il profita d'une situation ecclésiastique en rapport avec ses goûts pour se livrer à des études approfondies sur l'école d'Alexandrie.

L'homme d'étude se retrouva toujours chez lui depuis, dans ses catéchismes de persévérance de Sainte-Clotilde, dans ses prédications en cette même paroisse où Mgr Darboy l'avait nommé premier vicaire en remplacement de M. Meignan, dans ses conférences à Notre-Dame-des-Champs où il se montra, comme toujours, plus professeur-théologien que prédicateur. Il avait eu, sous l'Empire, à l'heure où l'avenir lui souriait, des vues vers l'épiscopat. Les événements l'orientèrent vers une destinée différente en l'amenant au poste de supérieur du petit séminaire de Notre-Dame-des-Champs. C'est étant là qu'obéissant à une inspiration précise, à une sorte d'injonction de sa conscience, il demanda à poursuivre sa carrière dans l'exercice du ministère paroissial, et c'est de là qu'il fut nommé à la cure de la paroisse dont il se trouvait être déjà paroissien. Il montra, dans ce dernier poste, par son exemple, par l'estime qu'il inspira et par le bien qu'il fit, que l'homme sérieux, dans le prêtre, n'a pas besoin de l'homme superficiel pour réussir et qu'on lui pardonne de manquer de certains charmes quand il en rachète l'absence par des vertus foncières et un solide savoir. Il justifia ainsi les nominations importantes dont il avait été l'objet et l'amitié dont l'avait honoré tout particulièrement Mgr Darboy. Il en gardait une grande reconnaissance et c'était avec complaisance qu'il s'étendait sur les vertus de ce grand prélat et sur son esprit de justice. Je me rappelle l'avoir entendu, à ce propos, citer ce trait d'impartialité méritoire. Mgr Darboy goûtait peu ce que l'on pourrait appeler sans irrévérence les petites manies ou les tics de M. l'abbé Millault, un des prédécesseurs de M. Cognat au petit séminaire de Notre-Dame-des-Champs, qui paraissait vieux à un âge où on est encore jeune, et qui, par une heureuse compensation, sut ensuite si bien vieillir qu'à un âge très avancé il paraissait toujours jenne. Il s'était de bonne heure inspiré du fameux proverbe contre lequel s'insurgeait véhémentement Caton :

Mature fieri senem, si diu velis esse senex.

Il avait des lunettes (qu'il quitta depuis), une manière de marcher à lui, un jeu de physionomie étudié, une voix rappelant le « petit page » qu'il avait été autrefois, à la chapelle des Tuileries, sous Louis XVIII ou Charles X, avec tout cela un œil perçant, vif et mobile, habile à interroger, et à dire et à taire, tout un ensemble, enfin, qui se fondit admirablement plus tard en une figure de vieillard agréable, bienveillante et intéressante au possible, mais un ensemble qui, à l'époque dont nous parlons, avait le don d'énerver, d'agacer singulièrement le prélat si distingué, mais nullement compassé, qu'était Mgr Darboy. Un jour que l'abbé Millault était dans son salon, l'archevêque le désignant à M. l'abbé Cognat lui dit un mot qui soulageait ses nerfs mais ne classait pas précisément le personnage visé parmi les préférés de son cœur. Cela ne l'empêcha pas de nommer, quelques jours plus tard, M. l'abbé Millault à la cure de Saint-Roch.

Dans toutes les paroisses de Paris, après le siège et la Commune, bien des choses étaient à réorganiser, même dans les plus anciennes et les meilleures, à plus forte raison dans celles qui, récemment fondées, n'avaient jamais été complètement organisées. Notre-Dame-des-Champs était de ces dernières. Il y avait, après la mort de M. l'abbé du Chesne, fondateur et propriétaire de l'église, des obligations à remplir envers sa famille. De plus, la perspective de l'occupation du nouvel édifice paroissial, dont les fondements étaient jetés, obligeait à surseoir à l'exécution de projets qui devaient cadrer avec les conditions de l'installation future. Tout était ainsi tenu en suspens, d'autant plus que les travaux de la nouvelle église étaient arrêtés depuis longtemps et que l'achèvement en était remis à une date indéfinie. Dans ces conjonctures, M. l'abbé Fauvage administrant la paroisse put émettre sérieusement cette idée, de proposer à Mgr Guibert, embarrassé alors pour la réalisation

du projet d'église votive du Sacré-Cœur, le terrain et ce qu'il
existait de bâtisse destiné à l'église de Notre-Dame-des-Champs.
« Nous serions du coup, disait-il, tirés d'affaire, et l'archevêque
aussi. » Quelle que fût la valeur de l'idée, elle indiquait le peu
de confiance qu'on avait de sortir de l'impasse où l'on se trouvait
et le besoin pressant que l'on éprouvait d'en sortir. Un tel
provisoire, dans une paroisse d'ailleurs considérable, engendre
nécessairement, et en même temps oblige à supporter, beaucoup
d'inconvénients. Telle était la situation à Notre-Dame-des-
Champs. On y vivait un peu en camp volant, faisant le catéchisme, entendant les confessions des enfants, un peu partout,
sauf à l'église qui n'était qu'une grande chapelle.

M. l'abbé du Chesne avait eu besoin de collaborateurs
dévoués pour commencer le saint ministère dans ce milieu
improvisé ; il en avait emmené de L'Abbaye-aux-Bois, son
premier vicaire entre autres, M. l'abbé d'Anglars de Bassignac,
qui prêchait comme Bourdaloue, et pour cause, et à qui on
attribuait ce mot : « Ce n'est rien que de monter en chaire ; le
difficile, c'est d'en descendre. » De mon temps, sans compter
les confrères encore vivants aujourd'hui, il y avait un saint
homme qui s'appelait l'abbé Oustalot, puis l'abbé Bonnefoi,
mort premier vicaire de Saint-Antoine ; l'abbé d'A..., MM. Le
Guay et Dubos, prêtres normands ; l'abbé Alary, diacre d'office,
frère de l'ancien curé d'Auteuil, connu comme le loup blanc
dans le quartier ; l'abbé Fournier, ancien premier vicaire de
Sainte-Marguerite ; MM. Vosgin et Poisson, auparavant habitués
de Saint-Sulpice. J'y ai vu quelquefois un des trois MM. Serre
qu'on distinguait par leurs prénoms, Serre (Jean), Serre
(Louis), Serre (Pierre). M. l'abbé Poisson, descendant de la
famille de Mme de Pompadour, était à Paris depuis longtemps,
prêtre libre occupant ses loisirs à faire des livres utiles et à
édifier la jeunesse. Familier du cercle du Luxembourg, il
composait, à ses heures, des romances à l'usage des jeunes
gens, qui se faisaient un plaisir de les mettre en musique et de
les exécuter dans leurs séances de fête.

C'était donc un milieu intéressant que celui que rencontrait un jeune prêtre inaugurant son ministère à Notre-Dame-des-Champs. Ce qui malheureusement faisait défaut, — et cela, on le voit, ne tenait à la bonne volonté de personne, — c'était la centralisation des œuvres et des forces vives de la paroisse, le local manquant pour les rendez-vous nécessaires, les religieux, frères et sœurs, étant disséminés loin de l'église, les fidèles n'ayant pas la facilité de se grouper en vue d'ententes communes, et l'effort en ce sens rencontrant un obstacle, non seulement dans les tâtonnements inévitables d'une paroisse nouvelle, mais dans la prospérité même des œuvres parallèles existant sur la paroisse voisine, Saint-Sulpice, à laquelle appartenait auparavant, en grande partie, la population de Notre-Dame-des-Champs. La visite des malades m'a paru alors souffrir de cet état de choses, malgré le dévouement des bonnes sœurs. Je me souviens qu'un dimanche, — ce jour était l'un de mes deux jours de garde par semaine, — après de nombreux baptêmes, le sacristain me donna l'adresse d'un ménage de vieillards pauvres à visiter. Cette adresse lui avait été laissée par une sœur pendant que j'étais occupé à administrer le baptême. Comme j'avais déjà reçu pareille commission les dimanches précédents pour aller voir des malades qui étaient surtout indigents et ne souhaitaient rien autre chose que du pain et de l'argent, je demandai au sacristain, homme exceptionnellement consciencieux et sérieux, s'il s'agissait de vrais malades et s'il y avait urgence à se rendre auprès d'eux. Sans hésiter il me répondit que non, répétant les paroles de la bonne religieuse qui avait dit d'elle-même qu'il suffisait qu'on y allât le lendemain. Le lendemain matin j'y allais lorsqu'on vint m'avertir que les deux vieillards étaient morts dans la nuit. Je n'ai jamais oublié ce triste événement et j'ai, depuis, toujours souhaité d'être mis en rapport direct avec ceux qui demandent le prêtre à propos de malades. J'ai compris aussi, par cet exemple, qu'il est toujours préférable de ne pas remettre au lendemain la visite due à un malade, surtout si le malade la sollicite lui-même, et la divine Providence m'a plus d'une fois montré par des exemples frappants qu'en s'exécutant sans retard on a chance d'accomplir fructueusement un ministère qu'aurait rendu inutile un délai même très court, d'une seule minute parfois.

Une autre mort subite m'impressionna, sans me laisser la même inquiétude, dans le même temps. Après un prône que je venais de faire, M. E..., agrégé de l'Université, dont j'avais reçu autrefois les leçons, me serra la main en sortant de l'église et me dit : « Nous reparlerons un de ces jours de votre sermon. » Les observations m'eussent été précieuses, car elles eussent été celles d'un éminent professeur en même temps que d'un parfait chrétien. Deux ou trois jours après, j'étais prié par sa femme d'aller le voir sur son lit de mort ; il avait expiré la nuit sans qu'on se fût aperçu de rien ; sa belle figure, reposée et calme, était celle d'un juste et d'un prédestiné. L'abbé Goujon, le vénérable vicaire de Saint-Sulpice, qui le confessait depuis sa première communion, disait, à son enterrement, que son pénitent, âgé alors de plus de cinquante ans, n'avait certainement jamais eu à se reprocher un péché grave dans toute sa vie. Bien avant les événements de 1870-1871, ce vénéré maître m'adressait, au séminaire d'Issy, une lettre en quelque sorte prophétique, où il écrivait ces mots : « Vous êtes le sel de la terre. Le sel préserve de la corruption... Soyez des saints ; sanctifiez-vous ; autrement nous sommes perdus et vous avec nous. »

CHAPITRE III

SAINT-NICOLAS

(1872)

Au commencement de l'année 1872 mon ministère allait
changer. Le conseil d'administration de l'établissement des
Frères de Saint-Nicolas, rue de Vaugirard, 92, venait de décider
la création du poste de second aumônier. Le très honoré frère
Philippe s'était montré personnellement peu favorable à cette
mesure, en raison des difficultés que présentait, à ses yeux, la
conciliation des attributions respectives de chacun des aumôniers, mais l'importance de l'établissement, composé d'un
millier d'élèves, la rendait tout à fait nécessaire. L'aumônier en
fonction, après l'inoubliable abbé Chicotot qui avait quitté
avec tant de peine ses enfants pour l'aumônerie de Saint-
Joseph de Cluny avait été, pendant la Commune, M. l'abbé
Baron, alors chapelain de Sainte-Geneviève, plus tard évêque
d'Angers, puis, en 1871, M. l'abbé Bonnefoy, aujourd'hui
archevêque d'Aix, sortant alors de Saint-Ambroise. Le curé
de Saint-Germain-des-Prés ayant demandé M. Bonnefoy pour
vicaire, ce fut un des vicaires de Notre-Dame-des-Champs qui
fut appelé à le remplacer comme aumônier de Saint-Nicolas,
et je lui fus adjoint, sur sa demande, comme second aumônier.
Je m'attachai vite à ces enfants, et qui ne s'y fût attaché ? bons,
ouverts, affectueux et vaillants, reflétant dans ses meilleures qualités le caractère de la population laborieuse de Paris.

Le meilleur souvenir que je garde de mon passage dans cette
maison est celui des morts saintes dont j'ai été le témoin,
souvenir illuminé du reflet et tout embaumé du parfum des
célestes espérances. Du 12 février 1872 au mois de septembre
de la même année j'en ai vu mourir sept de ces bien-aimés
enfants ; tous m'ont laissé, dis-je, le plus édifiant souvenir, mais

deux ou trois surtout. Le convoi de l'un d'eux se fit à Saint-Éloi. La désolation des parents était grande. Dans la foule, en sortant de l'église, j'entendis cette réflexion : « S'il y avait un Dieu, il ne permettrait pas qu'un enfant comme celui-là fût enlevé à son père. » Celui qui parlait ainsi, avec une apparence de conviction sincère, s'il eût pu lire dans le cœur de ceux qui, au nom de Dieu, prennent soin des petits ici-bas, y aurait vu une douleur parfois égale à celle des mères et, à côté de la douleur, la foi démonstrative de ce Dieu au nom duquel ils aiment et se dévouent. Un autre mourut après sa première communion, à l'hôpital de l'Enfant-Jésus. Une petite épidémie venait de se déclarer et l'on avait éloigné de la maison de Saint-Nicolas les enfants qui en étaient atteints. Le mal, d'ailleurs, semblait bénin, et mon petit pénitent, Jules de la J..., pensait bientôt revenir. C'était un petit Anglais, fils de parents protestants, que j'avais dû préparer au baptême. Je l'avais baptisé la veille même de sa première communion ; il avait été confirmé et, en trois semaines, avait pu communier deux fois. J'allai le voir dans sa salle d'hôpital, une fois, puis une autre, et tout à coup j'appris que l'enfant était perdu. Avec la permission de M. l'aumônier, M. l'abbé Outhenin-Chalandre, je le confessai, l'administrai et le fis communier en viatique, car c'était pour lui la dernière communion, bien rapprochée de la première ! Il reçut tous ces sacrements avec la sérénité d'un ange, sachant bien qu'il allait mourir, et offrant à Dieu sa vie pour la conversion de ses parents. Un autre enfant de Saint-Nicolas qui portait le nom d'un sympathique poète et descendait, en effet, de sa famille, Eugène Malfilâtre, devait s'éteindre, lui, pendant le temps des vacances, en septembre, sur la paroisse de Saint-Eustache où j'étais destiné à exercer le ministère un jour. C'était un enfant orphelin, de petite taille malgré ses quinze ans, de caractère doux et aimable, un peu mélancolique et qui portait dans la flamme de son regard et l'enluminure de son teint l'indice du mal qui le minait. J'allai le voir, rue du Jour, chez sa bonne tante qui le chérissait comme une mère. Lui aussi je l'administrai et je le communiai dans un

sourire d'ange qui s'envole au ciel. Touchantes furent ses funérailles ; l'abbé Brocard, second vicaire de Saint-Eustache alors,
les admira. Avec l'abbé Regnault, autre vicaire de Saint-Eustache, qui composait alors un ouvrage sur la Commune et
profita de la circonstance pour se documenter auprès de moi
en ce qui concernait Saint-Nicolas, je le conduisis au Père-
Lachaise, et le luxe de cette belle cérémonie funèbre fut tout à
l'honneur d'une jeunesse pieuse et pure, à l'honneur aussi du
grand cœur de cette tante, si généreuse au jeune enfant.

J'étais allé de bon cœur au poste d'aumônier de Saint-Nicolas,
espérant avoir là, dans une liberté relative, le moyen d'étudier
et de préparer le ministère plus complet de l'avenir, espérant
aussi pouvoir faire un bien durable en m'occupant d'enfants
que je suivrais dans la vie et qui pourraient me retrouver un
jour. Mais il semble qu'un ennemi devine nos plus secrètes
pensées ici-bas et qu'il faille ne jamais nommer son bonheur,
ni ses désirs, ni ses espoirs, de peur d'être trahi par ce génie
perfide qui, invisiblement, nous guette et nous écoute. L'idée
qu'on s'était faite du rôle d'un second aumônier, ou du moins
de celui qui était alors appelé à en exercer les fonctions, n'était
pas tout à fait celle que je m'en faisais et qui avait déterminé
mon acceptation empressée et joyeuse. Je pensais, ai-je dit,
suivre mon action. Supprimer cette possibilité-là, c'était, à mes
yeux, supprimer l'intérêt, le sérieux, l'objet même de ma
mission. Or tel était le résultat d'une certaine combinaison qui
fut adoptée en pratique, qui pouvait être d'intention excellente,
mais qui me déconcertait absolument. On s'en aperçut : on
prépara discrètement mon départ, et un petit hasard me mit au
courant de ce que l'on projetait pour moi. Ces petits incidents,
ces petits hasards ont, par certains côtés, quelque chose d'amusant, ce qui fait qu'on se les rappelle, quelque chose d'instructif
aussi. C'est que les moindres causes ont souvent d'importants
effets : — μικρὸν πταῖσμα διόλλυσι πάντα, — disait notre grammaire
grecque autrefois ; c'est que les petits hasards font de chacun
de nous la vie, la vie qui, pourtant, n'est pas un hasard, mais

que Dieu, finalement, ordonne en vue de cette grande chose qui est le mérite moral et la récompense infinie.

Au lendemain de la première communion, un soir que je rentrais de Notre-Dame-des-Victoires où j'avais achevé ma journée du dimanche 16 juin, au moment où je sonnais à la porte de mon domicile, j'entendis derrière moi ces mots : « Eh bien, Monsieur l'abbé, vous n'êtes plus aumônier de Saint-Nicolas. » Je me retournai, reconnus qui parlait, et répondis : « Il me semble que j'en saurais quelque chose, si c'était. — C'est moi qui vous le dis », ajouta la voix avec assurance. Ce n'était pas un membre de l'administration diocésaine qui me disait cela, ni même un prêtre ; mais n'y a-t-il pas partout des écouteurs aux portes ? Le lendemain, j'allai voir M. Bayle, qui était le supérieur ecclésiastique de l'établissement de Saint-Nicolas. Quand je lui eus rapporté le propos, il me dit : « Qui vous a dit cela ? On a eu tort de vous le dire, mais c'est vrai. Votre nomination est faite depuis quelque temps. C'est à M. Langénieux, archidiacre de Notre-Dame, qu'il appartient de vous la faire connaître. » J'allai voir M. Langénieux, rue Monsieur, et j'en reçus cette bonne parole, qui voulait être ma consolation : « Le bon Dieu est meilleur pour vous que vous ne l'êtes vous-même. Voici la lettre que je vous donne pour M. le curé de Saint-Nicolas-des-Champs », et il voulut bien me lire cette lettre, qui disait de l'envoyé : « C'est un bon prêtre qui sera, sous votre paternelle direction, un auxiliaire dévoué. » Il est évident qu'on avait l'intention de ne pas trop me dépayser en m'envoyant, des Frères de Saint-Nicolas, à Saint-Nicolas-des-Champs, mais j'avoue que je me trouvai dépaysé tout de même. A l'église Saint-Nicolas on m'apprit que M. l'abbé Jourdan, curé de la paroisse, était parti depuis l'avant-veille en vacances. Je n'aurais jamais eu l'idée, alors, de présenter ma lettre à M. le premier vicaire en l'absence de M. le curé. Je revins donc au Saint-Nicolas des bons Frères, et le premier que je rencontrai fut le cher frère X..., aimable, intelligent et capable. « Tenez-vous à rester avec nous ? me demanda-t-il. — Certainement, répondis-je. — Eh bien, laissez-moi faire. — Et comment? — Je verrai le frère directeur. — Mais j'ai une lettre adressée au curé de Saint-Nicolas. — Qu'est-ce que cela peut faire? — Que ma nomination est définitive. — Et quand même ! »

Je le laissai agir, ou plutôt l'en priai, et j'écrivis moi-même au directeur pour lui demander de faire une démarche personnelle. Le directeur, non étranger à la détermination prise, me répondit qu'il croyait devoir laisser agir la Providence. Dans l'espèce, le mot sonnait mal à mon oreille, et pour cause. Mais je ne voulus m'inspirer que de mon attachement pour ces enfants, et je fis le sacrifice de demander au directeur de changer de disposition ; je le fis même très humblement, ne croyant pas m'abaisser dès lors que j'agissais par un sentiment profond du bien que je pouvais faire. J'obtins gain de cause ; ma nomination fut retirée, et quelques jours après, le 18 juillet, le frère directeur converti m'écrivait de Vichy : « Je prie Dieu qu'il vous conserve de longues années au milieu de nos chers enfants de Saint-Nicolas. »

Il fallait laisser l'année scolaire s'écouler dans les conditions où elle était engagée, je le comprenais, et, sans méfiance, je m'accordai quelques jours de vacances, en septembre, pourvoyant à mon remplacement.

O nimium cœlo et pelago confise sereno !

La rentrée d'octobre n'apportant nulle modification, je ne m'en étonnai pas, pensant que la retraite annuelle, qui devait avoir lieu à la fin de ce mois, amènerait peut-être le nouveau modus vivendi. Mais, le 27 octobre, je reçus une invitation à me rendre le lendemain, lundi, chez M. Bayle. La conclusion de l'entretien fut celle-ci : « Vous aurez une nomination au Conseil de demain ; ne commencez pas les confessions. » En regagnant Saint-Nicolas, je me dis : « De quoi aurai-je l'air si, des enfants demandant à se confesser, je les renvoie? Comment s'expliqueront-ils ce refus? Ce n'est pas une défense qui m'a été

faite... Je recevrai ceux qui viendront. » Sans que je m'en dou-
tasse, c'était bien l'avis, seconde manière, de M. Bayle, et je le
sus presque dès mon retour à l'établissement, car le frère sur-
veillant, les enfants venus, en effet, pour se confesser, s'empressa
de me dire ce que le frère directeur venait de lui communiquer de la part de M. Bayle : « Surtout, si les enfants demandent à se confesser à M. A..., il ne faut pas les empêcher. »
La retraite achevée, M. Bayle m'adressa une nouvelle lettre, le
2 novembre, où il me disait : « Je ne saurais vous dire combien
votre situation me préoccupe... Avant de prendre une détermination, j'aurais été bien aise de causer encore avec vous. »
C'était bon et bienveillant. Je me rendis auprès de M. le promoteur Bayle qui me dit : « Après notre entretien de lundi, j'ai
pris une voiture à l'heure et je me suis fait conduire au pen-
sionnat de Passy et au lycée Louis-le-Grand pour me rendre
compte de la manière dont étaient établies les choses relativement au partage des élèves entre les deux aumôniers. J'ai con-
staté que les élèves étaient libres de conserver leur confesseur
lorsqu'ils changeaient de division ou de classe. Avec l'exemple
de ces deux maisons qui devait nous servir de règle, je me suis
présenté à Saint-Nicolas. Vous pensez bien que les choses n'ont
pas été toutes seules. J'ai répondu aux objections : « Je jouerais
« un triste rôle aux yeux de M. A... si, le jour où nous établis-
« sons ce qu'il a toujours réclamé, nous le priions de s'en aller.
« Il faut que M. A... essaye dans les nouvelles conditions. » Je
remerciai sincèrement M. le promoteur et il me dit : « Vous
voyez, il faut vous attendre à quelques difficultés. Vous sentez-
vous le courage de continuer votre ministère dans ces conditions?
— Mais certainement, répondis-je, je ne demande que cela, et
dans quelque temps d'ici, les Frères n'auront pas de meilleur
ami que moi. » Et en effet, la divergence de vues qui me sépa-
rait alors de la direction de Saint-Nicolas n'a jamais diminué
chez moi l'estime et la sympathie profondes que j'ai toujours
éprouvées pour les fils du bienheureux de la Salle dont la vie si
modeste, si mortifiée, héroïque en plus d'un sujet, est un exem-

ple vivant et salutaire de l'art de donner beaucoup au monde
en lui demandant fort peu.

A quelques jours de là, je vis M. Icard qui me dit : « Nous
avons été unanimes, au Conseil, pour approuver ce que vous
demandiez. Ne vous inquiétez pas... Nous avons l'intention de
vous laisser là quelques années pour vous donner le temps de
bien vous former, et puis ensuite... »

La fête patronale de Saint-Nicolas, 6 décembre, devait être
présidée par Mgr l'archevêque de Paris, Mgr Guibert, qui vint,
en effet, accompagné de M. l'abbé Reulet, son secrétaire.

Dans la chapelle, Mgr l'archevêque adressa quelques paroles
aux enfants et aussi à leurs maîtres. Voulant encourager ceux-
ci à la persévérance dans l'esprit de leur religieuse vocation :
« C'est votre habit, leur dit-il, qui assure vos succès. » Après la
cérémonie, le très honoré frère Philippe présenta à Sa Grandeur
le conseil d'administration dans le cabinet du directeur, et ce fut
pour l'archevêque l'occasion de répéter cette même parole. Le
très honoré frère Philippe, qui était debout en face de l'archevêque, souligna la répétition par une inclination de tête accom-
pagnée de cette phrase : « Nous le savons, Monseigneur, vous
nous l'avez déjà dit », ce qui eût pu donner lieu de penser que, si
« la répétition est la plus éloquente figure de rhétorique », ainsi
que disait Napoléon, elle n'est pas toujours la plus agréable.
Mais telle n'était pas assurément la pensée du Très Honoré qui
était en parfait accord de sentiment élevé et surnaturel avec le
vénéré prélat. Il n'est que juste de reconnaître, d'ailleurs, qu'aujourd'hui surtout leurs qualités professionnelles sont de compte
à demi avec le caractère religieux des Frères dans l'explication
de leurs succès. Monseigneur prit une très légère réfection à laquelle nous assistâmes debout, aumôniers et Frères, et pendant
laquelle il dit aux aumôniers ces mots : « En confessant les
enfants, il faut former leur conscience. » Rien autre ne fut dit
et rien ne fut fait en conformité des mesures adoptées en principe. Il en était de ces mesures comme de ces mécanismes tout
montés et tout prêts qui, au moment de servir, ne fonctionnent

pas, on ne sait pourquoi. Au fond, on pouvait tout de même savoir pourquoi, et faut-il beaucoup en vouloir à ceux qui, par prudence, par amour de la tranquillité de l'ordre établi, répugnent d'instinct à toute innovation qu'ils n'ont pas eux-mêmes souhaitée? Ne faut-il pas convenir aussi que ceux qui font les frais de leur organisation intérieure ont quelque droit à s'entourer du personnel qui leur convient, même, dans la mesure du possible, pour les ministères spirituels? Une fois les rapports établis, le divorce, ce semble, ne doit pas être rendu trop facile, et le moyen de durer ensemble est, sans doute, celui que nous donnait autrefois, dans la moralité simpliste d'une très banale histoire, le bon M. Dugrais, sulpicien légendaire que connurent à Issy les prêtres de mon âge. Un curé et un vicaire se quittaient après avoir vécu ensemble de longues années sans querelle. « Vous y avez mis du vôtre, disait le vicaire au curé, mais moi, j'y ai mis aussi du mien. » Il est probable qu'à Saint-Nicolas j'avais mis trop peu du mien, ou peut-être, hélas ! beaucoup trop du *moi*. Toujours est-il qu'une force d'inertie répondait seule à mes efforts.

Sur ces entrefaites, M. d'Hulst m'appela à l'Archevêché. Il venait de succéder à M. Bayle comme supérieur diocésain de Saint-Nicolas. Il fut des plus aimables, me fit même des confidences qui devaient me gagner à son idée : abandonner la place. Il me plut beaucoup, et il me témoigna plus tard que je ne lui avais pas déplu ; mais, fidèles au principe *Magis amica veritas*, nous demeurâmes chacun dans notre conviction, sans nous convertir l'un à l'autre, excepté par une réciproque sympathie. Je voulais « essayer dans les nouvelles conditions », suivant la parole de M. Bayle. Mais voilà, M. Bayle n'était plus là, et M. d'Hulst le remplaçant n'endossait pas la responsabilité de ses promesses. Il ne voulait sans doute pas entrer la verge à la main dans une maison dont il devenait d'office le protecteur en en devenant le supérieur. Il me fit venir une autre fois, me proposa de devenir second aumônier de la maison des Francs-Bourgeois dont le saint abbé Renaudière avait été jusqu'alors unique aumônier. Le poste était à créer, aucun crédit n'assurait encore le traitement du titulaire qui devait recevoir seulement, avec le logement, une allocation de 800 francs. « Je regretterai toujours Saint-Nicolas, répondis-je à M. d'Hulst, mais il est évident que, étant donné qu'on m'en retire, si je retrouve autre part le même fond d'occupations, je ne serais pas raisonnable en n'acceptant pas. » Là-dessus, je quittai M. d'Hulst qui me dit : « Encore faudra-t-il que je bataille, au Conseil, pour obtenir ce que je vous propose là. » C'était un mardi, jour de Conseil à l'Archevêché. J'allai dire un mot de tout cela à M. Icard, au séminaire de Saint-Sulpice. « Aux Francs-Bourgeois, me dit-il, le niveau des élèves serait plus en rapport avec le genre de vos instructions. Mais sortir des Frères pour rentrer chez les Frères, idée pas heureuse », ajouta-t-il. J'éprouvai le même sentiment et, avant la réunion du Conseil, je déposai à l'Archevêché un mot pour M. d'Hulst, le priant de ne pas se prévaloir de mon acceptation hâtive et qu'après réflexion je croyais devoir retirer. Mon changement seul fut décidé en principe, au Conseil, et M. d'Hulst m'en avisa par une lettre bienveillante, mais qui ne laissa pas que de m'étonner. J'attendis mon sort en continuant mes fonctions, et l'année s'acheva ainsi.

Au lendemain du 1ᵉʳ janvier 1873 une lettre ne portant que le titre d'aumônier de Saint-Nicolas me fut remise. Elle apportait réponse d'une propriétaire au sujet d'un appartement à louer. Je compris, et attendis l'éclaircissement qui m'arriva, en effet, et encore par hasard, un ou deux jours après. Un prêtre d'un certain âge, que j'avais eu déjà l'occasion de remarquer une fois dans le quartier, errant comme une âme en peine, entra dans la maison que j'habitais, au moment même où j'en sortais. Je le saluai, et lui, bien poliment : « Vous ne seriez pas M. le second aumônier de Saint-Nicolas ? me dit-il. — Je l'ai été, du moins ; je ne sais pas si je le suis encore. — Ah! Monsieur l'abbé, continua-t-il, laissez-moi vous dire que vous avez l'estime de vos supérieurs. — J'en suis très honoré, répondis-je, mais permettez-moi de vous dire que, s'ils m'estimaient un peu moins et faisaient un peu plus ce que je souhaite, je m'en trouverais pour le moment plus satisfait. Vous êtes évidemment mon successeur, Monsieur ; vous n'êtes pas cause de ce qui m'arrive, et je suis heureux de faire connaissance avec vous. Me permettez-vous de vous demander ce que vous étiez auparavant ? — Professeur de théologie. » L'abbé L. de G..., qui me témoigna toujours le plus affectueux intérêt, avait reçu de l'Archevêché la recommandation expresse et très délicate de ne pas se montrer à Saint-Nicolas avant que j'eusse reçu une nomination. En présence de l'embarras de ce bon monsieur, je pensai que ce serait faire œuvre de charité que de hâter la solution pour lui ; je m'y employai, et il entra à Saint-Nicolas le 8 janvier.

Ce même jour, je reçus de M. Langénieux une lettre, puis une feuille de pouvoirs, m'accréditant comme vicaire auprès du curé de Saint-Merry, M. l'abbé Mège. Dans les bureaux du secrétariat, où je m'étais rendu pour faire remplir la seconde de ces pièces, je rencontrai M. d'Hulst qui m'embrassa fraternellement et me dit : « Mon cher Monsieur A..., j'ai cherché pour vous quelque chose qui pût vous convenir et je ne l'ai pas trouvé. Vous allez à Saint-Merry. Vous avez l'avantage d'avoir là, au moins, de bons confrères. Si le curé de Saint-Merry faisait quelque difficulté pour vous recevoir, dites-lui qu'on a pesé ses raisons au Conseil de l'Archevêché et qu'on ne les a pas trouvées sérieuses. »

A Saint-Merry, on me renvoya au vendredi suivant, c'est-à-dire à trois jours, pour voir M. le curé. Ce jour-là, je me présentai chez lui et lui remis ma lettre. Il en prit connaissance et me dit aussitôt : « Monsieur l'abbé, je tombe des nues. Il nous est impossible de recevoir un vicaire en ce moment. Je verrai M. Langénieux. » Il était debout, et il était très grand, — on l'appelait [illegible] ; — il me fit presque peur. Je ne m'étais pas assis, je m'esquivai sans regret, nullement soucieux de m'acquitter de la commission de M. d'Hulst, et, quelques jours après, j'allai voir M. Langénieux qui me dit : « M. le curé de Saint-Merry m'a exposé les raisons qui empêchent la fabrique de cette paroisse de pourvoir au traitement d'un vicaire ; ces raisons sont très graves. Vous verrez M. Bayle : il est convenu que c'est lui qui prendra soin de votre placement. » De M. Bayle je fus adressé à M. Jourdan qui négocia bienveillamment ma nomination à Saint-Séverin. La place que je devais y occuper ne devait être vacante qu'au 1er mars. J'attendis jusqu'à cette date.

CHAPITRE IV

SAINT-SÉVERIN

(1873)

Saint-Séverin ! cette paroisse a eu le meilleur de ma vie sacerdotale. Quand je m'y présentai pour ma visite d'introduction auprès de M. le curé, la première personne que je rencontrai, au presbytère, fut l'abbé Castelnau, premier vicaire alors. Il était séduisant ; son sourire fin et gracieux m'annonçait compagnie aimable et belle humeur dans ce lieu un peu sombre, à l'ombre de la vieille abbatiale. Quant au bon M. Moléon, de prime abord, il avait plutôt l'air du lieu. De grandes lunettes rondes, à l'ancienne mode, la tête droite ou un peu relevée en arrière, comme pour braquer plus d'aplomb ses regards sur l'interlocuteur, donnaient à sa physionomie une apparence rébarbative qu'il se faisait parfois un malin plaisir d'accentuer par le ton sévère et maussade qu'il affectait de prendre pour vous dire, en fin de compte, les choses les plus aimables et les plus finement affectueuses, fondant en un délicieux sourire, ou dans un bon et sonore éclat de rire, toute cette mimique préparatoire, uniquement instituée pour le charme du contraste. Je le connaissais de réputation ; il ne m'inspira aucune crainte. « Ici, me dit-il, tout le monde fait la garde, même M. le premier vicaire, et même, au besoin, le curé. Le second vicaire a un jour de garde par semaine ; le dimanche est à tour de rôle, et quand il y a un cinquième dimanche au mois, c'est le premier vicaire qui est de garde. Pendant ses vacances, il peut se faire que M. le curé le remplace. » C'était à noter pour l'avenir ; mais je ne m'en doutais pas.

Le ministère de M. Moléon avait été brillant. Élève de l'abbé

Garenne, le digne curé des Blancs-Manteaux, qui mourut après lui, en 1878, à l'âge de quatre-vingt-quatre ans, il s'était exercé de bonne heure à la parole publique et spécialement à l'improvisation. Il y avait réussi et sa réputation de catéchiste, à Saint André, à Saint-Thomas-d'Aquin et à Sainte-Valère, avait groupé autour de lui des sympathies d'élite qui le suivirent partout et lui restèrent fidèles jusqu'à la fin, retenues par des qualités plus précieuses que celles du beau langage, par des vertus sacerdotales profondes, une foi communicative, une amitié délicate, généreuse et constante. C'était le prêtre humain dans le bon sens du mot, pouvant justement répéter le *Homo sum ; humani nihil a me alienum puto*, et en même temps le prêtre surnaturel, l'un et l'autre fondus ensemble, pour ainsi dire, dans cette sorte de *communication des idiomes* qui fait ressembler le prêtre complet, par nature et par grâce, au Christ, et qui donnait à celui dont nous parlons une physionomie délicieuse. Voulant rester avec les miens sur la paroisse de Saint-Sulpice, limitrophe de Saint-Séverin, et préoccupé en même temps de l'exactitude de mon service, j'avais loué, pour y passer mes jours de garde, un petit appartement, rue de la Huchette, à deux pas de l'église Saint-Séverin. Le milieu, paraît-il, laissait à désirer, ce que n'annonçait nul indice. Le bon M. Moléon m'en prévint, mais avec quelle discrétion et quel tact ! Il me dit bien que, dans mon inexpérience du quartier, je m'étais jeté dans un guêpier ; mais comme, en somme, il était fort difficile, dans ce quartier, d'éviter certains voisinages quand on devait se contenter d'un logement modeste, il m'aurait un peu molesté en agissant d'autorité, mais il me persuada par son intérêt affectueux. La Providence, au reste, arrangea tout, et, le local n'étant pas libre le jour où je devais l'occuper, j'usai du droit de résilier l'engagement et je me félicitai de l'heureux contretemps qui me permettait de tenir compte du charitable avertissement.

Quelques semaines après, je rencontrai M. Icard qui me dit : « Vous êtes maintenant avec un curé qui vous apprécie. J'es-

père que tout ira bien pour vous. » Il était, en effet, bien bon
et bien paternel, il avait même des attentions maternelles, ce
bon M. Moléon, et, dans ses rapports avec ses prêtres comme
avec les fidèles, il mettait vraiment en pratique la belle recommandation de Fénelon aux pasteurs : « Soyez pères, ce n'est
pas assez, soyez mères. » Peu de temps après mon arrivée, me
voyant, un matin, dans une stalle du chœur qui se trouvait
sur son passage, il s'approcha de moi tout doucement et me
dit à l'oreille : « Qu'est-ce que vous dites au bon Dieu ? —
Pas grand'chose. — Et qu'est-ce qu'il vous dit ? — Pas grand'-
chose non plus, pour le moment. » Il ajouta avec un délicieux
sourire : « Comme c'est gentil un petit abbé pieux ! » Puis,
me regardant dans les yeux, car il avait pris la place du bon
Dieu pour un moment : « Les prêtres ne sont pas pieux...
Cela vous étonne ? Les prêtres ne sont pas pieux... Continuez,
mon petit abbé. » Ce cœur de prêtre, délicat pour Dieu et pour
l'homme, avait aussi cette largeur que Salomon avait reçue en
partage : *Dedit illi latitudinem cordis*. Inexpérimenté en mille
choses, comme on l'est inévitablement dans la jeunesse, malgré
la grâce du sacerdoce, je m'étonnais un peu quand, avec l'abandon d'une bienveillante confiance, il m'éclairait en me disant
l'indulgence de son âme. « Tous ces gens-là ne sont pas coupables », me disait-il de catégories de personnes dont il avait
eu soin, d'ailleurs, de remarquer les excuses d'ignorance,
d'impuissance, ou autres, en présence de devoirs pratiquement
inobservables pour elles. Mais cette indulgence étant vraie et
foncière, n'ayant rien de commun avec cette charité feinte
contre laquelle saint Paul nous met en garde, — *in caritate non
ficta*, — elle s'étendait à tous et s'exerçait, suivant la recommandation du même apôtre, plus particulièrement envers ceux
de son entourage, par conséquent envers les prêtres, ses confrères, différente en cela de cette bienveillance, moins chrétienne que naturelle et mélangée d'égoïsme, qui déborde à
l'égard des pécheurs et pécheresses du monde et se resserre
quand il s'agit de la famille chrétienne et de l'entourage sacer-

dotal. « J'ai pour principe avec l'Archevêché, me disait-il un jour, d'avoir toujours les meilleurs vicaires », et ce n'était pas une parole à effet, sans corrélation dans sa conduite. Un jour que, différant d'avis avec lui et le voyant un peu contrarié, sentant le parti qu'il pouvait tirer d'un petit incident contre moi, je lui disais : « Je sais bien que quand on a fait un faux pas, les moindres circonstances sont exploitées contre vous. — Ce n'est pas vrai, reprit-il avec cette vivacité de ton qui marquait la promptitude de son cœur à se détourner de tout méchant sentiment, et d'abord, vous n'avez pas fait de faux pas. » On aime à être contredit de cette manière ; pour ma part, j'en étais charmé. Je le fus par des actes tout conformes à cette bienveillance de paroles. Je l'avais, une fois, un peu mécontenté en déclinant l'honneur de porter une chape et de faire *choriste*, suivant le rite parisien, le jour de Pâques, ayant, la veille, confessé fort tard, m'étant couché à minuit et levé à cinq heures du matin pour dire la première messe, vers six heures. Il en gardait un peu d'humeur, lorsque, un ou deux jours après, je dus dire une messe tardive pour une grande cérémonie de mariage. La messe achevée, le pasteur, sur un ton assez bref, me dit, à la sacristie, ces mots : « Aussitôt que vous aurez fait votre action de grâces, je vous prie de passer au presbytère, avant de rentrer chez vous. » Tout en me demandant ce qu'il pouvait avoir à me dire de si pressé, je me rendis à son invitation, et je le trouvai en faction dans l'antichambre du rez-de-chaussée séparant la salle à manger du salon. Dès qu'il me vit, il ouvrit la porte de la salle à manger où un verre de malaga m'attendait avec une pâtisserie légère. « Prenez cela tout de suite, me dit-il, pour vous remonter l'estomac. — Voilà ce qui s'appelle avoir du cœur, Monsieur le curé », lui dis-je à mon tour ; et je l'embrassai avec l'effusion de la plus douce reconnaissance.

Était-ce besoin de se dédommager du long silence de sa captivité de cinquante-cinq jours à la Roquette ? Il avait, tout le monde le savait, ce que nous appelions « la concupiscence de la *chaire* », et parlait quelquefois jusqu'à six ou sept fois dans un jour, mais il avait le soin, je dirai la délicatesse, de n'imposer pas ses discours en les intercalant, comme partie intégrante, au milieu des pieux exercices. Il les faisait souvent après. La liberté restait ainsi de les entendre ou non, et quelquefois le clergé en usait pour s'éclipser. Un jour que la chose était ainsi arrivée, il me dit après son allocution, sans courroux, même avec un léger sourire qui écartait toute amertume : « C'est curieux ! il suffit d'ouvrir la bouche pour voir filer tout le monde. » Je pensai qu'un mot le ferait rire et dissiperait tout son chagrin. « Que voulez-vous, Monsieur le curé ? répondis-je : l'esprit est prompt, mais la *chair* est faible. » Il me pinça un peu et s'amusa beaucoup.

Mais c'était au catéchisme qu'il fallait voir et entendre M. Moléon. C'était là son terrain. Je l'entends encore dire, avec cette mimique qui captivait si fort le regard et l'attention des petits enfants, pour leur faire comprendre que Dieu voit tout, jusqu'à nos plus secrètes pensées : « Il verrait, le bon Dieu, une fourmi noire marcher sur une pierre noire, par une nuit noire. » « Pour bien faire le catéchisme, me disait-il un jour, il faut être un peu comédien. » Il disait cela, comme il le pratiquait, en ce sens qu'il fallait savoir parler par les yeux, la physionomie, le geste, en même temps que des lèvres, pour laisser dans l'esprit et l'âme des enfants un souvenir durable de ce qu'on leur enseigne. M. l'abbé Roche, depuis évêque de Gap, avait appris de lui à faire ainsi le catéchisme, me disait M. Moléon.

Comme cela le rajeunissait, le bon curé de Saint-Séverin, de parler aux enfants ! comme il aimait à se mirer dans leurs yeux ! et comme il les bénissait avec effusion le jour de la Purification et de la Présentation de Notre-Seigneur au Temple ! C'était jour de grande fête, à Saint-Séverin, ce jour-là, pour les enfants au-dessous de sept ans, qu'on amenait de toutes les paroisses après les avoir fait inscrire sur une liste d'honneur. On délivrait à leurs parents des cartes personnelles leur donnant droit d'entrée dans la grande nef qui était remplie bien avant l'heure de la cérémonie. On proclamait solennellement les noms de tous les enfants, puis on les bénissait, et on remettait à chacun une belle médaille que l'on suspendait à leur cou par une jolie faveur. De pleines corbeilles présentées par les enfants de chœur se vidaient ainsi sous la main libérale du pasteur empressé à revêtir de cette livrée céleste les poitrines enfantines que contemplaient avec attendrissement les mères. Combien d'enfants ont remporté de cette cérémonie touchante, avec la bénédiction de Marie, un souvenir délicieux qui les a toujours accompagnés dans la vie !

M. Moléon, si tendrement ami de l'enfance et de la jeunesse, n'avait cependant pas le travers de certains vieillards qui, par faiblesse sénile ou par calcul égoïste, s'entourent exclusivement de jeunesse, même pour la collaboration aux plus graves affaires de la vie. Il tenait pour importante et considérable l'expérience que donne l'âge, et il jugea sévèrement à mes oreilles, un jour, telle administration qui « tombait en enfance », disait-il aussi plaisamment que justement. Une vieille amitié l'unissait à l'évêque de Bayeux, Mgr Hugonin, qu'il avait remplacé, pour le ministère spirituel, à la pension si florissante des demoiselles Delacommune. Là, tout le monde lui fut fidèle jusqu'à la fin, dans un souvenir de respect et d'affection. Nombreux, d'ailleurs, furent ses amis : les familles de Saint-Thomas et de Sainte-Valère, parents, enfants et petits-enfants, avaient suivi aux différentes étapes de sa carrière sacerdotale le catéchiste, le confesseur, le directeur, le prêtre bon, délicat, distingué et dévoué, et le nombre des pèlerins qu'attirait à Saint-Séverin, sous le vénéré M. Haniele, l'archiconfrérie de Notre-Dame-de-Sainte-Espérance, ne fit que s'accroître sous M. Moléon, sans moins d'éclat, et comptant toujours d'insignes représentants de la société française.

M. Moléon n'avait pas seulement des amis dans le monde ; il en avait dans le clergé, et d'assez considérables pour donner satisfaction à son amitié et à la solennité des plus grandes fêtes,

quand il les invitait à la présidence de quelque cérémonie
religieuse. C'est ainsi qu'en 1873, Mgr Langénieux, évêque
nommé de Tarbes, vint à Saint-Séverin présider une fête pour
le couronnement d'une rosière, fête traditionnelle à Saint-Séverin
alors, mais qui, malheureusement, ne fut point renouvelée les
années qui suivirent. Elle fut tout à fait charmante, et je me
rappelle avec quelle grâce aimable le prélat, du haut de l'autel,
adressa l'hommage de sa piété filiale et à la Vierge de la
montagne et à celle de la cité, puis les vœux paternels de son
cœur à l'enfant de Marie de la montagne et à l'enfant de Marie de
la capitale, bénissant l'une et l'autre dans un même sentiment
de bienveillante piété. Nous avions eu l'honneur d'entendre
autre part qu'à l'église l'élégante et captivante parole du prélat.
A table, il nous avait raconté comment sa nomination à l'évêché
de Tarbes l'avait trouvé indécis, comment il avait, avant
d'accepter, consulté Dieu, la très sainte Vierge, et demandé à
M. Icard : « Faut-il être évêque ? » En pareille conjoncture,
autrefois, un prêtre de Paris était allé demander conseil au saint
abbé Mollevaux, supérieur de la *Solitude* des Sulpiciens, à Issy.
« On me propose d'être évêque, avait dit l'ecclésiastique. —
Tant pis ! avait aussitôt répondu M. Mollevaux. Quant à moi,
si on me le proposait, j'aimerais mieux être pendu. — Alors,
vous me conseillez de refuser ? — Non pas, acheva M. Mollevaux. Je vous dis que j'aimerais mieux être pendu. Mais
puisqu'il faut que quelqu'un le soit, autant vous qu'un autre. »
M. Icard dut donner une réponse moins décourageante au
grand vicaire de Paris qui accepta alors, l'Église de France
s'en félicite depuis longtemps, l'évêché de Tarbes. J'eus
l'honneur de reconduire Mgr Langénieux, rue Monsieur. « Je
suis très heureux de ce que M. votre curé vient de me dire
de vous, daigna me dire Sa Grandeur, et je ne manquerai
pas d'en faire part au Conseil de l'Archevêché. Mais, ajouta-t-il,
nous avons appris depuis votre départ de *** des choses que
vous auriez dû nous dire. — Je me suis contenté, répondis-je,
de parler de celles qui me concernaient personnellement.

et il m'a semblé que c'était déjà beaucoup. — C'est égal, continua Monseigneur, c'était un devoir de conscience de nous avertir... Rien n'aura de conséquence pour vous ; mais dans l'avenir, défiez-vous. En administration, on a peu de temps, et on juge vite. » Judicieuse et précieuse parole, bonne à retenir pour les juges, même parfois pour les avocats qui sont éloquents un peu tard, témoin Cicéron dont le plaidoyer pour Milon, écrit après coup et beaucoup mieux qu'il n'avait été prononcé en présence des soldats de Pompée, inspirait à son client exilé ce doux reproche : « O Cicéron ! si vous aviez parlé ainsi, je ne mangerais pas d'aussi bon poisson à Marseille. *O Cicero ! si sic dixisses, non ego barbatos pisces Massiliæ ederem.* »

Cette année 1873 fut celle du premier grand pèlerinage à Paray-le-Monial. J'eus la permission et le bonheur d'y prendre part, et je n'ai pas oublié l'édifiante piété des pèlerins, la prière et les cantiques en wagon, pendant le cours du pèlerinage pour en rappeler le but, les processions magnifiques, les autels improvisés, les sermons en plein air, la visite au monastère de la Visitation, au bosquet des apparitions, au coudrier de la bienheureuse Marguerite-Marie, et enfin la symbolique rencontre d'illustres pèlerins, le comte Christian de Lambert cueillant des feuilles de coudrier pour le prince impérial... *Heu ! si fata aspera rumpas !*... le général de Charette suivant la procession comme un simple mortel, un cierge à la main, derrière moi, chantant au ciel, d'une voix robuste comme sa foi : « Sauvez, sauvez la France ! » Les couleurs politiques, les divergences d'espoirs se fondaient là toutes, je puis le dire, dans le rayon céleste d'une sainte espérance émanée du Cœur adoré. Je n'ai de souvenir collectif que celui-là, le souvenir d'une ferveur sincère, d'une piété affable et, à l'ombre du Cœur divin, d'une fraternité généreuse si dignement représentée par cette grande figure de brave et de chrétien, le général de Charette, que j'ai revu souvent depuis, mêlé à la foule des fidèles, dans l'auditoire de Saint-Roch.

M. le curé de Saint-Séverin fit aussi un pèlerinage, celui

de Rome, qui le fatigua beaucoup, mais lui valut la consolation d'une audience de Pie IX et d'une promenade avec Sa
Sainteté, en compagnie de quelques prêtres, dans les jardins
du Vatican.

Cette même année 1873 fut marquée par un événement
auquel fut sensible M. Moléon, auquel aussi je fus sensible. Le
25 septembre, M. Bayle rendait son âme à Dieu, enlevé en
quatre jours, âgé de moins de quarante-cinq ans. Cette perte
douloureuse pour le diocèse, en particulier pour Mgr Guibert
qui l'avait nommé archidiacre de Sainte-Geneviève, rattacha
plus étroitement le cœur de beaucoup de prêtres à un membre
de l'administration, momentanément éloigné, et rappelé à la
dignité d'archidiacre de Sainte-Geneviève par Mgr Guibert, à la
mort de M. Bayle, M. l'abbé Lagarde. M. Moléon, qui entrete-
nait les meilleures relations avec lui, l'invita à présider la fête
de saint Séverin le Solitaire, au mois de novembre, et j'eus
l'honneur d'être invité à faire, aux vêpres, le sermon. J'ai
souvenir de la bienveillante appréciation de l'aimable archidiacre et souvenir aussi, plus important celui-là, des réflexions
qu'il fit, au dîner de la fête, le soir. Tout le monde connaissait,
ou croyait connaître, l'histoire du message de M. Lagarde
auprès de M. Thiers, à Versailles, et beaucoup de personnes,
même dans le clergé, avaient jugé sévèrement sa résolution de
rester à Versailles, malgré l'engagement pris de revenir à Paris
rendre compte de sa négociation. On s'était empressé de rappeler
le cas de Regulus, sans connaître, en réalité, le détail d'une
situation que le principal intéressé ne pouvait révéler et qui
avait pu, du jour au lendemain, se modifier singulièrement à
l'insu du public. M. Lagarde avait traversé une bien cruelle
épreuve, non pas seulement à Versailles et pendant l'exécution
des otages, mais pendant les mois qui suivirent et où il fut
condamné à une sorte d'exil. Je pus le constater moi-même
en visitant, l'année 1874, certaine contrée de Bretagne où il
avait reçu une hospitalité aussi bienfaisante à son âme qu'à sa
santé si profondément altérée. L'ayant eu pour archidiacre à

Notre-Dame-des-Champs, je crus de mon devoir, quand il fut rendu à l'administration, de lui adresser une carte de félicitations, ce que je fis en toute sincérité, n'ayant jamais, pour mon compte, opposé le nom de Regulus au sien. Mais il paraît qu'à son retour les cartes de tous côtés affluèrent et que les plus empressés à le condamner au moment du message furent alors les premiers à le féliciter. Lui-même en fit, en notre présence, la constatation avec plus de gaieté que d'amertume, ajoutant cette réflexion, qui disait tout sur son épreuve, sur l'horrible agonie de son cœur, quand sombrait momentanément son honneur, parce que le devoir le condamnait à se taire : « *Si tu scis tacere et pati, videbis procul dubio auxilium Domini.* Si vous savez demeurer en silence et souffrir, vous ressentirez indubitablement le secours de Dieu. » (*De Imitatione Christi*, lib. II, cap. II, n. 1.) C'est dans cette chrétienne pensée de l'*Imitation* qu'il avait puisé la force de sa longue patience couronnée par la restitution providentielle de ce qu'il avait perdu.

GRAND PÈLERINAGE DE LOURDES (1874)

L'année 1874 fut celle d'un grand pèlerinage national à Lourdes. Les Pères de l'Assomption, qui en furent les promoteurs et organisateurs, eurent l'excellente idée d'utiliser pour leur dessein un courant déjà existant et qui survivait, en quelque sorte, à son objet, je veux dire le pèlerinage traditionnel de Notre-Dame de Boulogne-sur-Mer, dont le centre d'organisation, pour Paris et la province, était Saint-Séverin et la date le milieu d'août. M. Hanicle, prédécesseur de M. Moléon à Saint-Séverin, ami de Mgr Haffreingue, évêque d'Arras, lui-même restaurateur du pèlerinage treize fois séculaire de Notre-Dame de Boulogne, avait puissamment contribué à le rendre populaire à Paris. Chaque année, le groupe parisien fournissait de quinze cents à deux mille pèlerins qui venaient longtemps à l'avance se faire inscrire et s'assurer de leur billet de voyage, à Saint-Séverin. Héritier du zèle de son vénéré prédécesseur, M. Moléon n'avait cependant pu soutenir au même degré une tradition que les événements de 1870-1871 avaient partiellement suspendue ; mais le courant subsistait et devait même subsister plusieurs années encore après la suppression du pèlerinage paroissial. En 1874, Notre-Dame de Lourdes remplaça Notre-Dame de Boulogne et, on peut le dire au point de vue de la pérégrination, recueillit sa succession. Aussi les Pères Assomptionnistes ne songèrent-ils pas à déplacer, l'année de leur grande initiative, le centre habituel et connu de l'organisation. Avec un ou deux sanctuaires, dont Notre-Dame-des-Victoires, sœur de Notre-Dame-de-Sainte-Espérance, ce fut Saint-Séverin qui reçut et plaça le plus de billets. J'eus l'honneur d'être désigné par M. le curé pour conduire les pèlerins de la paroisse qui, fort nombreux, emportèrent leur belle bannière sans rougir du parallèle avec celle qu'arborait le P. Picard aux grandes processions de Notre-Dame-de-Salut, à Lourdes. M. le curé Moléon, bien délicatement, comme il faisait toujours, mit une condition à mon voyage, c'était qu'avant de partir je donnasse à la paroisse le sermon de vêpres, le jour de l'Assomption. J'y consentis, non sans appréhension, car la fête était solennelle, plus encore qu'elle ne l'est aujourd'hui, du moins pour le concours des fidèles qui n'avaient pas alors toutes les attractions profanes multipliées de nos jours, les dimanches et les jours de fête.

Une double circonstance a gravé dans ma mémoire le souvenir de cette fête et du sermon. J'étais de garde ce jour-là, exposé par conséquent à toutes les chances du ministère impersonnellement réclamé. Une demi-heure avant vêpres, environ, je fus demandé d'urgence pour une personne malade. J'étais en ce moment à l'église ; j'emportai les saintes huiles et me rendis, en hâte, au domicile indiqué, tout près de ma propre demeure. Pauvre malade, pauvre femme, pauvre mère de famille pour laquelle aujourd'hui encore je prie ! Elle s'était pendue ! On venait de couper la corde dont la trace se voyait dans une ecchymose

circulaire sur le cou. Elle respirait encore ; ses enfants conster-
nés l'entouraient. Des détails communiqués par eux, un reste
de connaissance réveillé chez elle par ma voix, me permirent de
l'administrer, après l'avoir absoute, et de revenir avec confiance
la recommander à la Vierge de la sainte Espérance. J'étais bien
pâle quand je commençai mon sermon. Le bon curé, qui ignorait l'événement, rétablit sans s'en douter l'équilibre normal de
mes esprits que l'exercice du sermon n'avait pas entièrement
ramené, et il le fit par un de ces mots qui volontiers s'échap-
paient de son cœur. Du banc d'œuvre il éleva la voix aussitôt
après le sermon et, bien que je me fusse esquivé prestement une
fois descendu de chaire, j'entendis ces mots louangeurs : « Autrefois, pour cette fête, nous avions des princes de la parole. Il
me semble qu'aujourd'hui nous n'avons pas trop à rougir... »
C'est moi qui rougissais alors. Au sortir de l'église, un homme
en blouse bleue, qui avait assisté au sermon, s'approcha de
moi, répéta l'éloge et me présagea qu'un jour je remplacerais le
P. Monsabré. Je n'ai pas besoin de dire qu'à quelques jours
de là il me demanda la monnaie de son compliment.

M. Moléon profitait, je le compris, de la circonstance d'une
belle fête pour m'encourager au travail de la prédication qu'il
avait lui-même toujours pratiqué et aimé. Il ne manquait
d'ailleurs aucune occasion de me donner cette sorte d'encouragement, et il le faisait d'autant plus consciencieusement qu'il
m'avait refusé, dès mon entrée à la paroisse, la permission de
continuer mon concours à l'œuvre de l'évangélisation des
faubourgs. Cette œuvre avait pris naissance à Paris le 3 mai
1872, jour de l'Invention de la sainte Croix. Une liste avait été
dressée des prêtres de tout âge jugés en état d'y prendre part en
qualité de directeurs ou de prédicateurs. J'avais été inscrit sur
cette liste et avais assisté à la première réunion générale présidée
par Mgr Guibert, à l'Archevêché, à cette date du 3 mai. Le
vénéré archevêque, qui avait pris pour devise *Evangelizare
pauperibus misit me*, espérait de grands fruits de cette œuvre
d'évangélisation et de l'effort des prêtres qui l'inauguraient. Ces

prêtres étaient à peu près tous des prêtres du clergé séculier exerçant le ministère dans le diocèse de Paris, comme curés, aumôniers ou vicaires. Pour les vicaires, l'autorisation de leur curé respectif était nécessaire, et c'était là la grosse difficulté. Aumônier de Saint-Nicolas, j'avais pris part à la mission de Saint-Éloi et à celle de Grenelle. J'étais retenu par M. d'Hulst pour la mission de La Maison-Blanche et convoqué à cet effet, à l'Archevêché, le 3 mars 1873, quand M. Moléon, jugeant que la besogne paroissiale me suffisait, refusa son assentiment. Ces refus de MM. les curés se produisaient quelquefois et mécontentaient assez M. le promoteur chargé de la direction supérieure des missions. Le bon P. Bieuville, de la Compagnie de Jésus, lui prêta dans la suite le concours de son zèle, de sa grande expérience et aussi de sa grande influence sur le clergé. Il était directeur de l'œuvre des retraites particulières qui s'inaugurèrent à Gagny et à Vaugirard, avant d'être établies définitivement à la villa Manrèse de Clamart.

Je me souviens qu'un jour, me parlant de ces missions, il me raconta qu'au cours d'une conversation avec Mgr Guibert, il lui avait dit discrètement que certains curés se plaignaient de voir leurs paroisses occupées par les missionnaires sans qu'on se fût, au préalable, concerté avec eux. « On pourrait peut-être consulter MM. les curés, disait le P. Bieuville à Sa Grandeur. — Et pourquoi ? reprit vivement l'archevêque. Cela ne les regarde pas. » Le P. Bieuville n'insista pas. « Je laissai dire Monseigneur, parce que c'est comme cela qu'il faut faire avec lui, me dit-il. Mais quand nous eûmes parlé d'autre chose, à la fin de l'entretien, l'archevêque revint de lui-même sur la question, comme je l'avais prévu. « Si on s'entendait auparavant « avec MM. les curés, fit-il, ne pensez-vous pas, mon Père, que « cela serait à propos ? — Oh ! vous avez là une idée excellente, « Monseigneur. — N'est-ce pas ? Eh bien, dans l'avenir, nous « ferons ainsi. » Il fallait, m'ajouta le P. Bieuville, que l'idée vînt de lui. »

N'était-ce pas, chez Mgr Guibert, le même principe que celui

qui inspirait Mgr Darboy quand, à la clôture d'une retraite
pastorale, il disait : « Vous me trouverez toujours avec vous,
Messieurs, vous précédant seulement d'un pas, pour le respect
de l'autorité » ? Destutt de Tracy, dans une lettre à Maine de
Biran, alors sous-préfet de Bergerac, à propos d'une école pes-
talozzienne compromise par l'hostilité de certain grand vicaire
de Périgueux, lui écrivait : « Les prêtres sont bien jaloux de ce
qu'ils ne font pas eux mêmes. » Si cette critique est méritée,
en certains cas, peut-être qu'en expliquant le fait qui la provoque
on en ferait tomber l'odieux. Le prêtre est un gardien, gardien
de vérité, de morale, de principes, de traditions, gardien d'âmes.
Tout gardien a le devoir d'être vigilant et défiant, et jaloux du
bien qu'il garde, *omnia tuta timens*, suivant l'heureuse expression de Virgile. N'est-ce pas pour cela que le prêtre, large
d'esprit mais conservateur de sa foi, paraît, en certains cas,
étroit et rétrograde ? que, généreux de cœur, il semble, d'autres
fois, égoïste, âpre à la défense de ses droits qui sont, en somme,
ceux de Dieu et des âmes, ombrageux, délicat susceptible
comme ceux qu'on touche à la prunelle de l'œil ? qu'ardent de
tempérament, impatient d'agir, empressé dans l'action par
caractère et humeur, il devient, par conscience, circonspect,
lent à se décider, temporisateur, retenu, discipliné, modéré,
maîtrisant l'impétuosité des désirs ? Ainsi s'expliquent, à y
regarder de près, les antinomies du prêtre : des vertus, réelles,
chez lui, malgré des apparences contraires, et aussi des
défauts. Je dis bien, des défauts : c'est qu'en effet nos défauts
côtoient nos qualités, soit que nous poussions à l'extrême ce que
nous dictent nos qualités et nos vertus, soit que nous détour-
nions, partiellement du moins, au profit de notre amour-propre
et de nos petites passions, ces habitudes de correction parfaite,
d'intransigeance absolue, de prudence impeccable qui ne sont
justifiées que par un but moral tout à fait supérieur et désintéressé. Ces réflexions sont venues ici à l'occasion d'un mot de
Mgr Guibert et de l'attitude de certains curés de Paris en
présence de l'œuvre de l'évangélisation des faubourgs. Il est

clair que chez Mgr Guibert les vues de sagesse étaient supérieures
et les sentiments bien sincères. On n'est pas systématique dans
ses idées quand, au bout d'une conversation ayant provoqué
un travail intérieur de l'esprit, on revient spontanément sur
une objection qu'on a faite soi-même, pour la résoudre dans le
sens de l'interlocuteur. Ceux qui approchaient Mgr Guibert lui
reconnaissaient d'ailleurs cette droiture et cette justice. « Quand
il voit, me disait un jour M. Legrand, curé de Saint-Germain-
l'Auxerrois, quand il voit que quelque chose n'est pas juste, tout
de suite il revient sur ses pas. » M. Legrand en citait cet exemple.
Un jour, au Conseil de l'Archevêché, il avait exprimé une
manière de voir que les membres du Conseil ne partageaient
pas. Après avoir exposé son sentiment il demanda ce qu'on en
pensait et les grands vicaires crurent de leur devoir d'approuver
vaguement, sans formuler aucune remarque. Mgr Guibert, avec
autant de finesse que de sincérité, dit alors : « Messieurs, je vois
que vous m'approuvez sans beaucoup d'enthousiasme. J'en
conclus que vous n'êtes pas de mon avis. Nous renoncerons
donc à cela. » Le bon curé de Saint-Germain qui, dans sa
longue carrière, avait connu tant de *têtes couronnées d'épines*,
— c'est ainsi qu'il appelait parfois les évêques, — ajoutait avec
quelque malice, par opposition à l'exemple qu'il venait de
citer : « Mgr X... (qui vivait encore à cette époque), lui,
quand on n'est pas de son avis, dit : « Messieurs, nous recom-
« manderons cela au bon Dieu. » Huit jours après, chose étonnante ! c'est toujours dans le sens de ses désirs qu'il a été
exaucé. »

Revenons au pèlerinage de Lourdes. Ce pèlerinage fut heureux. Je me rencontrai en route avec M. l'abbé Duhamel, futur
curé de Vincennes, dont l'esprit et la bonne humeur furent une
bonne fortune, reposante et charmante, édifiante aussi pour
les pèlerins casés dans son compartiment. A Lourdes, salué
par le *Magnificat* qu'on entonna avec transport dès l'apparition
du clocher de la basilique, la première préoccupation pour
moi fut de pouvoir dire avec recueillement la sainte messe, ce

qui ne pouvait guère s'obtenir qu'en célébrant à l'église paroissiale, sans tenter l'impossible en cherchant la consolation de
le faire, dès le premier jour, à la basilique même. Quelqu'un
fut du même avis, c'était M. l'abbé Rataud, aujourd'hui curé de
Notre-Dame-des-Victoires, à qui je servis la messe et qui voulut
bien me la servir, ce dont je fus tout heureux.

Dès les premières heures de l'après-midi, quand je retournai
à la grotte que j'avais visitée, bien entendu, avec empressement
et amour, toute la matinée, je rencontrai sur le chemin une
foule nombreuse qui en revenait, chantant le *Magnificat* et
entourant un personnage vêtu d'un bourgeron bleu et qui était
évidemment l'objet de la manifestation. C'était un *miraculé*. Il
me parut si bien portant que je me demandais par où il avait
pu être malade. Jeune, fort, il chantait plus haut que tous les
autres. Il avait été aveugle, me dit-on, s'était lavé les yeux à la
piscine, et maintenant il voyait. Le soir, à table, j'appris ce
qu'on racontait partout, que le prétendu miraculé était un mystificateur qui avait fait bonne recette. Cela n'ébranla, certes, pas
ma confiance en la toute-puissante protection de la Vierge de
Lourdes, mais me rappela, utilement peut-être, dès le commencement de mon pèlerinage, le précepte de sagesse : *Cui fulas
vide, — Nimium ne crede colori*, et, en somme, l'avertissement
de saint Jean : « *Nolite omni spiritui credere*. Ne croyez point
à tout esprit, mais éprouvez les esprits, s'ils sont de Dieu. »
(I Joan., IV. 1.) Les mystificateurs sont possibles partout ; il faut
le savoir et prendre garde d'en être dupes, sans que cette
crainte doive nous en faire voir partout. « A Lourdes, d'ailleurs, les simulateurs sont rares, disait M. Zola lui-même,
malgré les joyeuses histoires répandues sur Lourdes par les
esprits voltairiens. » A la fin de la journée, autour de la grotte,
une réunion générale groupait tous les pèlerins. Un sermon en
plein air fut suivi d'acclamations de foi et de reconnaissance à
la très sainte Vierge. Je criai : « Vive la Vierge immaculée ! »
et j'étais content de moi ; mais, hélas ! où il y a des acclamations, c'est bien là qu'il faut faire comme tout le monde, ou ne

pas s'en mêler. Mon voisin, jeune ecclésiastique de province avec qui je m'étais rencontré à table d'hôte et qui avait plus de poumons que moi, aussi, sans doute, plus d'usage du pèlerinage, me regarda de travers et m'inculqua vivement, par le ton renforcé de sa voix, la vraie formule : « Vive l'Immaculée Conception ! » Il avait raison, puisque c'est ce qu'on lit dans le nimbe de la Vierge de Lourdes, ce que Bernadette a entendu et répété, ce que chacun sait, chante et crie dans les manifestations spontanées de la prière et de la foi. J'avais le malheur de ne pas bien connaître alors toute l'histoire de Lourdes et, comme c'était la première fois que j'y allais, je n'avais pas encore entendu tout le monde. Mon voisin me fit comprendre, presque *torvis oculis*, qu'en sa personne j'entendais tout le monde.

J'en ai fait depuis mon profit. Chose étrange ! bien des années après, à l'occasion d'une conférence du docteur Boissarie sur les miracles de Lourdes, je me rappelle avoir lu une réponse raisonnée à la thèse du docteur où l'auteur, justifiant ses doutes, faisait cette réflexion : « Si la sainte Vierge a réellement parlé, elle a dû parler français. Or dire : « Je suis l'Immaculée « Conception » n'est pas parler français. Donc... » Qu'eût-il dit du langage de Notre-Dame de La Salette ! Sur son propre terrain, on eût pu répondre, peut-être, au contradicteur du docteur Boissarie, qu'à la rigueur la métonymie, cette figure de rhétorique qui autorise l'emploi du nom abstrait pour le concret, justifie la phrase incriminée, et qu'en fait elle est adoptée dans le langage courant, qui comporte qu'on dise d'une statue ou d'un tableau : « C'est une Assomption », et tout aussi bien : « C'est une Immaculée Conception. » Mais quoi que vaille la chicane grammaticale, on peut surtout répondre : Quand il plaît à Dieu ou à la sainte Vierge de nous parler, il faut leur reconnaître le droit d'employer le langage qui leur convient pourvu que nous puissions l'entendre. Or le langage qui leur convient n'est-il pas précisément celui qui convient le mieux aux personnes à qui directement ils s'adressent ? Si donc le bénéficiaire de la communication céleste se trouve être, non un savant ou un académicien, mais un petit paysan ou une pauvre petite campagnarde, ne conviendra-t-il pas que Dieu et la sainte Vierge se servent des mots, des tours de phrase et des figures les plus propres à éclairer et à impressionner l'âme qu'ils veulent instruire et toucher, en bon français, ou en patois, qu'importe ?

Il y a là, d'ailleurs, comme en toute expression des révélations célestes, un problème psychologique très profond qu'il serait utile d'étudier pour se rendre compte de l'insuffisance du langage humain dans l'énoncé des révélations faites aux hommes, en dehors, bien entendu, du domaine strict de la foi, insuffisance remarquée même pour les choses de l'ordre naturel, témoin Diderot qui écrivait très justement : « Je crois que nous avons plus d'idées que de mots. Combien de choses senties et qui ne sont pas nommées ! » Ce que dit sainte Thérèse à propos de ses révélations met sur la voie d'explications qui rendraient les uns moins sceptiques sur ce sujet, et les autres moins crédules. Bossuet fait observer, relativement aux maximes des saints et, en général, aux écrits des saints canonisés, qu'en les approuvant l'Église n'a nullement entendu les adopter ni les garantir, mais seulement louer le sentiment qui les a inspirés. Qu'on se rende compte de ce qui se passe dans le cas d'une révélation, au moment même et après. De plusieurs manières Dieu, — la sainte Vierge, les saints, les anges, par conséquent, — de plusieurs manières, dis-je, Dieu peut se communiquer, faire une révélation à l'âme. Il y a d'abord, de la part de Dieu, une impression sans paroles, une sorte de contact silencieux produisant un effet simple sur l'âme, ou des effets concomitants multiples. Pour se rendre à elle-même cet effet ou ces effets, l'âme cherchera des paroles, des paroles intérieures par lesquelles elle puisse se dire à elle-même ce qui lui arrive, ce qu'elle sent. Si l'effet divinement produit est unique et très simple, la parole intérieure pourra être elle-même simple et assez nette, quoique jamais adéquate à l'objet. Si, au contraire, celui-ci est multiple,

la parole intérieure sera alors tout à fait insuffisante à le traduire,
et l'âme cherchera, sans trouver, l'expression de son état et de
sa perception ; elle s'y reprendra de façons diverses, sous des
formes multiples comme l'objet, et, ne réussissant pas à l'embrasser d'une seule étreinte dans son ensemble, elle tentera d'en
reproduire l'intégralité par plusieurs reconstitutions partielles.
Il ne sera ainsi bien plus encore dans le moment qui suivra la
révélation, et dans la parole extérieure, je veux dire dans cette
traduction en langue humaine qui s'élaborera, à la suite des
premiers phénomènes, dans l'esprit, le cerveau et l'organe
externe de la parole. L'effort s'inspirera alors, non plus du
spectacle présent, mais déjà du souvenir, de la réminiscence de
la réalité disparue. *Exquisivit te facies mea. Faciem tuam, Domine, requiram.*

Le phénomène divin peut consister en autre chose, en une
apparition et aussi en un langage. L'apparition donne une
forme plus précise, plus appréhensible, à la communication
divine, parce qu'alors celle-ci se circonscrit, se concrétise et,
affectant l'organe de l'imagination visuelle, se trouve localisée
par elle et rattachée à une manière d'être extérieure et sensible.
Si le langage du côté de Dieu s'y ajoute, c'est un élément de
précision de plus dans l'acte accompli par Dieu et dans l'effet
produit chez l'homme dont un nouvel organe est affecté et
excité, le sens physique de l'ouïe, tout au moins le sens imagi-
natif ou l'organe sensoriel interne de l'ouïe. Mais qu'y a-t-il
d'absolument objectif dans ces phénomènes, et qu'y a-t-il
de subjectif ? C'est la grande et souvent insoluble question. Et
je rattache ici à ce que j'appelle objectif tout phénomène produit
par une cause différente des agents naturels, quand même le
phénomène ne serait nullement extériorisé et n'aurait cours
que dans le sujet et purement à l'état psychique et sensoriel.
Encore une fois, le problème est souvent insoluble. Que l'apparition soit *réelle* (et nous en dirions tout autant de la parole),
extériorisée ou non, nous le supposons. Mais il faut la dépeindre,
la traduire, la rattacher par quelque lien à un type antérieur et

connu, dans l'instant même de la perception, dirai-je, car en cela consiste le travail réactif de l'âme sur tout ce qui l'affecte, mais à coup sûr dans l'instant qui suit la perception, pour pouvoir en fixer l'empreinte, et c'est là que commence le rôle interprétatif de l'homme. On a eu beau voir, la vision ne persévère pas, et il faut la reproduire, et en la reproduisant n'y a-t-il pas des formes diverses du même objet qui flottent dans la pensée? S'il est vrai qu'après être demeuré longtemps en contemplation devant un tableau ravissant, *la Transfiguration* de Raphaël, par exemple, et après avoir dit, en sortant de ce spectacle : « Si j'étais peintre, je le reproduirais tout entier, tellement il est gravé dans mon imagination en traits ineffaçables », s'il est vrai que, dans le cas d'une aussi vive impression, on soit obligé de reconnaître que mille et mille détails nous ont, malgré tout, échappé, au moment même de la contemplation, ou se sont enfuis de notre mémoire, et que ce serait une tâche impossible que d'essayer par le seul souvenir une reconstitution intégrale et fidèle, ne peut-on pas dire la même chose dans le cas de ces apparitions surnaturelles qu'il plaît à Dieu de procurer aux hommes ? En relevant cette impuissance ordinaire de l'homme, je n'ai garde d'oublier la puissance extraordinaire du génie, puissance qui peut être égalée et dépassée dans l'âme, s'il plaît à Dieu de compléter par elle le don de ses révélations surnaturelles. Ainsi Mozart, à quatorze ans, assistant à l'exécution du *Miserere* d'Allegri, pendant la Semaine sainte, à la chapelle Sixtine, en 1770, fixant dans sa mémoire les notes du morceau dont, sous les peines les plus sévères, il était interdit de prendre aucune copie, et reproduisant le chef-d'œuvre, deux ou trois jours après, en s'accompagnant au clavecin, au grand étonnement de Rome et du pape Clément XIV, Mozart put faire là, semble-t-il, ce que le maximum d'effort de l'attention dans l'homme est généralement impuissant à obtenir. Encore faut-il admettre quelque à peu près probable et des variantes de détail dans cette reproduction fidèle, contrôlée d'ailleurs dans une seconde audition du chef-d'œuvre le Vendredi saint, dans la même chapelle Sixtine, par le jeune maître qui tenait alors sa copie sous ses yeux, au fond de son chapeau. Quoi qu'il en soit, Dieu n'est pas obligé d'accorder une faculté de ce genre, extranaturelle ou surnaturelle, et s'il peut le faire, il est certain qu'il ne le fait pas toujours, même pour faire retenir à des âmes simples des spectacles très peu compliqués. Et dans ces conditions, l'infirmité de l'homme, et de ses facultés compréhensives et de ses moyens d'interprétation, subsiste.

D'abord, les choses vues, les formes, les teintes, les couleurs, sont-elles toujours exactement celles dont les réalités naturelles nous fournissent le type ? Il semble bien que non, et c'est ce qui explique, dans un grand nombre de relations de visions et d'extases, ces expressions comparatives, approximatives, imprécises qui sauvent la sincérité et l'exactitude relative des récits. Lors même que le spectacle aperçu n'a rien d'absolument différent de ceux que la vie humaine comporte, qui dira que le souvenir détaillé en reste toujours assez net et assez intact pour donner lieu à une reproduction intégrale et scrupuleusement fidèle ? Assurément si Dieu veut qu'à telle apparition symbolique et à ses détails se rattache une signification spéciale intéressant la piété des chrétiens, il pourvoira à ce que le souvenir en demeure dans l'esprit des personnes qui en furent favorisées, et encore doit-on supposer que l'essentiel seulement sera garanti et qu'on devra attribuer, non à la fantaisie, mais à l'interprétation subjective du voyant, la peinture du reste, la description de tout ce qui aurait besoin, pour être matériellement exact, d'une mensuration au compas ou de l'instantané photographique. N'y a-t-il pas dans les Évangiles des relations d'un même fait qui contiennent des divergences de rédaction, les auteurs sacrés s'accordant pour l'essentiel et racontant le reste *humano modo*, je veux dire sans prétention d'exactitude mathématique et usant de cette latitude qu'autorise le langage humain quand l'auteur a oublié, ou ne cherche pas à se rappeler, ou se contente d'une expression courante conventionnelle, lors même qu'il pourrait préciser davantage, s'il voyait intérêt à le faire? On n'exigera pas plus assurément d'un récit de voyant que d'un auteur inspiré.

Cela est non moins à admettre quand il s'agit, non de spectacles vus, mais de paroles entendues. Qu'est-ce que la parole dans une révélation? Affecte-t-elle l'organe externe de l'ouïe? ou seulement l'organe sensoriel interne? ou seulement l'oreille de l'âme? Est-ce toujours une parole proprement entendue ou une parole intimée, ou même écrite, soumise aux yeux et pénétrant dans l'âme comme une parole entendue? Et quand même il y a parole dite et entendue, est-il nécessaire que ce soit toute une phrase pour que l'âme qui perçoit comprenne? Un mot, deux mots suffisent à l'âme qui, en les entendant, les reconstitue en elle-même, se les dit, se les parle, et complète, dans un langage humain, dans une phrase humaine faite pour son usage, le verbe abrégé de Dieu. « L'homme pense sa parole et parle sa pensée », a-t-on dit avec justesse. Il me semble qu'il doit en être de même du langage de Dieu quand, recueilli dans l'âme, il est devenu sa pensée. Dieu lui fait entendre une vérité, ou une volonté, et l'esprit de l'homme la pense, et il se la dit à lui-même dans une parole spontanée qui jaillit du fond de lui-même par une réaction de la pensée. La révélation de Dieu, sa parole à l'intime de l'âme est claire, — *non sunt loquelæ neque sermones quorum non audiantur verba eorum;* — l'intelligence de l'âme aussi est claire, et sa parole intérieure en revêt la conception comme un rayon de lumière qui l'enveloppe, qui en suit les contours et en prend la forme, l'objective et l'incarne, — *Eructavit cor meum verbum bonum.*

Mais il se peut que l'essence même de la révélation déborde au delà des conceptions de l'esprit, parce que rien d'humain ne peut la contenir, ou bien échappe aux prises de l'interprétation, à cause de la rapidité de la vision qui ne veut laisser qu'un trait lumineux, un *verbum memoriæ* dans l'esprit, un *verbum cordis* dans l'âme, opérant aussitôt une régression trop rapide pour permettre de la remarquer assez et de la totalement traduire. L'âme alors reste comme en suspens, embarrassée et interdite, semblable au Psalmiste qui disait : « Ma langue est comme la plume d'un scribe courant avec vélocité. » Si grande que soit la vélocité de l'âme, elle ne peut suivre et embrasser suffisamment ce qu'elle voit ; elle voit trop, et pas assez long-temps, et pas assez profondément, et pas assez fermement, et pas assez purement, même avec cette seconde vue dont elle est favorisée ; et, dans le langage intérieur qu'elle se parle, à plus forte raison dans le langage extérieur qu'elle parlera aux hommes, elle n'enfermera pas toute la vérité qui a passé devant ses yeux, qui s'est intimée à elle ; elle a entendu « des paroles qu'il ne lui est pas donné de traduire, — *verba quæ non licet homini loqui* ». Je ne dis pas qu'il en soit toujours ainsi, mais il doit en être quelquefois, et peut-être même le plus souvent, ainsi.

En somme, l'impression, la scène, les paroles de l'appari-tion, son souvenir se reflétant et se cristallisant, pour ainsi dire, dans une formule que l'âme trouve, adopte, conserve, entend et répète comme un verbe racontant et résumant tout, telle est, ce me semble, une conception possible de beaucoup de phénomènes mystiques consécutifs à des révélations ; et peut-être ces réflexions (un peu bien longues) donneraient-elles satisfaction à de certains esprits que choquent, comme em-preints de caractères humains, certains récits de communica-tions divines. La légende du bréviaire relatant, à la date du 11 février, les détails de l'apparition de Lourdes, porte : *Imma-culata Conceptio ego sum,* c'est-à-dire une interversion des mots de la phrase française : « Je suis l'Immaculée Concep-tion », les deux premiers mots du français devenant les deux derniers du latin. N'est-ce pas là une preuve que c'est moins la forme matérielle des mots que leur sens et le sentiment con-joint qui passent dans la traduction et sont rendus par le *tour de phrase,* tour de phrase qui se modèle sur le tour ou la tour-nure d'esprit, de faculté compréhensive et sentimentale de celui qui traduit ?

Le bon M. Moléon m'avait remis, au départ de Paris, une lettre pour Mgr l'évêque de Tarbes, son ami. Je la lui fis remettre, n'ayant pu le rencontrer. Ce ne fut qu'au moment de quitter Lourdes que, le voyant dans la basilique, pieusement agenouillé à son prie-Dieu, je pus m'approcher de lui. Sa Grandeur, fort aimablement, me chargea de compliments pour le curé de Saint-Séverin et m'exprima le regret de ne m'avoir pas reçu à sa table ouverte, la veille, aux principaux pèlerins, sa gracieuse invitation ne m'étant pas parvenue. Je fus très touché de tant d'égards sans en être étonné de la part d'un prélat orné des hautes vertus recommandées à l'évêque par saint Paul qui mentionne en particulier l'hospitalité et la bienveillance aimable, — *hospitalem, benignum*. Suivant la formule d'un ancien, *contentus honore dimisi impensas*. De retour à Saint-Séverin, il fallut raconter mon voyage. Je le fis, selon le vœu de mon bon curé, le dimanche suivant, à vêpres, aidé, en cela, pour tout ce qui n'était pas particulier au pèlerinage accompli, par le souvenir que j'avais gardé d'une relation faite deux ans auparavant, à Notre-Dame-des-Victoires, par M. l'abbé Chavojon, à la suite du grand pèlerinage de 1872, point de départ des pèlerinages annuels.

La sollicitude spirituelle n'empêchait pas M. Moléon de s'occuper, d'accord avec MM. les fabriciens, de l'administration temporelle de la paroisse et de l'église qui avait alors besoin, à l'intérieur, d'un nettoyage important. Les travaux se firent pendant l'été de 1874. D'immenses échafaudages mobiles, permettant d'atteindre les parties les plus élevées du monument par la brosse et, malheureusement aussi, le pinceau, furent dressés sous les hautes voûtes du bijou gothique que l'on gâta en plus d'une place par un bien fâcheux badigeon, empâtant de fines moulures et des culs-de-lampe admirés. Ce fut le prélude d'autres travaux et de modifications qui ne furent plus interrompus, pour ainsi dire, jusqu'à ces dernières années et transformèrent la vieille église archipresbytérale en église *modern style* pour la désolation de ses anciens admirateurs.

Une construction tout étrangère à l'administration paroissiale mais fort intéressante pour l'instruction publique et pour la

population du quartier, fut inaugurée dans les derniers mois
de l'année 1874, la belle et grande maison d'écoles de la rue du
Pont-de-Lodi. Elle avait un très digne directeur, M. Mats. Le
maire du sixième arrondissement, M. Rigaut, qui présida la
cérémonie, était un homme de haute valeur, et en même
temps bien élevé, bienveillant et modeste. L'Église ne fut
point exclue ; sur l'invitation de M. le maire, elle fut représentée
dans la circonstance par M. Moléon assisté de deux vicaires,
dont j'étais l'un comme confesseur des enfants. M. Moléon, qui
avait fait apporter, à cette fin, surplis, eau bénite et aspersoir,
bénit les bâtiments, et M. le maire, esprit large que ne hantait
pas le spectre noir, résuma ses courts et excellents conseils aux
enfants par ces mots : « Le moyen de bien faire ce que je viens
de vous dire, mes enfants, est bien simple : Écoutez M. le
curé. »

Le dernier dimanche de l'année 1874 m'a laissé un particulier souvenir. J'avais, ce jour-là, le prône à faire à la grand'-
messe, et les préparatifs du jour de l'an, ceux aussi d'une petite
fête et de menus cadeaux à la Sainte-Famille dont j'étais chargé,
m'avaient laissé peu de temps pour l'écrire et pour l'étudier.
J'étais très fatigué en le débitant, et je me disais intérieurement :
« Est-ce bien la peine de s'évertuer ainsi pour des gens qui,
peut-être, n'écoutent pas ? » Je poursuivis néanmoins mon
sujet jusqu'à la fin, sans rien trahir de mes intimes réflexions,
donnant tout ce que j'avais préparé, et, après la prédication,
je fis la quête, selon l'usage. Je l'achevais dans la nef quand,
au moment où j'allais sortir de l'enceinte pour entrer dans les
bas côtés, un monsieur que je ne connaissais pas et que je n'ai
jamais revu, se leva à mon passage, mit une offrande dans ma
bourse et me dit très clairement ces mots : « Je ne puis vous
donner que cela, Monsieur l'abbé ; mais je vous remercie de ce
que vous venez de nous dire. » Ces paroles, je l'avoue, me
firent une étrange impression. Elles répondaient si bien à un
sentiment intérieur que nul n'avait pu deviner par mes paroles
ou mes dehors qu'il me sembla que Dieu voulait me montrer

par là que, quelles que soient les apparences d'inutilité des
efforts du prêtre, il y a toujours des âmes, connues ou inconnues, qui en profitent.

MORT DE M. MOLÉON (1875)

Une grande épreuve attendait la paroisse au commencement
de 1875, la perte de son bien-aimé pasteur. M. Moléon, en effet,
n'avait pas subi sans un profond dommage pour sa santé ses
cinquante-cinq jours de captivité pendant la Commune. Au lieu
de se ménager depuis, il s'était surmené, surtout par la prédication. Quand tout le monde était fatigué, les uns de parler, les
autres d'entendre, les jours de fête, lui ne pouvait se rendre. A
tel point qu'un jour, n'ayant pu obtenir d'un vicaire le concours
improvisé qu'il souhaitait, il monta en chaire pour la septième
fois, avouant d'ailleurs sa fatigue, contrairement à son habitude, et invoquant contre elle le secours du ciel par ces mots :
« *Introïbo in potentias Domini*. Si mes forces me trahissent,
j'entrerai dans les puissances du Seigneur. » C'était plus vrai
qu'il ne pensait, mais dans un autre sens. Son courage, au
reste, et sa bonne humeur le soutenaient, ses amitiés aussi.

Heureux de la confiance qu'il me témoignait, je crus
pouvoir l'inviter à dîner chez moi, au commencement de
janvier. Lui-même, peu de temps auparavant, me rencontrant
un soir qu'il allait chez des amis, m'avait pris gentiment par
le bras pour m'emmener avec lui. Je m'excusai en promettant,
il l'exigeait, qu'une autre fois j'accepterais, et je ne lui en fus
pas moins reconnaissant, voyant en cela la preuve d'un cœur
généreux et large, étranger aux mesquines préoccupations de
l'ombrage. Mon invitation lui fut donc agréable ; sa présence
chez moi le fut plus encore à moi-même et à ceux que j'avais
invités avec lui. « Le bon petit abbé, dit-il à quelqu'un de ces
derniers, on lui a fait des misères qu'il ne méritait pas. »
J'ignore qui les lui avait contées ; ce n'était toujours pas moi,

et il ne s'agissait nullement de la paroisse. « Mais, continua-t-il, je l'ai mis sur un bon pied, à l'Archevêché. Maintenant, il peut marcher. » Il le croyait, le bon curé, et il ajoutait, décidément un peu, sinon fort aveuglé par son affection : « Il me rend autant de services que s'il avait vingt-cinq ans de ministère. » Je l'accompagnai, après le repas, jusqu'à Saint-Séverin, et il me raconta la belle peur qu'avait eue, me disait-il, l'abbé Castelnau pendant la Commune, peur qui s'expliquait, de reste, et qui ne diminuait en rien son estime du premier vicaire autant et plus qualifié que bien d'autres pour une cure, ajoutait-il. Il me fit aussi une confidence qui m'étonna alors et qui me fournit la raison du surmenage qu'il s'imposait. « Savez-vous, me dit-il, que j'ai craint moi-même un instant pour le pot-au-feu ? » Il avait failli perdre la vue pendant sa détention ; c'eût été pour lui l'impossibilité d'exercer ses fonctions curiales. On le lui avait fait comprendre et, le danger menaçant toujours, il avait dû entendre l'écho discret de l'antienne *Nunc dimittis* qu'entendit dans le même temps, pour son compte, le digne curé de Saint-Sulpice, M. Hamon. Ce dernier en avait fait la confidence avec tristesse à deux personnes intimes que je connaissais moi-même, en leur disant : « On trouve donc que je ne suis plus bon à rien... » On laissa M. Hamon travailler jusqu'à sa mort ; pour M. Moléon, la mort vint le chercher en plein travail.

Il travaillait, en effet, autant que d'autres, plus que d'autres, pour être laissé au travail, sentant la nécessité de prouver qu'il était vivant et tenait sa place, mais les organes s'usaient sans se refaire. L'appétit lui restait ; j'en fus témoin heureux le jour où je le reçus, et cela me donnait bon espoir. Le lendemain, un mardi, il assistait chez M. de Rolteau, curé de Notre-Dame-de-Lorette, au dîner de la conférence mensuelle. Ce fut la dernière fête et le dernier repas où il parut. Il m'avait parlé la veille d'une chose qui l'avait extrêmement contrarié. Une personne étant tombée malade chez lui, et assez gravement pour ne pouvoir être transportée, on avait, à l'insu de M. le curé, consulté un médium, démarche très licite dans l'interprétation de ceux qui y avaient eu recours, mais qui n'en était pas moins entachée de quelque superstition aux yeux de ceux que n'avaient pas encore éclairés les savantes études psycho-médicales de notre temps. Cette préoccupation, et d'autres, influèrent-elles sur la santé de M. Moléon? Toujours est-il qu'il se sentit indisposé, cessa de dire la messe et suspendit son ministère, sans cependant montrer aucun signe de maladie bien caractérisée. On eût appelé son mal influenza, si le mot et la chose eussent été connus alors, et on s'en fût inquiété plus sérieusement pour le traiter. M. Moléon seul paraissait bien le juger. La veille même du jour où il fut administré par M. Icard en présence du clergé, son médecin, le vénérable docteur Dequevauviller, président de la fabrique, me disait : « Ce n'est rien ; seulement il n'est pas soigné. Je vais lui envoyer une garde et ce sera l'affaire de quelques jours. » Le lendemain, en sortant de la chambre du malade, il dit à un de MM. les vicaires et à moi : « C'est très grave, il ne faut pas nous le dissimuler », et sa communication détermina la démarche faite aussitôt auprès de M. Icard. Un interne des hôpitaux s'installa au chevet du vénéré pasteur qui s'affaiblit progressivement sans que la maladie prît un nom. Je demandai à ce jeune médecin, plein de tact et de dévouement et qui prenait sa part de l'affliction commune : « Mais quel est donc le mal? — Rien de particulier, Monsieur l'abbé, me répondit-il, rien qu'une faiblesse extrême. C'est une lampe qui n'a plus d'huile et qui s'éteint. »

Le silence et le calme étaient prescrits autour du malade. Je pus cependant l'approcher un instant et lui dire, en lui serrant la main, quelques heures avant sa mort : « Je n'oublierai jamais le bon M. le curé de Saint-Séverin. » Il entendit, comprit. Ses yeux ouverts ne devaient plus voir, mais l'œil et l'oreille de son cœur percevaient toujours, malgré l'accablement et les soubresauts de l'oppression ; sa bouche, prompte à la bonne parole, s'essaya à reprendre le langage et l'expression qui lui étaient familiers ; il fit le geste de me rappeler. « L'amitié, me dit-il, esquissant dans le jeu de ses lèvres un léger sourire d'ironie, l'amitié... bien inconsistante... » Il était essoufflé. Son frère, qui le gardait, m'attira, et je m'éloignai.

Dans la nuit du 25, fête de la Conversion de saint Paul, il rendait son âme à Dieu, assisté de M. l'abbé Castelnau et de M. l'abbé de Bonniot. Son corps fut embaumé et exposé sur un lit de parade, dans le salon du presbytère. La population du quartier tout entière défila silencieusement, en pleurant et en priant, devant la dépouille mortelle de ce pasteur vénéré et aimé dont la tâche s'achevait, à l'âge de soixante-six ans, et qu'enveloppait, comme une auréole de martyr, le souvenir de sa captivité. Je pleurai, moi aussi, le jour de l'enterrement ; je suivis le convoi à Montparnasse, et en lisant sur la haute croix de pierre ombrageant la sépulture de sa famille l'inscription que lui-même, sans doute, y avait fait graver : « *Scio cui credidi* : Je sais en qui j'ai cru », je me dis que ces belles paroles traduisaient bien l'homme et la vie qui disparaissaient pour le monde, l'homme à la foi profonde, le prêtre s'inspirant de sa foi, rattachant le présent à l'avenir, et le temps à l'éternité, par le trait d'union de cette foi qui traverse la mort sans sombrer, emportant avec elle l'espérance et le divin amour, jusqu'au seuil des régions éternelles. Les funérailles furent imposantes, la foule qui suivit le char funèbre, de l'église au cimetière, tout le long du boulevard Saint-Michel, considérable, et, dans la suite, les pieux pèlerinages de l'amitié, de la piété, de la reconnaissance, à la sépulture sacerdotale, multipliés, fidèles, persévérants, pendant bien des années. Le dimanche qui suivit, je fus invité à prêcher et je pris pour sujet l'événement qui mettait la paroisse en deuil, commentant cette parole des saints Livres : « *Justus perit et non est qui recogitet corde ; et viri misericordiæ tolluntur, et non est qui reputet : a facie enim terræ sublatus est justus.* Le juste périt, et il n'est personne qui y réfléchisse dans son cœur ; et les hommes de miséricorde sont enlevés, et personne n'y fait attention ; et ainsi disparait le juste de la face de la terre. »

Ce tribut de reconnaissance était bien dû de ma part à M. Moléon. La veille de sa mort, M. Lagarde, qui l'affectionnait beaucoup, était venu au presbytère, et m'ayant rencontré au moment où j'en sortais, il me dit : « Ce sera une grande perte pour vous. » Je le pensais comme lui, et la communication qu'il me fit, après sa visite au moribond, confirma chez moi le regret de perdre, en la personne du saint curé, un cœur honnête et droit, généreux pour la défense des siens. Un petit incident s'était produit pendant la semaine. Un jour de catéchisme, vers une heure moins le quart, voyant qu'une famille attendait depuis quelque temps, pour le baptême d'un enfant, l'arrivée du vicaire de garde, je crus bien faire en m'offrant à le remplacer. Contrairement à mon habitude et vu la nécessité de commencer le catéchisme à une heure, j'omis les interrogations préliminaires : « Vous faites profession de la foi et religion catholique ? » etc. Arrivé au moment de réciter le *Credo* et le *Pater*, le parrain resta muet, et par son geste et son sourire auquel s'associa le père de l'enfant, fit comprendre qu'il était au-dessus de cette formalité-là. Je lui demandai s'il entendait être parrain. Sur sa réponse affirmative, je lui dis qu'il devait alors se comporter comme l'Église le veut du parrain, et surtout ne pas tourner en dérision ce qu'il avait à faire. Comme il m'alléguait qu'il ne savait pas le *Credo*, je lui dis qu'il pouvait le lire et lui mis le livre sous les yeux. Il lut alors le texte français du *Credo* et du *Pater*, et la cérémonie s'acheva sans autre incident. Mais quand tout le monde eut signé : « Maintenant, me dit le parrain, vous aurez de mes nouvelles. — Vos menaces ne me font pas peur », répondis-je, dans la conscience où j'étais d'avoir accompli un devoir en rappelant au respect du sacrement les deux personnages en question. J'étais mal récompensé de ma double intention charitable pour la famille et mon confrère. Mais je n'aurais pu croire qu'ils écriraient à l'Archevêché une lettre dénaturant les faits et mettant à mon compte des expressions que je n'avais point employées. C'est cette lettre qui, renvoyée de l'Archevêché à M. le curé de Saint-Séverin, ouverte par sa famille, restituée enfin à M. l'archidiacre, m'était lue par lui après sa visite au malade. M. Lagarde qui comprit, avant de m'entendre, l'invraisemblance et le caractère calomnieux du récit, jugea d'un mot sévère ceux qui l'avaient rédigé, et déchirant la lettre qu'il jeta dans la cheminée du salon : « Voilà, me dit-il, le cas que j'en fais. » Comme, en lui racontant les faits, j'avais mentionné l'omission des questions habituelles, qui rappellent implicitement aux parrains et marraines leur devoir de respecter le rôle auquel ils sont admis, il en prit occasion pour me dire : « Voyez-vous, ce sera une leçon pour vous de ne jamais omettre ces interrogations. » Le supérieur expérimenté et sage fut ainsi bienveillant pour son jeune inférieur, n'accueillant pas sans vérification la plainte de personnes qui ne risquaient rien et qui méritaient elles-mêmes qu'on portât plainte contre elles. Depuis 1875, le cas est devenu fréquent de parrains et même de marraines qui ne savent ni *Credo*, ni *Pater*, et l'affliction chrétienne qu'il en éprouve ne doit pas faire oublier au prêtre l'indulgence due à l'ignorance qui n'affecte pas le mépris. Quand la convenance élémentaire est observée, volontiers il ferme les yeux et, le plus souvent, épargne l'humiliation d'une réflexion ; il aide et il supplée. Ce qu'en aucun temps, et dans aucun quartier, il n'est en droit de tolérer, c'est la dérision de l'acte religieux auquel on participe quand on est parrain ou marraine. Voilà du moins ce que je pensais, en 1875, dans l'honnête quartier de Saint-Séverin.

Le dimanche où je prêchai, après la mort de M. Moléon, il y avait, à Saint-Séverin, parmi les auditeurs, une personne que les paroles que j'ai rappelées intéressèrent plus que les autres : c'était la propre sœur de M. Moléon. Elle vivait auprès de lui, sous l'habit religieux qu'elle avait canoniquement reçu comme fondatrice et supérieure d'une communauté qui subsista encore quelque temps après elle, à Lieusaint, dans l'Oise. Mme Sainte-Geneviève, — c'était le nom de Mlle Moléon en religion, — touchée du souvenir que j'avais consacré à son frère, me pria d'écrire la vie du curé de Saint-Séverin, s'offrant à me fournir les informations nécessaires, mais à la condition de n'emporter aucun document chez moi. La lenteur et les difficultés du travail exécuté ainsi, en sa présence, sous son contrôle, pour ainsi dire sous sa dictée, au milieu des occupations journalières du ministère, m'y firent, à mon grand regret, renoncer. J'ai accompli ici, partiellement, la tâche qu'il m'eût été doux de pouvoir entreprendre alors.

CHAPITRE V

MONSIEUR CASTELNAU

(1875-1900)

Le nouveau curé de Saint-Séverin fut nommé deux mois
après la mort de M. Moléon ; ce fut M. l'abbé Castelnau,
premier vicaire de la paroisse ; M. l'abbé Pravaz, second
vicaire, devint premier, et M. l'abbé de Bonniot, le plus ancien
des simples vicaires, fut nommé second. — « M. A...,
qu'est-ce que vous en faites ? » dit peu de temps après à
M. Castelnau M. Caron qui venait d'être nommé archidiacre de
Sainte-Geneviève et avait inauguré sa nouvelle charge par
l'installation du nouveau curé. C'est M. Castelnau qui me
répéta ces paroles et il m'ajouta : « Je n'ai pas besoin de vous
dire que j'ai répondu que je m'arrangerais très bien de vous. »
Nous n'avions eu, en réalité, que d'excellents rapports. « Ah !
lui dit M. Caron, je vois que tout passe dans vos mailles. »
Voilà, me dis-je, comme les mauvais sujets aident à la réputation des bons princes. L'installation du nouveau curé s'était
faite avec solennité. Plusieurs changements dans le mobilier
de l'église ayant déjà été opérés, et quelques objets ayant été
gracieusement offerts à l'occasion de la nomination de M. l'abbé
Castelnau, entre autres, si j'ai bon souvenir, le grand christ
faisant face à la chaire, M. Caron, dans son discours, put
augurer sans peine ce que ferait pour l'église matérielle le
successeur de M. Moléon.

Assistait à la cérémonie d'installation le solennel, digne et
bon curé de Saint-Germain-l'Auxerrois, M. l'abbé Legrand,
sous la direction duquel M. l'abbé Castelnau avait fait ses
premières armes et qui l'avait toujours traité, on peut le dire, en
« Benjamin ». Ce nom, que M. Castelnau avait reçu au baptême,

semble vraiment lui avoir porté bonheur. Il y avait là aussi un
prêtre dont j'ai toujours gardé le souvenir. C'était un prêtre
habitué de la paroisse, mais qui n'en était pas moins officier de
l'Instruction publique, chevalier du Saint-Sépulcre, chevalier
de la Légion d'honneur, ancien secrétaire général de la
Grande-Aumônerie, administrateur des fondations irlandaises
en France, auteur d'ouvrages importants et estimés, candidat
à l'épiscopat sous l'Empire, chanoine du chapitre de Saint-
Denis. Sa grande taille et sa haute mine le rendaient imposant
sans raideur, et le bon M. Legrand traduisit une juste impression quand, l'admirant sous son costume violet de chanoine
de Saint-Denis, orné de tant de décorations, il emprunta à
Lhomond, avec autant de bonne humeur et d'esprit que de
bienveillance, la formule de son éloge dans cette phrase du
rudiment : *Vincis forma, vincis magnitudine*. Pauvre M. Ouin-
la-Croix (car c'était lui), un des 2 553 000 assiégés, ainsi qu'il
signait au bas de sa photographie où il avait résumé tous ses
titres, comme il dut trouver que c'était vrai ! et comme il si-
gnifia sa sincère adhésion au compliment dans ce bon sourire
contenu de la physionomie et du regard qui lui était habituel
et qui saluait peut-être, *in petto*, un rôle plus envié que celui
de prêtre des messes tardives ! A Manneville-ès-Plains, près
Saint-Valery-en-Caux, où il était né, où il possédait une
demeure qu'occupait encore son vénérable père, tout le monde
connaissait, et je crois que les guides mentionnaient, la *maison
Ouin-la-Croix*, où on lisait ce distique composé par le maître
du lieu :

> *Ter tibi pulsanti si non aperitur, abito.*
> *Non sum, non possum, non placet esse tibi.*

Là, il allait se reposer chaque année ; là, revoir sa Normandie ;
là, saluer, embrasser son vieux père ; là, rêver au passé, rêver
aussi à l'avenir, et le préparer, dans une touchante fidélité à la
dynastie détrônée. Il passait le détroit, allait faire son pèlerinage au souverain déchu qu'il aimait d'amour, non en simple

courtisan. Il alla à ses funérailles et, le lendemain, perdit son titre d'administrateur des fondations irlandaises en France, titre qui lui valait une rente nécessaire au modeste train de sa vie. Il retrouva peu après, dans le canonicat titulaire de Saint-Denis qui lui fut attribué, les ressources qui avaient failli lui manquer, et c'est là qu'il acheva sa vie. Sombre déclin de brillantes espérances ! Il mourut seul, il mourut triste, il mourut, je le crois, de tristesse, et fut reporté là-bas, à cette terre aimée, près des siens, plus près de l'Exilé, plus sûr de sympathiques souvenirs et de plus fréquentes prières ! J'ai estimé et aimé ce prêtre, et je prie pour lui.

UN DÉVALISEUR DE TRONCS

Le bon M. Moléon, quelque temps avant sa mort, m'avait fait voir, dans un tronc placé au bas de l'église, un billet de banque collé dans toute son étendue sur la paroi verticale opposée à l'ouverture. Ce fait indiquait, selon lui, la manœuvre d'un mystificateur non poussé par le mobile du vol. Peu de temps après sa mort, passant par l'endroit signalé, un dimanche, pendant la grand'messe, plusieurs hommes se tenant là debout, j'aperçus à terre un tout petit morceau de papier, teinté de bleu, que je ramassai. C'était un fragment de billet de banque portant le numéro du billet. Je le montrai à M. Castelnau à qui je racontai ce que j'avais vu avec M. Moléon. A quelques jours de là, un samedi, vers sept heures du soir, heure où l'église se trouvait, comme d'habitude, le plus déserte, et où la nuit tombante commençait à obscurcir les nefs, j'entrais par le portail principal, quand la présence d'un homme immobile devant la muraille de gauche, où se trouvait le tronc du denier de Saint-Pierre, me frappa. Rien n'expliquant une attitude si recueillie devant un mur, je m'arrêtai et vis qu'il couvrait de son chapeau l'orifice du tronc, et j'entendis en même temps un très léger soupir, l'essor à peine perceptible d'une respiration contenue par une émotion secrète. J'étais évidemment en présence d'un voleur et, sans qu'il eût eu le temps de se mettre en garde, d'un coup sec je fis sauter le chapeau que retint par son bord la main droite du personnage, tandis que sa main gauche m'apparut plongeant une baleine engluée dans le tronc. Je m'emparai de cette baleine et mis la main sur l'homme. Mal m'en prit.

Tout d'abord il fut comme maté, inerte, anéanti. Le métier de cambrioleur était loin d'être perfectionné alors ; en tout cas, le professionnel en question n'était pas consommé dans l'art, et comme les pêcheurs à la ligne qu'il imitait si bien, il avait besoin, pour opérer, de n'être pas dérangé. Mon intention en l'arrêtant n'avait rien de bien féroce. J'aurais conduit cet homme à la sacristie, simplement ; et si j'avais acquis la certitude d'avoir affaire à un malheureux poussé par le besoin, je ne l'aurais pas livré à la police. Mais je dois dire que l'apparence n'avait rien du squelette vivant. Il était fort comme un taureau, court, trapu, remplissant si bien son habit, lui qui vidait les troncs, que, lorsque je lui appliquai la main sur le bras pour l'étreindre, je m'aperçus qu'elle n'en embrassait pas un tiers et constatai qu'elle n'aurait aucune prise sur un habit si ajusté qu'il n'avait pas le moindre pli. Le plus attrapé des deux, en cet instant, ce fut moi, et le voleur s'en aperçut. J'espérais que quelqu'un viendrait à passer par là, du dedans de l'église, ou du dehors, et je criai par trois fois : « Arrêtez ! » Les échos seuls me répondirent ; une bonne âme — ce fut tout — passa, que ce cri parut effrayer, et qui s'enfuit comme une sylphide, sans m'apporter aucun renfort. Ce que voyant, l'arrêté devint l'assaillant, et, secouant mon inoffensive étreinte, il essaya de m'appréhender à son tour. En ce temps-là j'étais, bien différent de lui, efflanqué et fort maigre, remplissant très mal mes habits et je portais, ce soir d'avril, une houppelande flottante qui rendait facile de me saisir.

J'échappai cependant, non sans un commencement de lutte qui me laissa à la main une trace sanguinolente, sans importance d'ailleurs. Le brave homme — si tant est que je puisse appeler ainsi mon agresseur — avait préludé à ce mouvement offensif par une apostrophe comique. « Brigand ! » s'était-il écrié avec un accent furieux, en se dégageant de ma main impuissante. J'avais dans l'autre main la baleine, et je tenais à la garder. Mais quand je vis le voleur prêt à tout, je commençai par mettre une petite distance entre lui et moi. Intéressé à rester près de la porte pour fuir, il s'empara d'un prie-Dieu qui était là, et le brandissant de bas en haut, me le lança violemment à la tête. Mais j'avais l'œil sur ses mouvements et, assuré de l'abri d'un pilier, je m'y confiai dès que je vis le projectile quitter les mains de l'agresseur. La chaise ainsi lancée parcourut sur le pavé une distance d'environ trois mètres. Pendant ce temps l'homme comptait fuir, mais je le serrais de près. Quand je me rapprochais, il redevenait menaçant ; quand il regagnait la porte, je revenais à la charge. Enfin un bedeau accourut. Il avait fini par entendre, du fond de la sacristie, mon appel, répercuté par l'écho : « Arrêtez ! » C'était un petit homme qui n'en imposait guère, mais il était tout au devoir et à la défense du lieu dont il avait la garde. Écarté, comme moi-même, par des coups de pied et de poing qui, grâce à Dieu, ne nous blessèrent pas, et n'ayant pu retenir le voleur, il le poursuivit dans la rue, l'arrêta et, avec le secours d'un garde de Paris, qui, du second étage d'une maison voisine, avait aperçu le fuyard, l'amena à la sacristie. Le garde, lui ayant passé un *cabriolet* au poignet, le conduisit chez le commissaire de la rue des Noyers et de là chez celui du Panthéon qui remplaçait, ce jour-là, son confrère. Je fis là ma déposition et signai le procès-verbal. Le voleur fut fouillé, séance tenante, et on trouva une seconde baleine engluée dans l'épaisseur de son habit, et une somme de 500 francs en or dans la doublure.

Je laissai au commissariat les pièces à conviction, la première baleine et, en outre, le chapeau du voleur, que celui-ci avait perdu en se débattant pour fuir, et je revins seul à Saint-Séverin où quelques pénitents et d'autres personnes m'attendaient, inquiets de l'événement. Le lendemain, je dis la sainte messe pour le pauvre malheureux que j'avais arrêté la veille, ne pouvant regretter ce que la conscience et la nécessité m'avaient obligé de faire, mais pénétré d'un profond sentiment de compassion. Je fus appelé plus tard auprès du juge d'instruction, puis le 28 mai, à la septième chambre, où l'avocat de l'accusé, en voulant affaiblir les charges, amena le tribunal à les discuter de plus près et finalement à prononcer le maximum de la prison, de l'amende et du temps de surveillance. C'était un étranger, récidiviste, condamné déjà à la prison, coupable d'infraction à un arrêté d'expulsion et dont la photographie avait été envoyée aux parquets de province, ce qui explique la sévérité du tribunal et du ministère public qui avait répondu à l'avocat : « L'indulgence, nous l'avons épuisée à l'égard de ces misérables. » Les journaux qui racontèrent l'aventure ayant parlé d'une blessure du curé de Saint-Séverin, M. Caron s'en inquiéta : mais M. Castelnau le rassura sur sa santé et sur la mienne, et voulut bien lui ajouter, à mon sujet : « Il ne pactise pas avec l'iniquité. » J'ai su, depuis, ce qu'il en coûte.

Etant à Saint-Séverin, j'ai eu une autre occasion de comparaître devant un tribunal. L'affaire était, cette fois, moins dramatique. J'étais cité comme témoin à propos d'un chat. Ce chat, magnifique angora, appartenait à une dame de charité de la paroisse qui en avait fait, au dire du plaignant, son idole. Elle l'avait exposé un jour sur le rebord de sa fenêtre, pour le faire jouir de l'air et du soleil, quand le locataire de l'étage supérieur, pour se venger de certains méfaits dont il croyait le chat coupable, s'avisa — ce fut le dire de la plainte reconventionnelle — de verser de la poix sur le merveilleux pelage de l'animal au repos et ronflant. *Inde iræ.* Le commissaire s'étant trouvé incompétent, ou impuissant, renvoya les plaignants au juge de paix qui appela l'affaire en audience publique. J'y fus, et, pendant que les premiers témoins déposaient, je passai quelques instants au greffe, attendant mon tour de comparution. Il me fallut prêter serment, comme dans une

affaire capitale. Le juge de paix, homme de sens et des plus
honorables, en était visiblement contrarié. Il me demanda ce
que je savais. « Il n'y a pas, lui dis-je, de quoi fouetter un
chat, et moi j'ai d'autres chats à fouetter. Au reste, je ne saurais
être impartial dans une affaire de chats, car je ne puis les sentir
et je les exècre tous. Si donc j'ai pu manifester de l'antipathie
pour tel ou tel de ces animaux, cela ne tire pas à conséquence. »
Là-dessus le plaignant, qui m'avait fait citer, en bonne et due
forme, par ministère d'huissier, et attachait une grande valeur
à mon témoignage, précisa la question par ces termes catégo-
riques : « Oui ou non, M. le vicaire de Saint-Séverin a-t-il vu,
dans l'escalier... » Les choses devenaient là tout à fait réalistes.
Je ne pouvais nier ; mais allez donc remonter aux origines !...
Il y avait un second grief. Les histoires d'enfants martyrs et de
séquestrés de tout âge n'étant pas encore à la mode, le plaignant,
sans s'en douter, en composait la préface en attaquant son
adversaire pour cause de séquestration d'animal. Il est vrai que
le sort de ce dernier, de ce « frère inférieur », de ce « demi-
frère », dirait-on aujourd'hui dans l'école évolutionniste-
zoophile, ne lui importait guère ; mais il en résultait certains
inconvénients qu'il jugeait contraires à l'hygiène, et c'est dans
des termes ne permettant nulle équivoque qu'il me mettait en
demeure de dire, conformément au serment, la vérité, toute la
vérité. Le juge finit par interrompre lui-même ma déposition,
en disant au plaignant : « Est-ce qu'on fait perdre le temps à
un honnête homme pour de pareilles affaires ? C'est assez,
Monsieur l'abbé, ajouta-t-il, vous pouvez vous retirer et aller à
vos occupations. » Tout cela n'était que comique. Ce qui le fut
moins, pour les parties plaidantes, ce fut leur condamnation,
chacune à 100 francs d'amende, et ce qui fut tragique, ce fut
ce qui arriva deux ou trois jours après. Une jeune personne
avait affirmé à l'audience, sous la foi du serment, le contraire
de ce qu'elle avait auparavant déclaré. Elle était en parfaite
santé ; un mal subit la saisit et, en moins de trois jours, elle
passa de vie à trépas.

INNOVATIONS A SAINT-SÉVERIN

M. l'abbé Caron avait eu bien raison d'annoncer que le nouveau curé s'occuperait du temple extérieur avec autant de zele que son prédécesseur s'était occupé du temple spirituel, sans pour cela négliger, cela va sans dire, les intérêts des âmes. Une des premières substitutions accomplies par M. l'abbé Castelnau dans le mobilier de l'église fut celle d'un nouveau chemin de croix. Il en existait un de Duseigneur à Saint-Séverin, artistique, joliment fouillé, et dont les scènes étaient très vivantes. Il avait l'avantage d'être fixé aux piliers de la seconde nef, de telle sorte qu'en contemplant chaque tableau, le fidèle ne tournait jamais le dos au tabernacle et que, au contraire, tout son mouvement circulaire semblait le faire graviter autour du foyer divin. M. Castelnau, à qui n'échappait pas, je le suppose, cet avantage mystique qui n'entraînait nul inconvénient appréciable dans l'ordre matériel, crut mieux faire en installant le nouveau chemin de croix dans les chapelles des bas côtés, d'un bout à l'autre de l'église, en fixant les tableaux au mur de face. Sa principale raison dans l'adoption de cette disposition, sinon la seule, fut l'importance en dimension et en poids des nouveaux tableaux, dus à la générosité d'une digne et pieuse paroissienne qui, d'ailleurs, resta étrangère au choix du nouveau type. On se tromperait si on croyait que, parmi les plus humbles fidèles, certains changements passent inaperçus. Outre ceux qui en tiennent aveuglément pour le passé et qui, comme certains provinciaux, jetteraient les hauts cris si on leur confisquait quelque grotesque statue de saint anonyme, voire même de divinité païenne canonisée, dans l'opinion, par une bévue, il y a ceux qui ont un sens droit et un goût véritablement délicat qu'une piété sérieuse et touchante ne fait que confirmer. L'inconvénient dont je parlais tout à l'heure, à propos de l'emplacement du nouveau chemin de croix, me fut justement signalé par un brave et saint homme, qui n'avait rien de vulgaire, malgré la

grossièreté de son vêtement et ses modestes apparences. Il
n'avait assurément pas lu la boutade d'Alfred de Musset, *Sur
trois marches de marbre rose* :

> Est-il donc vrai que toute chose
> Puisse être ainsi foulée aux pieds,
> Le rocher où l'aigle se pose,
> Comme la feuille de la rose
> Qui tombe et meurt dans nos sentiers ?
> Est-ce que l'absurde vulgaire
> Peut tout déshonorer sur terre
> Au gré d'un cuistre et d'un maçon ?

Il n'aurait eu garde de médire des maçons, car il avait passé
sa vie à les servir, tout en continuant de servir Dieu, d'entendre la messe le dimanche, d'assister aux sermons et d'a-
masser une petite fortune qui l'avait rendu libre et modeste
rentier. Il ne goûtait pas les innovations et, en ce qui concerne
le chemin de croix, habitué qu'il était à le suivre selon la
disposition ancienne, il était tout à fait mécontent qu'on tournât
le dos à l'autel en suivant les stations du Calvaire. Cela ne
l'empêcha pas de faire une fin très sainte, et à temps pour ne
pas mourir de misère, malgré ses titres de rente. Ceux-ci
venaient d'être fort dépréciés, au point que les revenus dépas-
saient le capital. Je l'aidai un peu pour les besoins du corps
comme pour ceux de l'âme ; il m'en fut très reconnaissant et,
comme preuve de sa gratitude, me légua — oh ! sans intervention de notaire — ses manuscrits, ses œuvres. Oui, ce
frère servant des maçons avait composé des ouvrages, tous
religieux, théologiques, dogmatiques et moraux, et mystiques.
Comment ? Tout simplement en écoutant attentivement, religieusement, les instructions de la paroisse, principalement
celles de M. Moléon, qu'il estimait beaucoup. Ayant l'honneur
de le compter parmi mes pénitents, — et je ne pouvais guère
en avoir de plus édifiant, — je recevais parfois la confidence, en
dehors de toute confession, de ses vues sur les choses religieuses
et les vérités de la foi, et c'est ainsi qu'un jour il fut amené
à me dire : « Monsieur l'abbé, je n'ai pas de mérite à croire

le mystère de la sainte Trinité parce que je le comprends. »
Je ne fus nullement tenté de lui raconter l'histoire de l'ange et
de saint Augustin, de l'enfant au coquillage transvasant l'eau
de la mer dans un trou, et répondant au sourire du génie par
deux mots lui faisant comprendre que l'Océan tout entier
tiendrait plutôt dans un petit trou que les mystères de Dieu
dans la tête d'un homme mortel. Je me rappelai la parole de
saint Jean, dont cet homme à l'œil simple, lumineux et pur,
me donnait l'impression vivante : « *Qui diligit in lumine manet,*
Celui qui aime demeure dans la lumière. » Derrière ce pilier
de Saint-Séverin, où il se tenait respectueux et debout, épargnant
l'onéreuse obole du prix d'une chaise, quand il ne demeurait
pas à genoux sur la pierre nue, ce pauvre selon le monde,
riche devant Dieu par la foi, écoutait, retenait, méditait, s'illu-
minait, et qui dit que Dieu ne lui accordait pas ce don de
pénétration qui, sans orgueil, scrute les secrets de Dieu et
réalise en ce monde le « *Beati mundo corde :* Bienheureux les
cœurs purs parce qu'ils verront Dieu ! » Sans penser tout à fait
que le mystère profond eût perdu tous ses voiles pour le regard
de cet humble et admirable croyant, j'étais, certes, plus consolé
en le voyant, en l'entendant, en le visitant, en l'assistant, que
je ne fus, un jour, en face d'un ouvrier typographe qui avait,
lui aussi, composé des ouvrages et, entre autres, un volume en
vers patronné par Victor Hugo, couronné par l'Académie française. Dans la première visite que je lui fis, sollicité par son
extrême misère plus que par un désir religieux, je lui dis un
mot de sa première communion et lui demandai, avant tout,
s'il l'avait faite. « On me l'a fait faire », me répondit-il, et cela
me fit froid au cœur, car il me parut, par le ton, que le cœur
n'avait pas été de la fête. Pauvre cher malade que je vois encore,
avec moins d'effroi aujourd'hui qu'alors, car la vie m'a appris
que l'espérance chrétienne doit rester, et reste, en sœur de
charité, là où est la souffrance. Quand il mourut, Victor Hugo
devait venir à l'enterrement. C'était un dimanche. Je sortis aux
abords de l'église au moment du convoi, et je vis une demi-

douzaine d'hommes que j'invitai à entrer dans l'église, comme avaient fait les autres, et qui me répondirent : « Nous n'en usons pas. » Ils attendaient peut-être le grand poète, qui ne vint point. Je me crus le droit de leur dire qu'ils avaient tort de dédaigner ainsi l'Eglise qui avait contribué à empêcher leur pauvre ami de mourir de faim.

Je ne crois pas que l'Académie eût couronné les œuvres du frère servant des maçons, d'abord parce que les manuscrits in-folio eussent été difficiles à déchiffrer, ou peut-être même à comprendre, pour la docte compagnie. Ce n'est pas que l'auteur ne les eût destinés à l'impression. Il me les donna avec l'espoir que sa fortune, fictive, hélas ! permettrait de les faire imprimer, et sa volonté était qu'à la sortie de l'église, le dimanche, dans son village, on distribuât gratuitement les exemplaires de ses œuvres aux jeunes gens et aux jeunes personnes, pour les encourager au bien et les faire persévérer dans la foi. Je n'enlevai pas plus cette illusion à mon malade que celle de la perception des mystères, et laissant à qui de droit le soin de s'arranger avec lui sur ce point, sans m'en occuper aucunement, j'admirai en moi-même, malgré ces entours chimériques, l'élévation d'âme et la valeur morale de ce pauvre ignoré du monde.

Le chemin de croix ne fut pas la seule innovation importante introduite par M. Castelnau. Sa grande entreprise de décoration religieuse fut celle des vitraux dont l'exécution fut confiée à un ami de M. Caron, artiste dont l'éloge n'est plus à faire aujourd'hui, M. Hirsch. Pendant vingt-cinq années il aura travaillé pour Saint-Séverin, dès l'entrée en charge de M. Castelnau jusqu'à sa mort, en mai 1900. Il inaugura la série de ses travaux par une double composition en l'honneur des deux saints Séverin pour la chapelle de M. le curé et par un autre vitrail pour la chapelle de Sainte-Geneviève. Une troisième chapelle, celle de Sainte-Madeleine, fut ornée en même temps de son vitrail propre, le seul que n'ait pas signé M. Hirsch et qui fut exécuté par Didron. A l'occasion de la pose de ces quatre vitraux. M. le curé me demanda quelques lignes pour *la Semaine religieuse*. Je les écrivis volontiers, vantant surtout, dans la composition de M. Hirsch, en dehors des mérites artistiques, le caractère religieux des scènes et des personnages. Mes éloges furent atténués dans la reproduction imprimée, peut-être à la demande de l'artiste lui-même dont j'avais dit que la modestie égalait le talent.

Aucune compétence ne m'appartenait, d'ailleurs, comme critique d'art. Mon seul titre, dans la circonstance, était celui de vicaire sacristain, chargé, en cette qualité, des communications adressées à *la Semaine*. Ce n'est pas du premier coup que ce titre me fut attribué. Le troisième vicaire étant devenu second ne pouvait cumuler les fonctions de prêtre sacristain, qu'il avait, avec celles de sa nouvelle charge. M. le curé pensa donc à le remplacer. « Mon ami, me dit-il alors, je vous offrirais bien la charge de prêtre sacristain, mais ce n'est pas votre affaire. J'ai besoin d'un homme qui soit là tous les matins jusqu'à onze heures. Je sais que vous aimez l'étude. Je ne vous l'offre pas parce que ce n'est pas votre affaire. » Je n'avais rien demandé, rien désiré ; nous étions facilement d'accord. M. le curé avait ses vues. D'abord, il avait le dessein de faire venir quelqu'un de son pays. Il en eut un autre qu'il réalisa sans surseoir, ce fut d'attirer à Saint-Séverin un prêtre dont, sans doute, les mérites comme comptable, joints à d'autres, lui avaient été vantés. Ce prêtre, vicaire à Paris, dans une paroisse de la rive droite, avant d'accepter fit comme César, — *veni, vidi*, — vint, se renseigna, et s'en retourna pour ne plus revenir. Pendant ce temps, le second vicaire remplissait toujours les fonctions de prêtre sacristain. Au bout de trois mois, M. Castelnau me fit entrer dans son cabinet et me dit : « Mon ami, j'ai pensé à vous offrir la charge de prêtre sacristain. Vous avez tout ce qu'il faut pour cela ; vous avez de l'ordre, du soin, de l'exactitude. Si vous le voulez, mon ami, vous en remplirez les fonctions. — C'est entendu, Monsieur le curé, lui dis-je, je ne demande pas mieux. »

Avisé sans doute, mais bienveillant tout de même, pensai-je
de cette saute de vent qui me rappela, en outre, à propos de
« l'amour de l'étude » peu conciliable avec le soin des affaires,
l'ironique réflexion de La Bruyère ; « Il est savant, dit un politique, il est donc incapable d'affaires... Les Bignon, les Lamoi-
gnon étaient de purs grimauds ; ils savaient le grec. » Quant à
la contradiction qui peut se remarquer ici, voici, à mes yeux,
ce qui l'explique. Dans l'attribution de ce qui est réputé avantage, les supérieurs s'attendent, pour l'ordinaire, ou à la manifestation de désirs de la part de leurs subordonnés, ou, après
qu'ils les ont pressentis, à des expressions de satisfaction qui
les fixent sur les dispositions de ces derniers et, par suite, sur
le concours qu'ils doivent en espérer. C'est parfois ce qui est
le mieux arrêté dans leur esprit qu'ils enveloppent de formes
plus flottantes, pour laisser plus de liberté aux réponses. Pascal
ne dit-il pas : « Qu'il est difficile de proposer une chose au
jugement d'un autre sans corrompre son jugement par la manière de la lui proposer ! » Cette tactique, si tactique il y a, car
aussi bien n'y en a-t-il pas toujours, réussit moins, quand,
sous l'influence de sentiments divers, — vertueux, intéressés,
prudents, — l'inférieur ne se livre pas, s'abstient, se tait,
demeure dans ce juste milieu d'indifférence pratique, ne
demandant rien, ne refusant rien. C'est alors que le supérieur,
s'il a plus de raisons qu'il n'en montre de faire accepter ce qu'il
offre, se voit obligé d'insister et, plus ou moins, de prendre
une attitude contraire à la première, à moins qu'il ne trouve
dans des biais, dans des circonstances que lui-même fait
surgir s'il ne les rencontre pas, l'équivalent de l'influence
qu'aurait exercée sa pression personnelle, pression qu'il est
de l'intérêt de sa diplomatie de ménager le plus possible. Il y
a là une nécessité pratique dont peuvent parfois profiter les
petites passions humaines, et voilà pourquoi des règles et
leur application seraient désirables en tout, ne laissant à la
discrétion des chefs, à leur bon plaisir, en somme, que cette
marge indispensable à l'exercice du pouvoir. Si j'ai fait ces

réflexions ici, à propos d'un insignifiant incident, c'est pour n'avoir pas à les exprimer autre part, car dans la circonstance le bon curé de Saint-Séverin m'a peut-être bien parlé tout simplement « à la bonne franquette », ce qui est encore le meilleur.

L'avantage du prêtre sacristain, pour compenser le surcroît d'occupations que ce titre lui créait, était de n'avoir qu'un jour de garde en semaine, au lieu de deux qui incombaient aux autres simples vicaires.

Il ne touchait, du reste, aucun traitement de la fabrique. J'ai gardé ces fonctions douze ans, jusqu'à ma sortie de Saint-Séverin.

ŒUVRES

MAISON DE L'IMMACULÉE-CONCEPTION, SAINTE-FAMILLE

ŒUVRE DES VIEILLARDS

Peu de temps après qu'il m'eut nommé vicaire sacristain, M. le curé me confia une autre charge rendue vacante par le départ d'un des vicaires, M. l'abbé S..., devenu curé de Rosny, celle d'aumônier d'un orphelinat de jeunes filles dirigé par les Sœurs de Saint-Vincent-de-Paul, rue Saint-André-des-Arts, 39, primitivement rue Hautefeuille, 8. Cette maison, qu'on appelait la « maison de l'Immaculée-Conception », se rattachait à une fondation touchante du temps de M. Hanicle, le vénéré prédécesseur de M. Moléon. La paroisse de Saint-Séverin, qui revendiquait l'honneur d'avoir possédé la première confrérie dite de l'Immaculée-Conception, en France, avait été dotée de cet établissement destiné à perpétuer sur place le témoignage d'un culte traditionnel et plusieurs fois séculaire en l'honneur du privilège singulier de la très sainte Vierge, et, pour rendre manifeste aux yeux de tous l'intention pieuse, il était convenu que les orphelines porteraient un costume bleu. C'est ce qui s'est maintenu jusqu'à l'époque où la maison fut reprise par l'Assistance publique, qui en était propriétaire, et démolie en vue d'une nouvelle construction. Combien de fois j'ai admiré dans ce pieux asile la protection sensible de Marie Immaculée! Quelle sérénité surtout cette céleste patronne assurait à la mort de ces chères enfants! Dans l'espace de douze ans, j'en ai assisté plusieurs et j'ai toujours souhaité que ma mort fût aussi consolée que la leur.

Une autre œuvre m'avait été confiée par M. Moléon dès mon entrée à la paroisse, et que je n'ai cessé de diriger jusqu'à mon départ de Saint-Séverin, celle de la *Sainte-Famille*. Tous les huit jours en hiver, tous les quinze jours en été, de Pâques à la Toussaint, le dimanche, cette Sainte-Famille se réunissait dans la chapelle des Catéchismes, après la messe d'une heure entendue à l'église. Nous chantions un cantique que j'accompagnais à l'orgue; j'expliquais le catéchisme du diocèse d'une manière familière et à la portée de tous; un orateur laïque parlait ensuite, et, de temps en temps, nous avions une loterie. Il arrivait parfois, au premier de l'an, aux grands jours de fête, qu'un des membres fît un compliment à M. le curé ou à moi, en prose ou même en vers, car la jeunesse et la poésie et la grâce renaissaient en ressouvenirs au cœur de ces chers associés dont les fronts, pour la plupart, étaient bien ravagés par les ans, et rien n'était attendrissant comme l'effort de ces voix brisées et chevrotantes pour dire leur reconnaissance, et aussi pour chanter le refrain connu et aimé :

> Oh! qu'il est doux sur cette terre
> De voir des cœurs unis entre eux,
> De s'appeler du nom de frère,
> Et de s'aimer pour être heureux !

A la loterie du jour de l'an, dont M. le curé faisait ordinairement les frais, M. Moléon donna, en 1875, — histoire de rire, — ce qu'il appelait des « poulets de carême », des harengs saurs, qui, malgré leur odeur un peu forte, furent, ma foi, les bienvenus. Ce fut la *Journée aux harengs*. Mais on variait les plaisirs. La Société de Saint-Vincent-de-Paul ne manquait jamais, à Noël, d'offrir un cadeau aux enfants, car les enfants venaient aussi, ce jour-là surtout, accompagnant parents et grands-parents, ou même simples voisines, et l'assortiment du bazar y passait à peu près tout entier. Dans les autres circonstances, c'était au directeur qu'incombait le soin d'entretenir par les petits cadeaux l'amitié. J'étais sûr d'avoir du succès quand je distribuais du chocolat ; aussi avais-je pris le parti d'en donner le plus souvent possible. D'autres fois, c'était du savon, des mouchoirs, que sais-je ? L'aliment de l'esprit, pour la semaine, n'était pas oublié, et comme *le Pèlerin* illustré paraissait chaque dimanche, je demandais à l'administration de ce journal une contribution hebdomadaire pour mes cent à cent vingt membres de la Sainte-Famille qui le recevaient avec empressement et le réclamaient avec insistance, si une cause quelconque en retardait la distribution ordinaire.

Le grand souvenir que je conserve de cette œuvre de la Sainte-Famille, c'est la mort chrétienne de ceux de ses membres que Dieu rappelait à lui. En qualité de directeur, je les assistais presque tous, et les meilleurs souvenirs de ma vie sont là. M. Castelnau qui avait une grande foi me disait : « Vous retrouverez tout cela au ciel, mon ami. » Il est certain que c'est dans de telles œuvres qu'on sent la réalité confortante de la parole évangélique : « *Facite vobis amicos...* Faites-vous des amis qui vous reçoivent dans les tabernacles éternels », des amis de ces pauvres selon le monde, qui sont les riches titulaires du royaume éternel : *Divites in fide.* Nos réunions dominicales, instructives, édifiantes, éclairaient, développaient, soutenaient la foi de ces fidèles ; en particulier l'explication du catéchisme, que j'entremêlais de réflexions et d'histoires, semblait plaire et profiter. Chaque année, enfin, une retraite pascale, spéciale pour nos associés, les préparait à la communion annuelle. Dans la grande nef de l'église nous la faisions, cette retraite, un peu à la façon du P. Millériot à Saint-Sulpice. Un prédicateur étranger la prêchait, les messieurs de Saint-Vincent-de-Paul et du Conseil de la Sainte-Famille y assistaient et, d'une ma-

nière ou d'une autre, dans des avis, je complétais l'instruction,
suivant le besoin et les circonstances. Une fois ou deux, le bon
M. Hello, directeur du patronage de Nazareth, vint prêcher
cette retraite et y fit la plus salutaire impression. Certaine année,
il aurait eu un beau succès, si le lieu et la circonstance l'eussent permis, en répétant l'allocution de Mgr Guibert au cercle
des ouvriers du boulevard Montparnasse, frère aîné du patronage des apprentis de Nazareth. C'était le jour de la Translation
des reliques de saint Tarcisius. M. Petit, alors secrétaire de
l'Archevêché, était là, j'étais à côté de lui, et il se tenait à quatre
pour ne pas éclater du rire le plus joyeux et le plus sympathique, en entendant l'originale et fine critique du socialisme
scandée dans les phrases lentes du vénéré prélat qui usait avec
complaisance, et même un peu de malice, de la figure de rhétorique appelée la répétition, la répétition des bons endroits,
s'entend, et la répétition, non seulement des mots, mais de la
manière de les dire, bien autrement efficace, en certains cas,
pour en graver le souvenir. « Aujourd'hui, disait-il, tout le
monde voudrait avoir 15 000 livres de rente et une petite voiture, et on ne réfléchit pas que si chacun avait 15 000 livres
de rente et une petite voiture, il n'y aurait plus personne pour
faire les petites voitures. » C'était dans la chapelle, le soir,
après le salut. « La petite voiture », malgré tout, nous faisait
gondoler. Je crois même que le bon cardinal commençait
lui-même à s'y mettre. Derrière lui, le bon Dieu nous aura
pardonnés.

Bien qu'il n'y eût pas de riches dans cette assemblée de
bonnes gens de la Sainte-Famille, deux fois je reçus leur obole
collective, insignifiante par le chiffre, précieuse aux yeux de
Dieu par le sacrifice qu'elle représentait et l'intention qui l'inspirait. L'année des expulsions de religieux, l'administration du
Pèlerin, de qui nous recevions des numéros gratuits, ayant
fait appel à la générosité de ses lecteurs, je fis une collecte qui
atteignit, moyennant le complément que j'y ajoutai, le total de
100 francs. Une autre collecte eut pour objet d'assurer aux

membres décédés la conduite du prêtre au cimetière. A Saint-
Séverin, une fondation touchante assurait déjà la sainte messe
aux funérailles des pauvres ayant reçu les derniers sacrements.
Avec cet avantage spirituel, les membres de la Sainte-Famille
eurent désormais le privilège d'une dernière bénédiction sur
leur tombe, grâce à cette souscription qui pourvoyait, pour un
temps du moins, aux frais de la voiture nécessaire pour le
transport du prêtre et de son assistant.

La Sainte-Famille de Saint-Séverin comprenait un bon
nombre de vieillards, hommes et femmes. J'y ai même vu
plus d'une personne presque centenaire. Mais l'œuvre n'étant
pas une œuvre de charité proprement dite, et ne possédant
aucune ressource propre, l'idée vint de fonder, pour les vieillards
les plus nécessiteux qui en faisaient partie, une œuvre distincte,
de charité celle-là. L'honneur de l'initiative en revient à la
bonne et vénérable sœur Marie-Madeleine de Bonnecaze, en
religion sœur Vincent, qui s'occupait alors de la Sainte-
Famille avec moi et qui mit la fondation sous le patronage des
demoiselles aisées de la paroisse. Je fus demandé comme
directeur, et c'est ainsi que, le 5 janvier 1879, j'eus mission de
prêcher à Saint-Philippe du Roule un sermon de charité pour
l' « Œuvre des pauvres vieillards de Saint-Séverin ». Le bon
M. Cathelin, curé de cette paroisse, nous avait accueillis avec
la plus grande bienveillance : lui-même nous donna son
offrande, fidèle en cela à une habitude charitable qui fit souhaiter à bien des gens son maintien à la cure de Saint-Philippe,
en dépit des infirmités de sa vieillesse. Deux ou trois ans avant
sa mort, M. Legrand, curé de Saint-Germain-l'Auxerrois et
vicaire général, était député près de lui pour obtenir qu'il
donnât sa démission, au même titre qu'auparavant M. Cauvin,
curé de Saint-Denis-du-Saint-Sacrement, et plusieurs autres de
ses confrères, qui avaient échangé leur cure contre une stalle
de chanoine. « Pourquoi la donnerais-je ? répondit M. Cathelin.
Si je ne suis pas à l'église, je veille à ce que tout s'y passe
bien, et je donne beaucoup aux œuvres. » C'est M. Legrand

qui me rapporta la chose, un jour qu'il vint me voir à Saint-Roch, faisant halte un instant sur le chemin de Saint-Philippe où il allait, un peu bien malgré lui, répéter l'antienne du départ au vieux et vénéré frère d'armes, à l'ancien professeur de rhétorique que la jeunesse du petit séminaire dépeignait d'un mot, autrefois : « Yeux de tigre, cœur de biche ! »

Grâce au zèle généreux des demoiselles patronnesses, nous pûmes faire prospérer cette œuvre des pauvres vieillards à Saint-Séverin. Chaque mois, une réunion se tenait, à laquelle assistaient les chères bienfaitrices des vieillards ; un mot de piété, après les comptes rendus, devait être adressé par le directeur. Pour le rendre plus pratiquement utile et moins banal, j'eus la pensée de faire, chaque fois, un petit résumé de la vie d'une sainte honorée dans le cours du mois, en l'étudiant plus spécialement au point de vue de la charité, et de là est sorti le petit volume, *la Charité dans les saintes*, que je publiai en 1881. On commençait vers cette époque l'essai des ventes de charité. Nous inaugurâmes celles de Saint-Séverin en en faisant une pour notre œuvre qui fut suivie de plusieurs autres assez fructueuses pour porter à vingt-six le nombre des vieillards mensuellement secourus par cette œuvre.

J'avais une autre ambition. Voyant souvent ces vieillards moralement isolés même au sein de leur propre famille, quand il leur en restait quelque débris, je songeai à créer, en faveur de ceux qui n'avaient plus personne, ou qui étaient à charge à leurs enfants, une maison paroissiale hospitalière pour les aider à vivre, et plus encore à bien mourir. Ce dernier but domina ma pensée quand je vis la fin malheureuse d'un vieux ménage auquel je m'intéressais sur la paroisse. Je l'avais con-sacré par le lien religieux, après cinquante années d'union purement civile, lorsqu'un jour je fus demandé d'urgence pour assister la femme que le commissaire de police allait faire transporter à l'Hôtel-Dieu. Cette pauvre femme, dans un accès de tristesse, venait de se porter à la gorge plusieurs coups de tranchet, instrument de travail de son mari, et semblait devoir

succomber. Elle me reconnut cependant et m'accueillit fort
bien, mais me dit qu'elle recommencerait. Ce ne fut que sur
mes observations, et parce que je lui fis comprendre que l'acte
de se détruire était coupable devant Dieu, qu'elle cessa d'exprimer
son dessein. De l'Hôtel-Dieu elle s'échappa deux jours après,
pour se diriger vers les berges de la Seine où elle fut rejointe,
avant d'avoir pu exécuter son nouveau projet de suicide, et elle
fut conduite à l'hôpital Cochin où, pour prévenir de nouvelles
tentatives funestes, on dut la maîtriser en l'attachant sur son
lit. Quatre jours après, elle était morte. Son pauvre mari devait
bientôt la suivre. Un matin, on le trouva sur son lit, sans
mouvement ; je fus appelé ; il était mort depuis le milieu de
la nuit. Sous des formes moins tragiques j'ai vu, plus d'une
fois, ce spectacle de la vieillesse abandonnée et solitaire, et j'en
ai été profondément impressionné. Les bonnes Sœurs de Saint-
Vincent-de-Paul étant là si dévouées, si disposées à toute entreprise utile aux pauvres et surtout à la vieillesse indigente, je
ne crus pas téméraire d'ouvrir, avec le Conseil de l'Œuvre,
une souscription pour la « Maison des vieillards » qu'on devait
acheter ou louer en totalité, à leur intention, sur la paroisse.
Cette idée répondait à certaines intentions charitables qui se
déclaraient, et se seraient traduites par des dons spontanés si
j'étais demeuré à Saint-Séverin. Mais n'ayant commencé cette
entreprise que quinze mois environ avant mon départ, je ne
pus recueillir le résultat pratique d'une idée qui déjà avait fait
son chemin, et le produit de la souscription fut seulement de
quelques milliers de francs placés en rente 3 p. 100, suivant
l'engagement pris, et dont les revenus furent exclusivement
affectés aux loyers des vieillards faisant partie de l'œuvre. Plus
tard je remis, contre reçu, à qui de droit, pour continuer l'œuvre
de la « Maison des vieillards », distincte de l'Œuvre des vieillards, la totalité des sommes centralisées entre mes mains.

Je crois que ces deux œuvres ont fait du bien, non seulement
aux pauvres vieillards qui en étaient bien soulagés et bien
reconnaissants, mais aussi aux membres honoraires, et surtout

aux bonnes demoiselles qui s'en occupaient avec un zèle si gracieux, si aimable et si chrétien. Quand un membre assisté ou un membre bienfaiteur venait à mourir, on célébrait la messe à son intention, et ces demoiselles se faisaient un devoir de venir y assister. De même, à deux ou trois dates de l'année, à la fête de saint Joseph, fête principale, et à d'autres, on se réunissait au pied des saints autels où les patronnés et les patronnesses s'unissaient dans une commune prière, et après la messe les mains des jeunes filles distribuaient joyeusement les douceurs que leur générosité délicate et les ressources de l'œuvre permettaient d'offrir à l'indigente vieillesse. Deux quêtes principales étaient annuellement réservées à cette œuvre que favorisait visiblement la sympathie des fidèles, et, pendant le mois de Marie, un salut en musique exécuté par un chœur de jeunes filles attirait une société choisie et des offrandes exceptionnelles. Les expositions elles-mêmes nous furent hospitalières, grâce à de délicates et précieuses interventions, et là encore les bienfaitrices des vieillards pratiquèrent à l'envi l'art de rendre tributaires de la charité les fêtes elles-mêmes et les plaisirs.

Un lien se formait ainsi entre les jeunes personnes appliquées à la même œuvre de charité chrétienne, et sans doute plus d'une aura appris là, par une bien douce et précoce expérience, l'art sublime de la charité discrète, joyeuse, généreuse, personnelle, de la vraie charité chrétienne, suivant la recommandation de l'apôtre saint Jacques : « La vraie et pure religion devant Dieu est celle-ci : visiter les orphelins, les veuves, les abandonnés, les soulager dans leurs besoins et se préserver de la contagion du siècle. » En faveur de ces jeunes filles, et suivant leur désir, une retraite annuelle spéciale fut instituée, à l'époque de Pâques. Comme directeur de l'œuvre, je l'organisais, et je tâchais de la rendre impressionnante pour la piété en joignant à l'instruction du prédicateur que j'invitais le charme de cantiques choisis, dont plusieurs étaient exécutés à l'orgue par des chanteurs distingués.

En réveillant dans mon âme ces souvenirs, il me semble ressentir l'impression bienfaisante de la Patronne céleste de ce lieu béni, de ce temple aimé qui pourrait recevoir à son frontispice séculaire, entre les statues des deux saints Séverin, cette inscription scripturaire : « *Posuerunt me custodem.* Ils m'ont établie leur gardienne. »

Notre-Dame-de-Sainte-Espérance ! Quel nom ! Quelle protection ! Et pour Saint-Séverin, pour tant d'âmes, quel souvenir !

CHAPITRE VI

NOTRE-DAME-DE-SAINTE-ESPÉRANCE

MONSIEUR HANICLE

C'est en 1840, le 19 octobre, veille de son installation à la cure de Saint-Séverin, que le vénérable M. Hanicle, qui avait été consacré à la très sainte Vierge le jour même de sa naissance, 20 octobre 1794, sous l'influence de ce souvenir se mit à méditer ce titre et ce rôle glorieux et consolant de Marie, *Mère de la sainte Espérance*. Ce jour-là, l'archiconfrérie de ce nom était née, peut-on dire, dans son âme, et il avait trouvé, pour sa paroisse ravagée par le jansénisme, pour Paris, pour la société en proie au fléau de l'indifférence religieuse, le remède providentiel, le principe de résurrection et de vie.

Le 30 mai 1841, saint jour de la Pentecôte, l'association de Notre-Dame-de-Sainte-Espérance fut établie, au nom de Mgr Affre, archevêque de Paris, par Mgr Garibaldi, internonce du Saint-Siège à Paris. Quelques années plus tard, le 26 novembre 1849, la même association fut érigée en archiconfrérie universelle par un bref de Pie IX, alors en exil à Portici, près de Naples, et la promulgation des bulles d'érection fut faite, à la fin de l'année 1850, par un vicaire général de Paris, au nom de Mgr l'archevêque. En 1856, le cardinal Patrizi, légat du pape, vint visiter l'autel de Notre-Dame-de-Sainte-Espérance, et bénit l'archiconfrérie. Enfin, en 1858, le 19 août, eut lieu le couronnement de la Vierge, Notre-Dame-de-Sainte-Espérance, par S. Em. le cardinal Morlot, archevêque de Paris, au nom du pape qui avait voulu voir et bénir lui-même, à Rome, les deux couronnes de la Vierge et de l'Enfant Jésus.

Tout le ministère de M. Hanicle se rattache à ce souvenir, à cette œuvre, à ce grand acte de foi et de piété filiale, tous les fruits de son ministère, recueillis par ses successeurs, en découlent. Il est juste de faire remarquer qu'avant M. Haniele, le digne M. Ausoure, curé de Saint-Séverin, puis vicaire général et curé de Saint-Philippe du Roule, que j'ai eu l'honneur de voir à Saint-Séverin dans les derniers temps de sa vie, avait déjà commencé sur sa paroisse la restauration du culte de la très sainte Vierge pour y faire revivre la piété. Mais, après ces premiers efforts, les maux étaient encore profonds et le champ largement ouvert à un nouveau zèle. A mon arrivée à Saint-Séverin, en 1873, et quelques années après, il y avait encore des familles jansénistes sur la paroisse. J'ai moi-même assisté à la mort, après avoir été témoin de sa grande et édifiante piété, une descendante de la famille d'un des plus fameux solitaires de Port-Royal, n'ayant d'ailleurs rien gardé pour elle-même de l'héritage janséniste, à part cette gravité du respect des choses saintes qui, s'alliant avec la confiance, rendait la religion parfaite.

La désespérance des âmes, introduite par le jansénisme, et le découragement qui s'ensuivait, tels furent donc les maux essentiels auxquels le saint M. Haniele crut trouver un remède dans le culte de Marie, Mère de la sainte Espérance. Rien de touchant comme de surprendre l'intime préoccupation de son âme dans la rédaction des statuts de l'archiconfrérie, qu'il voulut écrire de sa main. « En vertu des Lettres apostoliques de S. S. le pape Pie IX, y est-il dit, l'institution de cette archiconfrérie de Notre-Dame-de-Sainte-Espérance a pour but spécial de procurer, par la puissante entremise de l'auguste Mère de Dieu, le retour du monde à la pureté de la foi et des mœurs, et l'accroissement de l'espérance chrétienne dans toutes les âmes des fidèles, au milieu des calamités publiques ou particulières et des incertitudes si grandes de l'avenir... Il est spécialement recommandé aux associés, ajoutait le pieux rédacteur, de ranimer de plus en plus en eux et dans leurs frères le sentiment d'une ferme confiance en Dieu et en Marie, se rappelant que cette archiconfrérie est comme une pieuse croisade contre les mauvaises tendances de la société actuelle qui sont le penchant au libertinage de l'esprit et des mœurs et une disposition presque universelle au laisser-aller de l'indifférentisme et au découragement. »

A ces intentions générales M. Hanicle en joignit une spéciale pour le retour de l'Angleterre à la foi catholique. De cette dernière intention il avait un particulier et très juste motif. C'est qu'en effet, l'archiconfrérie de Notre-Dame-de-Sainte-Espérance, instituée alors, faisait suite à la « Confrérie de la Conception », établie pour la première fois en France, en 1311, à Saint-Séverin, avec érection d'un autel dédié « à la sainte ou immaculée Conception de la bienheureuse Vierge Marie », à l'imitation d'une confrérie de même nom créée à Londres, en 1228. La dévotion de l'Angleterre avait donc précédé celle de la France ; il était juste de garder à cette sœur aînée un souvenir de déférente reconnaissance, et d'autant mieux qu'elle avait elle-même perdu le bien dont s'était enrichie la France.

Une autre raison rendait sensible aux intérêts religieux de l'Angleterre l'âme sacerdotale du bon M. Hanicle. Il était né à Paris, mais sa famille était originaire de l'Artois, et une étroite amitié l'unissait à Mgr Haffreingue, l'admirable restaurateur de la vieille basilique de Notre-Dame de Boulogne-sur-Mer, ainsi que l'appelait Mgr Parisis, évêque d'Arras. Cette origine, cette amitié qui, chaque année, le ramenaient sur les rivages de la mer britannique, avaient certainement éveillé dans son cœur le sentiment de l'Apôtre entrant dans Athènes autrefois : *Incitabatur spiritus ejus in eo, videns idololatriæ deditam civitatem.* Cette île des saints, que le moine Augustin avait évangélisée au sixième siècle, et dont les enfants, vendus comme esclaves sur les marchés de Rome, avaient excité la pitié du grand pape saint Grégoire, qui disait en les admirant : « *Non sunt Angli, sed angeli* : Ce ne sont pas des Angles, mais des anges », cette île des saints, aujourd'hui séparée de Rome par l'hérésie et le schisme, le dévot serviteur de Marie voulait la ramener au Christ et à sa Mère comme un fleuron manquant à leur couronne, et tels furent assurément le vœu et la prière qui, du fond de son âme, montèrent à ses lèvres pour s'élever vers Dieu durant ces belles journées de pèlerinage que son zèle d'apôtre organisait chaque année en l'honneur de Notre-Dame de Boulogne.

C'est ainsi que Dieu avait visiblement armé ce prêtre pour sa mission, et cette préparation providentielle fut manifeste dans toute la vie de M. Hanicle. Fils et petit-fils d'officiers supérieurs, il avait eu pour père un capitaine professeur à l'école de Brienne pendant que Bonaparte y faisait ses premières études. Cette circonstance rappelée au neveu du grand empereur permit d'obtenir de Napoléon III des dispositions favorables aux pieux desseins du curé de Saint-Séverin. C'était même sur la paroisse de Saint-Séverin, à l'ancien hôtel du Cadran bleu, rue de la Huchette, 8 ou 10, que Napoléon Iᵉʳ avait demeuré quelques mois dans sa jeunesse.

De son père et de son grand-père M. Hanicle avait hérité cette droiture, ce « caractère loyal » que Bonaparte avait loué chez le capitaine Hanicle, et aussi ce courage à entreprendre et à mener à terme les tâches les plus difficiles, quand une fois son jugement réfléchi les avait résolues. La Providence, d'ailleurs, tout en lui laissant le mérite de l'effort personnel, industrieux, multiplié, constant, lui avait ménagé, dans les événements qui relèvent d'elle, une carrière singulièrement prospère. D'abord vicaire à la paroisse des Missions-Étrangères, puis à celle de Saint-Sulpice, il fut nommé, en qualité de premier vicaire, à celle de Saint-Germain-des-Prés où il demeura quatorze ans et où il était encore lorsque la maladie le força d'interrompre son ministère. C'est alors qu'on pensa à lui offrir une chaire de théologie en Sorbonne. Mais M. Hanicle « s'était fait prêtre pour donner et pour convertir », suivant ses propres expressions, et, convaincu que « la prière et l'aumône convertissaient plus d'âmes que des leçons de théologie », il ne consentit pas à quitter le ministère paroissial. Peu de temps après, sans garder rancune du refus, M. l'abbé Affre, vicaire capitulaire, le nommait à la cure de Saint-Séverin où il devait rester jusqu'à sa mort, c'est-à-dire pendant près de trente ans, retenu par un double lien, l'amour de Notre-Dame-de-Sainte-Espérance et l'amour des pauvres.

Ce qui caractérise cette vie, c'est le véritable esprit sacerdotal, principe de cette dignité soutenue jusqu'à la fin, de cette ferveur de prière indéfectible, de cette onction de piété communicative et convertissante, de cette inépuisable charité qui laissèrent de si profondes traces dans la paroisse où M. Hanicle a exercé son zèle. Cette vie sainte n'eut d'épreuves, en dehors de celles qui sont inhérentes à tout bien et qui viennent de la contradiction naturelle des hommes et des choses, que dans une ou deux circonstances où fut marquée comme du sceau divin sa vertu. On dit souvent, et cela est vrai, qu'on est puni par où on a péché. Ce que l'on pourrait dire également, d'après l'expérience et l'histoire des saints, c'est que l'on ne pratique pas impunément, à un degré éminent, la vertu ici-bas, et que l'on doit s'attendre à être persécuté par où l'on a été le plus vertueux. En 1836, M. Hanicle fut appelé à l'Archevêché pour répondre à une accusation odieuse. L'administration intelligente et bienveillante de Mgr de Quélen n'en retint, paraît-il, aucune fâcheuse impression. Il eût pu en être autrement. Toutefois, ce ne fut que vingt ans après, en 1856, que le dénonciateur, cédant aux remords de sa conscience, rétracta ses calomnieuses inventions dans une lettre adressée à Mgr Sibour qui s'empressa d'en donner connaissance au digne prêtre et de l'affranchir ainsi d'un pénible et peut-être obsédant souvenir.

Un autre attaque lui vint d'une personne qu'il avait longtemps et généreusement obligée. L'événement fut tragique et faillit lui coûter la vie. Une inscription latine en consacrait autrefois le souvenir sur un des piliers de l'abside. Elle disait en substance : « C'est en passant devant cet autel, au moment même où il s'inclinait pour le saluer, que M. Hanicle, curé de cette paroisse, échappa à la mort qu'on lui destinait. » Une balle venait de déchirer son rochet et sa soutane et de l'atteindre lui-même aux reins, mais en l'effleurant seulement. L'assassin aussitôt arrêté s'écria : « Ne me faites pas de mal ; je suis une femme. » C'était, en effet, une veuve D..., depuis longtemps secourue par M. Hanicle et qui, n'obtenant pas de lui ce qu'elle réclamait sans titre, s'était promis de l'assassiner. Elle y avait mis, avec de la préméditation, de la fureur, et venait de tirer son coup à bout portant. Ce qui sauva le digne pasteur fut précisément sa piété et la visible protection de l'immaculée Vierge, Notre-Dame-de-Sainte-Espérance dont il avait relevé et restauré la chapelle et l'autel, cet autel qu'il saluait au moment même où la balle, suivant son trajet normal, eût dû l'atteindre en plein corps. L'attentat du 18 décembre 1864, date du crime dont nous parlons, mit en relief éclatant la charité du saint prêtre, surtout la charité qui donne sans espoir de reconnaissance. Mais il en est une autre, plus difficile peut-être, c'est la charité qui supporte.

M. Hanicle eut l'occasion de la pratiquer tout particulièrement dans une épreuve intime, domestique, journalière et bien délicate, que bien peu eussent traversée avec autant de patience et de fidélité vertueuse, le despotisme maternel. Ce despotisme s'affirma tout particulièrement dans une circonstance mémorable, un jour de réception où onze confrères de M. Hanicle, invités par lui, mais impitoyablement éconduits par une fantaisie absolue de Mme Hanicle, durent quitter le presbytère de Saint-Séverin et chercher asile, y compris le curé invitant, sous un toit plus hospitalier. M. Hanicle devait trop à sa mère, que la rigueur des temps et des revers de fortune, au sortir de la Révolution, avait laissée aux prises avec les plus grandes difficultés, veuve dix-huit mois après la naissance de son fils, pour que ce fils pût oublier et le mérite de cette mère, si digne et si chrétienne malgré ses défauts, et le dévouement et la piété touchante avec lesquels elle avait su accomplir auprès de lui son devoir de mère. Mais quelle source de mérites pour lui-même dans cette vie commune, si douce d'un côté, si entravante pour ses desseins et si intolérable, de l'autre !

Au milieu de toutes ces difficultés M. Hanicle sut rester prêtre, et il le resta en gardant toujours, et en tout, l'esprit de religion qui est l'essence de l'esprit sacerdotal. Le prêtre, en tant que prêtre, n'existe que comme organe et ministre de Dieu. Isolé de Dieu, il n'a plus de raison d'être et ne se conçoit même pas. *Fungi sacerdotio et habere laudem in nomine ipsius.* Sa perfection sera donc à confondre sa personnalité avec son rôle, à remplir le plus largement possible le programme de sa vocation, à être le plus possible, le plus amplement et le plus continûment possible, dans la réalité, ce qu'il est par définition, *sacer*, voué à Dieu, sacrifié à Dieu : *Ecce sacerdos magnus !* Le plus parfait des oiseaux, si l'oiseau est fait pour voler, n'est-ce pas l'oiseau « qui n'est plus qu'aile », comme a dit joliment Michelet de la *frégate*, ce petit aigle de mer, « audacieux navigateur qui ne ploie jamais la voile » ? Ainsi du prêtre. Le plus parfait, le plus prêtre est celui qui l'est en tout, « qui ne ploie jamais la voile » et n'a pas besoin de répéter le mot de Frédéric le Grand quand les courtisans oubliaient la majesté du monarque : « Je crois entendre venir le roi », parce que chez lui le prêtre ne s'éloigne jamais, parce qu'il reste toujours l'homme de Dieu, voix de Dieu, œil et oreille de Dieu, inspiré par un amour qui va jusqu'au mépris de lui-même, *Amor Dei usque ad contemptum sui.* Dieu fait bien voir, parfois, à cet homme qu'il est à lui, par d'apparentes rigueurs que lui seul a droit d'exercer, étant assez puissant pour guérir les blessures qu'il fait, — *Lædit et sanat ferientis idem ictus amoris,* — Dieu fait bien voir, dis-je, à cet homme qu'il est à lui et qu'il n'est que pour lui quand, après l'avoir utilisé, il le délaisse ; quand, du rang sublime qui le faisait honorer comme un Dieu, il permet qu'il descende, par l'effet des persécutions, des calomnies, des injustices, au rang d'une humanité méprisée : *Ego dixi : Dii estis. Vos autem sicut homines.* C'est alors que le prêtre est tenté de dire, à la façon de sainte Thérèse surprise

par l'étrangeté d'une épreuve : « Eh quoi ! Seigneur, est-ce
ainsi que vous traitez vos épouses », les âmes qui vous aiment
le plus ? Mais sachant que sa vocation l'oblige à l'anéantis-
sement devant son Dieu, il ne songe qu'à répéter, par l'immo-
lation de sa vie, la doxologie de l'hymne des anges redite à
l'autel chaque jour : « Seul, vous êtes saint, seul Seigneur, seul
Très-Haut. À vous la gloire, ô mon Dieu, à nous l'humiliation
et la confusion du visage ! » S'il n'est pas donné à l'homme de
réaliser de tout point une telle perfection, du moins lui est-il
permis, avec la grâce de Dieu, d'en concevoir l'idéal et d'en
poursuivre, par un effort généreux et constant, la reproduction
sincère dans la tendance habituelle de sa vie. C'est à quoi
s'efforcent les saints prêtres, à quoi s'efforça M. Haniele, en
gardant toujours et en tout, disions-nous, l'esprit de religion.

Garder en tout l'esprit de religion pour un prêtre, cela semble, au premier abord, si naturel et si nécessaire qu'on s'étonne
d'en voir faire un mérite et une louange à part. Et cependant il
y a bien là le sujet d'une louange excellente, soit que l'on consi-
dère les difficultés diverses que rencontre, dans la pratique du
ministère, cette vertu primordiale, soit que l'on porte son regard
sur les nombreuses défections qu'elle subit, en fait, chez les
représentants du sacerdoce. Le monde proclame, aussi haut
que nous pouvons le faire nous-mêmes, ce devoir de la vertu
de religion pour nous, et autant lorsqu'il nous censure et nous
proscrit que lorsqu'il nous loue et nous révère. S'il nous refuse
le droit de nous immiscer dans une foule d'entreprises et d'occupations profanes, quand il est de bonne foi c'est pour que la
religion ne soit pas abaissée, en notre personne, au niveau des
intérêts terrestres. Si, au contraire, il nous honnit et nous écarte
violemment, c'est parce qu'il suppose que nous ne pouvons
perdre l'esprit qui condamne ses principes impies, c'est parce
que la religion et le prêtre ne font qu'un à ses yeux. Or ce que
le monde admet ainsi pour nous, chose étonnante ! nous sommes loin, pratiquement, de l'admettre autant que lui, et voilà
comment il nous arrive, parfois, de trahir inconsciemment

notre sacerdoce, et voilà comment le prêtre qui n'a point à se reprocher cette inconséquence malheureuse dans le détail de sa vie mérite d'en être loué à l'égal de celui dont l'Écriture dit : « Bienheureux l'homme qui a été trouvé sans tache, qui n'a pas couru après l'or et n'a pas mis son espérance dans l'argent et les trésors. Où est-il, cet homme, pour que nous le louions ? » Et encore : « Voici un prêtre vraiment grand, qui, pendant sa vie, a plu à Dieu et a été trouvé juste. Il ne s'en est pas rencontré de semblable à lui pour garder la loi du Très-Haut. » Ce prêtre-là, ce n'est pas celui dont parle autre part l'Écriture, prêtre qui ne diffère pas du peuple, — *ut populus sic sacerdos*, — encore moins celui dont parle saint Bernard, « qui n'est même pas comme le peuple, — *nec ut populus sic sacerdos* ». L'exemple de M. Hanicle nous sera instructif ici.

Dans un manuscrit du moyen âge attribué à Eudes de Châteauroux, chanoine et chancelier de l'église de Paris avant d'être évêque de Frascati (de 1243 à 1273), on lit ceci : « N'est pas un sage marchand celui qui dédaigne le gain d'une obole. C'est avec des oboles fournies par des femmes que l'église de Paris a, pour la plus grande part, été construite. » Il est probable que celles dont il est ici parlé avaient toutes le droit de porter « ceinture dorée ». Mais « l'exemple de ces femmes honnêtes en excita d'autres qui ne l'étaient pas, et l'association de ces dernières offrit à l'évêque Maurice de Sully de faire les frais d'un grand et beau vitrail. L'évêque considérant de quelle manière elles avaient gagné leurs oboles refusa le présent. » (V. Card. Pitra, *Analecta novissima spicilegii Solesmensis*, t. II ; — Hauréau, *Journal des savants*, août 1888.)

Ce souvenir me revient quand je vois dans la vie de M. Hanicle avec quelle délicatesse pour Dieu, avec quel souci de l'honneur de la religion il traitait les intérêts dont il avait la charge. L'assemblée annuelle de charité qu'il fonda à Saint-Séverin pour le soutien de ses œuvres de toute sorte devait être, avant tout, dans sa pensée, une assemblée de piété. C'est ainsi que la qualifiait M. Lecourtier, archiprêtre de Notre-Dame, depuis évêque

de Montpellier, dans un discours prononcé à l'une de ces assemblées, le 20 mars 1847. « Dans cette réunion, disait-il, voici,
mes frères, le bel ordre qui règne, grâce à l'ordonnance de la
Mère de Dieu. Elle fait de son assemblée de charité une assemblée de piété et de religion. Elle en fait un pèlerinage et un
pèlerinage de carême. Chercher premièrement le royaume de
Dieu et sa justice, chercher secondairement le reste et le surcroît des nécessités temporelles, chercher le tout par l'entremise de Notre-Dame-d'Espérance dans la ferveur d'une piété
commune et par la force de l'aumône faite en cette vue,
connaissez-vous un ordre plus selon le cœur de Dieu ? »

Fidèle à cette pensée et à ce programme, le bon curé put
affirmer, en toute vérité, peu de temps avant sa mort, qu' « il
n'avait jamais voulu se servir, pour procurer des ressources à
ses chers pauvres, de moyens purement humains ; que, dans
le choix de ses dames quêteuses et du prédicateur de son grand
sermon, il avait toujours recherché la piété et la sainteté, et
que plus d'une fois il avait refusé de s'adresser à de grandes
dames riches et influentes, qui lui eussent sans doute apporté
de grosses sommes, mais dont les habitudes mondaines et la vie
peu chrétienne ne lui semblaient pas à la hauteur d'une mission
si noble et si pure ». C'est ainsi qu'on le vit refuser de recourir à un prédicateur dont le nom eût attiré tout Paris dans son
église, mais dont l'éloquence trop humaine, à son gré, lui
semblait « moins agréable à Dieu et à la très sainte Vierge que
la simplicité d'une parole apostolique ». On est loin, il faut
l'avouer, de penser toujours comme cela aujourd'hui. Le feu,
dit-on, purifie tout ; l'or aussi, semble-t-il. Il est vrai que la
charité qui donne l'or est elle-même comme un feu purifiant, et
que l'on rachète ses péchés par l'aumône. C'est sans doute cette
considération et les difficultés pratiques de situations compliquées, qui expliquent aujourd'hui des vues et manières de
faire différentes de celles de M. Hanicle. Son exemple n'en est
pas moins utile à retenir et à méditer. Ce digne prêtre avait
reçu au baptême le nom de Juste, et ce nom convenait admi-

rablement pour résumer ses vertus, juste qu'il était envers Dieu, ne pratiquant « nulle rapine dans l'holocauste », et juste envers les hommes, s'assurant qu'il ne leur devait rien, suivant la recommandation de saint Paul, — *nemini quidquam debeatis,* — à part la dette de charité qu'on a à acquitter toujours ; poussant jusqu'au scrupule la préoccupation de rendre à chacun son dû et de réparer tout dommage occasionné par lui.

Pourquoi ne mentionnerais-je pas, enfin, à l'éloge du même saint curé, la formation, l'esprit de ces bons serviteurs d'Eglise que j'ai rencontrés à Saint-Séverin ? « Il faut toujours garder le respect pour les supérieurs, disait l'un d'eux ; mais, ajoutait-il, dans son loyalisme meilleur que son français, quand les supérieurs ont le caractère de prêtre, *c'est bien pire.* » « Mesdames et Messieurs, disait un autre avec une égale conviction, invitant au silence des visiteurs distraits en présence du saint Sacrement exposé, on ne parle pas ainsi *quand le bon Dieu est dehors.* » Religion, fidélité, respect, ne sont-ce pas mérites assez rares, et pas trop de cet *impératif catégorique* habituel aux vieux serviteurs d'Eglise, d'évêques et de curés, et que caractérisait si bien le bon chanoine Lambert, un vieil ami de Saint-Séverin, aumônier des sourds-muets et dessinateur distingué, qui n'avait pas sa langue dans sa poche et qui savait croquer aussi bien les travers que la figure des gens. « Elles sont à l'inverse des Petites Heures, disait-il un jour, en parlant des bonnes de curés ; c'est d'abord *Mirabilia* ; bientôt après c'est *Defecit* ; et finalement *Legem pone.* » Cet aide-mémoire d'ordre domestique m'a toujours permis, sans effort, de me rappeler l'ordre liturgique.

NÉCROLOGE DU DIOCÈSE DE PARIS

POUR L'ANNÉE 1875

En 1875, la mort fit de grands vides dans le diocèse de Paris. M. l'abbé Moléon fut un des premiers qu'elle frappa. Mgr Jeancard, évêque de Cérame, ami personnel de Mgr Guibert, et vivant à l'Archevêché près de lui, mourut le 6 juillet, à Cannes. M. Ausoure, ancien curé de Saint-Séverin, s'éteignit, cette même année, à Solesmes, âgé de quatre-vingt-un ans. M. Chanal, chanoine titulaire, ancien curé de Notre-Dame-des-Victoires, disparut peu après, le 12 juillet. Auparavant était mort, le 6 avril, M. l'abbé Crabot, premier vicaire de Saint-Augustin, dont la nomination à la cure de Notre-Dame-de-Bonne-Nouvelle avait été presque aussitôt retirée que faite, à la fin de décembre 1871, par suite d'engagements pris antérieurement et reconnus par Mgr Guibert envers M. l'abbé Chirac, ce qui explique le double titre attribué à M. l'abbé Crabot dans le bref de Paris pour l'année 1872, où il figure comme premier vicaire de Saint-Augustin, page 129, et comme curé de Notre-Dame-de-Bonne-Nouvelle, à la fin de la rédaction, page 184. Dans le nécrologe de 1875 se lit aussi, à la date du 5 mars, le nom de M. l'abbé Serreau, chanoine titulaire, l'édifiant maître des cérémonies du Chapitre, que j'avais eu l'occasion de voir à la consécration de l'église Sainte-Clotilde, en 1865, et que j'entends encore me dire, avec une religieuse émotion, ces paroles : « Comme ces grandes cérémonies doivent nous inspirer le respect pour nos temples : *Parete ad sanctuarium meum !* »

A ces noms particulièrement dignes de mémoire doit s'ajouter celui d'un prêtre qui rendit d'éminents services aux prêtres et à la science sacrée, M. l'abbé Migne, prêtre du diocèse de Saint-Flour, docteur en théologie, membre de l'Académie des

Quirites de Rome, et — c'est son titre le plus glorieux — fondateur des ateliers catholiques de Montrouge.

Qui n'a connu, à l'époque où florissait son œuvre, le nom de Migne? Qui, parmi les plus pauvres prêtres, n'a ambitionné de posséder dans sa bibliothèque quelques-uns des volumes de cette collection sans pareille, *Écriture sainte*, *Patrologie*, *Démonstrations évangéliques*, *Orateurs sacrés*, *Encyclopédie théologique*? Ce fut l'honneur du clergé de France, du clergé de la province et des campagnes, en particulier, d'avoir eu alors le culte de la science sacrée, et quand le prêtre de Paris, pendant les semaines de ses vacances, visite les presbytères délabrés, les maisons couvertes de chaume où s'écoule entière la vie du prêtre des campagnes, il a la preuve de ce culte dans cette collection de Migne, unique richesse de la demeure presbytérale, acquise au prix d'économies sur le pain de chaque jour. On peut dire en souriant que dans telle bibliothèque de vicaire, de desservant ou même de doyen, les volumes ont été peut-être un peu trop respectés, qu'ils sont trop dans leur neuf, que quelques-uns même n'ont pas été coupés, que la plupart, sous le linceul de poussière qui depuis longtemps les couvre, attendent l'heure de la mort de leur propriétaire, qui sera l'heure de leur résurrection, pour sortir de leurs rayons et s'en aller grossir la part des héritiers. Il n'en est pas moins vrai qu'ils sont, ces livres, des témoins, témoins de la science qui les a créés et de l'amour de la science qui les a accueillis avec enthousiasme pour réaliser par eux la prescription divine : « Les lèvres du prêtre garderont la science et on demandera à sa bouche l'enseignement de la loi » ; témoins du devoir capital que rappelait saint François de Sales dans ces graves avertissements qu'il est toujours opportun de répéter : « Je puis vous dire avec vérité qu'il n'y a pas grande différence entre l'ignorance et la malice, quoique l'ignorance soit plus à craindre si vous considérez qu'elle n'offense pas seulement soi-même, mais qu'elle passe jusqu'au mépris de l'état ecclésiastique. Pour cela, mes très chers frères, je vous conjure de vaquer sérieusement à l'étude,

car la science, à un prêtre, c'est le huitième sacrement de la
hiérarchie de l'Église, et son plus grand malheur est arrivé de ce
que l'arche (de la science) s'est trouvée en d'autres mains que
celles des lévites. C'est par là que notre misérable Genève nous
a surpris, lorsque s'apercevant de notre oisiveté et que nous
nous contentions de dire notre bréviaire, sans penser à nous
rendre plus savants, ils trompèrent la simplicité de nos pères
et de ceux qui nous ont précédés, leur faisant croire que jusqu'alors on n'avait rien entendu à l'Écriture sainte. »

L'autre avantage de la publication colossale entreprise par
l'abbé Migne, cet homme extraordinaire, ainsi que l'appelait
naguère le P. J. Brucker (*Études*, 5 mai 1902), ce fut l'occupation
et, par suite, la préservation ou la réhabilitation de prêtres
malheureux ou coupables, souvent intelligents, capables et
parfois fort instruits, savants même, sur qui pesaient des peines
ecclésiastiques et qui trouvaient, aux ateliers catholiques de
Montrouge, avec le pain matériel par le travail, le pain de
l'esprit et de l'âme sacerdotale dans leur participation à une
œuvre de portée supérieure, et, dans leur application à une
science réveillant en eux de sanctifiants souvenirs, des sentiments réparateurs et de divines espérances. Pourquoi cette
œuvre, après avoir été celle d'un homme, n'est-elle pas devenue
l'œuvre d'une congrégation ? Elle lui aurait porté bonheur, car
Dieu aime ses prêtres, même ses prêtres tombés, — et tous ne
tombent pas par malice, — et il aime ceux qui les aiment et les
relèvent, au lieu de les abandonner.

La même année 1875, Mgr Benjamin Richard, évêque de
Belley, était préconisé archevêque de Larisse, *in partibus infide-
lium*, et coadjuteur, avec future succession, de S. Em. le cardinal
Guibert, dans le consistoire du 5 juillet. Mgr Guibert avait été
créé cardinal-prêtre de la sainte Église romaine du titre de
Saint-Jean devant la porte latine, le 22 décembre 1873.

En 1876, le vicaire de Saint-Séverin qui a écrit la vie de
M. Hanicle, à laquelle j'ai emprunté quelques-uns des souvenirs
mentionnés plus haut, fut nommé curé dans la banlieue de

Paris et je le remplaçai comme directeur de l'orphelinat de la rue Saint-André et catéchiste à la première communion et à la persévérance des jeunes filles. J'héritai aussi de sa stalle au chœur, mais ce ne fut pas pour longtemps, car, en 1878, je dus la céder à un vicaire nouvellement nommé et plus ancien que moi dans le diocèse. En m'annonçant ce changement, M. le curé Castelnau me dit qu'il avait tout fait auprès de l'administration diocésaine pour obtenir un nouveau vicaire qui ne m'eût pas déplacé et eût fait avancer le dernier de notre hiérarchie vicariale, en prenant rang après lui. « Mais, ajouta-t-il, M. Caron m'a ri au nez. » Nous étions en tout cinq vicaires. Le premier était devenu, sur place, curé, le second premier, le troisième second. Quant à moi, j'étais devenu le troisième, et cette fois je rétrogradai. On m'en fit des condoléances, persuadé que, quittant ma stalle, je quittais aussi la paroisse. Les paroissiens ignorent souvent, en effet, que seuls, les premiers et seconds vicaires ont, de droit, rang sur les autres. Pour mon compte, je ne pouvais pas l'ignorer, mais prévoyant des difficultés, je communiquai mon impression à S. G. Mgr de Larisse, après avoir pris l'avis de M. le curé qui ne me désapprouva pas. Le résultat de l'entretien auquel m'avait convié Sa Grandeur fut celui-ci : « Nous croirions aller contre la volonté de Dieu, si nous vous retirions de Saint-Séverin. Restez à Saint-Séverin ; les choses iront mieux que vous ne pensez. » Je répondis : « Je ne demande pas mieux que de rester à Saint-Séverin, après ce que Votre Grandeur vient d'avoir la bonté de me dire. » C'était la première fois que j'avais l'honneur de voir Mgr de Larisse.

Je retournai donc à ma paroisse, à mes œuvres, à ma Sainte-Famille qui n'était pas pour moi le moindre attrait. Cette œuvre de la Sainte-Famille avait pour président laïque à Saint-Séverin un digne homme, d'un grand zèle et tout à fait chrétien. Je visitais avec lui les malades. A l'occasion du jour de l'an 1878, nous entreprîmes ensemble la visite de tous les membres de la Sainte-Famille, nous proposant de laisser à chacun un petit Noël. Le bon M. Rondeau étant commis principal à l'administration des postes, c'était le soir, après les heures de son travail, que nous nous rencontrions. Je ne me doutais pas que nous dussions nous séparer sitôt. Le 14 janvier 1878, une fièvre typhoïde l'emportait, après la réception des sacrements de la main du bon et saint P. Lefèvre que j'avais, de sa part, averti de l'état grave de son cher pénitent. Doux et saint souvenir ! Cet homme m'avait profondément édifié par son dévouement infatigable, sa foi vive et agissante, sa bienveillance pour tous, sa modestie sincère. Son contact m'avait appris à m'attacher à une œuvre que, de prime abord, j'avais trouvée peu intéressante et qui, en réalité, m'a fourni l'occasion du plus grand bien. Je n'avais plus besoin d'encouragements ensuite ; je touchais du doigt le bien qui se faisait là, grâce à l'humilité même de l'œuvre, grâce à la protection qu'elle recevait sans doute de son ancien président accueilli dans le sein de Dieu, grâce au dévouement du président de la Conférence de Saint-Vincent-de-Paul qui prit sa place, le bon M. Bouvrain, grâce au concours de cet orateur si ardent, si dévoué, de cet homme de bien par excellence et si chrétien qu'était M. Boisseau, avocat à la Cour d'appel, grâce enfin à la discrète et considérable influence de sœur Vincent, connue, respectée et bénie de tous les membres de cette Sainte-Famille. Aussi, lorsqu'en octobre 1879, M. le curé de Saint-Germain vint m'offrir, de la part de Mgr Guibert, une aumônerie sur la paroisse de Saint-Philippe, ne fut-il point surpris du désir que j'exprimai de rester où j'étais. « Bien loin de vous désapprouver, m'écrivit-il, je vous félicite de rester à votre poste. Dieu ajoutera, je l'espère, la force à votre courage. »

Il plut à M. le curé de Saint-Germain de formuler ainsi ses vœux. Peut-être cette sollicitude pour ma santé avait-elle été provoquée par quelque fatigue momentanée, comme il en arrive à tout prêtre, même dans les paroisses restreintes où le nombre des vicaires, aussi restreint, donne lieu à un retour plus fréquent des charges. Saint-Séverin était un de ces milieux où le travail anime, et où les résultats font aimer la peine qu'on se donne, selon le mot de saint Augustin : *Ubi amatur non laboratur, aut, si laboratur, labor amatur*. Au reste, la santé elle-même ne se modifie-t-elle pas sous l'influence de l'activité de l'âme dans le milieu qui lui convient ? Nous avons pu tous entendre, dans une retraite ecclésiastique, le cardinal Guibert raconter qu'au consistoire où devait se faire l'élection du successeur de Pie IX, le cardinal Pecci, futur Léon XIII, lui avait paru d'une santé si frêle qu'il n'avait pas cru devoir, en conscience, lui donner sa voix. « A quoi bon, se disait le cardinal Guibert, élire aujourd'hui quelqu'un qui n'a pas pour six mois de vie, et revenir au bout de ce temps lui donner un successeur ? » Il fut le premier, l'élection faite, à se prosterner devant le nouveau pape à qui il dit pour quelle raison il ne lui avait pas attribué son suffrage. Léon XIII a dépassé les années de Pierre, et presque atteint celles de Pie IX, les plus longues que mentionnent les annales de la papauté. Ce souvenir de la mort de Pie IX m'en rappelle un autre.

GLORIEUX PASSÉ DE SAINT-SÉVERIN

L'illustre pontife était mort le 7 février 1878, et chaque paroisse devait célébrer un service solennel à son intention. Or, à Saint-Séverin, le vendredi 16 février, vers le soir, l'église étant toute tendue de noir, un visiteur y pénétra, je n'oserais dire un fidèle, et voyant ces préparatifs demanda pour qui ils étaient. « Pour le pape », dit quelqu'un. « Pour Claude Bernard », dit un autre. « A la bonne heure ! s'écria le monsieur en entendant ce nom. Claude Bernard, c'est bien un autre homme que le pape. » J'entendis et ne dis rien. Claude Bernard venait, en effet, de mourir en sa demeure de la rue des Ecoles, sur la paroisse de Saint-Séverin, et des funérailles aux frais de l'Etat venaient d'être votées par la Chambre. Ces funérailles seraient-elles religieuses ? La famille y tenait absolument. Cette exigence, qui contrariait les vues de certains personnages politiques, tint en suspens les décisions officielles relatives aux détails de la cérémonie, à ce point que, jusqu'au dernier moment, on crut que les obsèques se feraient à Saint-Séverin, et que les employés des pompes funèbres, suivant les ordres reçus de leur administration, durent y dresser leurs tentures. Le lendemain, 17 mars, la cérémonie eut lieu à Saint-Sulpice. Saint-Séverin avait paru trop étroit, trop encaissé, trop modeste pour une cérémonie officielle d'aussi grand éclat. Qu'aurait dit le bon M. Hanicle, lui qui, dans un mémoire imprimé adressé à Mgr Sibour, le 19 juillet 1854, à l'occasion du premier projet de la nouvelle circonscription paroissiale, avait si énergiquement protesté contre la prétention des fabriciens de Saint-Sulpice alléguant « que la paroisse Saint-Séverin ne pourrait-être convenablement celle de l'Ecole de médecine », « Ils oublieraient donc, écrivait M. Hanicle dans ce mémoire, qu'elle possédait autrefois dans son sein une

école de médecine, et qu'elle était même alors la paroisse de la
grande Université de Paris qui ne dédaignait pas s'y réunir, de
temps en temps, pour ses assemblées religieuses ; et c'est
pourquoi le fameux docteur Lefèvre disait à ses élèves, la
veille des fêtes propres à Saint-Séverin : *Scholæ cras feriabun-
tur quia terra quam calcamus San Severina est.*

A l'occasion de la cérémonie du 17 mars, les choses s'arrangèrent sans difficulté du côté de l'autorité ecclésiastique,
la fabrique de Saint-Séverin recevant une juste indemnité. Une
coïncidence malheureuse gêna cependant le service à Saint-
Sulpice où l'heure de midi se trouvait déjà retenue pour une
cérémonie de mariage. Les obsèques de Claude Bernard furent
en conséquence, avancées et eurent lieu à dix heures et demie,
heure évidemment moins favorable, surtout en hiver, pour une
si importante cérémonie à laquelle devaient prendre part tant
de personnages officiels et de corps constitués. Le bon M. Hanicle, malgré sa charité, aurait peut-être vu là une réparation
du sort en faveur de sa chère église à laquelle son mémoire
attribuait 2 000 mètres environ de superficie intérieure et une
capacité suffisante pour contenir, disait-il, de trois à quatre mille
personnes, en quoi, sûrement, il se trompait. Les marguilliers
de Saint-Sulpice avaient mis en avant, pour conserver une
part considérable de la population limitrophe de Saint-Séverin,
« les répugnances qu'auront, et que témoignent déjà, quelques
familles pour venir aux offices à Saint-Séverin ». « Mais,
Monseigneur, disait M. Hanicle en 1854 (19 juillet), qu'à cela
ne tienne ! Bien qu'il y en ait beaucoup d'autres qui ne par-
tagent pas ces répugnances, je laisserai ces familles *si difficiles*
et même au besoin l'Ecole de médecine, parfaitement libres
de continuer à fréquenter les offices de Saint-Sulpice, jusqu'à
ce qu'enfin elles veuillent bien reconnaître que nos paroissiens
valent bien à peu près maintenant ceux de Saint-Sulpice (soit
dit sans leur faire injure). » Il est clair que l'Ecole de médecine
lui tenait à cœur et que le souvenir de l'antique confrérie de
Saint-Martin le hantait au moment de cette belle résignation

qui n'était visiblement qu'un explicable dépit. En effet, « il
y avait autrefois à Saint-Séverin », c'est M. Hanicle qui le
rappelle dans le même mémoire imprimé, « une confrérie de
Saint-Martin, spécialement établie pour les étudiants, dont un
assez grand nombre, venus de la province et même de l'étranger, offraient à Saint-Martin, et suspendaient aux murs de sa
chapelle, un des fers du cheval qui les avait amenés, faisant
ensuite marquer du chiffre de la confrérie, à la fin de leurs
études, le cheval qui devait les reconduire au sein de leur
famille : fait assurément bien remarquable et dont un magnifique bas-relief, exécuté tout récemment au fronton du petit
portail de Saint-Séverin, est destiné à rappeler le souvenir ».

Ce bas-relief moderne se rattachait-il à un type antérieur,
lui-même témoin d'un culte traditionnel rendu à saint Martin
dans l'église de Saint-Séverin ? C'est ce qu'espérait l'érudit
personnage qui en posait la question par lettre au curé de
Saint-Séverin, il y a vingt ou vingt-cinq ans. « Il me serait
utile, disait-il, de savoir l'origine de ce bas-relief, à cause de
la ferrure que le sculpteur a donnée au cheval de saint Martin.
S'il vous plaisait de me donner ces renseignements, vous me
rendriez un véritable service et me faciliteriez singulièrement
la composition d'un chapitre du traité de maréchalerie que je
prépare. Si ce bas-relief — le type, je suppose — date de l'édification de l'église, il renverse toutes les opinions les plus accré-
ditées sur l'origine de la ferrure du cheval, et il consacre une
thèse que j'ai soutenue pour prouver que la ferrure à clous a
été introduite en France à l'époque des croisades. » Question
non encore résolue, mais assez intéressante pour avoir fait
l'objet d'une communication publique au congrès des sociétés
savantes de l'année 1904, par M. Charles Magne.

Cette lettre avait son intérêt. Pour y répondre avec compétence il fallait plus d'érudition qu'on n'en professait généralement alors en ce qui concerne l'église archipresbytérale de
Saint-Séverin. Je me rappelle que, dans ce même temps, un
vieux Parisien très versé dans les choses d'art, et parent d'un

architecte illustre, à qui je faisais visiter l'église, s'étonnait en l'admirant qu'elle fût aussi peu connue et il m'en fournissait la preuve en me disant que M. X.... architecte d'une grande église de Paris construite sous l'Empire, son ami, lui avait avoué, peu de jours auparavant, qu'il n'avait jamais visité Saint-Séverin. La restauration de plusieurs peintures, en particulier de celles de la chapelle Saint-Jean (d'Hippolyte Flandrin), par M. Maillot, en 1874-1875, attira sans doute sur le monument négligé l'attention de quelques artistes, car je me souviens d'avoir vu alors à Saint-Séverin un délégué du ministère des beaux-arts chargé de recueillir des documents sur l'histoire de la paroisse et de sa remarquable église. Au cours de son délicat travail, j'ai entendu M. Maillot déplorer les ravages de l'humidité accomplis et à craindre encore pour le chef-d'œuvre du maître. Saint-Séverin, on le sait, avait servi de dépôt de poudre et de salpêtre pendant la Révolution. Il en a gardé des traces et les conditions permanentes d'insalubrité où il se trouve, dans le voisinage de la Seine, encaissé et privé d'une aération suffisante, compromettent ses œuvres d'art autant que la solidité du monument. Mais n'y-a-t-il que l'humidité à craindre pour de si précieux trésors, et Mlle de Montpensier qui, au dix-septième siècle, transforma en arcades cintrées les arcades ogivales de l'abside, remplaçant leurs belles lignes par un massif revêtement de marbre, mérite-t-elle seule l'accusation de mauvais goût dans des libéralités princières et des essais d'embellissement ? On a beaucoup critiqué le hors-d'œuvre qui existe encore sous le nom de chapelle de Notre-Dame-de-Sainte-Espérance et où fut inaugurée, le 15 décembre 1823, sous M. l'abbé Siret, curé, la belle statue de Bridan ; et les événements semblent avoir donné raison à ceux qui en poursuivaient la démolition, puisqu'un incendie a failli détruire entièrement cette chapelle, en 1896. Elle est même abandonnée depuis ce temps, et la belle statue de la Vierge a pris place sur un riche piédestal à la chapelle de l'Immaculée-Conception. Mais il est évident qu'en construisant cette annexe, surtout en la restaurant au commencement du

siècle dernier, et en continuant à l'occuper jusqu'en ces dernières années, on avait en vue, non d'édifier ou de conserver
une œuvre d'art, mais d'assurer un local assez vaste et appro-
prié pour une dévotion attirant un grand nombre de fidèles
dans un monument où les chapelles manquent toutes d'espace.
A ce titre, tout au moins, on peut regretter de voir inutilisé un
emplacement si commode pour contenir l'assistance recueillie
des jours où la solennité ne comporte pas l'occupation de la nef,
et d'un si grand secours pour le cas très fréquent de cérémonies
accessoires, comme convois ou mariages, survenant au cours
des offices. La dévotion traditionnelle à Notre-Dame-de-Sainte-
Espérance, la piété routinière, si l'on veut, de beaucoup de
dévots à la Vierge de Saint-Séverin, et non pas des moindres,
tant de la province que de Paris, s'est trouvée déroutée quand,
venant chercher la Vierge là où tant de fois ils l'avaient contem-
plée et priée, ils n'ont plus rencontré qu'une annexe des
sacristies. Et tous ces ex-voto, et la petite barque à la Vierge
et aux anges suspendue là, en souvenir de la Vierge-sœur, de
la Vierge de Boulogne et de son sanctuaire !... Mais c'est là une
nécessité de la vie d'ici-bas, nécessité souvent hâtée et secondée,
il faut bien le dire, par l'inquiétude et l'empressement des
hommes, c'est une nécessité que cette vicissitude des choses et
cette disparition de celles que l'on a le plus aimées. Le regret
est le dernier culte qu'on leur rend. N'est-il pas légitime ? Mon-
taigne disait : « J'aymes Paris avec ses verrues et ses taches. »
N'est-il pas permis d'aimer le lieu où l'on a prié, pleuré, reçu
les grâces divines, malgré toutes les imperfections matérielles
qui s'y trouvent et d'aimer jusqu'aux pierres qui le composent,
ainsi que faisait le Psalmiste : *Placuerunt lapides*?

C'est dans cette chapelle, aujourd'hui désaffectée, qu'on
voyait autrefois, dans le soubassement de l'autel, le corps en
cire de sainte Léa, vierge et martyre, de nom propre et personnel,
dont M. Hanicle avait obtenu de Rome les saintes reliques, avec
la permission d'en célébrer solennellement la fête, le 14 juillet,
chaque année. Le rescrit de Rome lui fut envoyé au milieu de

l'année 1850. A la fin de la même année, 9 décembre, il en recevait un autre octroyant à son église la faveur, alors bien rare, de l'indulgence de la Portioncule, faveur qui lui fut confirmée quelques années plus tard (26 août 1854) par Pie IX, nonobstant le voisinage d'un sanctuaire nouveau possédant le même avantage.

Comme on voit en tout cela le « zèle de la maison de Dieu » dans cette âme sacerdotale, et combien c'était une réalité, chez M. Hanicle, que le désir « de multiplier au Seigneur les temples spirituels », suivant son expression, par tous ces moyens de grâce et de sanctification si sagement institués, en suite de circonstances providentielles et en vue des besoins spéciaux de son troupeau ! C'est ainsi encore qu'il tint à conserver une chapelle et un culte particulier à saint Michel et aux saints Anges, une chapelle et une dévotion à part à saint Joseph, son « homme d'affaires », comme il l'appelait, et plus encore un culte d'adoration et d'amour exceptionnel au Sacré Cœur méconnu par le jansénisme dont il s'efforçait de combattre l'esprit et d'effacer les dernières traces. Différent de ceux qui innovent sans apprécier ce qu'ils abolissent, il ne voulut rien perdre de la dévotion séculaire de sa paroisse, et on vit la preuve de cette sainte préoccupation d'ajouter à propos, sans rien détruire mal à propos, dans la question des deux saints Séverin dont il fit très habilement profiter la sainte Vierge, sans rien faire perdre aux deux patrons. « C'est à M. Hanicle, en effet, dit l'auteur de sa vie, que l'on doit l'érection de la statue de la sainte Vierge qui se dresse au pignon de la façade. Il avait gagné à son projet M. Boulay de la Meurthe, et lorsque, dans la commission municipale, on discutait sur le choix de celui des deux saints Séverin auquel on devait donner une statue, l'illustre magistrat, s'inspirant de la pensée de M. Hanicle, prit la parole à peu près en ces termes : « Je vous en prie, Messieurs, pas de conflit ; les « saints sont toujours bons amis ; ne les brouillons point. Pour « moi, je propose d'élever une statue à la Vierge ; elle me paraît « une assez grande dame pour que les saints Séverin lui cèdent « la place de bonne grâce. » Le projet fut adopté sur-le-champ.

CHAPELLES DE SAINT-SÉVERIN

ANCIENS VOCABLES

Dans ces dernières années, l'église et la paroisse de Saint-Séverin ont eu l'honneur de publications intéressantes à des titres divers : une étude de M. Huysmans ; un *Guide du Pèlerin à Notre-Dame-de-Sainte-Espérance dans l'église Saint-Séverin*, du regretté abbé de Madaune, ancien premier vicaire de cette paroisse ; une *Vie de M. l'abbé Castelnau*, par M. l'abbé Gondré, ancien vicaire de la même paroisse ; une *Notice historique et descriptive sur l'église Saint-Séverin*, fort intéressante, par le même abbé Gondré, avec le concours, pour les gravures, de M. l'abbé Perraud. Je ne sais si dans aucune de ces études se trouve l'énumération exacte des anciennes chapelles de l'église et de leurs vocables. En ayant l'occasion, je les mentionnerai ici, d'après une vieille feuille manuscrite que, vraisemblablement, M. Haniele a dû faire rédiger sur d'authentiques documents. Je la reproduis ici.

Chapelles de l'église Saint-Séverin, au nombre de vingt, suivant leur place en entrant dans l'église par le portail de la Tour et suivant à gauche :

VOCABLES ANCIENS	VOCABLES NOUVEAUX
1. Du Grand Dieu, du Dieu de Pitié, de Saint-Louis ou des Fonts.	De Saint-Vincent-de-Paul.
2. Des trois Nativités, de Saint-Pierre et des Brinous.	De Saint-François-de-Sales.
3. De Notre-Dame-de-Lorette, ci-devant chapelle neuve.	De Saint-Charles.
4. De Saint-Séverin et de Sainte-Marguerite (entrée actuelle de la sacristie).	Entrée de la sacristie.
5. De Sainte-Anne.	De Saint-Louis.
6. De Saint-Maur et de Sainte-Agnès.	Du Saint-Sacrement et de la Communion.
7. Du Saint-Sacrement, puis de Saint-Joseph et de Sainte-Geneviève.	. . . .

8. Autel de Saint-Roch et de Saint-Claude.

De l'Immaculée-Conception.

9. De l'Immaculée-Conception.

De la Compassion de la Vierge.

10. De Saint-Nicolas, de la Trinité, du Saint-Esprit, de Saint-Jacques et de Saint-Thomas-de-Cantorbéry.

Des Agnus ou du Saint-Sacrement.

11. De Saint-Mames et de Saint-Sébastien.

Passage de la chapelle actuelle de la Sainte-Vierge.

12. Des Saints-Apôtres, de Saint-Pierre et Saint-Paul, et de la Transfiguration.

. . . .

13. De Saint-Michel.

De Sainte-Geneviève.

14. De Saint-Jérôme.

De Saint-Jean-l'Evangéliste.

15. De Saint-Martin.

De Sainte-Madeleine.

16. . . . .

Des Saints-Apôtres Pierre et Paul.

17. De la Madeleine.

De Saint-André.

18. De Sainte-Geneviève et de Notre-Dame-des-Vertus.

De Saint-Joseph.

19. De Sainte-Barbe, de Sainte-Syre de Troyes et des Pasquier.

De Sainte-Anne.

20. De la Conversion de saint Paul.

Du Baptême de Notre-Seigneur et des Fonts.

(Paul FLANDRIN, 1843.)

NOUVEAUX VITRAUX

La plupart des chapelles actuelles ont reçu leur vitrail sous l'administration de M. l'abbé Castelnau et, comme nous le disions plus haut, de l'atelier de M. Hirsch, sauf le vitrail de Sainte-Madeleine, dû au talent de Didron. Ayant orné toutes les chapelles, M. Castelnau a complété son œuvre en commandant au même artiste, M. Hirsch, les sujets des fenêtres de l'abside dépourvues de vitraux anciens. On pourrait dire qu'il y a là une galerie de portraits, comme aussi, du reste, dans toutes les verrières des chapelles. C'est par cette petite industrie du portrait dans l'église, bien traité et bien en lumière, que certains curés ont réussi à obtenir plus d'une libéralité qui, sans cet inoffensif stimulant, n'eût point secondé leur entreprise. M. le curé Castelnau, quant à lui, donna l'exemple en offrant, avec sa famille, le premier vitrail exécuté de son temps, celui de la chapelle Saint-Séverin, où lui-même est représenté, dans la personne d'un moine assistant aux derniers moments du saint. L'artiste a réussi à le faire très ressemblant, et c'est en ce point de la ressemblance qu'il a excellé dans chacune de ses peintures où les donateurs, ou leurs proches, ambitionnaient de figurer. L'art du peintre n'a heureusement pas fait ici la distinction reprochée à un de ses émules à qui l'on attribuait l'abominable formule : Ressemblance parfaite, tant... Air de famille, moins cher. — Il n'en est pas moins vrai que le système des portraits dans les compositions sacrées, système qui n'est pas d'aujourd'hui, on le sait. — et c'est une des raisons qui excusent ceux qui l'adoptent, — ne va pas sans inconvénients. S'il a pour effet de déterminer des donations intéressées et d'attirer à l'église des curieux à qui l'on dit : « Allez donc voir à Saint-Séverin le portrait de M. un tel... », il a pour effet également de choquer bien des personnes.

car, à part le costume plus ou moins fantaisiste qu'on lui prête, le personnage garde ses traits, sa physionomie propre, qui n'est pas toujours celle que réclame la composition. Il faut ainsi subordonner aux exigences du portrait celles du sujet traité, ou inventer quelque épisode, quelque détail original où trouve sa place le personnage portraituré ; encore faut-il, dans ce cas, compter avec sa susceptibilité, surtout si, bien que donateur, il n'est pas assez « marguillier » pour consentir, comme les anciens, à figurer à genoux, les mains jointes, sur un prie-Dieu. On connaît l'amusante aventure de ce messer Biaggio, maître des cérémonies de Paul III, qui s'était permis de critiquer *le Jugement dernier* de Michel-Ange, encore inachevé, et de dire à Sa Sainteté qu'un tel ouvrage avait plutôt sa place dans une hôtellerie que dans une église. A peine le pape fut-il sorti de la chapelle Sixtine que Michel-Ange, pour se venger, traça de mémoire le portrait de son critique et lui attribua une place dans le dernier groupe de ses damnés, sous la forme d'un personnage à la figure grotesque et agrémenté d'oreilles d'âne. La caricature ne faisant qu'accentuer des traits parfaitement reconnaissables, le messer se fâcha et réclama auprès du pape qui s'en tira en homme d'esprit, disant que son pouvoir, étendu au ciel et sur toute la terre, s'arrêtait malheureusement au seuil de l'enfer « où il n'y a pas de rédemption : *Apud inferos nulla redemptio* ». Quel curé aujourd'hui s'aviserait de répondre comme Paul III aux ineptes censeurs que sont, parfois, les trop prétentieux bienfaiteurs ?

MORT CHRÉTIENNE

DE CLAUDE BERNARD

Tout ce que je viens de dire sur l'antique splendeur de
Saint-Séverin et sur les modernes essais de restauration et
d'embellissement de ce magnifique temple me revenait en
mémoire à l'occasion de l'incident des obsèques de Claude
Bernard. Ce qu'il importe d'ajouter, c'est la mort chrétienne
du savant. Il n'était pas encore enterré que je recevais une
lettre de M. Léon Pagès qui me demandait de lui confirmer
la nouvelle de cette fin chrétienne pour assurer, par l'effet de
ce grand exemple, la conversion d'un libre penseur moribond.
Quelques jours après, c'était le bon M. Ouin-la-Croix qui m'écrivait, à la même occasion, de la part du savant abbé Moigno,
son confrère au chapitre de Saint-Denis. « La mémoire de
Claude Bernard, dont les restes ont été inopinément soustraits
au goupillon de Saint-Séverin, me disait-il dans sa lettre,
préoccupe beaucoup M. Moigno, collègue du savant défunt
à l'Académie des sciences. M. Moigno prépare, pour son
journal *les Mondes*, un article sur son collègue ; mais, afin
d'être très exact en son récit, il voudrait savoir d'une manière
certaine un détail important qui semble n'avoir pas été très
clairement affirmé par les feuilles publiques. Est-il bien vrai
que M. le curé de Saint-Séverin ait été appelé près du lit
de mort de l'illustre savant ? M. Claude Bernard a-t-il reçu,
sciemment et bénévolement, les derniers sacrements de
l'Eglise ?... » Voici ce que je savais et ce que je pus répondre.
C'est à moi-même que la fille de M. Claude Bernard est venue
demander un prêtre pour assister son père à ses derniers
moments. Avec cette expression poignante de la douleur et de

la conscience chrétienne qui oublie les titres de gloire pour ne
se souvenir que de l'âme et de Dieu, elle ne demandait pour
son père ni M. le curé, ni le P. Didon, son illustre auditeur.
Par honneur pour le maître, par déférence pour le chef de
la paroisse, je m'occupai aussitôt de prévenir M. le curé,
disant que, s'il était absent, j'irais moi-même, vu l'urgence.
M. le curé était chez lui et se rendit sans retard chez le
malade. Ce qu'il fit là ne regardait que lui, l'âme et Dieu.
La seule chose qu'il ait pu me dire, pour la consolation
de notre commun ministère, c'est que M. Claude Bernard
l'avait parfaitement compris et que, impuissant à parler, il
lui avait donné par des serrements de main, seul signe alors
possible d'intelligence et d'adhésion, la preuve certaine que
son ministère était librement, pleinement et fructueusement
accueilli. Ayant cédé, comme saint Jean à saint Pierre, mon
droit de priorité au curé de Saint-Séverin, je me dédommageai
ensuite religieusement parlant, en demandant à Mlle Claude
Bernard la permission de prier quelques instants auprès du
lit de mort de son père. L'eau bénite et la croix mettaient
là une présence réelle de Dieu et le signe de la prédestination
que j'aimais à regarder, des yeux de l'espérance chrétienne,
comme associé à l'auréole de la science et de la célébrité
enveloppant la belle et sereine physionomie du défunt. Un
respect silencieux régnait autour du mort et rien ne désavouait
le suffrage qu'en mourant il avait donné à la religion et à
l'Eglise ; je m'en aperçus aux égards dont le prêtre, en ma personne, fut l'objet de la part des personnages qui secondaient,
au nom de l'amitié, la famille auprès du lit funèbre.

ENTERREMENTS CIVILS IMPOSÉS

Ce souvenir d'une atmosphère chrétienne entourant une personnalité célèbre que les promoteurs d'enterrements civils considéraient comme leur proie et voulaient faire servir de bruyante réclame à leur culte du néant, ce souvenir, dis-je, me rappelle d'autres morts guettés, circonvenus par la troupe importune d'amis fanatiques et sectaires enlevant au moribond la liberté d'un regard suprême vers le ciel. Auprès des pauvres eux-mêmes et des déshérités du monde, qui n'ont pas, eux du moins, l'encombrement des visites de commande, des assiduités officielles, il y a place encore, hélas ! pour ces tentatives d'intimidation, de confiscation *in extremis* de la liberté la plus chère. Dès les premiers essais d'enterrements civils à Paris, j'avais été appelé au chevet d'un ouvrier très pauvre que j'avais eu le bonheur de confesser, en pleine connaissance, après avoir réussi à le sortir d'un sommeil léthargique jusque-là rebelle à tous les moyens, et j'attendais depuis deux jours l'annonce de son convoi religieux quand, pris de méfiance, je me décidai à aller en personne me renseigner auprès de sa femme. Le convoi allait avoir lieu, mais pas à l'église. Sur mon observation : « Votre mari a cependant reçu les sacrements, en votre présence et en celle d'un ami, et avec pleine connaissance. — Oh ! certainement, Monsieur, me répondit la pauvre femme, il était même bien content de vous et bien heureux d'avoir fait ce qu'il a fait. — Eh bien alors ? — Ah ! cela, Monsieur, je ne vous dis pas. Mais que voulez-vous ? *C'est ses dernières volontés.* » Après que la religion avait assisté le malade, corporellement et spirituellement, la libre pensée avait acheté, par une aumône posthume, le droit d'accaparer le cadavre. Heureux quand, en somme, le cadavre seul reste aux mains de l'impiété triomphante ! Mais quel prêtre ne l'a vue établir comme une muraille infranchissable entre le moribond et le représentant de Dieu ? « Si je fais demander M. l'abbé, qu'il franchisse toutes les barrières », me fit dire un jour textuellement, en état de santé, un homme considérable qui redoutait, non de la part des siens, mais de certains personnages en relation avec lui, la conspiration de l'incrédulité contre le ministère du prêtre, à ses derniers moments. J'espère que ce ferme et saint désir lui aura valu, à la mort, la grâce d'un plénier pardon.

CIRCONSTANCES PROVIDENTIELLES

ASSURANT UNE FIN CHRÉTIENNE

Dieu, au reste, fait voir manifestement, quand il lui plaît, qu'il n'entend pas « livrer aux bêtes », suivant l'expression de nos saints Livres, — *Ne tradas bestiis animas confitentes tibi*, — l'âme qui l'a connu, confessé, aimé, et, ne fût-ce que dans les lointaines années de l'enfance, servi. J'ai été un jour frappé de cette protection providentielle au lit de mort d'un grand médecin, homme de bien, très charitable et qui s'était généreusement employé, pendant la Commune, pour la délivrance d'un prêtre de Paris. On m'avait fait appeler, mais sans m'introduire aussitôt, car le malade, la veille encore bien portant, légèrement indisposé la nuit, ignorait, suivant toute apparence, l'imminence de sa fin, et sa chambre était remplie de célébrités médicales, devisant, se consultant, espérant, et finalement n'espérant plus. J'étais là, sans me montrer, depuis plus de deux heures, quand les représentants de la science s'en allèrent. On me dit alors : « Hâtez-vous ! » Je connaissais le malade, lui aussi me connaissait. Mais la mort étant là, je crus utile de revêtir au plus vite les insignes sacerdotaux, surplis et étole, pour que cet extérieur, à défaut d'autres moyens, parlât au moribond de son âme et de Dieu. Son œil me vit, son oreille aussi m'entendit, et quand j'ajoutai à l'absolution l'onction sainte, abrégeant les formules pour donner l'essentiel, je vis la mort qui couvrit de ses voiles l'œil intrépide qui tant de fois l'avait regardée et, plus d'une fois, fait fuir. Il expirait quand je finissais de bénir. « C'est la mort d'un sage, Monsieur l'abbé », me dit le jeune interne, dignement ému, qui le veillait. C'était la mort d'un sage et, mieux encore, celle d'un chrétien.

Que la Providence est admirable quand elle prépare ainsi, au suprême instant, la rencontre de l'âme avec Dieu, l'âme attendant Dieu pour mourir, Dieu ménageant son dernier souffle tant qu'elle ne s'est pas encore donnée à lui ! Appelé un jour par une femme très chrétienne auprès de son mari mourant, je fus prié, dès mon arrivée chez le malade qui était alors profondément endormi, de ne rien faire pour provoquer son réveil. Le fils de ce malade, homme distingué et chrétien comme sa mère, m'en donna simplement cette raison. Toutes les tentatives pour amener son père à recevoir les sacrements avaient échoué ; on serait désolé cependant s'il mourait sans en être muni, et on espérait que, même en les lui administrant sans qu'il s'en aperçût, grâce aux dispositions intérieures qu'on voulait, quand même, espérer, grâce à la miséricorde divine, il lui en resterait quelque chose. Je commençai les prières, inspectant la physionomie du malade, et après les préliminaires, je demandai qu'on me laissât un instant seul, ce que j'obtins. Le réveil se fit facilement et doucement ; l'œil s'ouvrit, en même temps que l'oreille, pour me regarder et m'écouter paisiblement et avec plaisir. Tout fut accepté, tout se fit ; la famille, rentrant, pria à genoux, en union avec le malade qui ne mourut pas aussitôt. Je le revis, lui renouvelai l'absolution, et il emporta au ciel, j'en ai la conviction, la grâce si inopinément recouvrée sur la terre.

Quelle touchante manifestation de l'action divine j'ai vue encore quand, à une âme près d'entrer dans la demeure de son éternité, selon le langage de l'Écriture, les souvenirs pieux de la jeunesse et de l'enfance revenaient en foule, comme des messagers souriants et radieux et comme des brises embaumées descendant des collines éternelles ! « L'accent du pays où l'on est né demeure dans l'esprit et dans le cœur comme dans le langage », a dit La Rochefoucauld, et c'est vrai. La Révérende Mère Marie-Anne de la Chalotais, petite-fille du fameux conventionnel procureur général de Rennes, prononça en bas-breton, à l'oreille de sœur Saint-Yves, sa compatriote, la dernière parole qu'elle ait dite ici-bas. Si l'accent revient, si la langue de l'enfance se réveille et reprend ses droits d'aînée, le souvenir de Dieu aussi et toutes les impressions saintes qu'il rappelle revivent avec les suaves réminiscences du passé. C'est ainsi que j'ai vu, plus d'une fois, des mourants préférer, pour parler à Dieu, dans la prière de leur cœur ému en ses profondeurs, la langue, ou le patois, qu'ils ne parlaient plus depuis longtemps. Il me semblait qu'ils devaient éprouver alors ce que disait le Psalmiste : « Votre serviteur, ô mon Dieu, a trouvé son cœur pour vous faire cette prière. *Invenit servus tuus cor suum.* » Ce que j'ai vu encore, c'est le retour de la raison chez les fous quand ils sont près de rendre l'âme. Si le phénomène n'est pas constant, il se produit cependant fréquemment, et il est particulièrement touchant. La première fois que je le constatai, j'en exprimai mon admiration au médecin du malade qui me dit que le cas n'était pas rare. Heureux ceux qui, dans cette lumière, ont le temps de récapituler les responsabilités oubliées de leur vie, et de se rendre dignes de l'indulgence divine !

LE MINISTÈRE DU PRÊTRE

AUPRÈS DES ALIÉNÉS

Où le ministère du prêtre est singulièrement laborieux, c'est quand il a affaire à des fous bien portants, surtout à ceux qui, atteints de lypémanie ou de folie religieuse, s'adressent à lui comme au médecin indispensable et à l'unique consolateur. En 1875, j'en ai eu un remarquable exemple dans mon ministère à Saint-Séverin. Un monsieur de bonne apparence, instruit, — il était licencié ès lettres, — aisé, peut-être riche, raisonnant très bien et s'expliquant de même, m'avait rencontré sur son chemin et, dans un premier entretien, m'avait fait comprendre qu'il était victime d'une persécution habilement ourdie contre lui et qui l'obligeait à fuir de ville en ville pour échapper à ses persécuteurs. Ceux-ci, à la vérité, n'étaient pas des persécuteurs ordinaires ; c'étaient des gens qui lui voulaient du bien et qui, ne pouvant réussir à lui en faire suivant leurs vues, avaient fini par lui faire le plus grand mal. Nommons-les : c'étaient les Jésuites.

On sait que trois spectres font trembler les pensionnaires des asiles qu'on appelait autrefois les petites-maisons (beaucoup trop petites aujourd'hui) : l'électricité, la police, les Jésuites. A la rigueur, une imagination frappée et une conscience scrupuleuse auraient pu inspirer le langage de mon client dans la première entrevue. Mais l'obsession délirante fut bientôt manifeste. Très religieux et préoccupé de son salut, il venait, de lui-même, en dehors des rencontres ordinaires, me trouver au confessionnal. Presque toujours ses communications orales faites en ce lieu étaient suivies de lettres développées, explicites, très logiques, très sages, à part la donnée principale, le postulatum, base de tout. Je ne lisais pas ces lettres sans émo

tion ; elles étaient pleines d'angoisses terribles. J'étais loin de
les provoquer ou de les encourager ; je les redoutais au contraire, et je n'y répondais guère autrement que de vive voix,
dans les occasions naturelles ou fortuites de rencontre. Ces
occasions ne manquaient pas, le bon monsieur venant à
l'heure de ma messe pour l'entendre et me joindre ensuite, et
me croisant dans les rues, même loin de notre quartier commun. Il s'était mis dans la tête que les Jésuites, voulant le
faire entrer dans leur compagnie, dans « la milice du soldat
de Pampelune », s'acharnaient après lui pour lui rendre la vie
impossible, en quelque lieu qu'il allât, et l'obliger ainsi,
comme la colombe échappée de l'arche, à y venir trouver le
salut. C'était pure imagination, mais si forte, qu'à chaque pas
l'ennemi rêvé surgissait, et la conversation engagée sur les
sujets les plus étrangers à la question religieuse y était brus-
quement ramenée par le terrible et encore plus terrifié interlocuteur, en vérité bien malheureux.

Nous passions, un jour, sur le quai des Grands-Augustins,
près d'une maison où habitait un maître d'armes. Deux fleu-
rets croisés lui servaient d'enseigne. « Voilà, dit aussitôt mon
compagnon, l'emblème du duel à mort que mes ennemis (les
Jésuites) m'ont juré. » Il faut bien s'observer avec les fous,
les prendre toujours au sérieux, ne jamais rire d'eux, surtout
ne jamais leur dire qu'ils sont fous. Je manquai un jour à cette
règle de prudence. Voyant que le bon monsieur raisonnait tout
à fait bien, et le pensant alors accessible aux réflexions du
bon sens, je me hasardai à lui dire, de bonne humeur et en
riant, à propos de son idée fixe qui perçait malgré tout : « Allons
donc ! mais vous êtes fou. — Je puis le devenir, Monsieur
l'abbé, reprit-il en se découvrant, mais je ne le suis pas encore,
et je voudrais me tromper comme vous dites. » Je me le tins
pour dit. D'ordinaire, j'arrivais assez à rasséréner le pauvre
esprit dans l'entretien oral. Mais à peine l'avais-je quitté, la folle
du logis reprenait incontinent ses droits, et la défiance, l'inquiétude, la mélancolie s'épanchaient par la plume dans des pages

interminables, d'une écriture très bonne, d'un style parfait où l'analyse des pensées et des sentiments n'avait ni un accroc, ni une lacune, concession faite du point fondamental qu'il ne fallait pas discuter. Il en est de ces hantises comme des fantômes nocturnes que la lumière, qui devrait les dissiper, ne fait que déplacer, et qui reviennent sur nous dès que nous avons cru les mettre en fuite. J'espérais du temps, avec l'aide de Dieu, une amélioration sensible et, peut-être, la guérison. Mais que faire si, moi-même, j'étais un jésuite ?...

On m'avait bien insinué plus d'une fois que je devais, moi aussi, en être un, mais j'avais triomphé des soupçons, lorsque un jour on crut me prendre en flagrant délit de machination à mon tour. Je disais la sainte messe à huit heures et M. X... avait pris l'habitude de l'entendre. Or il arriva qu'en une circonstance le service paroissial m'obligea de changer d'heure, et la messe de huit heures fut dite par un prêtre étranger, aumônier militaire, qui portait toute sa barbe. Parbleu ! C'était un jésuite, celui-là, encore, et c'était moi, plus jésuite que tous les autres, qui, par une perfidie infernale, l'avais chargé de lancer, au lieu de bénédiction, un mauvais sort à l'assistant. La situation se compliquait. Je vins à bout de la difficulté cependant, non sans peine, et, tant bien que mal, je recouvrai la confiance que voulait bien m'accorder le malheureux persécuté. Cette confiance a dû malheureusement sombrer, et sincèrement je l'ai déploré, dans un définitif naufrage. En effet, la maîtresse de l'hôtel où logeait M. X... vint un matin me trouver à la sacristie de Saint-Séverin, sous le coup d'une terrible alerte. « C'est nous, me dit-elle à brûle-pourpoint, qui l'avons échappé belle avec M. X... Figurez-vous que, depuis trois jours, il nous disait qu'on envoyait des gens pour l'empêcher de dormir... mais qu'il saurait bien les faire taire. »

Je savais qu'en effet tout bruit venant du dehors — cris de marchands des quatre saisons, orgues de Barbarie, etc. — était interprété par lui comme manœuvres employées par ses

ennemis pour troubler son repos et le contraindre, de guerre
lasse, à entrer dans leur compagnie, ou bien pour se venger
de ses résistances. Ce matin-là, il y avait à l'hôtel, dans la
chambre voisine de la sienne, un petit monsieur bossu, chétif,
qui avait toussé toute la nuit. M. X... se présente à sa porte et
frappe : « Qui est là ? demande le pensionnaire. — C'est
moi qui viens vous apporter votre tisane. » A demi vêtu, le
malade ouvre sans défiance, mais au lieu d'une tasse de tisane,
il voit un revolver braqué sur lui et le voisin prêt à faire feu.
« La voilà, ta tisane », dit celui-ci. Epouvanté le locataire se
précipite dans l'escalier en appelant au secours, mais son
agresseur le poursuit et n'est arrêté qu'à grand'peine par le
garçon de l'hôtel des mains duquel il se dégage pour se
réfugier dans sa chambre où il se barricade en disant : « Le
premier qui se présente, je lui brûle la cervelle. » Le commissaire de police prévenu et sollicité par les hôteliers de faire
interner l'hôte peu rassurant fit comprendre qu'on ne pouvait,
sans enquête, faire enfermer comme fou un homme violent
ou même dangereux. Il fallait cependant empêcher un malheur.
La femme de l'hôtelier crut en trouver le moyen. « Il y a près
d'ici, dit-elle, un monsieur prêtre que M. X... connaît. Lui seul
pourrait avoir de l'influence sur lui. Il n'y a qu'à faire croire
à M. X... que ce monsieur le demande en bas. » Et qui fut dit
fut fait. La porte s'ouvrit aussitôt et, docile comme un mouton
de Panurge, M. X... descendit sans broncher ; mais en bas, au
lieu de l'abbé A..., il trouva un fiacre et des hommes qui
l'emmenèrent au commissariat d'où, après intervention d'un
médecin légiste, on le dirigea sur une maison de santé des
environs de Paris. Le revolver était chargé, et nul doute que
M. X... ne s'en fût servi.

Je fus prié après cela de passer chez le commissaire. Non
requis officiellement, je crus devoir m'abstenir. On s'était tiré
d'embarras en se servant de mon nom, tout en se passant de
ma présence. Je n'en voulus à personne, mais je l'ai toujours
regretté. Attiré dans un piège sous l'auspice de mon nom, et

fondé à me croire engagé dans le complot, à qui le pauvre malheureux pouvait-il désormais accorder sa confiance ? Quand, dans le cours de ma vie, je me suis vu, à l'occasion de malades par exemple, en présence de ces petites inventions qui n'ont pas le moindre point de contact avec la vérité, et qu'on excuse à cause de l'intention, je me suis toujours rappelé le cas de M. X... et le mot de saint François de Sales moribond. Pour le sortir d'une torpeur mortelle, une bonne sœur s'avisa de lui dire : « Monseigneur, la Mère de Chantal est là qui veut vous voir. — Ma fille, lui répondit le saint, moins endormi qu'elle ne pensait, il ne faut jamais mentir, sous quelque prétexte que ce soit. »

Autre part qu'à Saint-Séverin, j'ai rencontré plus tard, une femme distinguée qu'un délire religieux obsédait. Elle venait, dès la première heure du jour, à l'église ou à la sacristie, pour apercevoir au passage et consulter une personne morte qu'elle s'imaginait qu'on éloignait d'elle en la faisant passer pour morte. Le curé, dans sa prudente bienveillance, recommandait aux employés de la traiter avec douceur, de la laisser où il lui plaisait de se tenir, car elle était fort discrète et, dans l'extérieur, ne différait en rien d'une personne de bon ton, attendant son tour d'entretien à la porte d'un cabinet. Je n'avais jamais entendu parler d'elle quand elle vint un jour me trouver ; j'appris depuis son état, mais plutôt par ce qui me fut raconté que par sa conversation, car ce qu'elle me dit tout d'abord était rendu si juste, si vraisemblable, par la finesse des remarques et des réponses aux objections, qu'à la rigueur, on pouvait être, provisoirement, de son avis. Elle m'écrivit, c'est l'ordinaire, en très bon style, d'une main experte et élégante, des lettres qu'aurait pu signer la femme du monde la mieux instruite. Et quant au caractère, elle était si douce, si bonne aux siens, qu'on déplorait doublement l'aberration de son esprit. La conservation des affections familiales est reconnue de bon augure chez l'aliéné et laisse l'espoir de guérison. Je n'eus pas besoin de moyens compliqués pour faire du bien à cette âme. Je ne sais quelle circonstance mit fin à ses visites et à sa correspondance, peut-être la sagesse même qui reprit le dessus, et je ne la revis plus. Ce que je pus remarquer, c'est l'espèce de divination qu'ont ces âmes tourmentées, quand c'est l'âme, et non l'esprit seul, qui est désorientée, et quand le cœur reste présent. Elles regardent, voient, pénètrent, devinent qui les aime, qui leur veut du bien, et qui leur veut du bien, moralement parlant, leur en fait infailliblement.

Il y a bien à prendre garde à ces maladroites précautions qui trahissent l'inquiétude et la défiance, et que saisit si vite et si subtilement l'œil remarquablement perspicace et sûr des sujets à guérir. Si l'on doute et si l'on tâtonne, on perd facilement, et parfois définitivement, leur confiance. Mais, encore une fois, la bonté sympathique et souriante est la grande vertu qui guérit. C'est ce que me témoignait, d'un mot heureux, la femme de chambre d'une dame fort âgée, fort intelligente, mais dont les facultés semblaient un peu atteintes, tant étaient fréquentes ses fantaisies dispendieuses. J'avais été appelé auprès d'elle pour les sacrements, après plusieurs tentatives infructueuses de plusieurs de mes confrères. Mme de *** voulait qu'on fît bien et vite, et rien de compliqué. Je fis de mon mieux et réussis, grâce à Dieu, à lui faire accepter d'attendre le temps nécessaire pour aller chercher à l'église le saint Sacrement. Comme il était prudent de lui donner le sacrement des malades, je revins avec les saintes huiles et me mis en devoir de l'administrer, après avoir revêtu le surplis et l'étole et déposé décemment, entre deux cierges, la sainte hostie. A peine un geste d'étonnement exprima-t-il que la malade ne tenait pas au déploiement du culte chez elle. Ce fut tout, et les choses se passèrent fort bien : la santé même revint pour un temps, en dépit des quatre-vingt-sept ans de la malade. A quelques semaines de là, elle manifesta le désir de me revoir, et comme elle avait oublié mon nom, elle me désigna sans malice, mais non sans originalité, par cette caractéristique : *le Monsieur à la petite chapelle...* (mes deux chandeliers, mes deux cierges, près du corporal étendu, en l'honneur de l'Hôte divin).

Ce fut compris et j'y allai. Mais depuis ma première visite un événement s'était produit. Sa famille, inquiète de ses prodigalités, — (il paraît qu'elle ne regardait pas à renvoyer trois fois dans la même journée son médecin réclamé par elle, le payant d'un louis chaque fois, etc. ; heureusement la visite du « Monsieur à la petite chapelle » était plus rare et tout à fait gratuite) — sa famille, dis-je, avait songé à la faire interdire. Pour cela, on avait réuni un conseil de famille et on avait fait appel, pour le composer utilement, à la bonne volonté d'un prêtre qui, pour remplir sa mission, avait dû préalablement faire une visite à la bonne dame, laquelle ne le connaissait pas plus qu'il ne la connaissait lui-même. Quand elle sut qu'un monsieur prêtre se présentait, et que ce n'était pas le Monsieur *à la petite chapelle*, elle demanda ce qu'il voulait. Par politesse, elle permit de le faire entrer, et, après qu'il fut parti, demanda ce qu'il était venu faire. Quand j'appris cette histoire, je ne me cachai pas de dire qu'on avait été bien inspiré en ne me demandant pas le service rendu par ce prêtre. Ce fut d'ailleurs un sentiment de délicatesse élémentaire qui dut porter la famille à chercher, en cette circonstance, tout autre que le confesseur : ce put être aussi un sentiment de prudence. J'aurais été plutôt partial, au bénéfice de la vieille dame. Je connaissais l'abbé, homme de mérite, intelligent, et marquant bien ; mais je me le figurais mal en vis-à-vis avec la personne inspectée qui eût pu lui rendre des points, si elle eût été en veine. Elle ne fut pas méchante ; elle se contenta de le regarder de travers, et c'est à cette occasion que sa femme de chambre eut ce mot, dans le récit de ce qui s'était passé : *Madame a la vision de ceux qui lui veulent du bien.*

Un type extrêmement curieux des maniaques atteints du délire des grandeurs, c'est celui que je vis à Saint-Roch, en 1869. C'était un prêtre ; il se croyait Pie X. Le hasard m'a fait retrouver, deux ou trois ans plus tard, dans le *Bulletin hebdomadaire de l'Association scientifique de France* (n⁰ˢ 323-324, 6 et 13 juin

1886) une conférence faite à la Sorbonne, le 10 avril 1886, par
M. Regnard, professeur à l'Institut national agronomique, sur
le *Délire des grandeurs*, où le personnage dont je parle est
étudié comme un sujet hors ligne, « célèbre aujourd'hui dans
nos asiles, dit le professeur, et dont l'histoire est trop intéressante pour que je ne vous en dise pas un mot ». En effet, la
description qu'il en fait, en racontant comment le délirant
avait été pris, ou plutôt repris, par la police, ne manque pas
de pittoresque. « Au coin de la rue des Vinaigriers, un homme
de soixante ans environ, portant de très longs cheveux gris et
une grande barbe, coiffé d'un casque en fer-blanc, avec arabesques multicolores, inscriptions latines et flots de dentelle,
portant de grandes guêtres jaunes, une aube blanche en étoffe
de rideaux et une grande couverture de laine, déclamait avec
une remarquable facilité. « J'arrive de Carpentras, disait-il, et
« je viens pour sauver la France, l'Église et le monde. » Suppri-
mez casque et oripeaux, laissez cheveux et barbe longue,
avec les grandes guêtres jaunes, avec, en plus, de grandes
lunettes, c'est sous cet extérieur que je vis pour la première
fois, à Saint-Roch, en 1889, M. Fulmen Xavier C..., autrement
dit Pie X. (C'était ainsi qu'il signait. Nul doute, s'il vivait
encore, qu'il n'intentât une action au successeur de Léon XIII
en revendication de titre.)

J'étais à ma chapelle, une après-midi, dans le bas côté
gauche de l'église, non loin du grand portail. Cet homme qui
passait vint à moi. Son ensemble eût tenté un peintre : œil
intelligent et profond, physionomie impressionnable et fine,
traits accentués sans rudesse et, enveloppant tout cela, ce
mélancolique reflet de *l'âge d'argent*, suivant la jolie expression
de Mme de Tracy désignant ainsi l'âge où finit la dernière
jeunesse et où commence la première vieillesse. L'usure du
vêtement, qui n'était pas malpropre, annonçait l'indigence
honteuse et probablement laborieuse et vaillante d'un vétéran
de la vie, d'un lutteur obstiné contre les chances fâcheuses de
l'existence. Il me demanda le premier vicaire, et je lui répondis

qu'il était peu probable qu'il pût le voir à la sacristie, « car ce n'est pas pour faire des publications, je suppose. — Eh ! qu'en savez-vous ? » reprit gaiement le bonhomme dont je partageai la bonne humeur, sans l'empêcher d'aller trouver le vicaire chargé des mariages. Quelques minutes après, il repassa près de moi, n'ayant trouvé personne et ne rapportant rien. C'est alors qu'il me confia son besoin et, cédant à un sentiment de pitié qui m'avait étreint dès l'abord, ou plutôt heureux d'y donner cours, je remis au malheureux ce qu'on remet quand on pense ne secourir qu'une fois. Mais en cela je me trompai, car je revis bientôt mon homme, qui fut des plus intéressants, me racontant son passé, son ordination, ses malheurs, ses prétentions pontificales, — ceci, en termes assez voilés, — son rôle comme *Puceau de Metz*, pendant de la Pucelle d'Orléans, etc., tout, et même un peu plus, ce qu'avait rapporté M. le professeur Regnard. Il me dit, en outre, plusieurs choses fort sensées, évoquant de vieux souvenirs, des traits, des mots heureux, des maximes originales et instructives d'ecclésiastiques vénérables, ne faisant, en tout cela, nul accroc au bon sens, assaisonnant son dire d'esprit et de gaieté et, au total, m'édifiant tout à fait. Oui, mais il fallut payer tout cela.

Je fis un peu la sourde oreille, et loin de l'en décourager, cette fois, je l'engageai vivement à aller trouver l'abbé Blanc, notre excellent premier vicaire. Le cher homme ne trouva personne et se rabattit sur moi, mêlant à sa prosaïque demande de numéraire des aperçus pleins d'humour, voire de poétiques allusions et des considérations artistiques. J'abondai dans son sens, affectant de ne pas entendre l'apologue. Mais voyant que je n'en arrivais pas aux espèces sonnantes : « Hé ! vous êtes charmant, me dit-il très gracieusement ; mais vous êtes comme les vases sans anses : on ne peut pas vous prendre. » J'étais sans défense, et fus pris. Encouragé par le succès, M. Xavier Fulmen C... revint. J'étais davantage sur mes gardes ; mais il venait se confesser. Une fois, deux fois, ce fut de même. On faisait bien un peu tapisserie le long de la chapelle, dans une pose plus ou moins piteuse, mais sans rien demander cependant. Un jour, il rompit la glace. Il faisait très mauvais temps, ce jour-là, et les grandes guêtres jaunes couvraient de bien grands trous aux chaussures éculées du pauvre juif errant... Qu'ai-je dit ? juif errant... Oh ! non. S'il en avait un peu l'air, à en juger par les images de Gustave Doré, il était loin d'en avoir toujours les cinq sous et ne tenait nullement à passer pour un juif, estimant trop sa qualité de chrétien, sans parler de son sacerdoce qu'il ne révélait pas, et pour cause, à tout le monde. « Vous ne me refuserez pas, dit-il ; *je marche sur le chrétien* », ses semelles déchirées n'épargnant plus à ses pieds le contact direct avec le pavé. Le mot et un bon sourire réussirent encore cette fois. Le mot n'était-il pas attendrissant ? Ma générosité fut payée de retour. M. Xavier Fulmen C... avait, en effet, un talent que M. le professeur Regnard connaissait. « L'abbé, disait-il dans sa conférence, ne manque pas d'un certain talent : je fais passer sous vos yeux quelques pastels qu'il a exécutés dans ses moments les plus lucides, et vous voyez qu'il y a là quelque chose. Il compose bien ; il a la notion juste de la couleur. Il connaît même les lois de la perspective, comme l'indiquent les constructions qu'il fait dans le plan d'une église qu'il prépare. » J'en eus une preuve personnelle. Il voulut m'offrir mon portrait. Pourquoi pas ? Séance tenante, il me fit poser, avec camail, surplis, bréviaire, deux minutes seulement, — c'était la condition, — et me livra son dessin, que je possède encore, ni flatté, ni chargé, assez reconnaissable. Pour compléter son présent, il m'apporta plus tard une sorte de chasuble en papier, — celle, sans doute, avec laquelle il avait officié en plein vent, — recouverte de festons, d'arabesques, de chiffres et de lettres ornées, le tout dessiné par lui, avec des sentences et des mots cabalistiques dont il ne demandait pas mieux que de révéler le secret aux oreilles assez complaisantes pour l'entendre. Il avait, entre autres inventions, imaginé ce qu'il appelait le *sortège* (ne pas confondre avec le sortilège, car il entendait rester bien orthodoxe, lui, pape, Pie dixième du nom). Le sortège, système renouvelé des apôtres dans l'élection de Mathias, devait être le procédé de l'avenir dans toutes les consultations de la volonté divine, pour la solution des litiges comme pour le choix des personnes à investir d'autorité, de dignités, de charges, ecclésiastiques ou autres. Que n'a-t-il réussi ! La brûlante question du *Nominavit Nobis* nous eût été épargnée. Une seule fois le visage de cet homme, ordinairement bonhomme, prit une expression inquiétante de colère et d'indignation, un jour qu'étant monté chez moi, au presbytère de Saint-Roch, et m'ayant demandé de quoi faire imprimer son nouvel évangile, il me vit, plutôt sceptique, lui conseiller de ne pas gaspiller l'argent à une telle publication. La dignité de Pie X fut alors offensée. Lui, si disposé d'ordinaire à répondre à coups de bons mots et d'esprit et à ménager le bienfaiteur, me fit voir de l'ironie et une sorte de mépris menaçant où je crus lire, à travers l'œil et la physionomie qui l'exprimait plus éloquemment que les mots, une certaine lutte intérieure entre la vanité maniaque et le bon sens réveillé, une certaine hésitation subite sur ses titres ambitieux, une infidélité d'un instant à la prétention délirante, vite reprise et d'autant plus énergiquement affirmée. Je quittai Saint-Roch peu après et ne revis plus M. Xavier Fulmen C...., dit Pie X, qu'à Saint-Eustache, un dimanche, non en rupture de ban avec la maison de Sainte-Anne, mais en congé d'un jour, accordé exceptionnellement à sa relative sagesse.

Au milieu de cette confusion et de tout ce désordre d'idées, je ne pouvais m'empêcher d'admirer comme est profonde et pénétrante l'onction du sacerdoce dans les âmes qui en sont honorées. O mon Dieu, rendez-nous dignes toujours et tous, nous prêtres, dans nos pensées, nos sentiments et nos actes, de ce sacerdoce éternel dont vous avez enrichi et surélevé notre vie !

Une remarque que m'a suggérée la pratique de la confession

accomplie par les déments, c'est que, dans cet acte religieux, leur âme peut se retrouver sans aucune trace des troubles qui la déroutent et l'agitent dans la vie journalière. Il y a là, pour elle, comme un privilège d'*exterritorialité*, si je puis employer cette figure, qui la soustrait momentanément aux illusions et à la servitude de l'habituelle obsession. Elle s'est reprise et retrouvée. — *Invenit servus tuus cor suum ut oraret te oratione hac.* C'est comme une grâce de pitié divine, et comme la *trève de Dieu* dans l'épreuve ou le châtiment.

CHAPITRE VII

ÉVÉNEMENTS DIVERS (1880-1882)

LAÏCISATION DES ÉCOLES DE SAINT-SÉVERIN, 1880

Nous voilà loin de Saint-Séverin ; revenons-y, en 1880. Ce fut l'année des laïcisations d'écoles. L'école des Frères de la rue Saint-Jacques était une création de M. Hanicle. Grâce à son zèle, en 1841, ces religieux avaient succédé aux Frères de Saint-Antoine affiliés au jansénisme. Après avoir occupé les anciens charniers de l'église, puis le couvent des Mathurins, détruit lui-même pour le percement des boulevards Saint-Germain et Saint-Michel, ils avaient été installés rue Saint-Jacques, à deux pas de l'église, et le dévouement de M. Hanicle à cette œuvre des écoles, couronné d'un plein succès, avait rendu populaire son nom dans tout Paris, surtout dans le quartier Saint-Séverin et aux alentours. Au printemps de 1880, il fallut abandonner les lieux. La mesure administrative étant prévue depuis long-temps, on s'était occupé de trouver un local pour y installer l'école libre. La Providence y avait visiblement aidé. Ce fut, en effet, un honnête commerçant du quartier qui, au cours de l'été de 1879, découvrit et signala à l'attention du clergé, par-ticulièrement de M. le premier vicaire, l'immeuble situé 8, rue Gît-le-Cœur. M. le curé était alors en vacances dans ses douces montagnes qu'il aimait tant, et où il pratiquait si bien, suivant son dire habituel, l'*Otiare quo melius labores*. Je lui avais envoyé, au lendemain de son départ, la petite épître suivante, expression de ses goûts connus et de mes vœux :

> Seu teris agrestes secreto calle myricas,
> Ardua seu scandis dulcis pede montis anhelans
> Pulvereo, seu Templum inhians turrimque revisis.
> Stillant dum tacitæ lacrymæ vultusque madescit,
> Sit tibi fausta dies, vale ; sol tibi rideat almus !

Il fallut abréger le repos quand, de Paris, la nouvelle lui arriva des négociations commencées. A cette époque, plusieurs curés de Paris avaient déjà des comités, et plusieurs paroisses des maisons ou des terrains pour l'établissement d'écoles libres, et le clergé de Saint-Séverin s'inquiétait du risque que l'on courait d'être pris au dépourvu, quand cette bonne fortune arriva. L'immeuble était à vendre, ou à louer avec promesse de vente, et sur des bases en réalité fort avantageuses. C'était là que s'imprimaient, dit-on, les décrets de la Constituante qui n'en fit pas moins de trois mille cinq cents. Il est probable qu'à ce nombre respectable de documents officiels l'imprimerie de la rue Gît-le-Cœur n'eût pas eu à ajouter, après 93 au moins, des décrets de laïcisation tels que ceux de 1879-1880, si j'en juge par la façon dont M. Jules Simon, dans *le Matin*, morigénait plus tard les laïcisateurs. « Il est plus que temps, disait-il dans ce journal, à la fin d'un article intitulé *le Cadavre*, il est plus que temps d'en finir avec le système de Chaumette, que vous avez repris sous le nom de laïcisation et dont la Révolution elle-même, la Révolution de 1794, ne voulait plus. Il faut ressusciter le *Maître intérieur*. Le cadavre de Watrin vous avertit que la *loi écrite* ne suffira pas pour protéger l'ordre social. Non, quand même on l'appliquerait. »

Le frère directeur de l'école laïcisée de la rue Saint-Jacques venait de recevoir, dix jours avant la laïcisation, une médaille d'honneur. Personne ne pouvait mieux que lui diriger la nouvelle école dont l'inauguration eut lieu le lundi 5 avril 1880, après une cérémonie à l'église où vinrent en foule enfants, parents, maîtres et bienfaiteurs. Sur deux cent cinquante-cinq enfants que comptait l'école de la rue Saint-Jacques deux cent quarante-sept suivirent leurs anciens maîtres, rue Gît-le-Cœur. Les détails de l'inauguration furent l'objet d'un article que je fus chargé de rédiger et qui fut inséré dans *la Semaine religieuse de Paris*, à la date du 18 avril. *La Civilisation*, *le Figaro*, *le Moniteur*, d'autres feuilles publiques racontèrent, dans des articles ou des notes, cette inauguration qui fit sensation dans le quartier, comme, dans leur quartier respectif, chacune des transformations des trente-deux écoles qui furent alors laïcisées à Paris. Les bons Frères se contentèrent pour eux-mêmes de bien peu de chose, la bonne humeur, la joie du dévouement suppléant mille lacunes.

On s'était occupé, avant tout, des classes et des enfants. Pour activer un peu, au profit des bons Frères, l'aménagement des salles qui leur étaient nécessaires, je proposai à M. le curé de fixer une date pour pendre la crémaillère, me réservant l'honneur d'en faire les frais ; les ouvriers seraient ainsi dans la nécessité de se presser. Le clergé et les bons Frères se rencontrèrent ainsi dans un banquet improvisé, presque dîner de spartiate quant au menu, et repas d'agneau pascal pour la presse de l'opération, car la fête, aussi courte que joyeuse, commencée après l'office des vêpres du jour de l'Ascension, jeudi 6 mai 1880, dut finir avant 8 heures du soir, heure de l'office du mois de Marie. L'essentiel était qu'on eût pris possession.

Ce qu'on avait fait pour les chers Frères dut être fait également pour les Sœurs dépossédées, elles aussi, de l'école de la rue Boutebrie et à qui fut ouvert un asile, pour leurs classes, rue de La Harpe. Elles furent, comme toujours, vaillantes et admirables, leur bonne supérieure en tête, l'inoubliable sœur Caïx. Celles de ces religieuses qui ne s'occupaient pas de l'enseignement se dévouaient à l'œuvre du patronage des jeunes filles réunies le dimanche ; à l'œuvre du patronage interne, logeant et nourrissant un certain nombre de jeunes personnes qui, occupées au dehors dans la journée, ne trouvaient pas, le soir, un gîte convenable chez leurs parents, ou qui manquaient de famille ; à l'ouvroir Sainte-Geneviève installé dans la vieille rue de la Parcheminerie, sous la surveillance immédiate de sous-maîtresses exemplaires pour la vertu et le travail.

En dehors de ces œuvres, l'assistance des pauvres offrait un vaste champ à l'activité charitable des filles de Saint-Vincent, particulièrement l'œuvre des pauvres vieillards dont la bonne sœur Vincent était l'âme. Les dames et les demoiselles qui s'en occupaient avec elles inaugurèrent, nous l'avons dit, les ventes annuelles de charité dont, plus tard, M. le curé de Saint-Séverin étendit le bénéfice aux diverses œuvres paroissiales, en particulier aux écoles. Le début de ces efforts charitables, 30 avril et 1er mai 1883, fut heureux. Mais la mode multipliant partout les ventes de charité, l'année 1884 fut moins fructueuse pour notre petite œuvre paroissiale, ce qui donna l'idée de joindre, en 1885, à la vente traditionnelle l'attraction d'un arbre de Noël, innovation toute de circonstance à l'époque heureusement choisie, 22-23 décembre, par les généreuses bienfaitrices qui nous offrirent à la fois l'organisation et le local.

Quand, à cette œuvre primitive assurant l'assistance mensuelle de vingt-six vieillards pauvres domiciliés sur la paroisse, ayant au moins soixante-dix ans, je songeai à joindre celle d'une maison hospitalière pour abriter les derniers jours et assurer la mort chrétienne des vieillards les plus abandonnés, je communiquai mon dessein au conseil dans une note du 14 novembre 1884.

J'avais rappelé, dans mon sermon pour l'œuvre des vieillards le 5 janvier 1879, à Saint-Philippe, le mot de Coriolan, exilé chez les Volsques : « *Multo miserius exilium seni* : L'exil est beaucoup plus pénible pour un vieillard », et j'en avais fait l'application à l'isolement du vieillard pauvre, isolement qui est une sorte d'exil au milieu même du monde. Il y avait là, me semblait-il, de quoi toucher le cœur humain. Dans la notice explicative de l'œuvre projetée, je mis en épigraphe de quoi toucher le cœur chrétien, en empruntant les paroles suppliantes du Psalmiste : « *Ne projicias me in tempore senectutis ; cum defecerit virtus mea, ne derelinquas me*. Ne me rejetez pas dans le temps de ma vieillesse ; maintenant que mes forces m'abandonnent, ne m'abandonnez pas. » En même temps, j'ouvris une souscription pour l'achat d'une maison, et des feuilles détachées d'un registre à souche furent mises à la disposition de zélées collectrices, assurant à la fois la propagande charitable et le contrôle sérieux des recettes.

Le concours des fidèles n'eût pas manqué à l'entreprise, j'en avais des gages certains. Mais à peine les premiers fonds recueillis, mon départ de Saint-Séverin fut décidé et s'effectua en septembre 1886. Je ne puis dire comme ce Romain du temps de Sylla que, c'est « ma maison d'Albe » qui m'a fait partir, puisque je n'ai jamais eu la maison ambitionnée, mais peut-être le diable s'en est-il mêlé un peu. L'œuvre m'était restée chère, et je ne m'en désintéressai point ; mais après quelque temps, éloigné définitivement de ce milieu aimé, c'est alors que je crus le moment venu de remettre entre les mains des directrices de l'œuvre, contre reçu pour le bon ordre des choses, les titres de rente 3 p. 100 achetés, suivant les conventions, avec les sommes recueillies pour la Maison des vieillards. Cette œuvre d'hospitalisation charitable et sa sœur aînée, l'œuvre dite des Pauvres Vieillards, ont continué, je crois, à prospérer à Saint-Séverin, bien que l'œuvre des Écoles, si urgente, ait dû absorber une part des libéralités qui eussent pu lui être consacrées. Elles vivaient par elles-mêmes, ne demandant rien au curé de la paroisse, ne recevant de lui que le droit d'exister, et le soulageant lui-même dans l'assistance des pauvres les plus intéressants de son troupeau.

VOL SACRILÈGE A SAINT-SÉVERIN

(1881)

La chère chapelle de Saint-Joseph où se réunissaient à certaines fêtes, pour une prière commune, les vieillards et leurs
bienfaitrices, et où l'œuvre avait un trône pendant tout le mois
de mars, chapelle où j'ai personnellement placé un ex-voto,
fut, le 14 mars 1881, le théâtre d'un vol sacrilège. Un ciboire
rempli d'hosties consacrées fut enlevé du tabernacle en plein
jour. Les recherches faites par la police n'eurent aucun résultat. Quelque temps après, seulement, une personne m'offrit
de faire rentrer l'église en possession du vase précieux. Il
fallait préalablement lui verser la valeur du ciboire. La condition me rendit suspecte la proposition. Je ne voulus pas
l'accepter, et je n'entendis plus parler de rien. Qu'étaient
devenues les hosties ?... Un sacrilège semblable accompli plus
tard à Notre-Dame donna lieu à une recommandation de
Mgr l'archevêque pour qu'après chaque messe la clef du tabernacle fût soigneusement retirée par le prêtre. L'observation de
cette sage précaution eût prévenu plus d'un sacrilège, celui de
Saint-Séverin en particulier.

PÈLERINAGE DE ROME

(1882)

L'année 1882 est marquée pour moi par un grand souvenir, celui de mon pèlerinage à Rome et à différents sanctuaires d'Italie, du mercredi 4 octobre au mercredi 25 du même mois, sous la haute direction et d'après l'intelligent programme des Pères de l'Assomption.

La première étape religieuse fut à Turin où j'eus l'honneur et la consolation de dire la sainte messe, le vendredi 6 octobre, à la cathédrale, dans la chapelle du Saint-Suaire. M. le vicomte Hersart de la Villemarqué, membre de l'Académie des inscriptions et belles-lettres, compagnon de voyage, qui voulut bien me la servir, y reçut de ma main la sainte communion avec une piété profonde. Dès mon arrivée à Gênes, l'après-midi du même jour, ma première visite fut au Campo Santo, puis à la cathédrale (Saint-Laurent) et à l'Annunziata. A San Lorenzo, on vénère les chaînes de saint Jean-Baptiste. Lorsque je m'y présentai avec un groupe de pèlerins, dont quelques dames, une de ces dernières se montra fort scandalisée du refus auquel elle se heurta en voulant pénétrer dans la chapelle, et voir et vénérer la relique. Le clerc en soutane violette et en *cotta romana* préposé à la visite fut impitoyable. Il expliqua à ces dames, avec autant de sourires gracieux que de gestes prohibitifs, les raisons du *noli tangere* et du sévère *non possumus*, en souvenir ou *in vendetta* de la fille d'Hérodiade, cause du martyre de saint Jean-Baptiste. Que n'avaient-elles lu leur *Guide*, A. J. du Pays, où la chose est expliquée au long !

Je me fis un devoir de visiter l'hôpital de Gênes et le tombeau de sainte Catherine, de l'illustre famille des Fieschi, qui en avait été intendante générale, à la fin du quinzième siècle. La sainte est là couchée, les mains jointes, visage, mains et pieds à un, d'une apparence de parchemin, avec des trous de vers comme on en voit dans les vieilles boiseries de chêne. J'avais fait une place à sainte Catherine dans *la Charité dans les saintes*. Je fus heureux de vénérer ses reliques au lieu même où s'exerça sa charité, et j'y déposai une offrande. Les autres visites furent aux édifices et aux palais de la ville.

Le 7 octobre, au matin, nous quittâmes Gênes pour Pise, favorisés d'un ciel pur qui permit d'admirer, d'un côté, l'horizon du golfe sillonné de vapeurs et de bateaux de pêche, de l'autre, les monts échelonnant leurs sommets pittoresques et gracieux, semés çà et là de villas et de masures, de dômes et de blancs clochers, percés au loin d'échancrures par où le regard s'échappe dans un fond de lumière infini. L'arrêt de quelques heures à Pise permit seulement la visite de la Tour penchée, le ressouvenir sur place de l'histoire tragique d'Ugolin et des pacifiques expériences de Galilée, la visite du Dôme et du Baptistère, enfin celle du Campo Santo aussi impressionnant par les terribles réalités qu'il symbolise que remarquable par les peintures de ses fresques célèbres, surtout par ces vingt et une compositions de Benozzo Gozzoli (1420-1497) élève de Fra Angelico, « qui renoua avec éclat, dit le P. Gaston Sortais, la tradition de la grande peinture narrative, trop délaissée depuis la fin du quatorzième siècle ». (*Etudes*, 5 juin 1903.)

C'est à Florence que les souvenirs religieux attirent la piété du chrétien, autant que les innombrables et immortels chefs-d'œuvre qui ornent ses musées et ses églises captivent l'âme de l'artiste. Le chrétien qui a ce goût et ce culte de la beauté dont parle l'Ecriture, — *pulchritudinis studium habentes*, — trouve profit à la contemplation de ces deux spectacles ; la beauté que Dieu fait éclater dans les saints, — *mirabilis Deus in sanctis suis*, — la beauté que l'homme produit dans l'œuvre propre de ses mains, d'après le concept de l'idéal divin, — *mirabilis in altis Dominus*.

Une de mes premières visites à Florence fut au couvent des

Carmélites, à l'église et au tombeau de sainte Madeleine de Pazzi, une des douze saintes de mon petit volume *la Charité dans les saintes*. Suivant l'usage d'Italie, la sainte est à découvert sous l'autel ; la figure et les mains sont d'un noir d'ébène. Le procédé de conservation qui permet d'exposer ainsi les corps saints offre à la piété des fidèles un avantage précieux ; il n'est pas sans contre-partie dans l'impression d'effroi, et de répugnance même, qu'en ressentent certaines natures. La mort laisse son empreinte sur les corps saints eux-mêmes ; la transfiguration promise est ajournée pour l'heure de la résurrection, qui n'a sonné pour aucun. Les corps ainsi conservés ressemblent trop aux momies, qui restent répugnantes, malgré leurs aromates, et si la pensée que ces restes mortels ont été autrefois le temple du Saint-Esprit quand l'âme, principe vital, les animait, est de nature à inspirer à leur égard le plus religieux respect, d'autant plus qu'on les sait réservés à la résurrection glorieuse, il semble que ce respect se trouve, en quelque manière, compromis par l'essai laborieux d'une conservation factice et qui, en somme, ne dissimule rien du triomphe de la mort. — Ayant reçu quelques menues reliques et laissé une offrande aux moines gardiens de l'église, j'emportai une douce impression de la prière faite auprès d'une sainte si chère. Je m'agenouillai également, dans l'église où je dis la sainte messe, à l'autel de saint Jean Gualbert qui, par un sublime pardon accordé au prochain, mérita et reçut pour lui-même le pardon et la grâce qui fit de lui un saint. Les tombeaux illustres de *Santa Croce*, les monuments dédiés à des mémoires célèbres, parlent autant de la gloire de l'Eglise que de celle des grands hommes qui y dorment leur dernier sommeil : Galilée, Michel-Ange, Machiavel, Dante !...

C'est à regret qu'on quitte Florence où tout est beauté : ville, quais, palais, musées, églises. Mais le pèlerin qui s'éloigne de l'Annunziata et des fresques inspirées du dominicain Fra Angelico, de Madeleine de Pazzi, et du saint fondateur de Vallombreuse, Jean Gualbert, pour gagner, à travers l'Ombrie,

Assise et Notre-Dame-des-Anges, Assise et le couvent des Franciscains, et le tombeau de saint François, et celui de sainte Claire, et la vieille cathédrale, et les fresques de Giotto et de Cimabué, le pèlerin pieux se console dans une vision plus belle encore. Quelle vision plus belle, en effet, que celle de la Reine des Anges qui l'attend là-bas, entre ces douces figures, l'une et l'autre sœurs des anges, le séraphique François et la céleste Claire d'Assise, dans cette oasis merveilleuse où la nature, austère et gracieuse à la fois, semble empreinte de charmes mystiques, où le type humain est enchanteur, où les petits enfants paraissent des incarnations d'ange ! — Partis de Florence le lundi 9 octobre, vers huit heures, nous arrivâmes un peu après midi à Assise. Une prudente préoccupation nous obligea de gravir la montagne, avant de saluer Notre-Dame-des-Anges, pour nous assurer le gîte d'un jour et d'une nuit à l'hôtel Della Minerva. Ce nom païen mêlé à tant de noms chrétiens, — rapprochement si continuel dans toute l'Italie, — est loin de me déplaire. Dans le contraste du vieux passé et du présent il parle sans cesse de l'œuvre rédemptrice, et le vieux monde semble s'innocenter ainsi perpétuellement au contact du nouveau, régénéré par l'Homme-Dieu. Oui, mais, hélas ! il faudrait que la tendance du monde nouveau ne fût pas à retourner au paganisme d'autrefois, et à pire que ce paganisme.

A mesure qu'on s'élève, quelle belle vue on a des montagnes qui entourent ou se profilent au loin ! et quelle perspective sur le ciel que ce long couvent franciscain bâti en château fort couronnant la montagne !... Aussitôt la chambre d'hôtel arrêtée, je redescendis à Notre-Dame-des-Anges, tout au bas de la montagne. L'église actuelle est un grand et beau monument dans lequel se trouve englobée, vers le milieu et sur la gauche, la petite église primitive ou chapelle Notre-Dame-des-Anges. Plus loin, derrière cette chapelle, se trouve la chambre de saint François, transformée elle-même en chapelle où l'on conserve le cœur du séraphique patriarche et son cordon exposé au-dessus du tabernacle. A droite de l'église, au milieu du cloître des Franciscains, est le petit enclos appelé *Spinetum*, où croissent des rosiers sans épines, aux feuilles toutes teintées de rouge comme de la trace d'une goutte de sang. C'est le légendaire souvenir de la circonstance historique où saint François d'Assise se roula dans les épines pour vaincre une tentation de volupté. J'ai reçu des bons Pères quelques-unes de ces feuilles qui portent toutes, en effet, la petite trace de sang.

La basilique de Saint-François domine la montagne. Elle est formée de trois églises : 1° une crypte où est le tombeau du saint dont les ossements sont maintenant tombés en poussière. J'en ai approché mon chapelet et, le lendemain de mon arrivée, j'ai pu dire la sainte messe à l'emplacement où était autrefois le sépulcre, dans l'épaisseur même du rocher d'où il fut tiré sous Pie IX ; 2° l'église proprement dite, qui a la forme de la lettre H renversée sur le côté, de telle sorte que la partie antérieure et la partie du fond sont plus larges que le milieu qui n'est qu'un grand couloir ; 3° l'église supérieure, nue et vide, mais qui possède des fresques de valeur, douteusement attribuées au Bernin et reproduisant l'histoire de saint François. La coupole de l'église du milieu, peinte par Giotto, représente le mariage de saint François avec la pauvreté. — On a rappelé assez brutalement aux Franciscains d'Italie, dans ces dernières années, ce mariage mystique de leur bienheureux père, en les dépossédant d'une grande partie de leurs bâtiments. Sur cent bâtiments qu'ils possédaient autrefois, ils n'en avaient plus que quatorze en 1882 ; le reste était occupé, partiellement du moins, par une école normale. Il faut un quart d'heure pour se rendre de l'église de Saint-François à celle de Sainte-Claire et à la crypte qui renferme son tombeau. J'y allai recevoir le complément des grâces recueillies au tombeau du saint patriarche, et je pense l'avoir reçu dans une douce et pénétrante onction dont j'ai toujours gardé le souvenir.

La couchette de l'hôtel, un peu dure, n'avait guère aidé au sommeil ; en revanche, elle nous avait fourni l'occasion d'imiter un peu la mortification du grand pénitent de l'Alverne. Je dis nous, car, dans une chambre *à deux*, j'avais l'honneur d'être le compagnon de M. de la Villemarqué, qui ne dormit pas plus que moi. Malgré ces légères fatigues, ma messe dite au tombeau de saint François, le mardi 10 octobre, je montai à la basilique où se déroulait la procession des pèlerins priant et chantant, et où l'on fit vénérer les reliques. On monta ensuite à la maison épiscopale d'Assise et à la cathédrale splendidement illuminée pour l'arrivée des pèlerins. Si cette cathédrale, du douzième siècle, a été, à l'intérieur, modernisée, il n'en est pas de même du baptistère resté tel aujourd'hui qu'il était du temps de saint François. Nous visitâmes, à la sacristie, le lieu où saint François se retirait pour se recueillir avant de prêcher dans cette même cathédrale, puis la maison de saint François transformée en église au fronton de laquelle on lit : *Immunitas et jus regis Hispaniarum*. Là se voient la prison où le père de saint François renferma son fils, la porte de la maison précieusement conservée, un peu plus loin, dans la rue, l'étable où le hasard, ou plutôt la Providence, avait permis que le saint vînt au monde, signalant par là, dès son entrée dans la vie, sa prédestination à suivre en tout les traces du Sauveur. L'évêque d'Assise, distingué et affable, nous fit remarquer le tableau où le saint est représenté abandonnant tous ses biens entre les mains de son père, devant l'évêque qui l'avait recueilli, et disant à Dieu : « Désormais, plus que jamais, je pourrai vous appeler : Mon Père ! »

Au bas de la montagne, je saluai de nouveau Notre-Dame-des-Anges, et, comme la brebis qui laisse un peu de sa toison aux épines du sentier, je laissai une petite offrande aux bons Pères gardiens des rosiers sans épines.

La prochaine étape était Rome !

Nous y arrivâmes à la fin de la journée du 10 octobre, à neuf heures et demie du soir, par un mauvais temps, conditions fâcheuses pour ceux qui ne connaissent ni la ville, ni les hôtels. La maison où je descendis, *via Santa Chiara*, était en partie louée, me dit-on, à des parents du pape. Cela me rassura, mais les chambres étaient toutes occupées. A la guerre comme à la guerre ! Je me contentai d'un cabinet imparfaitement clos et par un simple vitrage. L'essentiel était d'y pouvoir reposer la nuit. J'en avais l'espoir en me mettant au lit, mes lettres faites, vers minuit, et je venais d'éteindre ma lumière quand, au moment où j'allais m'endormir, un bruit insolite se fit, au-dessus de moi, dans la pièce. Je me persuadai que c'était un de ces craquements des boiseries dont le silence nocturne augmente tant l'impression. Quelques instants après, il fallut bien reconnaître que la cause était tout autre. Le bruit devenait un battement d'ailes très rapide et précipité, juste au-dessus de ma tête. Cela n'était guère propre à favoriser mon repos. Par malheur, les allumettes manquaient, et les sonnettes aussi, et les volets fermés interceptaient absolument les pâles reflets de lune qui eussent pu m'éclairer encore. Je n'aime pas les chauves-souris. Persuadé qu'il en planait une demi-douzaine sur ma tête, je fis comme les enfants qui cachent leur tête sous les draps quand il tonne, maugréant fort contre les oiseaux de nuit. A peine le jour commençant à poindre ramena-t-il quelque mouvement dans l'hôtel que je me hasardai à décrocher mes vêtements pour interroger décemment le personnel du lieu. « Qu'ai-je donc entendu cette nuit ? dis-je à la maîtresse de l'hôtel qui parut au moment où je sortais. — Ah ! me dit-elle, riant fort, je sais ce que c'est. C'est *un souris*... Quand *il* reviendra, la prochaine nuit, vous prendrez cela », ajouta-t-elle, saisissant une longue balayette dont elle frappa violemment le plafond. Ce plafond fort élevé était peint, et j'avais pu croire qu'il était ferme et solide comme les nôtres, en France. Point. C'était une toile peinte, tendue tout le long de la pièce, à quelques centimètres du plancher de l'étage supérieur. Tout s'expliquait alors. *Ce* souris était un rat, et même plusieurs, qui faisaient un sabbat infernal, produisant par leurs allées et venues les vibrations de la toile et de l'air qu'on pouvait prendre, n'en soupçonnant pas la cause, pour le bruit d'un battement d'ailes. Avec de fortes secousses de balayette, au risque de crever le faux plafond, on devait parvenir à imposer silence, en les terrorisant à leur tour, à ces hôtes importuns et vraiment trop audacieux.

C'est ainsi que l'esprit de l'homme dépend des moindres incidents. Pauvre esprit « sujet à être troublé par le premier tintamarre qui se fait autour de lui. Il ne faut pas le bruit d'un canon pour empêcher ses pensées ; il ne faut que le bruit d'une girouette ou d'une poulie. » J'étais bien de l'avis de Pascal en voyant compromis pour moi, par aussi petite cause, le travail de la pensée et le repos des sens, moi qui n'ambitionnais que le minimum du sommeil pour pouvoir dépenser, dans la veille des organes et des facultés de l'âme, le maximum de l'activité curieuse, enthousiaste, ravie, et qui comptais sur un beau rêve prolongeant dans la nuit l'enchanteresse impression de la journée. Laborieuse et pesante nuit ! Ainsi vont les choses d'ici-bas. L'imprévu nous arrive : un rien nous déconcerte. Nous sommes aux prises avec des pygmées triomphants, nous, dont l'orgueil songeait à se mesurer avec des géants. Il y a là une loi providentielle, imposant à tous, sous des formes diverses et insoupçonnées, la nécessité du travail et de la mortification. Ce n'est pas le pli de la feuille de rose gênant la quiétude voluptueuse du Sybarite. C'est le fil imperceptible qui enlace et paralyse la main empressée au travail, c'est le grain de sable qui suspend le fonctionnement de la machine puissante, c'est le choc qui fausse subitement l'instrument du travail entre les mains de la bonne volonté active et joyeuse à la peine. Leçon utile aux prétentions extrêmes, aux ambitions, quelles qu'elles soient, qui oublient de se mesurer ! Obstacles salutaires à l'activité qui déborde au dehors sans jamais vouloir s'exercer au dedans, sur le fond de l'homme lui-même ! Stimulant efficace contre l'envahissement de la subtile paresse qui laisse en friche une partie des forces humaines, pendant que l'autre travaille ! *Curis acuens mortalia corda.* Moyen réparateur, dans la souffrance et le heurt des contradictions, de toutes nos fautes et de nos excès divers, rétablissant en nous, pour peu que notre volonté s'unisse à celle de Dieu, l'ordre et la subordination due au Maître de nos existences, d'où dépend toute valeur de l'homme : *Nonne Deo subjecta eris anima mea ? Hoc est enim omnis homo.*

C'est bien à Rome que le temps est de la monnaie, pour l'esprit, du moins, pour les facultés de l'âme. Aussi, malgré l'insomnie de la première nuit, m'empressai-je de sortir, le mercredi matin, 11 octobre, vers quatre heures et demie, pour célébrer la sainte messe, et vaquer ensuite à la visite des sanctuaires et des autres merveilles de la Ville éternelle. L'église *Santa Maria sopra Minerva*, administrée par les Dominicains, étant toute proche de ma demeure, je m'y présentai et fus assez heureux, après une attente de trois quarts d'heure, pour être admis à dire la messe à l'autel de Sainte-Catherine, où le corps de cette sainte est conservé. La matinée se passa ensuite à visiter la riche église de Saint-Augustin, puis celles de Saint-Louis-des-Français, de Sainte-Agnès *intra muros* et du lieu de son martyre, près duquel un très beau *Saint Sébastien*, fait d'une statue païenne, attire l'attention, puis le Panthéon d'Agrippa, et là, sous la coupole d'un effet si grandiose, le tombeau de Raphaël et celui du cardinal Consalvi. A Saint-Louis-des-Français j'avais présenté mon *Celebret* au visa de S. Em. Mgr le cardinal-vicaire. Revenu à la Minerve, je visitai les tombeaux de Léon X, de Clément VII et de Fra Angelico. La première église que je visitai, l'après-midi, fut celle de *Santa Maria del Populo* où se remarquent, aux angles d'une chapelle de gauche, les statues en marbre de *Jonas*, de *Daniel*, d'*Habacuc* ; le premier dessiné, dit-on, par Raphaël, les deux autres par le Bernin. Je visitai ensuite *Santa Maria degli Angeli*, construite par Michel-Ange, une des plus grandes églises de Rome, avec ses huit belles colonnes de granit d'un seul morceau, conservées d'une immense salle des Thermes de Dioclétien. Le reste de l'après-midi fut consacré à la catacombe de Sainte-Agnès-hors-les-murs, au delà de la *porta Pia*.

La basilique de Sainte-Agnès, ornée de colonnes de porphyre

soutenant le baldaquin du maître-autel et d'une belle mosaïque
sur fond d'or, renferme le corps de sainte Agnès, moins le chef
qui est à Rome. Tout près se trouve l'entrée des catacombes
dites de Sainte-Agnès, bien conservées, intactes en beaucoup
d'endroits. On y voit les *loculi*, niches ou excavations
longitudinales superposées pour le placement des corps et des
ossements des chrétiens. Çà et là on remarque des lampes, ou
l'emplacement disposé pour en recevoir, et les fioles de sang
des martyrs. Des inscriptions touchantes révèlent la présence,
à côté l'un de l'autre, ou dans la même tombe, d'un époux et
d'une épouse, avec ces mots : *In pace*, — *Bene merenti*, — et
ces symboles : L'ιχθύς (le poisson), la colombe, la palme, le
cœur, et cette mention, indice d'une intention d'exactitude
dans les primitives inscriptions : *Plus, minus*, répétée partout
quand il s'agit d'un nombre d'années incertain. Les moindres
espaces sont utilisés, les tombes des enfants réduites à de
toutes petites proportions.

A côté de la basilique est le baptistère de Constance décoré,
à sa voûte, d'un revêtement de mosaïque à fond d'or exécuté
d'après les ordres de Constantin (quatrième siècle) et qui, malgré
des caractères de décadence de l'art, selon le jugement qu'en
portent les maîtres, semble merveilleux de couleur riante et de
composition poétique : une vigne, des paons, des colombes,
accessoires emblématiques du sujet principal. Au fond de la
basilique est une chaire en pierre où saint Grégoire le Grand
fit deux ou trois homélies. C'est aux chanoines de Latran qu'est
confiée la garde de l'église et des catacombes. Celui qui avait
la bonté de m'accompagner me montra à la sacristie un *Christ*
attribué à Michel-Ange d'une expression remarquable. Un
reflet de divinité illumine le Crucifié et l'âme humaine, qui
vient de l'abandonner, semble le faire respirer encore : le sang,
la vie lui laissent cette dernière empreinte qui dure un seul
instant, instant intermédiaire entre la vie et la mort, instant
du passage de l'âme à travers l'enveloppe des sens. On voit
mourir le Christ, et en s'empressant de l'adorer, il semble

qu'il entendra encore. Au sortir de la sacristie, on voit, dans une grande salle, un tableau représentant l'accident du 12 août 1855, où deux cents personnes assemblées pour une audience pontificale faillirent trouver la mort dans l'effondrement de la salle, Pie IX lui-même et d'éminents personnages de sa cour. Personne n'ayant péri, on fait une fête d'action de grâces chaque année, en souvenir de cette providentielle préservation. Le chanoine de Latran, mon aimable guide, Français expulsé de son couvent au moment des *Décrets*, me dit qu'un protestant qu'il accompagnait aux catacombes, peu de temps auparavant, pleurait pendant cette visite et lui demandait des prières pour sa conversion.

Le jeudi 12 octobre, je dis la sainte messe au Gesù, et après en avoir admiré les splendeurs, — la chapelle de Saint-Ignace, riche du plus gros morceau connu de lapis-lazuli, où se voit la statue du saint en habits sacerdotaux, d'une hauteur de près de 3 mètres (2 m. 90), puis, vis-à-vis, la chapelle de Saint-François-Xavier ; — après avoir vénéré les saintes reliques, — le corps entier de saint Ignace conservé dans le soubassement de l'autel que sa statue domine, le bras droit et la main de l'apôtre des Indes, — je me rendis à Sainte-Marie-Majeure. Près de l'entrée de la grande basilique, une petite chapelle dédiée à sainte Lucie attira d'abord mon regard et j'y fis une prière. Mais le grand objet de la vénération des fidèles, à Sainte-Marie-Majeure, c'est la crèche de Notre-Seigneur, enchâssée dans un cadre d'argent, exposée dans la crypte. Après y avoir un instant médité et prié je remontai avec le flot des pèlerins dans l'église supérieure où je vis en passant, dans une chapelle du transept, le corps de saint Pie V revêtu de ses habits pontificaux et dont le visage, l'aspect de la barbe et l'ensemble n'inspirent pas — et pour cause, car il n'y a là que le squelette et un masque métallique — le sentiment d'effroi noté trop souvent autre part. La visite achevée, les pèlerins se rangèrent sur deux lignes dans l'étendue longitudinale de la nef pour vénérer les saintes reliques, la vraie croix, des cheveux de la

très sainte Vierge, en tout, huit reliques, dont une de saint
Mathias et une de la bienheureuse Marguerite-Marie, que j'eus
l'honneur de présenter aux fidèles. Sorti de Sainte-Marie-
Majeure, le pèlerinage se rendit à l'église de Sainte-Praxède,
gardienne de la colonne de la Flagellation, puis, ayant salué
celle de Sainte-Pudentienne, à Notre-Dame-du-Mont consacrée
par le souvenir de saint Benoît Labre qui avait coutume de s'y
tenir, dans un coin, à droite de l'entrée. A deux pas, se trouve
la maison du boucher et la chambre où le saint mendiant
mourut. Revenant sur nos pas nous fîmes station à Saint-Pierre-
ès-Liens pour y vénérer, dans la crypte, les chaînes du prince
des apôtres. C'est dans cette église que se trouve le fameux
Moïse de Michel-Ange. La colonne Trajane et le Capitole, sur
le chemin du retour, encadrèrent de grandioses souvenirs les
impressions saintes des pèlerins.

Je consacrai mon après-midi à Saint-Paul-hors-les-murs.
Avant d'y arriver je visitai d'abord les catacombes de Saint-
Calixte où l'on voit la fresque de Sainte-Lucie et celle du Sal-
vator, à côté l'une de l'autre, la sépulture du pape Fabien et
celle d'Urbain. Les catacombes et la basilique de Saint-Sébastien, un peu plus loin, sont non moins intéressantes. C'est là
qu'auraient reposé pendant un certain temps les corps des
saints apôtres Pierre et Paul dont on montre les tombeaux.
La basilique de Saint-Paul-hors-les-murs, détruite par un
incendie en 1823, reconstruite magnifiquement par Léon XII,
longue de 140 mètres, avec ses quatre-vingts colonnes de
marbre, ses autels de malachite, ses richesses de toute sorte,
dit éloquemment quelle place occupe dans le culte catholique
le grand apôtre des nations. Mais c'est surtout au lieu de son
martyre, à Saint-Paul-Trois-Fontaines, que la piété trouve une
présence réelle du converti de Damas. Un couvent de Trappistes
est établi là. Ces moines, comme leurs devanciers, toujours et
partout dans l'histoire de l'Église, ont répondu à une double
vocation, mystique et temporelle, qu'on peut bien appeler ici
providentielle. Au péril de leur vie, — et combien y ont

succombé, surtout dans les premiers temps ! — les Trappistes de Saint-Paul-Trois-Fontaines, ont entrepris l'assainissement de la Campagne romaine désolée par la malaria. Le gouvernement italien leur a fait une concession de 500 hectares, à la condition d'y planter chaque année quarante mille eucalyptus pendant dix ans, ce qu'ils ont fait sur un sol qui n'avait pas été labouré depuis quinze cents ans et que la dynamite seule pouvait remuer. Les miasmes qui se dégagent de cette terre pétrifiée, aussi dangereuse pour la vie des hommes et plus perfide peut-être que les terres volcaniques, sont le principe de cette maladie dont sont tributaires les indigènes aussi bien que les étrangers. L'eucalyptus en a neutralisé le poison. Un des Pères a su tirer parti de l'arbre bienfaisant par ses émanations balsamiques et composer de son suc une liqueur hygiénique, cordiale et fortifiante. De plus, voisins d'une maison de détention, les moines ont trouvé là l'occasion d'un bienfait moralisateur en employant les prisonniers aux travaux de leur exploitation et en rétribuant leurs services avec justice et charité. — Sur le chemin de Saint-Paul-Trois-Fontaines j'ai visité avec bonheur l'église de Sainte-Françoise-Romaine, une des douze saintes de *la Charité dans les saintes*, représentée là avec son ange gardien dans un très beau groupe en marbre blanc.

Le vendredi 13 octobre, je dis la sainte messe au Gesu, à l'autel de Saint-Ignace, et vénérai la relique de saint François Xavier exposée en sa chapelle tous les vendredis. Je visitai ensuite Saint-Jean de Latran, puis, tout près, la Scala Santa que je gravis à genoux à la suite d'autres pèlerins, et la crypte de Saint-Clément. J'ai noté là une fresque antique représentant l'Assomption de la très sainte Vierge. Dans l'église des Saints-Nérée-et-Achillée, je m'arrêtai avec un souvenir ému devant la chaire pontificale où saint Grégoire le Grand, au sixième siècle, prononça, en la fête des saints martyrs, sa magnifique vingt-huitième homélie, — *ubique luctus, ubique mors, ubique desolatio,* — dont une partie est gravée sur le marbre. Je terminai

le pèlerinage de cette matinée par la visite de l'église de Saint-
Jean-et-Saint-Paul martyrs qui possède, outre les corps de ces
deux saints, celui de saint Jean de la Croix dont on peut voir,
dans les bâtiments du couvent contigu à l'église, la chambre
et, dans celle-ci, les instruments de pénitence, la ceinture,
le calice et d'autres objets ayant appartenu au saint. — Je
consacrai l'après-midi à une visite rapide de Saint-Pierre et
du musée du Vatican, à l'église Sainte-Cécile et à d'autres
églises moindres, me promettant de donner dans la suite le
plus de temps possible à la contemplation de toutes les merveilles, religieuses ou profanes, dont cette première vue m'avait
laissé l'empreinte. Une cérémonie pieuse m'attirait, du reste,
dès le lendemain samedi, à Saint-Pierre. Après la sainte messe
dite à Sainte-Marie *in via lata* où saint Paul écrivit, dit-on,
plusieurs de ses épîtres, je me rendis en pèlerinage à Saint-Pierre
où devait prêcher le P. Marie-Antoine, capucin de Toulouse.
Les pèlerins, après la procession, vénérèrent les saintes reliques :
la vraie croix, une épine de la sainte couronne, une relique
insigne de saint Lazare, que je fus invité à présenter au baisement. Au retour, je pus visiter l'église des saints apôtres Philippe et Jacques dont les corps reposent dans la crypte, puis
l'église de la Trinité-des-Pèlerins, où se voit *la Trinité*, du
Guide. Dans l'après-midi de ce samedi 14 octobre, les pèlerins
furent engagés à signer une adresse au Saint-Père. L'ayant
signée, je me rendis à *Santa Maria della Pace* qui possède la
fresque célèbre de Raphaël, *les Sibylles*, puis à *Santa Maria in
Vallicella* où le corps de saint Philippe de Néri repose, sous le
maître-autel, et où sont aussi les tombeaux de Baronius et du
cardinal Maury. Au couvent contigu à cette dernière église,
élevée en 1575 par saint Philippe de Néri, on voit la chambre
du saint, son lit, son confessionnal, son autel. L'église Saint-
Charles conserve le cœur, quelques ossements et un linge teint
du sang de saint Charles Borromée. Après l'avoir visitée je me
rendis pour la seconde fois à *Santa Maria del Popolo* pour
revoir les admirables statues des prophètes Jonas, Habacuc,

Daniel. En revenant, je vénérai les reliques de saint Laurent dans l'église qui porte son nom.

Le dimanche 15 octobre était le grand jour de l'audience accordée aux pèlerins par Léon XIII. Je me procurai, à Rome même, le manteau de cérémonie exigé par l'étiquette, et me dirigeai vers Saint-Pierre, portant la croix d'étoffe rouge épinglée sur la poitrine, mais je retirai bientôt cet insigne qu'un avis de police venait d'interdire aux pèlerins, pendant le trajet dans la ville jusqu'aux portes du Vatican où chacun reprit sa cocarde. A midi sonnant, les gardes suisses précédant le cortège de douze cardinaux et évêques, Léon XIII fit son entrée dans la salle ducale, où étaient réunis à peu près trois cents pèlerins.

Noble et majestueux, et naturel cependant, la main gauche tenant un mouchoir, le grand pape monta sur son trône et parla, en français, des épreuves de l'Eglise, de la captivité du successeur de Pierre, de la nécessité du zèle et de l'activité dans la concorde et l'union. Il ajouta, avec une intonation de tristesse ineffable : « *Nolite flere super me, sed super vosmetipsos flete et super filios vestros* : Ne pleurez pas sur moi, mais sur vous et sur vos enfants », en parlant de la France. Il dit un mot des espérances qu'elle doit garder, si elle rentre dans la voie de la fidélité à Dieu, puis donna la bénédiction apostolique aux fidèles présents et à leurs familles. Je lui fus présenté individuellement, comme chacun des prêtres pèlerins. « Vous habitez Paris ? me dit avec bonté Léon XIII, oh ! » Et comme je lui nommai Notre-Dame-de-Sainte-Espérance, patronne de Saint-Séverin : « Oh ! la sainte Espérance ! » dit-il avec l'accent vibrant d'une piété émue qui me toucha profondément : il me bénit, et deux fois je lui baisai les pieds. Sa parole énergique, lente, fortement accentuée, son geste nerveux, presque fébrile, le jeu de sa physionomie remarquablement expressive, et la flamme de ses yeux avaient donné à la gravité de ses enseignements un commentaire inoubliable pour ceux qui l'avaient entendu.

Un petit souvenir, au milieu de si grands souvenirs, est sans doute permis. Voici le mien, amusant, et instructif aussi, peut-être, pour une étude de mœurs. J'avais un voisin qui me serrait fort dans cette salle ducale où prêtres et laïques confondus ambitionnaient chacun le rang le plus rapproché du Saint-Père, et où j'avais l'avantage d'occuper une des premières places. Dès que le pape parut, tous s'agenouillèrent, ou s'efforcèrent de le faire. Mon voisin se précipita. Mais justement parce qu'il avait pris les devants, je ne pus l'imiter, maintenu debout par la pression ambiante et spécialement par la sienne. Je m'inclinai donc, aussi profondément que je pus, soucieux de garder l'équilibre. Mon homme en fut scandalisé, me regarda d'un air fâcheux, et me dit : « Vous ne vous agenouillez pas ? — Où et comment, de grâce ? » C'est tout ce que mon regard put lui répondre alors. Même à Rome, on fait comme on peut. Une seconde fois l'assistance dut s'agenouiller quand le pape, après son discours, annonça qu'il allait bénir. Cette fois, ce fut moi qui m'agenouillai le premier, et force fut à mon voisin de recevoir sur place une leçon de choses, comprimé qu'il était de toutes parts et littéralement contraint de rester debout. Il fut assez bon homme pour en sourire quand, le regardant à mon tour, je lui rendis, sans amertume, la monnaie de sa pièce, en lui disant tout bas : « Vous ne vous agenouillez pas ?... »

Le pape rentré dans ses appartements, chacun s'empressa de sortir. Pour échapper à la cohue un passage s'offrait près de moi, interdit malheureusement par les gardes postés à l'entrée. Respectueux de la consigne, je ne m'y aventurai pas. Mais au bout d'un instant, plusieurs prêtres s'y engagèrent sans autre forme de procès. Je suivis et l'on m'arrêta. Il est vrai que ces bons messieurs étaient passés en relevant la tête, et que, moi, je l'inclinais un peu. Avec un adversaire qui doute de lui, il ne faut pas douter de soi, c'est une tactique à la guerre, dit-on, et dans d'autres circonstances aussi. En Italie il faut s'en souvenir, et, sans doute, autre part encore, et pas seulement avec les suisses, et les cochers, et les marchands de *ricordi*. Mais pourquoi le bon La Fontaine nous disait-il donc autrefois :

> Un trop superbe équipage
> Peut souvent, en un passage,
> Causer du retardement.
> Les petits, en toute affaire,
> S'esquivent fort aisément.
> Les grands ne le peuvent faire ?

Bon La Fontaine, c'est parfois le contraire qui est vrai.

Il était écrit que je retrouverais bientôt le monsieur, mon voisin d'audience. Ce fut en chemin de fer, à destination de Lorette. Il s'était mis à célébrer les gloires de saint François d'Assise, et le docteur en médecine qu'il était, devenant tout à coup docteur en théologie, affirma que ce grand saint n'eût pas pu, quand même il l'eût voulu par impossible, commettre le plus léger péché véniel, tellement il était confirmé en grâce. Je fis sur cette assertion mes réserves et me permis de dire que bien des erreurs feraient moins facilement leur chemin, si on prenait la peine de mieux étudier la religion. Là-dessus le monsieur, et les dames qu'il accompagnait, dirent avec un accord touchant qu'ils aimaient bien mieux croire aveuglément que d'approfondir, et qu'ils ne sentaient nullement le besoin de raisonner leur croyance. Je n'entrepris point de les convaincre et me contentai de leur dire que saint Anselme pensait autrement, lui qui disait à Dieu : « *Credo, sed intelligere desidero*. Je crois, mais je désire comprendre. »

Une grande solennité m'attira, l'après-midi du dimanche 15 octobre, à *Sancta Maria della Scala*. Sur le chemin, je vis *Santa Maria in Trastevere*, son portique, et les nombreuses inscriptions de catacombes qu'on peut y lire. A *Santa Maria della Scala* il y avait une illumination magnifique, à l'occasion du troisième centenaire de sainte Thérèse dont un tableau élevé dans les airs, au-dessus du maître-autel, représentait l'apothéose sous l'habit du Carmel. Musique et chants étaient fort beaux. Au retour, sur l'invitation du curé de Saint-Émile, rencontré

par hasard, j'entrai dans cette église très pauvre, fermée au
public, ce jour-là, à cause d'une fête maçonnique qui mettait
en agitation le quartier. Le lundi 16, je dis la sainte messe au
Gesu, et fis ensuite mon pèlerinage à Sainte-Croix-de-Jérusa-
lem, où je vénérai les plus saintes reliques, : un fragment de la
vraie croix, un des saints clous, une sainte épine, une par-
celle du saint Sépulcre, une de la colonne de la Flagellation,
une de la crèche, une du doigt de saint Thomas, etc. Quelques
heures seulement, hélas ! me restaient pour contempler, avant
midi, ces lieux et monuments fameux qui incarnent les plus
grands souvenirs de l'histoire religieuse et profane : le Colisée,
l'arc de Constantin, celui de Tite, le palais des Césars, la basilique Constantinienne, et, tout près, Sainte-Françoise-Romaine,
le Forum romanum et le Capitole. Les merveilles du Vatican,
l'après-midi, firent suite à cette série de spectacles grandioses :
la chapelle Sixtine, *le Jugement dernier* de Michel-Ange, *les
Sibylles*, les *Chambres* et *Loges* de Raphaël, où je remarquai la
face humaine du serpent de l'Eden, *la Transfiguration, la Communion de saint Jérôme*, le musée du Vatican, Saint-Pierre, où
j'adorai le saint Sacrement. En regagnant mon hôtel, je m'arrêtai à l'église des Capucins et traversai le cimetière souterrain
où les cadavres desséchés de religieux revêtus de leur costume,
avec leur barbe blanchie, sont exposés à la vue de tous dans
une galerie ornée d'ossements. Une impression de terreur y
règne, avec une odeur tout à fait sépulcrale.

Le mardi 17, ma messe fut dite, à six heures, en l'hospitalière église du Gesu. Une excursion à Tivoli, l'ancienne
Tibur d'Horace, était projetée avec un ou deux compagnons.
Un tramway à vapeur nous y conduisit. Nous y visitâmes la
villa d'Este, construite par le cardinal d'Este, sa cascade, ses
bains, ses arbres magnifiques, ses pins gigantesques, ses aloès
et ses palmiers. J'y remarquai un Pégase monumental et la
Sibylle tiburtine en marbre blanc. Des hauteurs qui dominent
le ravin, on aperçoit les cascades fumantes et le temple de la
Sibylle où nous nous proposions d'aller et de prendre notre

repas. La descente se fait à âne. Nous en payâmes le prix au départ, sans nous douter qu'à mi-chemin il nous faudrait financer de nouveau, sous peine de voir guide, âniers et montures achever le parcours sans nous. A trois heures et demie nous reprîmes le chemin de Rome, où nous arrivâmes à six heures.

Je consacrai au musée des Antiques le mercredi 18, dernière journée de mon séjour à Rome, marquée par une circonstance mémorable : la messe du pape entendue au Vatican. Cette messe fut suivie de celle du chapelain de Sa Sainteté pendant laquelle Léon XIII fit son action de grâces à genoux ; quelques pèlerins furent admis ensuite à lui baiser la main. La piété du pape Léon XIII, pendant la messe, après la messe, dans le respect de l'adoration et la ferveur de la prière, m'a profondément impressionné. Un tel spectacle est pour un prêtre une leçon qu'il ne saurait oublier. Le lendemain, nous étions à Ancône où nous prîmes le train pour Lorette.

La montée de Lorette ressemble beaucoup à celle d'Assise ; en gravissant la montagne, on ne perd pas de vue un seul instant le sanctuaire vénéré qui couronne le sommet. J'allai tout droit à l'église de la Madone et à la Santa Casa pour dire la sainte messe, ce qui me fut facilité, malgré l'affluence des prêtres, par la bienveillance des chanoines. Sous la coupole est la Santa Casa, ou maison de la sainte Vierge. J'ai admiré son revêtement de marbre, ses bas-reliefs, ses sibylles et ses prophètes alternants, le tout, motifs et personnages, en marbre blanc d'une grande beauté. La Santa Casa, à l'intérieur, m'était connue par sa reproduction exacte au séminaire d'Issy. Je vénérai le lieu, les reliques précieuses, assiette et coupe ou bol dont la tradition dit que s'est servie la sainte Famille. Je baisai ces objets. Tout autour de la Santa Casa la marche de marbre blanc, qui fait partie du monument, est usée dans toute sa longueur, sur deux lignes parallèles, effet du frottement des genoux des pèlerins qui l'ont sillonnée mille fois, faisant le tour de la sainte demeure en priant. J'ai pris plaisir à revenir

plusieurs fois, dans la matinée, en ce sanctuaire béni, à y acheter des chapelets, des médailles et une ou deux de ces petites
sonnettes au son argentin qu'on y vend, munies du sceau authentique du chapitre, en souvenir de l'*Angelus* et de l'Annonciation. Je retrouvai là le pieux et savant académicien, M. Hersart de la Villemarqué. En approchant de la Santa Casa, il se
rappela que la légende attribue la translation de la sainte maison
aux anges. « Ces anges, me dit-il avec un hochement de tête,
pourraient bien être des moines... » Rien ne s'y oppose, et ces
moines, et tous autres bâtisseurs, seraient encore des anges, et
même de très bons anges, dont se félicitent l'Italie et la chré-
tienté. A cinq heures et demie, je quittai Lorette avec deux
compagnons pour Ancône, et à Ancône, vers sept heures du
soir, nous prîmes le train pour Venise où nous n'arrivâmes
que vingt-quatre heures après, l'itinéraire prévu, par Rovigo,
ayant dû être abandonné pour celui de Vérone, par suite
d'inondations récentes interceptant la voie ferrée. A quatre
reprises nous dûmes changer de voitures. Sur le parcours, on
pouvait se rendre compte des ravages de l'inondation : cent
mille personnes, nous dit un ingénieur italien envoyé sur les
lieux par le gouvernement, étaient sans pain et sans asile.

A Venise, une gondole nous porta avec nos bagages à l'hôtel
de la Lune. Une autre gondole nous servit pour faire, après
dîner, au clair de lune, une poétique promenade pendant
laquelle nous entendions, çà et là, l'écho lointain de groupes
joyeux accompagnant de leurs voix le rythme de leurs rames,
ou prenant leurs ébats sur la rive. J'avais salué Saint-Marc en
allant voir sa place fameuse. Le lendemain, samedi 24, je me
présentai à la sacristie de la vieille basilique où j'obtins la faveur
de dire la sainte messe à l'autel de la Sainte-Vierge dont
l'image, peinte par saint Luc, était justement exposée en raison
de la circonstance du jour consacré à Marie. Il y avait beaucoup
de monde à la messe, beaucoup aussi à la table de communion.
Un tronc de l'église portait cette inscription : *Per inundati*. Je
trouvai juste d'y être généreux. Je vis là, je regardai, j'admirai

le plus possible ce que tout le monde admire, ce que personne
ne se lasse d'admirer, peintures, jubé aux huit colonnes, autels,
à droite et à gauche, environnés de colonnes, couverts de bal-
daquins, formant deux petits temples dans le grand temple,
chœur et stalles, mosaïques figurant des scènes apocalyptiques
avec textes sacrés, etc. ; à l'extérieur, dômes merveilleux sous
les rayons ardents du soleil, ou bien éclairés, le soir, par les
rayons lunaires, ou prenant forme fantastique sur les fonds
sombres de l'horizon, à travers les brouillards de la nuit.

Étant sorti quelques instants, le soir, avec mes deux compagnons, pour respirer et jouir de l'aspect féerique de la place
Saint-Marc et du Dôme, je fus un peu estomaqué de voir une
bouquetière m'aviser dans un groupe de trois promeneurs et
m'offrir une de ses plus belles gerbes. Un de mes compagnons
laïques, plus au courant que moi des mœurs italiennes, ne
put s'empêcher de rire de mon ébahissement et me persuada
de ne pas m'effaroucher et surtout de ne point imputer à intention perverse un procédé dont personne ne s'offusque là. J'ai
pu voir depuis, en effet, qu'à des prêtres, voire même à des
religieux, à des capucins, qui foisonnent en beaucoup de lieux,
les mêmes offres étaient faites sans apparence d'incorrection
aucune, ce qui me prouva, une fois de plus, que pour juger
des personnes et des choses, il faut s'inspirer du milieu et du
temps où on les rencontre. La sainte messe dite, le 21, j'allai
voir le palais des Doges, un de ces monuments grandioses
où semble subsister une présence réelle du passé, d'un passé
d'opulente gloire et de puissance redoutée. Je visitai la bibliothèque qui conserve le premier livre imprimé à Venise, *Lettres
de Cicéron*, en 1469. (Le premier à Mayence, la Bible dite *de
42 lignes*, premier livre qui ait été imprimé et par Gutenberg
lui-même, est de 1456 ; le premier à Paris, un Pétrarque, de
1470.) Une visite intéressante est celle de la fabrique de verre
à laquelle les guides ne manquent pas de conduire, mais qui
est d'une installation, d'ailleurs, assez modeste. Une promenade
au Lido est encore indiquée. Le bateau à vapeur m'y conduisit

et m'en ramena l'après-midi. Malheureusement, toutes les églises étaient fermées depuis midi. Le soir, mes compagnons et moi quittions l'hôtel pour prendre le train de Milan. Il s'en fallut de peu que je ne les suivisse pas. Les gondoles, en effet, pour recevoir les voyageurs, s'approchent d'escaliers en pierre qui descendent dans la mer. Il faut prendre garde d'y descendre soi-même ; or, c'est l'inconvénient qui m'arriva. Mes compagnons m'ayant devancé, je m'empressais pour ne pas retarder le départ, et je descendis autant que l'escalier, c'est-à-dire au-dessous des flots dont le niveau, dans l'ombre, échappait à ma vue. Je remontai comme je pus et enjambai la gondole, les chaussures et le bas des vêtements trempés et ruisselant. Je gardai toute la nuit cette fraîcheur peu hygiénique jusqu'à l'arrivée à Milan, le lendemain, six heures du matin.

L'hôtel Continental de Milan me permit d'opérer un changement bien nécessaire et je me rendis ensuite, à un quart d'heure de là, à l'église Saint-Ambroise où, dans la crypte, on vénère le corps du saint. On voit dans cette église une chaire carrée monumentale, celle où saint Ambroise a prêché, et, à l'entrée, le portique où l'histoire dit qu'il arrêta Théodose après le massacre de Thessalonique. A droite, dans la même église, sont la chapelle et le tombeau de la sœur de saint Ambroise, celle-ci représentée les mains jointes sur le monument, beau marbre moderne. Plus haut est le tombeau du frère de saint Ambroise, saint Satyre, tombeau en forme de sarcophage. J'avais dit la sainte messe à Saint-Charles, rotonde où l'on voit de beaux groupes de marbre blanc, en particulier celui de *Saint Charles communiant un jeune seigneur*, au-dessus de l'autel où j'ai célébré. Je vénérai dans la crypte le corps du saint évêque conservé dans une très belle châsse d'argent monumentale. L'après-midi fut réservé à la Chartreuse de Pavie, le plus beau monastère du monde, dit-on, chef-d'œuvre incomparable d'architecture, de sculpture, de peinture et d'une prodigieuse richesse. Malheureusement, le temple est vide ; le gouvernement italien a remplacé par des gardiens, trop peu nombreux pour la surveillance de pareils trésors, les religieux expulsés. Avant l'excursion à Pavie, j'avais visité le fameux Dôme de Milan, merveilleux monument gothique qui excite autant de surprise que d'admiration sur cette terre d'Italie dépourvue des beautés ogivales qui font l'orgueil d'autres nations. La description du Dôme, ou cathédrale, de Milan est partout. Parmi les œuvres d'art qui l'ornent j'ai remarqué le candélabre symbolique de la chapelle de la Sainte-Vierge, Adam et Ève, les patriarches et les prophètes, l'un deux la main droite au-dessus des yeux pour aider son regard à pénétrer dans le lointain, tous regardant en haut vers Marie, Mère du Rédempteur. Poème très beau en lui-même et dans le bronze qui l'interprète, chef-d'œuvre de ciselure connu sous le nom d'*Arbre de la Vierge*, un des plus remarquables morceaux d'orfèvrerie du treizième siècle, ou plutôt, le plus splendide ouvrage du genre, à tous égards, au dire des connaisseurs, MM. Victor Petit et de Caumont entre autres.

Partis de Milan le lundi matin 23, nous arrivâmes l'après-midi, vers cinq heures, à Turin. Je pris aussitôt une voiture pour me rendre à la *Consolata*, puis à l'établissement de don Bosco où je demeurai jusqu'à l'heure du salut solennel qui devait y être donné à l'intention des pèlerins. J'eus l'honneur d'être invité à présider cette belle cérémonie entre un diacre et un sous-diacre. Beaucoup qui ne connaissaient pas plus don Bosco que moi ont pu s'imaginer, grâce à la splendeur des ornements dont j'étais revêtu, grâce aussi à la distance, que c'était lui qui officiait, comme on s'y attendait. J'étais l'âne chargé de reliques ; on dut s'en apercevoir quand, au lieu des *oremous* et des inflexions du chant italien, on entendit de ma voix non convertie, non *divertie*, comme on disait au seizième siècle, les *oremus* français et les intonations habituelles aux Parisiens. Les enfants de chœur, à la tribune, de leurs voix fraîches et éclatantes, chantèrent remarquablement. Après le salut, don Bosco reçut les pèlerins. Un orateur, au nom des cercles de la jeunesse de Turin, lui adressa des compliments, avec d'éloquentes allusions à l'Eglise et à la France. Don Bosco y répondit en français par des paroles simples, délicates, fines et surnaturelles. On lui baisa ensuite les mains. Etant tout près de lui, je pus lui rendre cet hommage sans me voir disputer mon tour, et je le fis avec la double intention de vénérer le prêtre et le saint. Aussitôt le mouvement commencé, on se l'arracha, chacun voulant prendre et reprendre, sinon garder, sa main et lui renouveler les baisers. Sans abandonner ma place, je m'écartai un peu pour laisser libre cours à ces pieux appétits que je trouvais quelque peu indiscrets et médiocrement charitables pour le saint homme, qui n'en pouvait plus, et pour les pauvres pèlerins n'occupant pas les premiers rangs, car c'étaient les mêmes, comme toujours, qui voulaient tout accaparer. A un moment, don Bosco me regarda. C'était peut-être pour me remercier de l'épargner, et telle était mon intention en m'en tenant à mon premier hommage. Peut-être aussi m'a-t-il trouvé sobre de démonstrations? Après la messe du Vatican, le bon pape avait été, lui aussi, je ne dirai pas à pareille fête, mais à pareil assaut. Une bonne dame lui avait tout à fait confisqué la main, et voulait l'accaparer tout entier. Elle n'avait pas lu, sans doute, la recommandation du Sage : « *Mel invenisti? comede quod sufficit*. As-tu trouvé le miel ? manges-en ce qui suffit. » Léon XIII fut admirable de patience. Comme on comprend, dans ces circonstances, où l'égoïsme pieux fait oublier parfois les humbles et timides vertus, la parole étonnante de Jésus, pressé de toutes parts par la foule : « *Quis me tetigit?* Qui m'a touché ? » Et comme on est amené à admirer le sentiment et le geste discret de cette femme qui dit en elle-même : « Si je puis toucher seulement la frange de son vêtement, je serai sauvée. » Où est donc la foi admirable? Celle qui va, pour ainsi parler, empiriquement au Sauveur, comme à un talisman avantageux et salutaire, sans plus de culte désintéressé ni d'amour? ou bien celle qui va à lui, comme au maître souverain des choses voyant et pénétrant les cœurs ?

Cette foi-là, c'est celle qui, à son tour, pénètre Dieu d'un regard de connaissance intime, et d'un élan de confiance éclairée, et d'amour. Elle *touche* Dieu, celle-là : elle vaut la foi qui, sans arrière-pensée d'intérêt personnel, donne louange à Dieu dans l'hosanna éclatant de la reconnaissance, de l'admiration, du martyre ; et si l'une est la foi qui triomphe du monde, l'autre est la foi qui sauve, — *fides tua te salvam fecit.*

En quittant l'établissement de don Bosco, où s'élèvent un millier d'enfants (sur cent cinquante mille environ, répandus en divers points du globe), je fus reconduit par quelques jeunes gens et un Père fort affectueux pour la France et à qui je laissai une offrande. Les enfants et jeunes gens de don Bosco m'ont fait la meilleure impression. Le lendemain, 24, je dis la sainte messe avec beaucoup de tranquillité dans une église voisine de la place du château. Le pèlerinage était fini ; nous n'avions plus qu'à retourner, par Modane, à Paris où nous fûmes rendus, en effet, l'après-midi du mercredi 25, à trois heures et demie, gare de Lyon.

Le voyage en Italie, le pèlerinage de Rome meuble, et, plus exactement, peuple la mémoire de vivants souvenirs qui donnent un corps solide et une âme palpitante aux formes conçues par l'imagination avant la vue des choses. Dans le cours de la vie, le chrétien, le prêtre aime à les évoquer et à se mêler, grâce à eux, au cours des siècles passés, aux personnages, aux événements dont est faite l'histoire, dont fut faite l'existence humaine, celle du juif, celle du gentil, plus tard celle de nos pères dans la foi dont les premiers sont des martyrs. C'est une grâce précieuse qu'un voyage qui permet de recueillir une telle richesse d'impressions, d'idées, de pensées, de trésors intellectuels, esthétiques, moraux, pieux, impérissables. Je remercie Dieu de me l'avoir accordée, en 1882.

CHAPITRE VIII

VOYAGES ET PÈLERINAGES

DE VACANCES

J'avais eu avant 1882, j'ai eu après, dans d'autres voyages, quelques autres occasions précieuses de bénéfice semblable.

En 1879 j'avais fait, en sainte compagnie, dont un ami d'enfance, un prêtre de Paris, le pèlerinage de la Sainte-Baume, parfumé d'une poésie si douce, si pénétrante et si inoubliable à l'âme éprise de l'attrait divin qui gagna Madeleine autrefois et ne cesse de séduire des cœurs. Ce pèlerinage de la Sainte-Baume, et la tradition qui y a donné lieu depuis des siècles, avaient dû attirer l'attention du grand Bossuet si l'on en juge par le titre d'un des livres de sa bibliothèque cataloguée et vendue en 1742 : *la Madeleine au désert de la Sainte-Baume, en Provence* (Lyon, 1694).

Une de nos premières haltes fut Avignon, la ville des papes. Ayant dit la sainte messe dans l'église historique de Saint-Agricola, patron de la ville, j'ai visité le fameux palais des Papes, la salle d'armes aux nervures moyen âge, la prison de Rienzi, la cheminée de l'élection pontificale, les cellules des cardinaux, le couloir pratiqué dans l'épaisseur du mur, etc. ; puis, Notre-Dame-des-Doms (cathédrale) et là, aux galeries longitudinales allant jusqu'au chœur, les balustres sculptés en pierre, la belle lanterne et ses peintures : dans le chœur, à gauche, le siège des papes, en marbre blanc ; puis, la *Vierge* de Pradier aux mains jointes, la tête relevée, les yeux fixés au ciel ; puis les toiles de Mignard, dont une *Assomption*. Le tombeau de Benoît XII est dans l'église, à gauche ; celui de Jean XXII, monument gothique, à jour, d'une grande légèreté de travail, transporté du chœur dans une salle voisine de la sacristie, est comme une petite cathédrale d'une élégance extrême. A gauche de Notre-Dame-des-Doms, j'ai visité la chapelle de Notre-Dame-de-Tout-Pouvoir, nom merveilleux qu'on est heureux de voir attribué à Marie, *Omnipotentia supplex*.

Le lundi soir, 22 septembre, nous étions à Arles et le mardi 23, je disais la sainte messe à Saint-Trophime, dès la première heure, pour me rendre ensuite, avec mes compagnons, à travers la Camargue, aux *Saintes-Marie-de-la-Mer*. Nous visitâmes là, avec grande curiosité, l'église, vieux monument du treizième siècle, bâti en château fort et qui soutint plus d'un siège pendant le moyen âge. La crypte contient, à droite, le foyer des trois saintes Marie et possède un autel surmonté de reliques saintes. L'église proprement dite renferme une abside soutenue par des colonnes à chapiteaux remarquables et dont les deux extrêmes sont des colonnes de temple païen; l'autel est lui-même un ancien autel païen. A gauche, engagé dans un pilier, on voit « l'oreiller de marbre » de sainte Marie Jacobé. La voûte, plus récente, est en berceau brisé. Une belle toile, sur la droite, représente *la Mort de saint Joseph*. Au milieu de l'église, à l'endroit où les saintes Marie élevèrent un autel de terre et où jaillit une source d'eau douce pour les désaltérer, on voit l'orifice d'un puits d'eau légèrement salée qui a renom de guérir de la *rage*. L'église ou chapelle supérieure contient la châsse géminée, en bois de cyprès, des saintes Marie Jacobé et Marie Salomé. Deux fois l'an, le 25 mai et le 22 octobre, cette châsse est descendue au moyen d'un treuil, au milieu du chœur qui, lui-même, domine de sept ou huit degrés le niveau de l'église. Les habitants ne permettent pas qu'on descende à d'autres époques de l'année leur trésor sacré que des ex-voto nombreux et touchants environnent. Du haut de l'église on découvre Aigues-Mortes et l'endroit où la tradition dit qu'abordèrent les trois saintes Marie. Deux lions en marbre de Paros sont à remarquer à l'entrée de cette église dont les parties les plus anciennes datent peut-être du quatrième siècle. Une belle plage de sable, garnie de touffes de romarin, de mimosa, de salicorne, offre une promenade agréable et facile le long d'une mer très belle. La sainte Vierge s'appelle là Notre-Dame-de-la-Mer.

Le mercredi 24 septembre, après la messe à Saint-Trophime, nous visitâmes le musée lapidaire remarquable par les tombeaux païens et chrétiens, les statues, vases, inscriptions et antiquités de toute sorte tirées des Alyscamps et du Théâtre antique, qui y ont été réunies. J'ai noté là un détail authentique qui rend compte de plusieurs textes d'auteurs anciens dont le sens littéral se trouve ainsi précisé. Il s'agit de *l'Oreille de la bonne Déesse*. « On embarrasserait bien des gens, si on les obligeait à publier leurs vœux *aperto vivere voto* », lit-on dans une satire de Perse (XI, 7). C'est qu'en effet on murmurait à voix basse, dit Sénèque, des vœux infâmes à l'oreille des dieux, — *Turpissima vota diis insusurrant* (Lett. XLI et X). Et pour ne pas courir le risque d'être entendu, on s'arrangeait de manière à gagner le gardien du temple, qui vendait la permission d'approcher de l'oreille du simulacre divin. Sur le socle d'un buste de Cybèle, on voit, au musée d'Arles, les deux oreilles de la bonne déesse, se détachant en relief au milieu d'une couronne de chêne en marbre blanc sculpté. Si ce ne sont pas les oreilles auxquelles on confiait des vœux, ce sont du moins des *oreilles votives*, offertes en ex-voto de reconnaissance, après l'accomplissement des vœux. — Un tombeau chrétien a attiré mon attention par ses colonnettes en relief, à l'extrémité supérieure de l'une desquelles est un nid de colombe ; un serpent monte le long de la colonne pour dévorer les œufs. Un des objets les plus intéressants du musée est une vertèbre humaine percée d'un silex taillé, de l'âge de pierre. Il n'y avait, disait-on, à l'époque de mon voyage (1879), que quatre ou cinq pièces semblables en Europe.

Je ne manquai pas de voir en détail la vieille primatiale de Saint-Trophime et son cloître. Dans l'église, une curieuse peinture sur bois sans nom d'artiste représente le jugement d'un évêque simoniaque comparaissant dans un concile présidé par la sainte Vierge, avec l'Enfant Jésus au centre, saint Césaire d'Arles ou saint Trophime à droite, saint Etienne à gauche. Le martyre de saint Etienne est un sujet fréquemment reproduit dans les églises et les musées du midi oriental, les scènes de la vie de sainte Madeleine aussi. Les belles toiles du peintre belge Finsonius (1632), à Saint-Trophime, représentent le premier de ces sujets et aussi une *Annonciation* et une *Adoration des Mages* remarquables. Sainte Madeleine figure dans des compositions non signées, mais fort belles. Près de l'église, s'ouvre le cloître de Saint-Trophime, de styles divers, dont la galerie occidentale ogivale, la plus belle, fait l'admiration des artistes. Au milieu de l'escalier qui y conduit, le pèlerin salue avec joie une statue de Notre-Dame-de-Bon-Remède. L'art lui offre un autre spectacle, au passage de l'Hôtel de ville où se dresse, c'est bien le moins, un moulage en plâtre de *la Vénus d'Arles* dont l'original est au Louvre. Nous allons de là au théâtre romain, puis aux Alyscamps, Champs-Elysées, longue avenue bordée de tombeaux, terminée par une chapelle dédiée à saint Honorat. Il y a là aussi une chapelle de Saint-Trophime, premier temple chrétien, dit-on, érigé dans les Gaules par le saint, qui y fut enterré, et c'est son tombeau qui fit adopter ce lieu pour les sépultures chrétiennes, lesquelles peuplèrent dans la suite la vaste nécropole païenne et ne cessèrent que lorsque le corps du saint fut transporté à l'église Saint-Etienne, appelée depuis Saint-Trophime, en 1152. Le cimetière avait 1 kilomètre carré.

Après les Alyscamps, nous visitâmes les arènes ou amphithéâtres, remarquant en passant les restes des remparts romains. Trois séries de gradins surmontés d'une plate-forme pour les différents ordres, — patriciens, chevaliers, peuple, esclaves, — un promenoir sur la plate-forme garnie de balustrades, à l'usage des spectateurs pendant les entr'actes, telle est la disposition de ce grandiose colisée arlésien, de forme

non circulaire, mais elliptique, formant un immense entonnoir,
percé de soixante portes donnant accès au peuple dans l'intérieur. Quatre portes principales étaient réservées aux patriciens.
Parmi les sièges de ceux-ci était la place impériale ; en face,
celle des vestales. Les bêtes étaient amenées sur le fond de
terre au-dessus duquel était le plancher mobile, à plusieurs
pieds au-dessus du sol, sur lequel avaient lieu les combats de
gladiateurs. Ce plancher devait se fixer dans les créneaux qui
garnissent tout le tour de la base de l'amphithéâtre, un peu
au-dessus du sol. — Entre temps, nous vîmes encore l'église
des Pénitents-Gris et l'église de Sainte-Marie-Majeure, ou Notre-
Dame-de-Major, bâtie sur les ruines d'un temple de Cybèle, où
s'est tenu, en 314, un concile contre les donatistes. Nous quittâmes Arles à six heures vingt-cinq du soir, pour arriver deux
heures après à Marseille, le même jour, mercredi 24 septembre.

Le lendemain, de bonne heure, je quittai l'hôtel des Colonies
et, après la sainte messe dite en l'église de la Sainte-Trinité, je
parcourus les quais et visitai l'église du Mont-Carmel, puis la
cathédrale en construction (142 mètres de longueur, 26 mètres
de largeur entre les piliers, 62 mètres entre les bras de la croix,
77 mètres de hauteur jusqu'à la croix du dôme). L'après-midi
fut employée à une promenade à Longchamp et au jardin
zoologique, au musée de peinture et de sculpture et à diverses
autres excursions. Le vendredi 26, nous gravîmes la colline
de Notre-Dame-de-Bonne-Garde sous le coup d'un mistral furieux. C'était jour d'adoration perpétuelle, double attrait pour le
prêtre pèlerin. La statue dorée de la Vierge au-dessus du fronton
domine l'église, comme celle-ci domine la ville. Douce et
puissante Vierge ! Qu'elle reste là toujours en dépit des orages
politiques ou religieux, aussi fréquents et plus terribles que les
tempêtes de la mer, palladium et soutien d'invincibles espoirs
aux populations qu'elle protège ! Après les joies pieuses de la
matinée, nous profitâmes de quelques heures d'accalmie pour
faire, l'après-midi, une promenade en voiture à la Corniche,
au Prado, pour visiter le château, le musée Borelly et, sur la

route, l'église de Saint-Victor et sa crypte où l'on montre la grotte de Saint-Lazare. — Le samedi 27 septembre, messe à Saint-Victor, devant la statue en noyer de Notre-Dame-des-Martyrs, et départ en chemin de fer pour Auriol et de là, par un omnibus, pour Saint-Zacharie. C'est de ce dernier village que, le même jour, nous partons pour la Sainte-Baume.

La calèche qui nous emporte, et que nous garderons deux jours, parcourt en trois heures et demie une route accidentée le long de laquelle nous admirons un magnifique chaos, des torrents qui se perdent dans la vallée profonde et, au loin, le riant aspect de la montagne qui se dresse, sur une étendue de 1 kilomètre carré environ, comme une oasis enchantée, riche de toute sorte d'essences, au milieu d'une contrée désolée, n'ayant de beau que le pittoresque de ses sites. A peine descendus à l'hôtellerie des Dominicains, nous gravissons les sentiers escarpés jusqu'à la Sainte-Baume et, les premières dévotions faites, nous redescendons pour le frugal repas du soir, suivi du repos en chambre, ou en cellule un peu froide. Le lendemain, dimanche 28, nous remontons à la grotte, belle, profonde, majestueuse, silencieuse, invitant à la prière recueillie. Je célèbre là la sainte messe et suis invité à donner le salut. Après quoi, un petit déjeuner de chocolat à l'eau nous est servi dans un réfectoire voisin de la grotte, et nous faisons sans retard la montée au Saint-Pilon pour redescendre ensuite, à travers la forêt, par un temps magnifique, à l'hôtellerie du bas et y prendre le repas modeste servi aux pèlerins. L'hospitalité est, d'ailleurs, excellente et laisse un charme au cœur. Les pèlerins sont invités à consigner leurs impressions sur un registre qui leur est ouvert. J'y ai noté, pour mon compte, avec la poésie du lieu, la grâce charitable qui semble émaner de l'âme aimante de la Madeleine pour remplir celle des bons religieux, hôtes si affables et pieux. Un couvent de Dominicaines cloîtrées est contigu à celui des Pères, et ainsi la prière monte continuelle devant Dieu.

A huit heures et demie, après l'office des Pères auquel nous avions assisté, nous sommes partis avec notre calèche vers Saint-Maximin où nous arrivâmes pour l'heure du repas et du coucher.

Le lendemain, 29 septembre, mon cher confrère et moi nous célébrâmes la sainte messe en l'église de Saint-Maximin, dans la crypte qui conserve le crâne de sainte Madeleine et la fiole de sang desséché recueilli, dit-on, au pied de la croix par la sainte. Nous visitâmes ensuite l'église, le plus beau type de style ogival en Provence. Elle possède des orgues admirables qu'on vient de loin entendre, et, dans son trésor, des ornements très anciens, une chape brodée par la reine Blanche, dit-on, de vieux tableaux, plusieurs très beaux, un admirable bas-relief, *Sainte Madeleine portée par les anges*, de Puget, et la série des dix ravissants médaillons en noyer, tant aimés du P. Lacordaire, surmontant les stalles, à droite et à gauche du chœur, enfin les sculptures de la chaire. Dans la crypte, un objet du plus haut prix est le coffret en cuivre ciselé apporté d'Orient par la sainte pénitente, d'un très beau travail, estimé authentique par les archéologues. La tradition orale a une vitalité exceptionnelle en Provence et avait, lors de notre passage à Saint-Maximin, un éloquent et très persuasif interprète dans la personne du respectable M. Isidore, sacristain. Quittant à regret ce lieu béni, où s'abritait le noviciat des Dominicains, nous nous sommes dirigés vers Aix, avec le même attelage qui, en deux jours, nous fit ainsi parcourir, et fort commodément, une trentaine de lieues.

D'Aix nous allâmes à Tarascon. C'était jour de courses de taureaux, le lundi 29 ; aussi, quelle arrivée, à huit heures et demie du soir, à la gare ! et quel tohu-bohu à l'hôtel ! Cet hôtel — celui des Trois-Empereurs — était à deux pas de la gare, avantage que nous ignorions quand, au lieu de nous y rendre à pied, nous nous crûmes obligés d'attendre un temps considérable l'unique et mauvais véhicule que se disputaient trois cochers. Le mardi 30 septembre, de bonne heure, nous sortîmes de l'hôtel pour la sainte messe que nous désirions célébrer à la crypte de Sainte-Marthe, à cinq minutes de distance seulement. Il y a là un magnifique tombeau de la patronne de Tarascon, en marbre blanc, drapé avec la souplesse d'une étoffe. La sainte y est représentée couchée, calme, d'une physionomie noble et belle. La tête repose sur un coussin de marbre, les pieds sont appuyés sur un coussin semblable. Au-dessus de la tête se lit cette inscription : « *Sollicita non turbatur*. Elle n'est plus troublée à présent. » Dans l'église, une toile de Parrocel, au bas, à gauche, représente *Notre-Dame-du-Peuple*, nom bien fait pour plaire aujourd'hui. Une chapelle à droite possède, dans une petite toile de Vanloo, une page de mysticité admirable et un grand chef-d'œuvre. C'est un *Saint François d'Assise* à qui les anges présentent une croix vers laquelle il tend la main, les yeux fermés dans l'extase, pendant qu'un chérubin semble le consulter. La grâce des petits anges en chair splendide contraste avec l'austérité de la croix et avec l'air de sereine souffrance dont est empreint le visage du saint. Les tableaux les plus nombreux sont de Vien : *Vie de sainte Marthe* ; les autres sont de Parrocel, le peintre de l'histoire de Tobie exposée au musée de Marseille. Un grand Mignard orne le fond de la chapelle située à gauche du maître-autel : *Visite de Jésus à Béthanie*. La vue du château et de ses quatre immenses tours ne pouvait nous échapper dans notre promenade matinale ; nous l'achevâmes par une tournée en ville, à travers des rues assez malpropres, hérissées de cailloux ou de petits pavés noirs qui doivent favoriser sûrement l'industrie des cordonniers. La rue aux arcades ne peut manquer d'être remarquée ; nous la trouvâmes sur notre chemin en nous rendant du côté du marché, car c'était jour de marché, bonne occasion pour nous de prendre contact avec les gens du lieu, hommes agités, femmes plus calmes, celles-ci à coiffure plate, tous au patois impénétrable. Nous partîmes à dix heures, suivant à pied un camion qui emportait pêle-mêle les bagages à la gare encombrée comme à l'arrivée. Au bout d'une heure, nous étions à Nîmes.

Tout est bien différent ici. Un omnibus nous conduit, à peu de frais, avec notre bagage, à l'hôtel du Luxembourg d'où nous jouissons de la vue d'une jolie église neuve, Sainte-Perpétue-et-Sainte-Félicité, et nous nous reposons du tumulte de la veille et de la matinée. Les monuments et souvenirs célèbres ne manquent pas ici, certes : les bains d'Agrippa, la tour Magne, la Maison Carrée, le musée, la cathédrale à fronton de temple païen antérieur à l'ère chrétienne, la chapelle de l'évêché et l'école ecclésiastique comptant alors cent quatre-vingts élèves, les arènes. L'esplanade, l'une des plus belles de France, était en fête. « La population est bonne », nous dit M. le curé de Sainte-Perpétue. Nous nous en aperçûmes pendant notre séjour. Louis Blanc qui était venu là, peu de jours avant, n'avait trouvé aucun écho. A la fin du jour, nous fîmes notre prière à Sainte-Perpétue et fûmes très édifiés d'y voir le recueillement des fidèles en adoration. La même édification nous fut donnée le lendemain par l'assistance nombreuse qui entendit la messe de mon confrère et la mienne. Nos visites se terminèrent par Saint-Baudille, riche en beau marbre, et par Saint-Paul, plus ancien, et où s'admirent trois fresques de Flandrin, l'une au fond du chœur, *le Christ recevant les hommages de l'esclave et du roi prosternés tous les deux à ses pieds* ; l'autre, dans une chapelle à droite de l'abside, la théorie des *Saints* ; la dernière, dans la chapelle de gauche, la procession des *Saintes* ; les trois sur fond d'or. — Le train que nous prîmes à onze heures un quart du matin nous rendit à Carcassonne, vers sept heures, avec arrêt d'une demi-heure à Cette. — A la date du 1er octobre, les rentrées d'écoliers occasionnent des encombrements aux gares et aux hôtels. Nous nous en ressentîmes. Le lendemain, après la messe dite en la vieille église de Saint-Vincent, nous visitâmes la Cité et les remparts, puis Saint-Nazaire (tours octogones, nef romane, chœur gothique, vieux vitraux, ornements d'architecture, médaillons à figures grimaçantes, monstres, faces humaines remarquables, etc., admirable restauration de Viollet-le-Duc). Redescendus dans

la ville basse, nous avons vu la cathédrale Saint-Michel. J'ai
remarqué là un tarif imprimé fixant le chiffre des honoraires
de messes et de certaines cérémonies funèbres, approuvé par
le président de la République, en date du mois de mai 1879.
Le tarif distingue les messes à dire sans détermination d'heure
ni de date ; les messes à jour fixe et heure libre ; les messes
à jour et heure fixes. Il y a là un modèle de tarification très
justifiée et très pratique. — En passant sur le pont qui
rejoint la ville neuve à la Cité, nous ne manquons pas de
saluer *Notre-Dame-de-la-Santé*, dans sa jolie petite chapelle qui
porte cette inscription :

> Si l'amour de Marie
> En ton cœur est gravé,
> En passant ne l'oublie,
> Viens lui dire un *Ave*.

En disant de bon cœur cet *Ave* à Marie, je ne me doutais
pas alors que j'aurais l'occasion de le répéter, au même lieu,
bien des fois, dans l'avenir. C'est à Carcassonne, en effet, que
je devais revoir le bon curé de Caudebec–lès–Elbeuf, l'ancien
grand vicaire de Rouen, devenu évêque, Mgr Billard, d'auguste
et digne et sainte mémoire, avec lequel j'ai eu l'honneur d'aller
à Prouille et à Lourdes, et qui m'écrivait encore, d'une main
débile alors, mais d'un cœur toujours chaud et dévoné, quelques semaines avant sa mort, en décembre 1901.

Nous visitâmes ensuite le calvaire circulaire aux beaux bas-
reliefs expressifs et originaux. Sur le versant du monticule
qu'entoure le chemin de croix un plâtre représente Jésus, de
grandeur naturelle, au jardin des Oliviers. Jésus prie, un ange
lui présente le calice, tandis qu'à trois endroits différents les
apôtres sommeillent. L'ensemble est beau, Jésus surtout. —
La fontaine de la place du Marché, *Neptune et les Naïades*, en
marbre blanc, est gracieuse. — Nous quittons Carcassonne à
deux heures et demie pour arriver à six heures à Toulouse.

A Saint-Sernin, où je me présentai le lendemain, vendredi
3 octobre, le saint Sacrement était exposé en l'honneur du

Sacré-Cœur, selon l'usage de la paroisse le premier vendredi de chaque mois. J'entendis à la messe principale un beau chant d'*O salutaris*, pendant que je célébrais moi-même. (Les enfants de chœur ont là une sorte de petit panier en fil de fer pour porter les burettes : si ce n'est pas décoratif, c'est du moins très commode.) — Dans la vaste et splendide basilique de Saint-Sernin, nous avons remarqué un Christ en bois de cèdre doré, datant du sixième siècle, ayant appartenu à Sainte-Sophie de Constantinople, et apporté en France par les croisés ; dans la crypte, des coffrets remarquables provenant de Jérusalem, l'un desquels, très petit, contient du bois de la crèche, un morceau du saint Sépulcre, du sang de Notre-Seigneur, une sainte épine, le tout sous triple sceau. Les reliques innombrables de l'église et de la crypte ont donné à Saint-Sernin une renommée universelle. Une des plus précieuses est le crâne de saint Thomas d'Aquin conservé dans la crypte. Derrière le chœur de l'église orné de belles boiseries, on peut voir une magnifique *Vierge à l'Enfant* du Corrège. La sacristie possède d'anciennes peintures à fresque remarquables. Un ex-voto au Sacré-Cœur, formant un cœur en métal doré, qui se voit dans l'église, à gauche, est le don collectif, produit d'une souscription, des trente-trois mille pauvres assistés par la conférence de Saint-Vincent-de-Paul de Toulouse, chacun ayant donné un sou. — Avant de nous éloigner de ce grandiose monument qui se glorifie de n'être surpassé par aucun temple pour la richesse de ses reliques augustes,

Non est in toto sanctior orbe locus,

nous admirons une dernière fois sa flèche gracieuse, et regrettant de n'avoir pu donner qu'un coup d'œil aux autres monuments de la ville, nous quittons Toulouse, à onze heures, pour Lourdes où nous arrivons à cinq heures.

J'ai retrouvé à Lourdes ce que j'y avais déjà vu, une augmentation de pèlerins, d'ex-voto, d'hôtels et de tarifs. A la pension Detroyat, j'ai eu l'honneur de rencontrer la duchesse de Cheve-

rus et un évêque américain. Je n'ai pas oublié, je l'avoue, le
magnifique cigare que ce digne personnage avait aux lèvres au
moment où ses commensaux de table d'hôte, après le repas,
lui demandèrent sa bénédiction. Il le garda même pour sortir.
Question de coutume, évidemment, et aussi, peut-être, de santé,
de tempérament. Ce n'est pas en toutes choses, sans doute,
qu'est applicable l'axiome :

> *Cum fueris Romæ, Romano vivito more ;*
> *Cum fueris alibi, vivito sicut ibi.*

Au départ de Lourdes, je me retrouvai avec le même personnage en chemin de fer, et j'eus là l'occasion de remarquer de
nouveau la différence entre nos prélats français et ceux
d'Amérique. A une station, un bon Père franciscain, qui n'a-
vait pas de billet, était en pourparler avec un employé de la
voie. Je lui offris l'argent qui lui manquait, mais il refusa, la
règle interdisant aux religieux de son ordre le port de sommes
d'argent sans permission spéciale. N'ayant pas le temps de
prendre, pour le lui remettre, un billet, je lui proposai une
place dans mon compartiment, me réservant de payer pour lui
à l'arrivée. Mais j'occupais une voiture de première classe, et
la pauvreté franciscaine ne pouvait s'en accommoder. Que
n'étions-nous en Italie, où j'ai vu plus d'un capucin qui n'y
regardait pas de si près, par épikie, sans doute, ou peut-être en
vertu de permissions qui mettaient plus à l'aise. Le bon religieux
resta en panne, et je ne pus savoir ce qu'il devint. Pendant ce
temps, le prélat dégustait les pêches d'une magnifique corbeille
que son attentionné secrétaire avait fait apporter du buffet.
Honni soit qui mal y pense ! La fameuse dame romaine dont
parle Stendhal, qui disait, en absorbant une glace à la vanille :
« Quel dommage que ce ne soit pas un péché ! » en aurait dit
tout autant en partageant les pêches du prélat qui n'étaient pas,
après tout, un péché. Tout de même, me revenait le mot de La
Bruyère : « Il y a une espèce de honte d'être heureux à la vue
de certaines misères. » Mais, dans sa charité, le bon Père

franciscain n'en pensait pas si long que moi, et, dans sa mortification, il se disait probablement que c'était lui qui possédait la « joie parfaite », selon saint François d'Assise, et qui était le mieux partagé, pouvant dire, comme saint François de Sales : « Je ne suis jamais si bien que lorsque je suis un peu mal. » En quoi, moi, voyageur de première classe, j'avais aussi ma leçon. Il s'agit simplement ici de mœurs et d'habitudes de pays, nullement du mérite des personnes. Mais, à ce point de vue, que M. Bieil avait raison, quand, revenant du Canada, il disait au curé de Saint-Roch, M. Millault : « Je remercie Dieu de deux choses, d'être prêtre, et prêtre français. »

Que de fois, dans mes voyages de vacances, n'ai-je pas eu l'occasion d'admirer l'amour des chrétiens pour Marie et la preuve de cet amour tendre, pieux, confiant, dans ces poèmes de pierre de nos cathédrales, qui s'ouvrent comme des livres mystiques à la foi curieuse des croyants ! Celle qu'un père appelle « le nœud des mystères du Christ : *nodus mysteriorum Christi* », vous la voyez partout dans ces poèmes sublimes qui racontent Dieu et ses œuvres, mais toujours dans un rôle de miséricorde et de bonté. Voilà ce que nous rendront sensible ces magnifiques et innombrables chefs-d'œuvre de la statuaire, de la sculpture, de la ciselure, de la peinture, au dehors comme au dedans de nos monuments religieux. La Vierge assise auprès du Christ dans sa gloire, c'est son triomphe, vous le verrez partout aux tympans des portails historiés de nos vieilles cathédrales. Mais si la scène du jugement vous montre la colère du grand Juge des vivants et des morts, ne cherchez plus la Vierge aux côtés de son Fils. C'est à ses genoux qu'elle implore, et là seulement vous la verrez toujours. Dans la fresque de Michel-Ange, c'est contre le Christ qu'elle se presse, saisie elle-même de frayeur, loin de s'associer à son geste terrifiant. Et quels traits de douceur et de bénignité l'artiste a su donner à celle que l'Église proclame Mère de miséricorde, notre vie, notre douceur, notre espérance, — *Mater misericordiæ, vita, dulcedo, spes nostra !* On dit que le moine de Saint-Gall,

Totilo, musicien, peintre, ciseleur, venant de faire l'aumône
à deux pèlerins, pendant qu'il ciselait une Vierge pour la cathédrale de Metz, ceux-ci virent près de lui une noble et
belle dame qui lui présentait le compas, et demandèrent à
deux clercs si ce n'était pas là sa sœur. C'était la Mère de
Dieu qui aidait l'ouvrier à bien imiter le modèle. Il me semble
que les grands artistes dont le marteau, le ciseau et le pinceau
ont produit ces types admirés de nos vierges séculaires, reines
de nos cathédrales aimées, ont tous eu pour inspiratrice et
collaboratrice Celle qui, silencieuse, assistait Totilo, la même
qui, gracieuse, apparaissait à Adam de Saint-Victor, après les
strophes consacrées à sa louange, et inclinait devant lui son
visage souriant en signe de remerciement : *Gloriosa Virgo appa-
rens ei cervicem inclinavit.* C'est l'impression que j'ai eue mille
fois en admirant nos églises et cathédrales normandes, Rouen,
Bayeux, Caen, Saint-Lô, Coutances, etc.

En 1880, c'est par un pèlerinage à la petite église de Notre-
Dame-des-Flots que je voulus commencer mes vacances. Parti
de Paris le lundi 5 juillet, à onze heures vingt-cinq du matin,
j'arrivais à Dieppe à cinq heures du soir. Avant l'heure du dîner
je visitai Saint-Jacques où, le lendemain, je devais dire la
sainte messe. Rien ne m'a plus édifié que cette *Chapelle des
naufragés* ouverte là comme un *havre de grâce* et comme un
port de bonne espérance aux âmes angoissées par la crainte
ou envahies par la désolation des deuils, et la grande consola-
trice qui, là, sèche les larmes et calme les tempêtes des âmes,
on le devine, c'est Marie. Les murailles le disent aux yeux dans
d'éloquentes inscriptions où le témoignage du passé donne
encouragement à la foi, tandis que le cœur se sent secrètement
pénétré de confiance et d'espoir. C'est saint Ephrem qui dit :

*Maria portus tranquillimus et a fluctibus procellisque agitatorum liberatrix
desideratissima.*

« Marie, port assuré et libératrice implorée de ceux qu'agitent les flots et
les tempêtes. »

Saint Bonaventure :

Maria est stella in fluctibus præsentis vitæ necessaria.

« Marie est l'étoile nécessaire à ceux qui sont ballottés par les flots de la vie présente. »

Saint Chrysostome :

Per Mariam tempestate jactatis fit anchora portusque tutissimus.

« En Marie ceux qui sont secoués par la tempête trouvent une ancre et un port très sûr. »

Saint Bernard :

Maria est arca in qua naufragium evasimus.

« Marie est l'arche dans laquelle nous avons échappé au naufrage. »

Le mardi 6, après la sainte messe, j'allai saluer Notre-Dame-des-Flots, élégante et gracieuse chapelle qui domine le port et la mer, au nord-est de la ville, et je continuai ma route en voiture au Polet, à Puy, à Neuville. Le mercredi, j'allai à Envermeu et visitai sa belle autant que vieille église.

Après ce salut donné à la Normandie et à la Vierge de la Sainte-Espérance, protectrice des matelots, je quittai Dieppe, le jeudi 8 juillet, à midi vingt-quatre, par le train rapide qui me rendit à Paris à quatre heures vingt. A neuf heures quarante je partis de la gare d'Orléans pour Eguzon où j'arrivai le lendemain, à six heures vingt-huit du matin, et où je trouvai une voiture et des amis qui m'emmenèrent à Lourdoueix-Saint-Michel. Là je pus dire la sainte messe à neuf heures.

Lourdoueix-Saint-Michel (Indre) avait alors, et a toujours, une école catholique tenue par des prêtres du diocèse de Bourges. Une colonie de jeunes étudiants parisiens, se destinant pour la plupart au grand séminaire, s'y élevait à l'ombre du sanctuaire. Tel est le lien qui, depuis l'année 1871, m'y rattachait. La floraison sacerdotale qui s'est épanouie là a déjà enrichi le diocèse de Bourges et celui de Paris d'un grand nombre de sujets capables et vertueux, les diocèses les plus lointains eux-mêmes. En nommant cette maison si particulièrement aimée d'un vénéré sulpicien, ancien directeur de Paris, ancien supérieur de grand séminaire, éminent en science et en vertu, je ne puis oublier ce jeune enfant de la Corrèze que j'ai dirigé vers elle, qui est devenu séminariste d'Issy, puis, par irrésistible vocation, élève du séminaire des Missions étrangères, puis prêtre, — et j'ai eu l'honneur de l'assister à sa première messe le 4 mai 1889 en la chapelle des Missions, — puis missionnaire aux Indes et auteur de la première traduction orthodoxe imprimée en langue tamoule d'une partie, ce sera bientôt de la totalité, de l'Ancien et du Nouveau Testament, le R. P. J. T... Que Dieu bénisse le missionnaire et sa mission, et aussi la maison et les dignes prêtres auxquels il doit sa première formation !

Le mardi 13 juillet, je quittai Lourdoueix pour Bourges. La veille de la Fête nationale occasionnait bien quelque mouvement dans la ville, mais rien ne m'empêcha de visiter à loisir l'immense et superbe cathédrale et les principaux palais, hôtels et monuments que le voyageur ne saurait se dispenser d'aller voir dans cette ancienne métropole de la première Aquitaine. — Le mercredi 14, je pars à quatre heures quarante du matin pour Nevers où j'arrive à sept heures. Le grand hôtel de l'Europe, tout à fait de l'ancien temps dont il date, avec ses hauts plafonds et son grand air, repose bien à propos le voyageur que les retraites aux flambeaux de la veille ont empêché de dormir et qui s'est levé de bon matin. La sainte messe dite en l'église voisine du lycée, je visite la cathédrale, alors en réparation. Le nouvel autel du chœur, dédié à saint Cyr et à sainte Julitte, y avait été élevé grâce à une souscription où figurait en tête le comte de Chambord. La chapelle des Carmélites, le palais de justice, d'autres chapelles ou églises attirent mon attention, surtout l'église de l'hospice où vécut et mourut Bernadette. Je quitte Nevers à deux heures vingt pour Paray-le-Monial. Un court arrêt à Moulins me permet d'apercevoir la petite église de l'hospice Saint-Joseph, puis, de loin, le Sacré-Cœur, élevé et élégant, et de visiter la cathédrale. J'arrive à Paray à six heures trente-six et des quatre omnibus qui sollicitent ma préférence je choisis celui de Mlle Drizard, directrice de l'hôtel des Pèlerins. Le monastère de la Visitation est dans la même rue que cet hôtel, en face. J'y dirai la sainte messe le lendemain à sept heures et demie, et la maîtresse d'hôtel veut bien en demander pour moi la permission au monastère, précaution tout à fait utile, grâce à laquelle je serai admis, le 15 juillet, à célébrer à l'autel même du Sacré-Cœur, dans le riche sanctuaire de la Visitation. La vieille église abbatiale, maintenant paroissiale, à tour octogonale, monument historique très remarquable, la maison des Pères Jésuites, les vieilles constructions des onzième et douzième siècles avoisinant l'hôtel de ville, sont l'objet de ma curiosité pendant les deux jours passés à Paray, 15 et 16 juillet. Le samedi 17, je dis, à cinq heures, la sainte messe au monastère, et je pars, à sept heures, pour Villefranche par Mâcon. Arrivé à Villefranche à onze heures vingt-six, je m'y arrête pour déjeuner à l'hôtel de Provence, et visiter l'église de Notre-Dame-des-Marais, monument historique signalé comme la principale curiosité de la ville. A quatre heures, je prends la voiture pour Ars, et j'y arrive, hôtel du Nord, à cinq heures un quart.

Ars ! C'était là, pour moi, un but tout spécial et très cher. La nouvelle église d'Ars, de style romano-byzantin, frappe par son élégance extérieure, plus encore par la beauté de son intérieur, par ses marbres aux nuances variées et ses sculptures : mais l'ancienne, dans sa modestie et son exiguïté, est celle que l'on recherche, et on est heureux de la retrouver intacte, amorçant le grand monument moderne qui fait corps avec elle. Le dimanche 18 juillet, à six heures et demie, j'y célébrai la sainte messe, et retournai à l'église pour la grand'messe où j'entendis le prône de M. l'abbé Tocanier, ancien vicaire de M. Vianney, devenu lui-même curé d'Ars. Après la grand'messe, je fus admis à voir la chambre et le presbytère du saint curé, puis, chez les Pères missionnaires, la fiole de sang liquide que recueillit frère Jérôme, à la suite d'une saignée subie par M. Vianney, six ans avant sa mort. Un plâtre qui le représente à genoux, reproduction du marbre de Cabuchet, l'artiste converti par lui, fait revivre ses traits inspirés. On sent dans ce lieu, en dépit de la mort, une présence réelle du saint. Les

vêpres devaient se chanter à deux heures ; le catéchisme, précédé du chemin de la croix, fondation respectée du saint curé,
commençait à sept heures et demie du soir. Dans l'intervalle
de ces deux exercices, je fis le tour de la paroisse, qui comptait
alors cinq cent cinquante âmes, toutes fidèles à la sanctification
du dimanche. Le lendemain, 19 juillet, je célébrai à l'autel de
Sainte-Philomène où le saint curé d'Ars disait souvent la
messe ; puis je fis quelques emplettes à la bonne sœur de la
Providence installée là, — quelques *Souvenirs d'Ars*, — et je
quittai ce saint lieu où, tant de fois, dans mon enfance, en
lisant la *Vie de M. Vianney* par M. Monnin, missionnaire d'Ars,
je m'étais transporté en esprit, avec l'ardeur d'une vénération
enthousiaste et d'une foi pieuse. Que le saint curé bénisse
l'arrière-saison d'une vie qui lui voua, à l'âge de la première
jeunesse, un culte d'admiration, d'invocation et de confiance !
Je profitai de la voiture publique pour faire, de huit heures
un quart à neuf heures, le chemin d'Ars à Villefranche, et
pris aussitôt le train pour Lyon où m'attirait, avant tout, la
Vierge de Fourvières.

Dès mon arrivée, à onze heures vingt-six, j'allai saluer cette
Vierge que j'avais été habitué à vénérer et à prier dès ma plus
tendre enfance, et, sur le chemin, je m'arrêtai pour vénérer
aussi le cœur de saint Vincent de Paul exposé dans la cathédrale, à l'occasion de sa fête.

Le mardi 20 juillet, j'eus le bonheur de dire la sainte
messe à Fourvières, à la chapelle de la Sainte-Vierge. Je passai
sur la colline toute ma matinée et y pris mon repas, admirant
le panorama et aussi la nouvelle église de style romano-
byzantin, alors en construction d'après le plan de l'architecte
de la moderne église d'Ars. Une longue promenade en voiture
me permit de visiter, l'après-midi, bon nombre de sanctuaires
vénérés. Le mercredi 21 juillet, l'attente d'une grande heure que
je fis à la cathédrale, avant de pouvoir dire la sainte messe,
malgré que j'eusse mon *Celebret*, me persuada, pour l'avenir, de
préférer les modestes clochers. J'achevai mes dévotions en

allant voir Saint-Irénée, le trésor de Lyon, et sa crypte des martyrs tout imprégnée des vivants souvenirs de saint Irénée, de saint Pothin, de sainte Blandine, de sainte Potamienne et des autres victimes de la persécution de Marc-Aurèle. La belle crypte de la très remarquable église d'Ainay eut ma dernière visite quand je me rendis à la gare, pour le train de onze heures cinquante-cinq, vers Grenoble.

J'arrivai à Grenoble à quatre heures et demie, ayant, sur le parcours, surtout dans la seconde moitié, contemplé de beaux horizons. Descendu à l'hôtel de l'Europe, j'en sortis, après le repas, pour faire la prière du soir à Saint-Louis. Le lendemain, 22 juillet, la sainte messe dite à Saint-Louis, église la plus voisine de l'hôtel, j'entrepris la visite de Saint-André, des quais et du musée, très remarquable d'abord pour les richesses qu'il renferme, — trois Philippe de Champaigne, un Tintoret, un Rubens, pièce principale du musée, — et parce qu'il ne possède que de belles toiles. Le vendredi 23, à cinq heures du matin, j'entends la sainte messe à Saint-Louis, ne pouvant la dire, en raison de mon départ immédiat en diligence vers La Salette. Pour ce nouveau pèlerinage, l'avantage d'une place à l'avant de la voiture, dans le coupé, me permettra de voir, mieux que les autres voyageurs, et à merveille, les beaux panoramas de la route. On s'arrête à Vizille ; neuf chevaux nous montent à La Mure où nous déjeunons, copieusement servis pour un assez modique prix. La poussière de la route, abattue par la pluie tombée la veille, n'intercepte en rien la vue, ni le long de la Romanche, ni dans l'enchevêtrement des lacets de la montagne d'où se découvrent les escarpements du grand Oubiou couronné de neige. Nous arrivons à Corps à quatre heures, et nous montons à pied à La Salette, en deux heures quarante minutes. Deux ecclésiastiques distingués, étudiants du collège romain, revenus de Rome, la veille, pour leurs vacances, étaient devenus mes compagnons de pèlerinage. Parvenus au sommet de la montagne, nous avons pris possession de nos chambres à l'hôtellerie des Pères, après avoir adoré le saint Sacrement et salué la sainte Vierge. Au réfectoire, un repas simple, mais suffisant, proprement préparé par les sœurs, était servi aux pèlerins. L'heure réglementaire étant six heures et demie, on était déjà à table quand nous nous sommes présentés, vers sept heures moins un quart. Nous avons ainsi appris qu'à l'hôtellerie, tous les exercices commencent à l'heure militaire. A huit heures du soir, à la basilique, prédication, chant et salut. Coucher à neuf heures.

Le lendemain, samedi, je dis la sainte messe à cinq heures et demie, puis, après le petit déjeuner, un des Pères nous raconta l'origine du pèlerinage et l'histoire de l'apparition. Nous étions, pour l'entendre, sur le lieu même de l'apparition, près du groupe représentant la sainte Vierge et les deux enfants, à deux pas de la basilique. Ayant réglé mon compte au frère portier, — compte bien minime, — et déposé l'offrande réglementaire de 50 centimes due à la sacristie chaque fois qu'un prêtre dit la messe, je me suis pourvu de petits souvenirs et mis en route un peu avant neuf heures. Le mulet porteur de nos bagages, — payé 3 francs à la montée et autant à la descente, — allant d'un pas par trop lent, nous dûmes, mes deux compagnons prêtres et moi, décharger l'animal et nous mettre à courir pour gagner la voiture avant l'heure du départ, onze heures. Il n'y a dans le trajet du retour que les arrêts nécessités pour les relais. A La Mure, nous nous contentâmes d'acheter à l'hôtel du pain, des cerises et du fromage, et à six heures moins dix minutes, nous étions de retour à Grenoble.

Le dimanche 25 juillet, je dis la sainte messe à Saint-Louis, à sept heures, et entendis ensuite la messe de paroisse et le prône, un bon prône sur la prière fait par un de MM. les vicaires. Cette messe tenant lieu de grand'messe, il y assistait beaucoup de monde. A trois heures, c'est à la cathédrale que j'entendis les vêpres précédées de none, suivies des complies et du salut. L'église était pleine. Le soir, après dîner, je fis une promenade en voiture à Bouquéron. La nuit, malheureusement, couvrait déjà l'horizon.

Le lundi 26, je dis la sainte messe à Saint-Louis et, à sept heures, je pars en landau pour la Grande-Chartreuse. Arrivé à Saint-Laurent-du-Pont, à dix heures et demie, j'y déjeune frugalement et visite ensuite l'église, belle, simple, de bon goût qu'ont fait construire là les Chartreux, bons et charitables Chartreux, providence de la contrée, et maintenant exilés !... Après une heure d'arrêt, je continue ma route à travers le site pittoresque, le long des hauts contreforts des montagnes, sous le poids d'une chaleur accablante. J'arrive au monastère à deux heures moins quelques minutes et suis accueilli, ainsi que quelques pèlerins, par le frère Gérasime, une excellente figure de moine, réjouie, et, plus encore, réjouissante, à la façon de saint Romuald dont la légende nous dit qu'il était toujours d'un visage si rayonnant qu'il réjouissait tous ceux qui le regardaient, — *vultu adeo læto semper erat ut intuentes exhilararet*. N'est-ce pas là la meilleure réclame d'un couvent ? Le bon frère avait autour de lui une quarantaine d'enfants sourds-muets, venus en pèlerinage à Saint-Bruno, pensionnaires d'un établissement dirigé par les Frères de Saint-Gabriel, aux frais des bons Pères. Ils mangeaient de fort bon appétit, ce qui n'avait rien de surprenant, mais, chose plus étonnante, ils se mirent à *parler*. « Bonjour, Messieurs ! » nous dirent-ils très distinctement et prononçant fort bien. Ils récitèrent même des fables de La Fontaine. C'était un succès remarquable, rare à cette date, dû à l'ingéniosité, à l'habileté et à la patience des religieux, professeurs de ces enfants. Avec quatre ou cinq visiteurs, j'acceptai le petit verre traditionnel qu'offrit le frère Gérasime et dont l'excellence remarquée défiait toute contrefaçon. A trois heures, chant des vêpres par les religieux ; j'y assistai, regrettant que ce ne fût pas matines. A quatre heures visite du couvent sous la conduite d'un frère.

La grande salle du chapitre contraste avec la nudité et la pauvreté des cellules. Elle est grandiose. On y voit les portraits des supérieurs généraux de l'ordre, avec la date de leur entrée en fonction et celle de leur mort, depuis saint Bruno. Outre cette grande salle du chapitre, il en existe une petite. On nous montre successivement la chapelle de l'*Ave Maria*, la chapelle Saint-Louis, tout ornée de peintures à fresque, la bibliothèque contenant vingt-cinq mille volumes, le grand cloître intérieur qui a 225 mètres de longueur, d'un effet magique. Dans la grande salle du chapitre j'ai lu, au vol, deux ou trois sentences dont j'ai tâché de me rappeler les paroles, mais surtout le sens. Les plus remarquables sont les suivantes : « *Judica nos, Domine, quia sumus homines, sed, quia homines, non sine misericordia.* Jugez-nous, Seigneur, car nous sommes des hommes, mais non sans miséricorde, parce que nous sommes des hommes. » (Saint Augustin.) Puis : « *Nimia justitia incutit peccatum, et temperata justitia facit perfectos.* Une justice trop sévère fait tomber dans le péché; une justice tempérée fait les hommes parfaits. »

Qu'elle est donc belle la première de ces pensées, surtout là, dans une retraite aussi austère et dure à la nature ! Partout les hommes sont hommes, partout ils ont besoin de l'indulgence divine, car c'est moins leurs mérites et leurs expiations que la miséricorde de Dieu qui les rassure et les sauve. « *Væ etiam laudabili vitæ hominum si, remota misericordia, discutias eam !* disait saint Augustin. Malheur à la vie la plus irréprochable elle-même, si vous la jugez sans miséricorde, ô mon Dieu ! » La seconde de ces pensées est d'une sagesse profonde. Elle répète une sentence de l'Écriture : « Ne soyez pas trop juste, *Noli esse justus multum* », ce qui veut dire, assurément : « N'ayez point la prétention d'une justice sans défaillance aucune, d'une perfection sans ombre, car elle n'est pas d'ici-bas. Attendez-vous à vous trouver, en mille occasions, imparfaits dans vos actes malgré la perfection de vos désirs, et ainsi vous resterez dans la vérité, vous progresserez dans la justice, préservés et soutenus par la simplicité et la précieuse humilité. » La justice dans le gouvernement des autres doit, à plus forte raison, revêtir les mêmes qualités et, sous ce rapport, on ne peut trop admirer l'à-propos de la sentence qui rappelle aux supérieurs l'humaine fragilité, le devoir de traiter les hommes humainement, de persuader plutôt qu'imposer l'obéissance et d'user de sages tempéraments avec ceux qu'une règle trop aveugle et inexorable exciterait à la révolte, ou au découragement, ou à l'hypocrisie d'une régularité de surface. Et, à ce propos, je n'ai jamais compris la dure et peu évangélique parole attribuée au prieur de je ne sais quel monastère d'autrefois. L'évêque du lieu lui demandant le secret de la discipline exemplaire qui régnait dans sa maison : « Ne jamais pardonner », dit-il. Je me rappelle avoir entendu cette parole commentée avec éloge par un grand avocat conversant à table avec un très doux prélat qui ne se fit pas faute d'accentuer son assentiment. Malgré le sens qu'il faut savoir donner au mot, je n'aime pas cette formule ; un peu plus je n'aimerais pas ceux qui l'aiment. *Judica nos, Domine, quia sumus homines, sed, quia homines, non sine misericordia.*

Les jours suivants je fis, en voiture, les promenades, visites et excursions qui s'imposent aux environs de Grenoble : Sassenage, les Cuves, château de Lesdiguières, le mardi 27, et, le mercredi, Uriage, Vizille, Séchilienne. Le jeudi 29, je saluai l'antique cathédrale, m'arrêtant, à l'intérieur, devant la vieille tour sculptée qui servait autrefois de tabernacle ; puis, dans la très vieille église Saint-André, je restai un instant recueilli devant le tombeau de Bayard. Le vendredi matin, je quittai l'hôtel de l'Europe et, à huit heures trois quarts, je montai en chemin de fer à destination de Chambéry, où j'arrivai vers onze heures moins un quart.

Après le déjeuner à l'hôtel de France, je salue Notre-Dame, puis visite le château des ducs de Savoie, la Sainte-Chapelle, le musée. Du belvédère de la tour, j'aperçois les Alpes mauriennes, le massif de la Grande-Chartreuse, la Dent du Nivolet, la Dent du Chat, le lac du Bourget, etc. Dans la ville, après la cathédrale, je vais voir la rue de Boigne, la statue du président Favre dont la sépulture est à la cathédrale. Le lendemain, samedi, je dis la sainte messe à la cathédrale où les fidèles, venus en grand nombre, sont d'une tenue parfaite. Je me rends ensuite à la vieille église de Lémenc, la plus ancienne de la contrée, et m'arrête, sur la route, à la chapelle de Saint-Saturnin, ancien temple païen. Le dimanche sera tout entier consacré aux beaux offices de la cathédrale présidés par l'évêque. Le soir, la procession des mères chrétiennes devant la façade de l'église, à la suite des complies, groupe un grand nombre de pieuses femmes, et la journée se termine par la bénédiction. Le lundi 2 août, je quitte l'hôtel et, avec une voiture à l'heure, je vais gagner, en passant, l'indulgence de la Portioncule chez les Capucins dont l'église est remplie de pieux fidèles. Parti à dix heures, j'arrive à Aix-les-Bains à dix heures et demie, et descends à l'hôtel du Parc. Après une visite à l'église, je vais voir la cascade de Grésy. Le mardi 3, je vais à Annecy. Là est le premier monastère de la Visitation ; j'y vénère les reliques de saint François de Sales et de sainte Chantal dont les deux châsses sont le trésor du lieu. La reproduction de la tête du saint, en métal peint je crois, est fort belle. C'est dans l'église Notre-Dame que saint François de Sales fut offert à Dieu par sa mère dès avant sa naissance. Ce souvenir, rappelé par une inscription, impressionne grandement la piété de ceux qui connaissent l'œuvre de Dieu accomplie par son insigne serviteur. La cathédrale vue, je fais une promenade sur les bords du lac dont l'eau est d'un azur charmant. La ville aux rues à arcades, les environs, le parcours d'Aix à Annecy, le profil des collines, l'aspect riant des vallées et des plaines sillonnées par les méandres du Fier, tout, dans cette contrée, fait au voyageur une impression de pittoresque délicieux. Le mercredi 4, je fais le tour du lac du Bourget en voiture, et je visite l'établissement des bains à Aix. Le bon curé de Saint-Merry, M. Mège, dont j'avais failli être vicaire, faisait là une cure que je ne lui enviais pas, pour de douloureux rhumatismes compliqués de crises d'asthme qui le secouaient terriblement. Après une promenade à Marlioz et une autre promenade au grand port, je salue *Notre-Dame-des-Eaux*, et termine ainsi mes vacances de 1880.

J'ai fait plus tard un pèlerinage en Touraine, au tombeau de saint Martin, un pèlerinage à Prouille et à Fanjau, en mémoire de saint Dominique, etc. Dans ces différents voyages j'ai aimé à visiter les sanctuaires de Marie, *Notre-Dame-des-Eaux* à Aix, *Notre-Dame-des-Flots* au Havre, *Notre-Dame-de-Bonne-Garde* à Marseille, *Notre-Dame de Fourvières*, gardienne de la ville, à Lyon, etc., en souvenir de *Notre-Dame-de-Sainte-Espérance* de Saint-Séverin.

J'ai aimé en retrouver l'image poétique, gracieuse et vénérée, dans les riches musées de province aux trésors souvent ignorés, et cette Vierge de Sainte-Espérance a toujours protégé ma vie, sinon pour le bonheur humain, du moins, je l'espère, pour la sécurité du voyage vers l'éternité. Aussi lui ai-je bien volontiers payé mon tribut de reconnaissance quand M. l'abbé Castelnau, à l'époque des belles fêtes jubilaires de 1896, m'invita, avec d'autres prédicateurs, anciens vicaires de la paroisse, à évangéliser la pieuse assemblée de Saint-Séverin et à encourager le zèle des dévots de Notre-Dame-de-Sainte-Espérance. J'ai gardé, et je produis ici, le texte de mon sermon du mercredi de l'octave de l'Immaculée-Conception, 9 décembre 1896.

FÊTES JUBILAIRES A SAINT-SÉVERIN

IMMACULÉE-CONCEPTION, DÉCEMBRE 1896

« *Posuerunt me custodem*. Ils m'ont établie gardienne de ces lieux. » (Cant., 1, 5.)

Tel est, mes frères, le mot qui me semble tomber des lèvres de Celle que vous entourez aujourd'hui, tel est l'écho qui me semble résonner sous ces voûtes chargées de siècles et sous ces gracieux arceaux, témoins de tant de spectacles de religion et de foi, de prières et d'actions de grâces. Réveillez en ce moment, échos de ce sanctuaire béni, le souvenir des générations qui nous précédèrent ici, des générations lointaines qui bâtirent ce temple, à l'ombre de la vieille cathédrale de la France, comme un palais privé de cette Reine des Cieux et de cette Mère des hommes qui se plaisait sans doute à accueillir là leurs confidences et leurs hommages, à exaucer leurs prières et leurs vœux. Qu'a été ce sanctuaire dans le passé? Qu'est-il devenu? Que sera-t-il dans l'avenir? Trois questions, mes frères, auxquelles je voudrais aujourd'hui répondre, en conviant à m'y aider l'histoire, la tradition de votre piété et l'instinct de vos cœurs. Si la première, à elle seule, épuise toute la mesure du temps que la discrétion m'impose, je m'en consolerai facilement en pensant que d'éloquents interprètes suppléeront, pendant ces jours, les lacunes de mon entretien.

Il est des lieux bénis : nous ne les comptons plus sur le sol privilégié de notre France chrétienne. Parmi ces lieux choisis du ciel, voyez si votre sanctuaire aimé n'a pas lui même une place à part. A peine le chef de la monarchie franque converti au christianisme a-t-il pris possession de cette Lutèce, bien étroite alors, mais marquée pour de si hautes destinées, que la sainteté, qui miraculeusement l'assiste et s'attache à ses pas, trace ici un premier sillon que Séverin le Solitaire, après Séverin, l'abbé d'Agaune, creusera plus profond encore. Près de ce puits dont l'orifice s'ouvre dans votre chapelle célèbre, comme un symbole mystique des eaux de la grâce mises là en dépôt pour les âmes, le Solitaire avait fixé sa demeure qu'au lendemain de sa mort la piété des fidèles, la reconnaissance de saint Cloud, son disciple, transformèrent en un oratoire, premier berceau de l'église et de la paroisse du Saint-Séverin de l'avenir. Au onzième siècle, l'oratoire avait pris déjà les proportions d'un temple que les âges suivants agrandirent, embellirent et firent digne de la population d'élite qui devait le fréquenter.

C'est sur cette rive de la Seine, en effet, sur le versant de cette montagne de Sainte-Geneviève, si célèbre dans l'histoire de la capitale de la France, sur le territoire paroissial de Saint-Séverin enfin, que l'Université de Paris devait s'épanouir si glorieusement un jour. Nous nous faisons difficilement l'idée, à moins d'une sage et judicieuse critique, de ce que furent au moyen âge, sur cette terre classique des études et de la science, le mouvement des écoles, l'ardeur de la jeunesse studieuse, la célébrité des maîtres qui l'enseignaient, les difficultés énormes de ces commencements, le mérite, et parfois l'héroïsme de ceux qui savaient les vaincre, maîtres et disciples. Aujourd'hui que le champ du savoir est défriché depuis longtemps et que d'innombrables richesses sont conquises, nos maîtres et nos docteurs, qui travaillent, il est vrai, toujours à en augmenter le fonds précieux, sont cependant, plutôt, pour l'ordinaire, les économes de la science et les distributeurs d'un capital entassé, que des conquérants et des lutteurs. Au moyen âge, il s'agissait pour tous de débrouiller le chaos, de faire lâcher pied à l'ignorance, d'ouvrir des voies à l'intelligence en quête de vérité, de forcer les barrières de l'inconnu qui paraissait l'inconnaissable, pour donner cours au noble essor de la passion de savoir qui travaillait les âmes, et à cette curiosité supérieure impatiente du joug de ténèbres qu'elle avait subi trop longtemps. Ne nous enorgueillissons pas trop des progrès de la science moderne comme s'ils étaient dus tous à un génie et à un labeur auxquels n'aurait participé aucun des âges qui précédèrent le nôtre. Rien ne serait moins justifié, rien de moins scientifique même, et c'est l'un des mérites de la science sincère aujourd'hui de découvrir et d'avouer qu'elle n'a pas tout découvert dans ce qu'on lui attribue ; que, dans son domaine actuel, bien des choses sont un héritage, et que bien des secrets, des indices, des méthodes lui sont venus du passé qui n'a peut-être pas toujours connu sa richesse, ou qui s'en est moins soucié que nous pour ces applications pratiques, trop souvent mercantiles, auxquelles nous asservissons, auxquelles nous ravalons les nobles formules de la science.

Quant à moi, je les admire ces hommes qui avaient nom Robert de Sorbon, Vincent de Beauvais, Albert le Grand, Roger Bacon, Alexandre de Halès, Bonaventure, Thomas d'Aquin, pour ne citer que des noms rappelés à tous par les monuments, rues et places de ce quartier. Je les admire aussi ces écoliers, presque tous pauvres, si bons voisins de Saint-Julien-le-Pauvre, qui n'avaient qu'un peu de paille en hiver, un peu d'herbe fraîche, en été, — comme le rappelle l'étymologie même du nom de votre rue du *Fouarre*, — pour mobilier d'école, les uns se contentant de chandelles, meilleures peut-être, je l'avoue, dans ce temps-là qu'aujourd'hui, les autres, plus économiquement encore, des rayons gratuits de la lune, pour rédiger, la nuit, sur des feuilles parcimonieusement fournies, les ébauches de talents qui devaient produire un jour ces chefs-d'œuvre appelés *Commentaires d'Aristote*, *Sommes théologiques*, traductions de Jacques Amyot. Je les admire ces écoliers pauvres qui, comme l'illustre évêque d'Auxerre que je viens de nommer, se faisaient les serviteurs des étudiants riches, pour payer, avec leur maigre salaire, les leçons et les livres de la science. Temps héroïque des études où des moines comme les Bernardins, que votre rue de la *Parcheminerie* me rappelle, dédaignaient la vaisselle d'argent qu'un comte de Nevers leur offrait, et demandaient, à la place, du parchemin pour leurs copies. A côté de ces silencieux qui perpétuaient dans leurs cloîtres pour les générations à venir les chefs-d'œuvre de l'antiquité, et qui pouvaient sans doute se réclamer de cette Faculté des arts, — *præclara Facultas*, — la première après la théologie, — *sacratissima Facultas*, — tant à raison de l'art de penser et d'écrire dont ils servaient si utilement la cause qu'à raison de l'art d'enluminure qu'ils savaient si finement pratiquer, il y avait les docteurs de la Faculté de droit ou de décret, comme on l'appelait alors, — *consultissima Facultas*, — et enfin cette Faculté de médecine que me défend d'oublier cette même rue de la Parchemineric où elle était installée, — *saluberrima Facultas*. Etait-ce nécessité de ces temps où tous les écoliers s'appelaient clercs, où l'Église était seule l'*Alma Mater* des étudiants, où le cloître de Notre-Dame, berceau des études, en restait l'essentiel foyer, où la tradition demeurait de la haute maîtrise du clergé sur l'enseignement et sur toute la population écolière depuis l'époque où l'Université naissante avait eu, au douzième siècle, pour premier grand maître, le chancelier de l'Eglise de Paris ? Ou bien était-ce conception supérieure et religieuse de la haute mission, j'allais dire de la mission sacrée du médecin ? Toujours est-il que les professeurs de cette quatrième faculté, la médecine, étaient clercs. Ils ne cessèrent de l'être qu'après des représentations adressées au cardinal d'Estouteville, en 1452, sur les conditions difficiles que l'obligation de célibat leur créait fréquemment dans l'exercice de leur délicate profession.

On a vivement critiqué dans les temps modernes le respect scrupuleux pour les morts qui interdisait aux médecins d'alors et à ceux qui leur succédèrent pendant longtemps, jusqu'au règne de François Ier, la pratique de l'anatomie sur le cadavre humain. Ne pourrait-on pas reprocher parfois à ceux d'aujourd'hui l'abus de l'autopsie ? Quant aux opérations chirurgicales qui sauvent tant d'existences aujourd'hui, — ne parlons pas de celles qu'elles suppriment, — ne doit-on pas savoir gré à ceux que le respect de la vie humaine empêchait de les tenter dans un temps où ni l'expérience que les hasards apportent, ni les instruments matériels ne donnaient de gages suffisants à la bonne volonté de la science ? Toutefois, quand, pour la première fois, à Paris, sous Louis XI, une opération de ce genre fut tentée, mettant en jeu la vie du patient, votre école de médecine et de chirurgie, à qui en fut l'honneur, sut à sa manière concilier son traditionnel respect pour la moindre vie humaine avec ce que conseillait l'intérêt général de l'humanité souffrante, en faisant son expérience sur un condamné à mort qui eut la double bonne fortune d'être guéri de son mal et d'échapper au supplice mérité par ses forfaits. C'est le cimetière de Saint-Séverin qui fut le théâtre de ce premier essai de la science relevant le défi de la mort dans le champ clos d'une vie d'homme, et remportant sur elle, avec ses propres armes, sa première éclatante victoire, prélude de tant de triomphes. La science, d'ailleurs, qui savait dire alors : « Je le pansay, Dieu le guérit », n'éloignait de l'esprit de l'homme ni la pensée de sa fin, ni le souvenir de son Créateur éternel. Elle n'effaçait pas des murailles clôturant le cimetière l'inscription que vous voyez reproduite, en signes énigmatiques, mêlés aux fresques de ce temple :

Passant, penses-tu pas passer par ce passage

Où passant j'ai passé ?
Si tu n'y penses pas, passant, tu n'es pas sage,
Car, en n'y pensant pas, tu te verras passé.

La science, alors, était croyante, comme la raison qui restait fière, comme la philosophie qui avait, sur son domaine propre, de sublimes indépendances inconnues à notre soi-disant libre pensée, comme l'art qui, lui aussi, avait de magnifiques audaces, celles qui bâtirent nos cathédrales et ces colonnes « qui emportent le temple plutôt qu'elles ne le portent », et qui l'emportent dans les cieux. Ah ! je vous salue, temps heureux et bénis ! Sans oublier que vous faisiez partie des siècles d'ici-bas et que vous participiez, nécessairement, comme tous les âges, aux misères et fragilités de la terre, je vous bénis, oui encore, et je vous regrette, et je me demande ce qui vous protégeait, ce qui gardait votre foi, et, en vous la gardant, vous rendait victorieux du monde.

Je le trouve, mes frères, dans une protection évidente d'une puissance céleste qui n'est autre que celle de la Reine même du ciel, conservatrice de la foi dans les âmes, victorieuse de toutes les hérésies ici-bas. C'est ce rôle protecteur de Marie qu'il me faut aborder maintenant en restreignant mon regard à cette portion aimée de l'héritage du Christ qui s'appelle depuis tant de siècles Saint-Séverin, et qui eût pu s'appeler la paroisse de l'Immaculée-Conception, la paroisse de Notre-Dame-de-Sainte-Espérance.

Un fait remarquable, mes frères, tout conforme au principe que nous venons de rappeler, un fait établi par l'histoire, c'est l'importance et la prééminence du culte de Marie dans le cours de ce moyen âge où la religion et la foi furent si profondes dans les cœurs, si éclatantes aussi dans leurs manifestations de toute sorte. Ce sont ces âges de foi qui entreprennent les croisades et qui bâtissent les cathédrales, dédiées en si grand nombre à la Reine du ciel que le peuple, d'instinct, les nomme toutes Notre-Dame. Ce sont ces âges de foi qui créent ou qui développent les institutions monastiques, les ordres religieux de tout genre, en leur donnant à tous pour protectrice générale ou particulière la divine Mère du Rédempteur. Ce sont ces âges de foi et de vaillance qui trempent l'épée de la chevalerie chrétienne et qui mettent aux mains des fidèles le Rosaire de Marie et sur leurs poitrines, leurs épaules, comme un joug de douceur et de suavité, le scapulaire du Carmel précurseur du scapulaire de l'Immaculée Conception. J'ai nommé l'Immaculée Conception : n'est-ce pas le mot qui va ici tout résumer, et l'histoire du culte de Marie en ces lieux, et l'histoire de sa protection sur cette paroisse privilégiée et sur tous ceux qui, de près ou de loin, associés à son culte et à sa dévotion spéciale envers la Reine du ciel, se sont mis en état de participer à ses faveurs ?

La science, nous l'avons dit, a trouvé ici son berceau. C'est sur ce territoire, ou sur celui qui l'avoisine immédiatement, que ces quatre facultés fameuses de théologie, des arts, de droit, de médecine, attiraient, il y a six siècles, des disciples de tous les points de la France et de l'Europe ; c'est d'ici que son enseignement, diversifié sous les sept formes de ce

Trivium et de ce *Quadrivium* célèbres que rappelle encore cette rue des *Sept-Voies* qui confine à votre paroisse, canalisait, en quelque sorte, pour les répandre dans les esprits, toutes les richesses du savoir réalisable alors, qui méritèrent à l'enseignement donné ici le grand nom d'Université de Paris dont le Paris de nos jours a longtemps regretté la perte et réclamé la restitution. Or je dis que, étant donnée cette prédestination de votre paroisse à être la terre classique des études, sous l'influence bienfaisante de l'Eglise illuminatrice des âmes, il était naturel, convenable, et en quelque sorte nécessaire, qu'elle se distinguât entre toutes par son culte de Marie, et j'ajoute par son culte de l'Immaculée Conception. Pourquoi ? C'est ce que je veux vous dire en deux mots.

Et d'abord, parce qu'un des titres les mieux justifiés de Marie c'est celui de *Reine des sciences*. Ai-je besoin de le démontrer pour cette science de la théologie qui trouve en elle son point visuel pour étudier le Christ et qui l'appelle si bien « le nœud des mystères du Christ : *nodus mysteriorum Christi* » ? Ai-je besoin d'établir le rapport de ce chef-d'œuvre des mains divines avec les arts qui recherchent l'idéal et s'efforcent de l'interpréter en en transportant les rayons dans le sensible ? Et quant à la science du droit et de la justice, et quant à celle de la médecine qui guérit les corps, ai-je besoin de rappeler que leur patronne était tout indiquée dans celle que l'Eglise nomme avec orgueil le Miroir de justice, — *speculum justitiæ*, — et dans celle qui nous a été donnée, dit saint Augustin, comme une protection contre le venin du serpent, — *Accepistis symbolum protectionem parturientis contra venena serpentis*. Oui, Marie devait apparaître à ces esprits orientés vers la lumière, comme la Reine des sciences, et je ne m'étonne pas si son image reparaît si souvent dans les monuments de l'Université d'autrefois et figure, au quatorzième siècle, sur le sceau de la Faculté de médecine de Paris, assise et couronnée, le livre de la science dans une main, une gerbe de simples dans l'autre, au milieu de quatre docteurs dont elle reçoit les hommages. Oui, cette Vierge-Mère, dont le nom seul, plein de mystères, pose un si grand problème à la philosophie et à la science, cette Vierge, Mère du Verbe qui illumine tout homme venant en ce monde, est de plein droit la Reine des sciences, et devait être la patronne de ceux qui venaient ici s'en abreuver. Mais pourquoi, entre tant de privilèges de Marie, honorèrent-ils surtout, et les premiers en France, par une confrérie spéciale, son immaculée conception ?

Chose étonnante, mais qui devient ici révélatrice, c'est en Angleterre que la première confrérie en l'honneur de la sainte conception de Marie fut érigée par le concile provincial de Londres de l'année 1238, — le vénérable M. Hanicle ne s'était pas trompé en indiquant, ou à peu près, cette date, — en Angleterre où la science et l'art eurent un si bel essor dans ces écoles monastiques ou cléricales si nombreuses en cette île des saints avant l'hérésie et le schisme. Quelle est donc cette sympathie entre la science et la pureté virginale de Marie, entre la science, qui dissipe les mystères, et ce qui est, avec la maternité divine de Marie, un si ineffable mystère ? C'est l'effet, mes frères, d'une attraction nécessaire et d'un ordre voulu de Dieu et établi par lui dans la manifestation de la lumière que la science fait profession de chercher. En effet, ces sept voies que connaissaient nos ancêtres, ces sept voies du *Trivium* et du *Quadrivium*, suivant les termes consacrés, devaient mener l'homme d'abord à la philosophie qui cherche Dieu dans l'homme et finalement à la théologie qui cherche Dieu en Dieu ; elles avaient pour dernier terme Dieu. Or, dès lors que ce terme divin était assigné aux efforts de la science, il était naturel qu'en Dieu elle recherchât, étudiât et aimât les objets que lui-même signale les premiers à la connaissance, à la méditation, au culte et à l'amour de l'homme : le Verbe incarné et sa Mère, par qui viennent à l'homme l'illumination et le salut ; — le Verbe incarné, comme cause essentielle, efficiente et méritoire de la grâce et de la gloire qui est une *vision*, vision béatifique ; — la Mère du Verbe incarné, comme cause secondaire, instrumentale et occasionnelle du salut, de telle sorte que quiconque veut voir le Fils, exemplaire éternel des perfections du Père, doit d'abord regarder la Mère, miroir de ces perfections mises à la portée du regard humain, selon la belle pensée du grand poète-théologien de l'Italie dont une de vos rues porte le nom, Dante : « Regarde la face qui ressemble le plus au Christ ; elle seule peut te permettre de voir le Christ. » Or, comme c'est l'immaculée conception de Marie qui lui donne ce parfait éclat de miroir sans tache, il est nécessaire à la fois de reconnaître et d'aimer en elle ce qui en elle permet le mieux de voir et de contempler Dieu.

Ah ! je ne m'étonne pas après cela si, dès le treizième siècle, l'Université de Paris imposait à tous ses docteurs en théologie l'engagement par serment de soutenir toujours, envers et contre tous, le privilège de l'immaculée conception de Marie. Je ne m'étonne pas que la fête qui l'honore ait été de tout temps, comme disent nos vieux historiens, « une des propres et péculiaires festes » de l'Université de Paris, spécialement de ces quatre *Nations* formant la Faculté des arts qui jeta un si grand éclat sur Paris, ville des arts, disait Alexandre IV, *Artium urbs famosa*, de ces quatre Nations qui prirent pour sceau une image de Marie, et entre lesquelles se distinguait la nation de Normandie, établie au collège d'Harcourt, et qui avait, elle aussi, comme sceau une image virginale qui est tout un poème dantesque : en bas, une barque battue par les flots furieux, accueillie au port par un démon immonde, tandis que le passager, un étudiant, supplie ; en haut, dans la sérénité, répondant à son regard et à son geste suppliant, la Vierge-Mère tenant d'une main l'Enfant-Dieu et, de l'autre, bénissant l'homme. Ah ! qu'il avait raison ce noble corps professoral, dans sa sollicitude pour les âmes d'une jeunesse exposée à mille périls, de chercher pour elle dans la protection de la Vierge immaculée, mère de la divine Sagesse, un principe d'illumination, de préservation et de salut ! Et qu'elle avait raison l'élite de cette jeunesse d'adopter, avec son ardeur enthousiaste et confiante, le patronage maternel et céleste de l'immaculée Marie !

A côté de Marie, vous aviez saint Martin, patron des voyageurs, patron de la France, jeunes Français ; mais la Vierge était là pour tous, et je ne m'étonne pas qu'à ce foyer de pureté et de lumière soient venus demander les bénédictions de l'avenir ces hommes que l'histoire nommera plus tard

Célestin II, Adrien IV, Alexandre III, et l'immortel Innocent III. Je ne m'étonne pas que le maître de ce dernier pontife, Pierre le Chantre, illustre lui-même, ait invité Foulques de Neuilly, le prédicateur des croisades, son disciple, à venir dans ce temple lancer l'appel enflammé qui transportait l'Europe chrétienne vers l'Orient et Jérusalem : Dieu le veut ! Cette jeunesse était préparée pour l'entendre, dévote à la Mère et au Fils, amie à cette mère des douleurs qui gardera toujours un glaive dans son cœur tant que le sépulcre du Christ ne sera pas délivré. O Mère du ciel, on vous aimait ici, oui, et je ne m'abuse pas quand je me le persuade, et quand je le proclame, malgré les turbulents écarts, les misères supposées, certaines même, d'une jeunesse qui était une jeunesse humaine. Mais si l'histoire le constate et le rappelle, elle constate aussi, outre de merveilleuses préservations et d'admirables types de sainteté, comme les bienheureux Reginald, les Xavier, les François de Sales et tant d'autres, elle constate et démontre que la foi vivait dans ces cœurs et qu'ils étaient par elle rendus assez vaillants pour expulser parfois du quartier des Écoles les sirènes du vice, les provocations du scandale.

A des siècles de distance, je vous salue, générations croyantes qui avez laissé ici l'empreinte de votre religion et de votre foi, fidèles de toute classe, mais vous surtout, étudiante jeunesse qui veniez ici faire vos premiers pas dans le chemin de la science et de la vie; hommes faits qui veniez ici mûrir votre science; maîtres vénérables, enfin, qui ici dispensiez vos lumineux trésors avec ce chaud rayonnement de vie que communiquent la foi et la religion profondes. O maîtres, je crois entendre ici les échos de votre voix qui se préparait d'abord au pied de ces autels, dans le silence de la méditation, de la prière et de l'adoration, — *silentium pater praedicatorum*, — aux foudroyants éclats qu'elle savait prendre avec l'erreur : Vincent de Beauvais, maître Albert, Thomas d'Aquin, Duns Scot. Je veux ici vous saluer entre tous, Duns Scot, *docteur subtil* de la théologie sacrée, vous qui, lorsque vous vous en alliez défendre, avec votre infatigable poitrine, avec votre voix de fer, — *solidum pectus, ferrea vox*, — trois heures durant, la cause de l'Immaculée Conception, vous agenouilliez, en passant, dans ce temple, devant l'image de Marie, et lui disiez humblement : « *Dignare me laudare te, Virgo sacrata*. Daignez me permettre de vous louer, ô Vierge sainte ! Rendez-moi fort contre vos ennemis : *Da mihi virtutem contra hostes tuos !* » Et moi aussi, cette année même, je me suis agenouillé, et non sans émotion, devant votre cercueil, blanc et immaculé comme il convient à un symbole de pureté virginale, dans la gracieuse église de vos frères mineurs, à Cologne, et j'y ai lu ces quatre mots dont un est un titre de gloire pour la France, pour Paris et pour Saint-Séverin : « *Scotia me genuit* : L'Écosse m'a donné le jour ; — *Anglia me suscepit* : L'Angleterre m'a accueilli ; — *Gallia me docuit* : La France m'a instruit. *La France m'a instruit !* — *Colonia me tenet* : Cologne me possède aujourd'hui. » De votre patrie d'en haut, souvenez-vous de votre patrie d'adoption et bénissez toujours ces lieux !

N'est-il pas vrai, mes frères, que les morts nous instruisent et nous rendent ainsi la vie ? les morts, il est vrai, qui sont morts dans le Seigneur :

les morts qui restent les enfants de Dieu devant qui tous vivent, les morts qui restent les dévots de Marie lesquels ne peuvent jamais périr. J'en atteste cette paroisse, cette confrérie antique de l'Immaculée-Conception qui s'appelle si heureusement Confrérie de Notre-Dame-de-la-Sainte-Espérance. *Rememoramini pristinos dies* : Rappelez-vous les anciens jours ! Au passé rattachez l'avenir et transmettez à la génération qui vous suit la tradition que vous ont transmise tant et de si beaux siècles ; *Annuntiabitur Domino generatio ventura et populus qui creabitur laudabit Dominum*. C'est le devoir que Marie vous rappelle quand, du haut de son trône, elle vous dit en bénissant vous, vos familles et cette paroisse : « *Posuerunt me custodem*. Ils m'ont établie gardienne de ces lieux. »

L'allusion qu'en finissant je faisais à la mémoire de Duns Scot m'était tout naturellement suggérée par le voyage que j'avais eu l'avantage de faire en Allemagne, pendant mes dernières vacances, voyage où, en admirant la foi et le patriotisme de nos frères d'Alsace-Lorraine, je n'avais pu m'empêcher d'admirer aussi la religion sérieuse et la foi profonde des catholiques allemands, particulièrement à Cologne, souhaitant pour nos compatriotes un retour à cette religion et à cette foi qui soutient les peuples, les relève et les sauve. En revenant en France, j'eus le bonheur d'assister, à Liége, aux magnifiques fêtes célébrées à l'occasion du douzième centenaire de saint Lambert, patron du diocèse, puis à celles de Reims, à l'occasion du quatorzième centenaire du baptême de Clovis. A Rouen, où je me rendis ensuite, j'admirai à l'exposition de la Croix-Rouge la belle devise de la Société : « *Hostes, dum vulnerati, fratres. Inter arma caritas*. Blessé, l'ennemi devient un frère. Charité au milieu des armes. » Quelle devise ! Quel tableau ! Quel rêve ! Mais plutôt quelle admirable réalité qui réconcilie, en vérité, avec l'humanité capable d'atrocités sans nom, mais capable aussi de dévouements et de sacrifices plus étonnants encore. Plût à Dieu qu'on la retrouvât, cette charité qui traite les blessés en frères, cette charité qui traverse et domine, apparition céleste, les engins meurtriers, qu'on la retrouvât, dis-je, autre part que sur les champs de bataille où l'on verse le sang des corps, et que cette délicieuse amie, souriante et secourable, fût aperçue plus souvent auprès des âmes blessées, blessées à mort parfois,

par les armes empoisonnées de la haine, de la jalousie, de la
calomnie infernale !... A Rouen, je retrouvais, sur la colline
de Bon-Secours, la Vierge, secours des chrétiens, sœur de
Notre-Dame-d'Espérance.

Que de fois cette Vierge des saints espoirs a marqué sur mon
chemin l'âme que Dieu réservait à sa grâce et au salut ! Un
dimanche de mai, après l'office de vêpres, à Saint-Séverin, une
pauvre enfant mal vêtue, d'un air grincheux, contrastant
avec son jeune âge et décelant l'aigreur de sentiments révoltés,
vint à la sacristie réclamer, c'est le mot, plutôt que demander,
un secours pour sa mère malade. J'avais acheté, la veille, un
flacon de sirop de sève de pin encore intact ; j'invitai l'enfant
à venir le prendre chez moi et j'y joignis une pièce d'argent,
recommandant de m'avertir si la maman n'allait pas mieux.
Deux ou trois jours après, pendant l'office du mois de Marie,
la même enfant venait en hâte m'appeler pour sa mère
qui me demandait. J'escaladai un mauvais escalier jusqu'au
haut, sous les combles, où, dans une chambre étroite, porte
et fenêtres ouvertes, la malade angoissée suffoquait. Près
d'elle, deux malheureux enfants pleuraient, la jeune enfant
qui m'avait appelé, et son frère, pauvre être chétif et con-
trefait. La mère, les yeux grands ouverts, me reçut comme
un sauveur. En pleine connaissance, elle fit sa confession,
reçut l'extrême-onction, l'indulgence plénière, eut assez de
force pour me recommander expressément les deux enfants qui
allaient devenir orphelins et, contente d'être réconciliée avec
Dieu, mourut. On commençait la retraite de première communion quand l'enterrement eut lieu, au milieu d'une assistance
de voisins plus émus du sort des enfants que de la disparition
de la morte. Les larmes redoublèrent quand, à la fin de la
cérémonie, les deux enfants jetèrent l'eau bénite sur la bière
de sapin qui cachait le cadavre de leur mère. Je me rappelle
encore les sanglots qui secouèrent le corps frêle et pitoyable
de ce pauvre petit bossu quand, se hissant à la hauteur du
cercueil pour le baiser, il colla longuement ses lèvres frémis-

santes sur la draperie funèbre en l'inondant de ses larmes.
Puis, ce fut le tour de sa sœur, plus forte, plus ferme, raidie
dans sa douleur, et cependant tremblante sous les longs voiles
noirs dont des mains charitables avaient enveloppé son deuil,
aveuglée par les pleurs, ivre de douleur comme son pauvre
petit aîné, qui n'en pouvait plus et dont elle s'efforçait de
soutenir la marche chancelante. Le lendemain matin, je vis
venir à moi, dans la sacristie, l'orphelin. Pendant que les
prières des morts tombaient de mes lèvres sur le cercueil, il
avait entendu, la veille, les enfants de son âge, réunis dans
l'église, chanter avec allégresse :

> O saint autel qu'environnent les anges,
> Qu'avec transport aujourd'hui je te vois !

Pâle, les paupières rougies par les larmes : « *Monsieur le curé*,
me dit-il, je vous en prie, faites-moi faire ma première commu
nion ! » Et en disant cela, de sa main amaigrie, portée sur son
visage, il essayait en vain de contenir le flot de ses pleurs.
« Mon pauvre enfant, lui dis-je, il faudrait pour cela une préparation que vous n'avez pu recevoir. — Oh ! je vous en prie,
Monsieur le curé ! J'ai bonne mémoire : j'apprendrai le
catéchisme. — Mais c'est jeudi la première communion !... —
Cela ne fait rien, j'apprendrai, je saurai. Oh ! ne me refusez pas,
Monsieur le curé ! » Et les larmes que ses yeux jetaient ajou-
taient ce que sa voix était impuissante à dire. Il avait environ
quatorze ans, n'avait jamais été au catéchisme. Mais il avait
singulièrement vieilli au chevet de sa mère mourante, et à
l'église, près du cercueil. Dieu n'a pas besoin de temps pour
les œuvres de sa grâce, quand il veut. Mon parti fut pris, sous
réserve de la décision de M. le curé, — le vrai, — pour une
aussi considérable exception aux règles habituelles. M. Castelnau avait le cœur et l'esprit accessibles à d'aussi graves
raisons que celles qui se présentaient. La permission fut
obtenue. Je donnai un petit catéchisme à l'orphelin, lui marquant au crayon les articles les plus essentiels qu'il aurait à
apprendre et à me réciter. Il accepta, tout rayonnant, et le voile

de ses larmes s'illumina d'un reflet de confiance et de sérénité. Il fallait cependant s'assurer du baptême. « Avez-vous été baptisé, mon cher enfant ? lui dis-je. — Oui, Monsieur le curé. *J'ai été baptisé franc-maçon…* » Ce n'était pas précisément ce qui arrangeait notre affaire. Très intelligent, très précis dans ses souvenirs et dans ses raisonnements, le pauvre enfant savait fort bien ce qu'il disait en cela. Il se souvint que, néanmoins, il avait été baptisé chrétiennement, à Montreuil, et s'offrit à aller lui-même y demander son acte. Je le munis d'argent pour le petit voyage, et l'acte, en bonne et due forme, me fut présenté. Trois jours après, la grâce de Dieu aidant, il faisait sa première communion, décisive pour son salut. Presque aussitôt après, son grand-père, car son père, vivant, mais disparu, ne comptait plus pour les enfants, vint me voir, me remercier, me confier l'avenir de son petit-fils et me demander de lui trouver une maison d'apprentissage. Malheureusement, je ne réussis pas immédiatement, et, à mon grand regret, l'enfant fut mis au travail dans un quartier et dans des conditions qui devaient l'éloigner de moi.

Restait sa sœur. La bonne sœur Vincent ouvrit à ma petite protégée son ouvroir de la rue de la Parcheminerie, mais il fallait lui faire faire sa première communion. Il fut convenu qu'elle serait présentée à Mlle ***, pour être admise, à cet effet, dans sa maison hospitalière de Vaugirard. Admirablement accueillie, elle passa chez cette excellente et vénérable dame quatre mois qui lui permirent d'acquérir l'instruction religieuse et la formation morale qui lui manquaient. Après quoi, sa première communion faite, et bien faite, elle revint chez la bonne sœur Vincent. A partir de ce moment, sa physionomie fut changée. Tout en gardant quelque chose d'un caractère indépendant et fier, son âme s'ouvrit, pour ne plus se fermer désormais, à l'influence morale des personnes qui prenaient soin d'elle, et je fus le premier à bénéficier de cette confiance qui ne se démentit jamais. Quand la mauvaise humeur de sa jeune pensionnaire regimbait contre les consignes, que de fois la bonne sœur Vincent n'usa-t-elle pas de ce moyen suprême : « Je le dirai à M. l'abbé ! » Et, en effet, la reconnaissance du cœur, ravivant tout le passé triste et doux, mettait toujours un rayon de bonne grâce, modeste et discrète, sur ce visage que j'avais vu, la première fois, si revêche et volontairement déplaisant. Hélas ! pourquoi les événements de la vie ont-ils éloigné, plus tard, cette âme que Dieu m'avait permis d'orienter vers lui?...

Plusieurs années s'écoulèrent quand, un jour, en 1881, un de mes confrères de Saint-Séverin, aumônier auxiliaire de l'Hôtel-Dieu, laïcisé depuis l'année précédente, m'avertit qu'un jeune malade voulait me voir. Au nom qu'il ajouta, je reconnus vite mon néophyte orphelin. Il avait alors dix-neuf ans et était venu s'échouer à l'hôpital pour soigner un mal incurable. En exprimant le désir de ma visite, il avait toutefois recommandé d'attendre le moment opportun. Il avait, en effet, pour voisin de salle, un jeune impie qui, ne cessant de tourner en ridicule la religion et ceux qui recevaient les sacrements, l'avait terrorisé au point d'empêcher tout essor de ses sentiments et de ses désirs les plus chers. Je recommandai à Dieu dans la prière cette âme marquée déjà, à mes yeux, du sceau de la prédestination le jour de sa première communion et, m'enquérant chaque jour des progrès de la maladie, j'attendis l'instant favorable. Il arriva ; le voisin mourut le premier, et ce fut pour mon jeune malade la délivrance de la pernicieuse obsession, comme est, pour l'oiselet fasciné par un serpent, le passage à tire-d'aile d'un oiseau vigoureux rompant le charme entre le reptile et sa proie. Avec autant d'insistance qu'il avait mis auparavant d'hésitation, le petit moribond m'appela. J'étais toujours pour lui *Monsieur le curé*. Il me salua avec des larmes, se confessa, reçut l'extrême-onction, le saint viatique, l'indulgence plénière, tout, en parfaite lucidité d'esprit, et du cœur le plus parfait. Je n'eus pas besoin de retourner ; avant la fin de la nuit suivante, il expirait. Je le conduisis au cimetière, remerciant Dieu de verser l'eau bénite sur un élu. Derrière le char funèbre, la première, sa sœur l'avait suivi et pleurait, consolée par la foi et la sainte espérance. Hélas ! si le mort eût pu parler, n'aurait-il pas dit : « Ne pleure pas sur moi, mais sur toi, ô ma sœur !.. » Cinq ou six ans passèrent, et je quittai Saint-Séverin. La jeune fille gagnant ses vingt et un ans quitta elle-même l'ouvroir. Elle vint me faire ses adieux à Saint-Roch. Un secret pressentiment me faisait craindre que, ne retrouvant pas dans le même lieu ses compagnes, les bonnes sœurs et le prêtre témoin de l'agonie de sa mère et de son frère, elle suivît le chemin de tant d'autres. Pendant trois ans je n'entendis guère parler d'elle, ce qui s'expliquait un peu par cette circonstance qu'elle était placée aux environs de Paris. Au bout de ce temps, j'appris qu'à la suite d'une faute, explicable et pardonnable, dans un moment d'affolement, elle s'était suicidée en se jetant par la fenêtre !... « Entre le pont et le fleuve il y a de la distance, assez pour regret et pardon », disait un ange consolateur à une mère désolée. Ce fut l'espoir et la prière de mon cœur à la nouvelle de cette fin tragique, que j'aurais certainement prévenue, si j'avais été près de la pauvre désespérée.

Il faut bien espérer en cette miséricorde divine capable de sauver les âmes au suprême et décisif instant. N'est-ce pas ce que nous suggère l'Église quand elle prie devant les cercueils : « *Ne tradas bestiis animas confitentes tibi.* Ne livrez pas aux bêtes les âmes qui vous ont confessé ! » Tels furent encore ma prière et mon espoir à l'égard d'un très cher enfant des catéchismes de Saint-Séverin. Peu avant sa première communion, il avait déserté la maison paternelle. Pendant plusieurs jours, ses parents le cherchaient partout, quand ils apprirent qu'il avait mis entre eux et lui la distance d'au moins deux départements voisins de Paris, franchis à pied. L'enfant prodigue fut ramené au bercail. C'était mon petit pénitent. La question fut débattue s'il fallait le maintenir parmi ceux que l'on préparait, en catéchisme de semaine, à la première communion. Elle ne fut pas tranchée ; on décida seulement d'exiger de l'enfant une conduite exemplaire pendant les deux mois qui séparaient encore de la grande action.

L'enfant promit et fut fidèle, et le grand jour le vit portant au bras le brassard d'innocence. Je le vois encore dans la stalle qu'il occupait en compagnie des élèves de son école, une de nos écoles laïques. Jamais je n'oublierai les larmes ruisselant de ses yeux pendant tout le cours de la cérémonie; son maître en garda, lui aussi, un constant souvenir. Plus tard, il quitta l'école; je le perdis un peu de vue, lorsqu'un jour je le rencontrai dans la rue, grand, fort, toujours franc d'allure, portant sur l'épaule un fardeau. Il me tendit la main avec un bon sourire, et à ma question : « Que devenez-vous ? — Je suis marchand de fromages », répondit-il. J'aurais dû m'en apercevoir. Je le complimentai de faire quelque chose pour gagner sa vie, et, avec bonne humeur, il me dit que le métier allait assez, sans cependant le faire rouler sur l'or. Il avait dix-neuf ans. Peu de temps après, je le vis venir à Saint-Séverin pour la fête de saint Joseph; il venait de s'engager et, avant de partir, voulait se mettre en règle avec Dieu en se confessant et communiant. Il promit de m'écrire, et je reçus bientôt de ses nouvelles d'Algérie et de Tunisie; après quoi, je ne reçus plus aucune lettre et pouvais croire à un complet oubli lorsque, après des années, un militaire en grande tenue se présenta chez moi. C'était l'enfant prodigue, le marchand de fromages d'autrefois, alors brillant soldat de la France revenant du Tonkin, décoré de la médaille militaire et d'autres insignes d'honneur et de vaillance. Il crut, son père aussi, car son père l'accompagnait, fier de son fils, cette fois, il crut que je ne le reconnaissais pas, mais le cœur sacerdotal a une mémoire capable de conserver longtemps les souvenirs que de saintes impressions ont gravés sur ces couches sensibles multiples qu'il possède, en commun avec Dieu dont la maison, qui n'est autre que son cœur de père, « a beaucoup de demeures », dit Jésus-Christ. Le jeune soldat, après ses campagnes au cours desquelles il avait été plusieurs fois cité à l'ordre du jour, revenu définitivement en France, entra dans un corps d'élite. Mais des germes de maladie lui étaient restés de son séjour à l'étranger. Du Val-de-Grâce où il fut transporté

Il m'écrivit pour m'inviter à venir le voir. Malheureusement, sa porte ne s'ouvrit pas devant moi, malgré la précaution que j'avais prise d'emporter la lettre signée de l'intéressé. On m'objecta des règlements dont l'interprétation était peut-être contestable, et cette fin de non-recevoir, qu'il y avait un aumônier. Bref, je me contentai d'adresser au malade, avec un secours matériellement utile, un mot de regret en l'exhortant à se mettre en rapport avec le prêtre dont on m'avait parlé. Après sa lettre de remerciement je n'ai plus eu de nouvelles de lui. J'espère que, s'il a rendu son âme à Dieu, ce qui est plus que probable, Dieu s'est souvenu des larmes de sa première communion.

La bonne entente des vicaires entre eux, la bienveillance de M. le curé avaient permis qu'en 1882 mon projet de pèlerinage à Rome, qui devait s'effectuer en octobre, ne fît pas tort à mes vacances après la première communion. Je partis, cette année-là, le 15 mai, pour Biarritz avec de bons et bien aimables compagnons. A Angoulême, où nous fîmes notre première halte, le 16 mai, je dis la sainte messe à Saint-Martial et visitai ensuite la cathédrale, monument historique classé parmi les plus remarquables du style à séries de coupoles, l'église de Saint-Ausone, et celle de Saint-André qui possède un chemin de croix de Duseigneur. Le Théâtre justifie son rôle, aux yeux des rigoristes censeurs, par l'inscription morale qu'on lit sur sa façade : *Corrigit ridendo mores*. La Chambre des notaires a aussi sa devise : *Lex est quodcumque notamus*. Dans les jardins de l'Hôtel de ville, Marguerite de Valois, la *Marguerite des Marguerites*, qui n'avait pas eu jusqu'alors de statue dans sa ville natale, en avait une belle en marbre blanc, l'année 1882. Partis d'Angoulême à sept heures quarante et une du soir, nous arrivâmes à Bayonne, le lendemain 17 mai, à cinq heures dix du matin, et à Biarritz à cinq heures quarante-cinq. Je célébrai la sainte messe à la chapelle de la Plage, voisine de la maison où nous prenions pension. A cinq heures, les exercices du mois de Marie me rappelaient dans cette même chapelle ; la beauté des chants s'ajoutait à la dévotion pour y attirer des fidèles recueillis et nombreux. Le lendemain, jeudi, était le jour de l'Ascension. La sainte messe dite à six heures me permit de passer la journée à Bayonne pour y assister aux offices dans la belle et grande cathédrale, trop petite cependant pour contenir la foule à la grand'messe et aux vêpres que présida l'évêque. Sous les voûtes profondes où les ondes sonores se développaient harmonieusement, l'orgue était d'un merveilleux effet. Le vendredi 19, nous allâmes visiter, à peu de distance de Bayonne, Saint-Vincent-de-Tyrosse, où nous tombâmes en plein marché. Notre but d'édification fut atteint quand nous eûmes visité l'église, où des inscriptions instructives excitent la piété du pèlerin.

Au-dessus du bénitier principal, à droite du grand portail :

Purifiez-moi, Seigneur, et donnez-moi l'esprit de prière.

Ablue peccata, et non solum faciem. Purifie ton âme du péché et non ton front seulement.

Au portail latéral, à droite :

> Esprit du mal, retire-toi.
> Croix de Jésus, protège-moi.
> Eau sanctifiée, purifie-moi.

Je crois bien qu'on trouverait en plus d'une de nos vieilles églises du midi de la France la trace de cette curieuse disposition du pavé sur laquelle M. Heuzey attirait l'attention de l'Académie des inscriptions et belles-lettres en sa séance du 21 mars 1894. A propos de la mosaïque à suscriptions grecques découverte à Saint-Côme, près de Nîmes, il remarquait une combinaison de lignes droites très compliquées, représentant un labyrinthe qui devait servir à un jeu, disposition fréquente, paraît-il, dans le parvis des églises au moyen âge, et dont on cite comme exemple le labyrinthe de la cathédrale de Reims.

Le lendemain samedi, une tournée en landau nous permet d'aller au vieux port et au bois, et de revenir par le chemin de la gare. Le dimanche 21, après la messe dite à la chapelle, nous nous dirigeons vers Bayonne pour assister aux offices dans l'église de Saint-André, riche d'une belle fresque de Bonnat, *l'Assomption de la Vierge*, datée de 1861. Sur le mur de l'établissement des Frères des Écoles chrétiennes je remarque l'originale et spirituelle inscription portant la date de 1598 :

> O Dieu, l'heureux succès : par mes trois bastiments,
> L'école, l'arsenal, le rempart de la France,
> Je bannis, je détruis, j'éloigne à mesme temps,
> L'ennemi loin de moi, la faim et l'ignorance.

Je consacrai la matinée du lundi 22 mai à une visite plus détaillée de la cathédrale de Bayonne et d'un ou deux autres monuments. La paroisse du Saint-Esprit, près de la gare, a une église d'apparence espagnole, à fenêtres carrées et à rideaux, à mi-hauteur des deux murs latéraux. Des pierres tombales forment le pavé de l'église dans toute son étendue. En entrant, on remarque sur le pavé du seuil, formé en marbre gris sur un fond de rocaille, le mot *Pax*, salut de circonstance au pèlerin qui pénètre dans la demeure divine. Il rappelle un usage des sanctuaires africains, à l'entrée desquels on inscrivait, suivant la mode antique, comme le remarque M. Edmond Le Blant, une salutation, un souhait de bienvenue. *Pax intranti*, lit-on sur un débris de mosaïque retrouvé à Orléansville. Au bas de l'église du Saint-Esprit, une inscription latine sur marbre noir rappelle que Pie IX officia pontificalement, en cette église, le dimanche 22 août 1848.

Le train de Bayonne pour Dax nous transporta, l'après-midi, près du *Berceau de saint Vincent*. Une calèche prise au débarcadère nous y fit arriver en peu de temps. Là, tout est réuni au même lieu, la chapelle moderne à campaniles dorés, le chêne géant, la maison de saint Vincent. Dans la chapelle, de jolies grisailles à forme de médaillons représentent les différentes phases de la vie du grand saint. A gauche, en entrant, une toile montre le jeune Vincent à genoux devant la Vierge tenant son enfant ; près de lui, un mendiant à demi nu ; en haut, les anges dans l'admiration et semblant raconter la charité de Vincent au

Très-Haut. Sur la coupole, autour de l'apothéose, des inscriptions rappellent les grandes œuvres de l'apôtre de la charité et
leurs dates. Au-dessus de la porte principale, un bas-relief
sculpté représente saint Vincent donnant l'aumône à un mendiant, près du troupeau qu'il garde, et au-dessous de cette scène
est inscrite la légende évangélique : « *Quis, putas, puer iste
erit ?* Que pensez-vous que sera cet enfant ? » La maison est
à gauche, sur la place, pour qui regarde le portail de la chapelle. Elle a été transportée là : le véritable emplacement était
celui qu'occupe la chapelle.

Après avoir rapidement visité l'établissement des eaux, nous
reprenons le train pour Bayonne et Biarritz où un orage éclate
avec une grande violence au moment de notre arrivée. C'est
un événement pour un Parisien qu'un orage dans ces contrées
où les détonations de la foudre sont répercutées en échos
éclatants et multiples qui en décuplent l'effroi. Les phénomènes
fulgurants qui s'ajoutent aux terrifiants effets du tonnerre ne
laissent guère d'instants de sommeil au voyageur inaccoutumé,
quand les orages font rage la nuit. — Une pratique religieuse
m'a touché de la part des jeunes gens de Biarritz. Avant de se
baigner, et, le dimanche, ceux qui se livrent à cet exercice sont
nombreux, ils font tous le signe de la croix. — Le mardi
23 mai, nous fîmes une promenade au Cambo, à 20 kilo-
mètres de Bayonne. La route suivie par le landau, qui côtoie les
contours de la Nive, est délicieuse. A mesure qu'on approche
de l'établissement des eaux, la végétation devient plus belle et
le site plus charmant.

Le mercredi 24 fut fixé pour une excursion à Saint-Sébastien.
Un landau devait nous conduire le matin à la gare, nous en
reprendre au retour du train, le soir. Nous partîmes par chemin
de fer, à dix heures vingt-quatre du matin, et arrivés à Irun
nous louâmes un second landau pour Saint-Sébastien. Fonta-
rabie, Hendaye, la perspective sur l'Océan, à la halte de Guéthary,
nous firent regretter, sur le parcours, de ne pouvoir contempler
qu'un instant et de loin des lieux fameux, pittoresques et

enchanteurs ; mais nous n'avions que cette journée, et nous
descendîmes à Irun à onze heures trente-neuf. L'église d'Irun,
à deux pas de la gare, est remarquable pour l'étranger qui
n'y retrouve rien du style roman ou gothique auquel la France
l'a habitué. Un caractère de grandeur, de recueillement et
de piété impressionne dans cette église et dans toutes celles
que nous avons ensuite visitées, toutes très élevées, avec des
retables immenses reproduisant en bas-reliefs peints des scènes bibliques, évangéliques ou mystiques. Après avoir visité
les églises de Saint-Sébastien, en particulier Sainte-Marie,
la plus belle, nous reprîmes le train pour Irun, Hendaye et
Biarritz où nous arrivâmes à dix heures trente-neuf. Le jeudi
25 mai était le jour de la première communion des enfants
de Biarritz : Mgr Gay y officiait. Ce fut la fin de mon séjour
en pays basque, un événement fâcheux m'ayant subitement
rappelé à Paris.

La période de ma vie sacerdotale écoulée à Saint-Séverin a été
marquée pour moi par la grâce de retraites ecclésiastiques
particulièrement précieuses, depuis celles de Gagny et de Vaugirard (1874-1875) avec le bon P. Bieuville, jusqu'à celles du
P. Bazin, à Manrèze (1878), du P. Le Doré, du P. Candeloup,
de Mgr Mermillod (1881), de M. l'abbé Chevallier, vicaire général de Blois (1894), du P. Archambault (1897), etc., à Saint-
Sulpice. Le renouvellement de la grâce du sacerdoce, joint
au rappel des principes essentiels de la vie chrétienne, est
assurément pour un prêtre la meilleure préparation qui lui
permette de se rendre utile en prêchant lui-même les fidèles.
C'est aussi ce qui m'a servi pour les différentes retraites que
j'ai eu à prêcher aux enfants, aux jeunes gens, aux jeunes filles,
à la Sainte-Famille et aux fidèles de Saint-Séverin, spécialement pendant le carême, chaque année, en collaboration avec
M. le curé de la paroisse. Ayant rempli ce dernier ministère
une dizaine d'années, j'ai cru pouvoir demander à M. le curé,
les deux dernières années de mon vicariat à Saint-Séverin,
d'en confier le soin à quelqu'un de mes confrères, pour me

retremper un peu dans le silence que les Frères prêcheurs appellent le « père des prédicateurs », — *silentium pater prædicatorum*. La piété des auditeurs et leur bon esprit paroissial n'avaient fourni cependant que des encouragements à l'humble parole du vicaire auquel, à deux pas de là, l'éloquence brillante de prédicateurs en renom eût pu soustraire sans peine l'auditoire distingué de Saint-Séverin.

Arrivé à certains moments dans la vie, on sent qu'une phase de l'existence s'achève, que la tâche dont on a été jusque-là chargé va passer à d'autres mains. Certains signes viennent en confirmer l'impression. Un jour, un samedi, pendant que j'étais à ma chapelle pour les confessions, M. le curé vint me trouver. La grande œuvre des écoles le préoccupait, et comme elle en préoccupait beaucoup d'autres en même temps et au même titre, elle était devenue très difficile au point de vue des ressources. On n'était plus au temps où les pièces de 20 francs anonymes tombaient journellement dans les bourses des quêteuses aux cérémonies de mariage ou autres, où de riches et généreux donateurs glissaient incognito des billets bleus dans les plus humbles troncs. J'avais reçu, quelques années auparavant, d'un concierge que je ne connaissais pas, une liasse de dix billets de 1 000 francs de la part du propriétaire d'un immeuble situé sur Saint-Séverin, le tout pour le Sacré-Cœur de Montmartre. Je remis ces 10 000 francs au curé de la paroisse, avec mention du nom du donateur, un généreux Normand, et de ses intentions, sans l'insérer dans les gazettes. En 1886, il n'en allait plus ainsi. Les pièces de cent sous réclamaient mention honorable, qu'on leur accordait avec empressement, il faut le reconnaître et n'en pas médire du tout. Sollicité de tous côtés, et presque à chaque instant, n'est-il pas naturel qu'on se défende un peu, dans le détail, en prévision du total ? M. le curé de Saint-Séverin le savait, et pour avoir moins de créanciers à remercier, il me demanda de lui en trouver un qui pût, d'un coup, lui mettre en main 200 000 francs. Le morceau était un peu fort. Aussi, me donna-t-il le temps de réfléchir. Ce temps fut court, car, l'après-midi du même jour, il me demandait la réponse. Elle était prête, dans mon esprit, depuis l'instant où il avait parlé. « Il faut être passablement riche, lui dis-je, pour exposer 200 000 francs. — A 5 p. 100, fit-il. — En somme, poursuivis-je, c'est une affaire ou une bonne œuvre. Pour faire une bonne œuvre de ce prix, il faut avoir une grosse fortune... — Mais non pas. C'est un emprunt, et à 5 p. 100. — C'est donc une affaire. Alors permettez-moi de vous dire que c'est une mauvaise affaire. — Et pourquoi, mon ami ! à 5 p. 100 !... — Toute affaire avec un curé est, en principe, une mauvaise affaire. — Je ne vois pas cela. — Et voici pourquoi. Il serait pénible à une personne chrétienne qui aurait voulu rendre service à son curé de lui réclamer son capital, ou même simplement les intérêts, si elle le voyait embarrassé. Donc, il faudrait qu'elle pût s'en passer. Or cela n'est pas à la portée de tout le monde. Si, au lieu de demander un prêt de 200 000 francs à une même personne, vous demandiez 25 000 francs à huit personnes, en constituant une société civile, cela reviendrait au même, au point de vue des ressources à trouver, et aurait l'avantage d'être beaucoup plus pratique et d'inspirer plus de confiance. Dans ces conditions, j'accepterais de porter l'antienne. » Les vues de M. le curé étaient autres. Il en resta là.

Ce qui était explicable chez lui, vu sa préoccupation, eût été inexcusable de ma part, ne pouvant se faire qu'à la faveur d'un crédit moral, que j'aurais démérité en m'en prévalant, dans la circonstance, auprès de la personne visée. Quelque temps après, des changements se firent à Saint-Séverin ; le second vicaire fut nommé premier autre part. « Je laisse agir la Providence », dit M. le curé, quand il s'agit du successeur. La formule, que je connaissais de vieille date, ne me faisait présager rien de bon. Et, en effet, le successeur fut nommé, et fut, dès son entrée, exempté du jour de garde que faisaient ses prédécesseurs. Ce jour de garde me fut attribué pour l'avenir, en plus de celui qui m'incombait déjà, et ainsi me fut enlevée l'exemption dont, pendant douze ans, j'avais bénéficié, non par privilège personnel, mais comme tous ceux qui m'avaient précédé dans la charge de prêtre sacristain, en compensation du surcroît de travail imposé par cette charge et non rémunéré par le traitement. Je vis là une complication difficile à concilier avec les occupations qui, depuis douze ans, avaient rempli successivement tous les interstices de mon temps. Et puis, n'était-ce pas un peu le

> *Tityre, tentus in umbra,*
> *Sylvestrem tenui musam meditaris avena,*

suivi du mélancolique écho de Mélibée :

> *Ite meæ, felix quondam pecus, ite capellæ,*
> *Veteres migrate coloni ?*

Dans les moindres positions, comme dans les plus élevées, personne n'est nécessaire, il faut savoir le comprendre, — *Non canimus surdis,* — et ne pas imiter ce pauvre abbé Desfontaines, pas vicaire cependant, qui disait pour justifier une modeste prétention : « Il faut bien que je vive. — On n'en voit pas la nécessité », lui répondit un ministre de Louis XV.

Ceci se passait en septembre 1896, date de la publication de mon livre : *Du sentiment moral et religieux. — Droits et devoirs du cœur dans l'ordre des croyances.* L'ébauche de cet ouvrage se trouvait dans quelques instructions que j'avais adressées aux fidèles pendant une station de carême. Écouter la voix de Dieu dans notre cœur, y rentrer, s'y tenir, interpréter ses mouvements qui nous portent vers Dieu, nous instruisent, nous condamnent, nous punissent, nous récompensent et nous consolent, telle fut l'idée inspiratrice de ces instructions que je résumais dans la parole évangélique : « *Regnum Dei intra vos est :* Le royaume de Dieu est au dedans de vous », et dans celle de saint Augustin qui, avec la première, sert d'épigraphe au livre : « *In interiore homine habitat veritas :* C'est dans l'homme intérieur que la vérité habite. » Je ne pensais nullement à publier cette méditation religieuse quand, assistant à la séance de l'Académie française du 6 juillet 1882, où fut couronné l'ouvrage de M. Ollé-Laprune sur *la Certitude morale*, je fus frappé, en entendant le résumé qu'en fit le secrétaire perpétuel, M. Camille Doucet, de la parenté d'idées de cette thèse philosophique avec celle que j'avais essayé de développer, et ce me fut un encouragement à compléter mon étude, et quand celle-ci fut terminée l'éminent professeur de philosophie à l'École normale supérieure fut assez bon pour accepter de lire mon manuscrit. Il le garda neuf mois, diminutif du temps requis par le sévère Horace, des neuf années d'attente silencieuse dans l'ombre des cartons :

> *Nonumque prematur in annum,*
> *Membranis intus positis.*

Son avis fut que l'ouvrage fût imprimé, et, bien que je n'eusse pas la prétention de pouvoir répéter pour mon compte le distique de Martial à propos de Lucain :

> *Sunt quidam qui me dicunt non esse poetam,*
> *Sed qui me vendit bibliopola putat.*

le maître bienveillant voulut bien, dans sa modestie, me dire, pour prévenir des désillusions, combien, en une année, s'était vendu d'exemplaires de *la Certitude morale*. Il est certain qu'un roman eût eu plus de succès. Malgré tout, je fus content et consolé par là de la tristesse que me causait mon éloignement d'une paroisse et de fidèles aimés, au milieu desquels j'avais passé quatorze ans. « Il lui faut la chaire et la plume », disait de moi quelqu'un à qui j'aurais pu dire en riant : « Il vous faut ma chair et mes plumes. » Singulier raisonnement, tout de même, que celui des gens dont parle La Bruyère, qui croient un homme incapable d'une chose parce qu'il en fait une autre. Faut-il donc faire, toute proportion gardée, comme ce grand compositeur italien du dix-huitième siècle, Paisiello, qui, réussissant mieux dans l'improvisation au clavecin que dans la composition suivant les règles convenues, adressait chaque matin, avant de se mettre au piano, cette prière à la Madone : « Sainte Vierge, obtenez-moi la grâce d'oublier que je suis musicien ! » Sainte Vierge, obtenez-moi la grâce d'oublier... un peu... que je suis prêtre... pour être meilleur vicaire ?...

En octobre 1886, mon départ fut résolu. Comme pour me consoler d'avance de cet événement douloureux, Dieu avait daigné bénir, dans les dernières semaines, mon ministère auprès de plusieurs malades, d'une manière particulière et dont le souvenir ne s'est pas effacé de ma mémoire. Je fus envoyé à Saint-Roch.

CHAPITRE IX

SAINT-ROCH

(1886)

Dans l'entretien que j'eus l'honneur d'avoir avec lui,
M. l'archidiacre Caron, sentant bien que la séparation d'une
paroisse aimée où j'étais resté si longtemps devait m'être pénible, déploya les ressources de sa charité. « Je ne connais pas
de paroisse plus pieuse que celle de Saint-Roch », me dit-il. Je
venais de croiser, dans son antichambre, deux de mes confrères dont l'un était à la Madeleine et l'autre à Saint-Augustin.
« Il y a, ajouta-t-il, en ce moment cinq cents prêtres dans
Paris qui voudraient avoir la lettre que je vous donne », lettre
m'accréditant auprès du curé de Saint-Roch. Le bon M. Caron,
qui suivait sur ma physionomie l'impression que faisaient ses
paroles, vit probablement que je n'étais pas de ces cinq cents
prêtres-là, tout en appréciant comme je le devais la paroisse
où j'étais envoyé. « En vous présentant à M. le curé de Saint-
Roch, tâchez d'avoir *faciem euntis* », me dit-il. Je me rappelai
alors un petit proverbe anglais : « Voulez-vous que Fanny soit
obéissante ? Ordonnez-lui de porter un collier de perles. »
Saint-Roch en était un, sans doute, ou une bague au doigt,
mais j'avais peur qu'il ne fût pour moi une sorte d'hôtel des
Invalides. J'y allai. Le vénérable abbé Millault m'y reçut en
homme prudent, qui se réserve. Son premier soin fut d'aller
rendre visite à mon ancien curé ; ce fut même lui qui annonça
à ce dernier ma nomination à Saint-Roch. Il en recueillit une
appréciation favorable, en ce qui concerne, du moins, les
instructions et parut de cela satisfait. Il est possible que l'ancien supérieur de Notre-Dame-des-Champs ait aussi rapporté de

ancien élève, à qui, sans doute, il avait expliqué Virgile, la recommandation du berger Lycidas au berger Mœris :

Ferit ille cornu, caveto !

Etait-il sous une impression de ce genre quand je le rencontrai, en habit de chœur, près de la sacristie, quelques minutes avant la messe du Saint-Sacrement que je devais dire pour inaugurer mes fonctions, le jeudi 20 novembre ? J'aurais pu le croire, en l'entendant, lui si courtois, si affable, m'adresser, en guise de salut, d'un ton, d'un œil et d'une lèvre qui n'avaient rien de la bonne humeur, cette apostrophe pour moi inaccoutumée : « Mais, mon ami, vous êtes en retard. Il faut vous habiller. Dépêchez-vous ! Dépêchez-vous ! » Je m'étais attardé sur un prie-Dieu dans l'église : neuf heures n'étaient pas sonnées ; mais on avait failli attendre. Je me rappelai tout naturellement le bon M. Hanicle, de Saint-Séverin, qui, n'étant jamais en avance, disait, lui, à un de ses vicaires commençant la messe, heure sonnante : « Votre exactitude est de l'inexactitude... » J'allai à la sacristie sans mot dire. Les confrères, tous bienveillants, m'offrirent de prendre chez eux, après ma messe, la petite réfection que je ne pouvais prendre chez moi, n'étant pas encore installé au presbytère de Saint-Roch, mais M. Millault les avait tous devancés en m'invitant à monter chez lui, après mon action de grâces. Je me rendis avec reconnaissance à cette invitation et lui-même, en costume de chanoine, rochet, camail et manteau, assista à mon déjeuner et profita du tête-à-tête pour me parler de ses projets. « Nous avons l'habitude ici, me dit-il, le 1ᵉʳ décembre, de donner à chacun de nos messieurs une attribution, un domaine dans lequel il est maître et roi. Votre domaine, à vous, sera l'œuvre de Saint-François-Xavier qu'avait le regretté M. Gilbert. » M. Gilbert, mort peu auparavant, avait été remplacé comme second vicaire, par M. l'abbé Bonnefoi, antérieurement vicaire à la Madeleine, aujourd'hui archevêque d'Aix. Je savais que M. Gilbert, prêtre très zélé et estimé à Saint-Roch, cumulait plusieurs titres et, entre autres, celui de directeur de l'œuvre de Saint-François-Xavier, qui était loin de me déplaire, mais qui n'agréait pas à tout le monde. « Taillez dans mes draps des serviettes », avait dit tel de ces messieurs à qui M. le curé offrait l'héritage du vicaire défunt. Je savais cela, et pour m'en amuser et l'amuser lui-même en lui faisant voir que son innocente diplomatie était percée à jour, je lui écrivis un petit mot où je lui disais, en lui donnant mon adhésion : « J'ai vu hier M. X... (président laïque) qui m'a entretenu de l'œuvre où vous avez bien voulu me dire que je serais maître et roi. Ce trône, moins dangereux que celui de Bulgarie (on en parlait partout alors), n'est pas plus ambitionné, paraît-il, et ce département de l'empire de M. Gilbert (démembré comme celui d'Alexandre) n'a pas eu jusqu'à ce jour de prétendant. J'y vais, je l'avoue, avec une certaine défiance, d'autant plus que je n'ignore pas que ces sortes d'œuvres, les plus chrétiennes en soi, ont besoin, surtout dans le temps présent, du prestige de ceux qui les dirigent... *In verbo autem tuo laxabo rete.* »

M. Millault avait pour habitude d'écrire des petits mots (combien soignés! combien nombreux !), ou d'appeler dans son cabinet, voisin de la sacristie, quand il avait quelque avis à donner. Il me fit venir ainsi peu de temps après mon arrivée. « On a remarqué, me dit-il, que vous étiez souvent avec M. X... — M. X...., en effet, lui répondis-je, m'a fait très bon accueil. Il m'a demandé certains livres. Si je suis allé à lui plus souvent, c'est qu'il m'a semblé malheureux. » Cela était la vérité. M. Millault eût eu mauvaise grâce à me le reprocher, et il avait trop d'esprit pour ne pas abonder dans mon sens. « Oh ! cher ami, fit-il, voyez-le tant que vous voudrez. Je voulais seulement dire que si vous négligiez les autres, ceux-ci en auraient de la peine. » M. Millault étudiait ainsi son monde. Huit jours avant Noël, il m'écrivit : « La liste des prônes porte pour cette fête le nom de votre prédécesseur. Si vous acceptez de prêcher, vous me ferez plaisir. Mais si cela doit vous gêner tant soit peu, je vous remplacerai. » A quoi je répondis sans décliner l'office

qui m'incombait, bien qu'il y eût quelque difficulté à préparer
ce prône au plus fort de mon emménagement. Je prêchai donc
au prône le jour de Noël. Revenu ensuite au chœur, je suivis
le clergé à l'offrande. C'était, en effet, un usage à Saint-Roch
que le clergé allât à l'offrande du pain bénit les jours de grande
fête, le curé précédant, les autres prêtres suivant dans l'ordre
hiérarchique, chacun se rangeant, après le baisement de l'instrument de paix, du côté gauche du chœur, jusqu'à la fin du
défilé. Quand je passai devant M. le curé, qui tenait le haut du
rang, il m'arrêta et me dit, en me prenant la main de la façon
la plus gracieuse : « Comme je vous remercie ! » J'étais confus.
Je le fus plus encore quand ses compliments redoublèrent, à la
sacristie, après la messe. Depuis ce jour, jamais M. Millault
ne m'a traité qu'avec les plus grands égards, aussi bien pendant
mon séjour à la paroisse qu'après ma sortie de Saint-Roch, et
j'eus lieu d'apprécier maintes fois sa bienveillance dans l'honneur qu'il me fit, jusqu'à la fin de son administration, en me
chargeant d'évangéliser ses bien-aimés paroissiens.

Ce fut de tout temps, en effet, un honneur tout particulier
que de monter dans cette chaire de Saint-Roch, illustrée par
l'éloquence d'orateurs célèbres, remarquable aussi par son
caractère artistique. À l'époque où je quittais la paroisse, paraissaient, dans le *Bulletin des amis des monuments de Paris*,
des détails inédits jusqu'alors sur les artistes ayant travaillé à
cette chaire et sur son prix de revient, détails curieux, extraits
d'un document original par M. A. Lenoir, de l'Institut. « Contre
un des piliers intérieurs de l'église Saint-Roch, dit M. Lenoir,
est placée la chaire, l'une des plus anciennes et des plus remarquables qu'il y ait à Paris ; elle a été exécutée en 1730. La sculpture en fut confiée à Challes, artiste habile, qui a représenté
en bronze, les quatre évangélistes accompagnés de leurs attri-
buts, l'ange, l'aigle, le lion et le bœuf. Ces statues, assises au
bas de la chaire, sont de grande proportion ; un ange les
domine ; il étend les bras pour soutenir la partie principale du
monument, celle que doit occuper le prédicateur, et dont les

faces principales, contournés suivant le goût du dix–huitième siècle, contiennent des bas–reliefs dorés représentant des sujets religieux; plus haut, un ange, portant de la main droite une palme, et de l'autre une trompette, s'élève sur un nuage et soulève un voile largement drapé que bordent des franges d'or; ce voile, par sa grande saillie en avant du pilier contre lequel s'appuie la chaire, forme l'abat-voix nécessaire à la portée que doit avoir la parole de l'orateur. Les dépenses occasionnées pour l'exécution de cette belle chaire sont dues, en grande partie, à la générosité d'un paroissien de l'église de Saint–Roch, dont l'hôtel était situé rue Neuve-des-Petits-Champs. Cet habitant du quartier, le sieur Jean-Marie Demon-martel, conseiller d'Etat, marquis de Brunoi, comte de Sam-pigny, etc. etc., désirant avoir à l'église deux places dans une tribune pour assister aux offices et une chapelle de famille, les obtint par contrat passé en 1755 avec le curé et les mar-guilliers de la paroisse; il fit, en reconnaissance, plusieurs dons successifs qui, joints à une somme de 5 000 livres que le curé, l'abbé Marduel, pouvait appliquer à l'exécution de la chaire, produisirent un total de 32 122 livres, 8 sous, prix auquel s'éleva l'ensemble de ce remarquable ouvrage.

« La dépense fut réglée de la sorte :

	Livres.	Sous.	Deniers.
Sculpture (Challes)	10 000	»	»
Ciselure (Gallien)	3 972	»	»
Dorure d'or moulu (Malivaux)	3 666	»	»
Menuiserie (Huyot)	4 450	4	4
Serrurerie (Garnier)	5 143	2	2
Peinture et dorure (Martin)	4 721	»	»
Plomberie (Labrière)	66	6	6
Tapisserie (Devant)	102	15	»
Total	32 122	8	»

A Saint-Roch, le ministère fut d'un tout autre caractère qu'à Saint-Séverin. Cette dernière paroisse rappelait un peu la vie de province, plus modeste, plus simple, plus familiale que celle de la grande capitale. Saint-Roch rayonnait, au contraire, de ses antiques splendeurs. Diminuée quant au nombre de ses habi-

tants, la paroisse royale d'autrefois gardait son haut ton et sa
solennité somptueuse dans les cérémonies, le chant, le personnel, les coutumes, les œuvres, les catéchismes, la prédication.
M. le curé m'employa dans les catéchismes de première communion et de persévérance des garçons. L'école des Frères
de la rue Saint-Roch fournissait à ces catéchismes un très
important contingent dont je garde, en ce qui concerne les
enfants de première communion, le plus édifiant souvenir. Je
dirigeais, en outre, l'œuvre de la Sanctification du dimanche, qui
avait son assemblée dans la chapelle des Catéchismes, le troisième dimanche du mois, et l'œuvre de Saint-François-Xavier.
Cette dernière œuvre avait chaque année dans l'église une
séance de fête solennelle. Le programme musical avait toujours
de brillants exécutants dans les artistes du chœur de Saint-
Roch, et un maître de chapelle habile dans la personne de
M. Perron, une année surtout, celle où M. Antonin Rondelet,
professeur honoraire de faculté, contemporain et auxiliaire
d'Ozanam dans la création des Conférences de Saint-Vincent-
de-Paul, voulut bien répondre à mon invitation. La première
année j'avais fait appel au talent de M. Corret, professeur de
droit à l'Institut catholique, une autre année au gracieux concours de M. Victor Pierre dont la parole fut particulièrement
goûtée. Ces belles séances, les deux dernières du moins, dans
la grande nef de l'église brillamment illuminée, laissèrent les
plus charmants souvenirs aux sociétaires et aux très nombreux
assistants.

Lorsque la société de Saint-Nicolas-des-Champs, impuissante à se recruter, sollicita la faveur de se fusionner avec
celle de Saint-Roch, celle-ci gagna, en échange de l'hospitalité qu'elle accorda de grand cœur, un orateur bien sympathique et exceptionnellement apprécié dans la personne
de l'abbé Crozes, directeur de la société de Saint-Nicolas.
En cédant au digne et non moins dévoué abbé Faure ses
fonctions peu enviables, humainement parlant, d'aumônier
de la Roquette et des condamnés à mort, le petit vieillard

légendaire, à l'œil si vivant, à la physionomie si expressive et
si fine, à l'allure toujours sémillante, avait gardé toute sa
verve méridionale et il en prodiguait le charme dans des cau-
series très goûtées des sociétaires de Saint-Roch, aux réunions
réglementaires du premier dimanche de chaque mois. La
mort, qu'il avait vue si souvent et de si près, qu'il avait tant
de fois, pourrait-on dire, embrassée dans la personne de ces
clients à part que, loin de les lui disputer, on lui offre, — les
condamnés, — la mort était devenue l'objet constant de ses
pensées, dans les années de sa retraite, mais sans qu'elle eût
enlevé rien de la belle humeur et de la spontanéité de son
esprit ensoleillé et serein. C'est ainsi qu'il s'amusait, pour le
plus grand profit de ses auditeurs, en somme, à prétendre que
chacun se fait illusion sur son âge et qu'un tiers est à retran-
cher du total des années que nous nous attribuons, et il le
démontrait en faisant observer que les huit heures par jour
qu'en moyenne nous accordons au sommeil, appartiennent
plutôt à la mort qu'à la vie. Original jusque dans les plus
graves préoccupations, il acheva sa vie, on peut le dire sans
figure, face à face avec son cercueil, et ceci occasionna même
un petit embarras posthume aux hôtes de Marie-Thérèse. C'est,
en effet, dans cette infirmerie qu'il voulut consommer sa préparation à la mort, dans une modeste chambre où il n'avait
d'autre compagnie que son cercueil. Je dis bien son cercueil,
et non pas simplement un simulacre de cercueil, cercueil
fait sur mesure et payé par lui-même à l'administration des
Pompes funèbres, laquelle, se prévalant de son monopole, au
moment du décès de l'abbé, n'entendait pas utiliser une
bière non fournie par elle. Par bonheur, le reçu était là, et en
bonne et due forme, dans un tiroir facilement accessible, et
ainsi demeura au saint homme, après sa mort, le mobilier
funéraire qu'il avait lui-même, de ses deniers, acquis durant
sa vie. C'eût été le cas de graver sur le chêne funèbre l'inscription si fréquente des sépultures antiques : *De suo fecit,* —
ou bien encore : *Hæc requies mea ; hic habitabo quoniam elegi eam*

Malgré les pieux attraits de cette grande et belle paroisse de Saint-Roch, malgré les consolations que le ministère m'y avait déjà procurées, je ne me sentais pas le désir d'y rester. La bienveillance de deux membres de l'administration s'employa pour me procurer un changement qui me fut, en effet, proposé, un an à peine après mon entrée à Saint-Roch. « On vous propose, on ne vous impose pas, me dit M. Caron, d'aller à ***, première paroisse de Paris. » Mais il se trouvait que, quelques jours avant cette proposition, j'avais eu avec M. le curé de Saint-Roch un très cordial entretien. Repassant avec lui ma vie sacerdotale, j'avais été amené à lui répéter cette parole qui m'avait été dite un an auparavant : « J'ai toujours remarqué que ceux qui ne changent pas ne se forment pas. — J'ai toujours remarqué le contraire », dit-il assez vivement. Il fut entendu que je resterais. Lui-même, le 22 août 1887, voulut bien m'écrire de Saint-Sulpice, où il suivait la retraite pastorale : « Je tiens essentiellement à ce que vous restiez avec nous... Vous n'aurez jamais un curé qui vous estime et vous aime plus que je ne fais... » Je répondis à cette lettre par un merci du fond du cœur, et aujourd'hui encore, quelles qu'aient été la suite de ma vie et l'impossibilité pour M. Millault de réaliser les promesses précises qu'il m'avait faites, je ne me la rappelle pas sans reconnaissance. Deux ans après, à la fin de septembre 1889, la bienveillance de Mgr l'archevêque de Paris, qui venait de recevoir peu auparavant le titre d'Éminence, me nomma second vicaire à Saint-Eustache.

M. Caron m'annonça ma nomination par ces mots : « Vous êtes nommé second vicaire à Saint-Eustache, pas demandé, mais agréé par le curé. » C'était bien aimable de la part de M. le curé de Saint-Eustache qui ne m'avait guère vu qu'à la conférence ecclésiastique de Saint-Germain-l'Auxerrois dont j'étais secrétaire. Je ne puis pas dire qu'en la circonstance la personne ne fut pour rien dans la satisfaction que j'éprouvais. Je rappelais en lui écrivant le mot de Schiller : « J'ai du plaisir à obliger mes amis ; *cela m'inquiète.* » Cela m'inquiète parce que l'égoïsme confine trop souvent au plaisir et parce que, souvent aussi, la peine est au bout du plaisir, — *Extrema gaudii luctus occupat.* Quand on commence, au contraire, par le sacrifice, les surprises sont souvent agréables, et le courage, en tout cas, est plus sûrement entretenu. A Saint-Eustache, pour moi, le plaisir a duré et la peine n'est pas venue.

M. Caron m'avait dit : « Vous êtes resté trop longtemps à votre bureau. Maintenant on va vous mettre en mains un tarif des convois. Qu'est-ce que vous en pensez ? — J'accepte. » Là-dessus il me prit amicalement la main, et ce geste affectueux me rappela ce que lui-même m'avait rapporté, lors de ma nomination à Saint-Roch : « Vous, vous aimez vos prêtres », lui avait dit le cardinal Guibert. Bel éloge, et précieux, même pour un archidiacre. Et le bon M. Caron, qui le méritait, le justifiait à mes yeux par l'encouragement surnaturel qu'il essayait de me donner, avec beaucoup de délicatesse, en me racontant ce petit trait : « J'étais allé ces jours-ci, me dit-il, en l'absence de mon *homme d'affaires* (M. Icard, son père spirituel), auprès d'un bon Père jésuite qui ne savait pas qui j'étais et qui eut le bon esprit de ne pas chercher à le savoir. S'il m'avait questionné, j'aurais pu lui répondre comme cette grande dame à qui son confesseur demandait son nom : « Mais, « mon Père, mon nom n'est pas un péché. » Il se contenta de me dire : « Chaque matin, en commençant la journée, nous « devons nous répéter : « Travailler et souffrir. » Eh bien, oui, accentua M. Caron, travailler et souffrir. » L'expression qu'il donna à cette parole austère et sainte, en la redisant, me prouva que les événements de la vie avaient réellement formé cette conviction profonde dans son âme et fourni cette conclusion sanctifiante à sa philosophie. Cette manière d'être, ces paroles me donnèrent confiance en lui, et je m'inspirai du sentiment de cette confiance quand, des années après, le jour de la mort de M. Paguelle de Follenay, curé de Saint-Michel, l'entendant faire allusion à sa retraite prochaine et me dire : « Pour moi, maintenant, c'est fini », je lui exprimai mes vœux contraires

et ma reconnaissance, dans ce mot de saint Paul : « *Decem
millia pædagogorum, sed non multos patres*. Nombreux sont les
maîtres, mais non pas les pères. »

Nous avions parlé ensemble très agréablement, et M. Caron
m'avait même plaisamment fait valoir, comme partie intégrante du traitement des vicaires de Saint-Eustache, l'avantage, pour leurs cuisinières, du voisinage des Halles. Pour le
remercier de son amabilité, je lui adressai, quelques jours
après, un petit mot où je lui disais qu'avant de quitter mon
cabinet de travail (de Saint-Roch) et de transporter à Saint-
Eustache, où m'attendait un *comptoir*, ce pauvre bureau où il
m'avait dit que j'étais resté trop longtemps, j'avais à cœur de
remplir un devoir en lui exprimant ma reconnaissance pour la
bienveillance qu'il m'avait témoignée en même temps que
Mgr l'archevêque. « Je vais maintenant livrer mon mobilier aux
déménageurs, qui auront bien du mal à caser, impasse Saint-
Eustache, tous mes paniers de livres et mes bibliothèques »,
ajoutai-je. C'est qu'en effet, l'unique luxe que j'eusse ambitionné alors eût été celui d'une grande salle de bibliothèque,
pour y avoir, autour de moi et sous la main, tous mes
instruments de travail. Il paraît que Mme de Staël, qui avait
pris l'habitude, étant jeune fille, d'écrire à la volée, debout,
sur un angle de cheminée, les choses les plus sérieuses, pour
ne pas contrarier son père, M. Necker, par une application
apparente qu'il aurait désapprouvée, disait, après le succès
colossal de *Corinne* : « J'ai bien envie d'avoir une grande
table ; il me semble que j'en ai le droit à présent. » En quoi
lui ressemblait Louis Veuillot qui pensait faire son purgatoire
avec une table branlante et qui disait que « l'horreur d'écrire
sur cette petite table » lui faisait « perdre jusqu'à » son « talent
et à » sa « facilité d'épistolier ». Sans être Mme de Staël ou
Louis Veuillot, on peut éprouver de ces servitudes intellec-
tuelles, de ces manies, si l'on veut, et, sans être autre chose
qu'un esprit réfléchi, connaître par expérience la tyrannie des
obstacles matériels auxquels Pascal faisait allusion, quand il

écrivait : « Le bruit d'une girouette ou d'une poulie, le simple
bourdonnement d'une mouche, peuvent tenir en échec l'intelligence du plus fier penseur. » Mais il faut borner ses désirs,
en ce monde, et savoir se contenter de ce que l'on a. « Ces
livres sont de vieux amis, écrivais-je à M. Caron, et je ne
veux pas les abandonner, bien que le quartier des Halles ne
soit pas la patrie des Muses. Ce n'est pas vous qui m'en blâ-
merez, vous, Monsieur l'archidiacre, qui n'avez nullement laissé
votre littérature à Saint-Denis, comme chacun sait. Et à ce
propos, permettez-moi de vous faire amende honorable et de
m'excuser de vous avoir fait changer *Non ignara mali* l'autre
jour, en *Haud ignara mali*. C'est vous qui aviez raison, et je
fais mon *mea culpa* devant trois Virgile que je consulte avant
de les emballer et qui me donnent, en cela, une leçon de
modestie. Ils ont donc du bon, ces vieux livres, et je ne leur
dirai pas encore, comme le vieil Entelle : *Hic... cæstus artem
que depono* (15 octobre 1889).

Le hasard me fit rencontrer, en traversant les Tuileries pour
retourner à Saint-Roch, M. le curé de Saint-Germain. « Enfin,
ça y est ! » s'écria-t-il, avec la satisfaction bienveillante de quelqu'un qui y a été pour quelque chose. « Ça n'a pas été tout seul. »
Quant à M. Millault, il m'exprima son regret de me voir
partir, et s'efforça à ne pas le rendre banal et j'en fus touché.
M. le second vicaire partait en même temps que moi, nommé
premier à Saint-Augustin. « Savez-vous qui doit le remplacer ? »
me dit M. Millault. Un léger indice me permit de nommer
quelqu'un. « Oh ! ce n'est pas ce monsieur, reprit-il. De la
paroisse où il est second vicaire il ne peut être nommé autre
part que premier. » Ce fut lui cependant qui se présenta le
lendemain à Saint-Roch, et j'allai à Saint-Eustache. Ce double
départ simultané dut causer quelque ennui au bon curé de
Saint-Roch, et il me fut impossible de n'y pas voir une allusion
dans l'instruction hebdomadaire de la messe de huit heures
qu'il fit le dimanche suivant, quand il dit, avec une certaine
chaleur : « Personne n'est content de son sort. On aime mieux,

comme César, être le premier dans une bicoque que le second
à Rome. »

Je laissai à Saint-Roch des confrères bienveillants pour moi,
deux, entre autres, dont le souvenir me revient enveloppé
de tristesse, l'abbé Delarc, l'abbé Vidieu. L'abbé Delarc, bien
connu pour ses travaux historiques, sa traduction de l'*Histoire
des Conciles* de Mgr Hoeffelé, sa *Vie de Grégoire VII*, couronnée
par l'Académie, etc., ancien secrétaire du Comité diocésain
et du *Bulletin d'histoire et d'archéologie* du diocèse de Paris,
qui devait s'éteindre quelques années après, à l'âge de cin-
quante-neuf ans, le 30 juin 1898, à Mandelieu (Alpes-Mari-
times), victime du surmenage intellectuel qu'il s'était lui-même
imposé. — L'abbé Vidieu, fils et frère de magistrats, frère
de deux religieuses de l'ordre de Saint-Vincent, écrivain,
lui aussi, et qui avait publié, entre autres ouvrages, une
histoire très documentée de *la Commune*, un *Catéchisme à
l'usage des gens du monde*, une brochure sur *le Père Hyacinthe*,
un livre contre *le Divorce* dont une préface d'Alexandre Dumas,
qui soutenait la thèse opposée à la sienne, fit la fortune,
surtout, la *Vie de saint Denis*, son dernier et plus important
ouvrage, grande publication illustrée, éditée chez Firmin-
Didot. Le bâton de maréchal de l'abbé Vidieu, docteur en
théologie, membre de sociétés savantes, fut un second vicariat
à Saint-Germain-des-Prés, où il fut nommé presque en même
temps que moi à Saint-Eustache. Il allait demander au climat
du Midi une restauration de ses forces épuisées quand, en
route, la mort subitement lui fit signe et l'emporta, le 13 octobre 1894, à Lyon, à l'âge de soixante-quatre ans environ.

Qui a connu ces deux hommes, de natures différentes, mais
l'un et l'autre obstinés au labeur de la plume, résolus à s'imposer par l'affirmation de leur talent, gardant, ou pouvant
tout au moins garder des espérances que l'avenir ne devait pas
réaliser, l'un surtout avec ses vivaces illusions, qui se les
rappelle reste songeur et confondu. L'abbé Delarc avait réduit
ses prétentions. Dans l'intérêt de ses études et de ses publi-

cations, il avait souhaité un poste que son ami, M. d'Hulst, avait cru pouvoir lui assurer, vu la modestie de ses désirs ; ce poste ne lui fut pas donné et, à sa manière, il se dédommagea en doublant l'activité de son cerveau, pour aboutir à l'impuissance finale. L'abbé Vidieu jusqu'à la fin voulut croire à un retour des choses et ne consentit pas à dire adieu aux espérances. — Hélas ! au milieu de ces souvenirs flotte devant les yeux, comme une sorte de dédoublement du spectacle, l'image frappante du Psalmiste : « *Verumtamen in imagine pertransit homo ; sed et frustra conturbatur.* L'homme passe comme une ombre vaine, et c'est inutilement qu'il s'agite. » Il y a là de quoi nous instruire.

Il est vrai qu'en regardant l'ombre des disparus nous sommes seulement des témoins, sans attache et sans dépendance des événements et des hommes figés dans le passé qui est mort ; mais dans le tourbillon vital de l'existence qui nous emporte, nous sommes agents et mobiles, et nous jouons un rôle, ce qui fait que, dans l'application, la leçon n'est pas si facile. « Tout cela pourrira, Mademoiselle, disait rudement à Mlle de Sévigné, en parlant de ses attraits mondains, un abbé de tempérament austère. — Eh oui ! Monsieur, répondait-elle, mais tout cela n'est pas pourri. » Et c'est là ce qui impose aux censeurs la discrétion dans le zèle, en même temps qu'aux illusionnés, aux « fascinés de la bagatelle », selon le langage de l'Écriture, la vigilance contre de funestes mirages. Le prêtre sérieux ne donnera pas assurément ses préoccupations ni ses regrets à des biens d'ordre aussi frivole, et cependant, constitué, lui aussi, dans le temps, entre ces deux grands riens, le passé qui n'est plus, l'avenir qui n'est pas encore et qui, peut-être, ne sera jamais, il se sent pressé d'agir dans le présent qui vit et, dans cette courte durée, de donner sa mesure et de faire valoir ses talents, dédaigneux sans doute du *Coronemus nos rosis antequam marcescant* du mondain insensé, mais attentif à l'incessant refrain qu'à son oreille murmure la sagesse humaine. *Fugit irreparabile tempus*, à l'avertissement autrement grave que lui répète la sagesse chrétienne, *Dum tempus habemus operemur bonum*, aux sollicitations de sa conscience, intime interprète de ces voix : « Laisse les morts ensevelir les morts. Manifeste-toi au monde. *Manifesta teipsum mundo.* » Et ainsi la légitimité même de ses désirs et de ses espérances peut créer au chrétien, et nous disons ici au prêtre, une délicate, cruelle et parfois bien troublante épreuve.

Comment se fait-il, en effet, que Dieu, provident et bon, mette au cœur de l'homme des attraits, et dans son esprit, dans ses facultés et dans toutes ses puissances, des ressources, des promesses et des garanties de succès, sans cependant donner à ces attraits leur objet, à ces facultés leur exercice, à ces puissances leur domaine, à ces conditions si heureuses leur utilisation normale et leur naturelle conclusion ? Il y a bien en ceci quelque mystère, mais il est beau de voir la philosophie et la foi s'entendre pour l'éclairer. Le fait est indéniable dans les conduites divines. « Dieu, dit Bossuet, donne parfois des désirs dont il ne veut pas donner l'accomplissement » : voilà le vrai. Comment la philosophie l'explique-t-elle ? Par cette grande chose, effrayante et mystérieuse, mais non moins incontestable, et rassurante, au fond : le droit de Dieu sur ses créatures, droit qui va jusqu'à l'exigence du plus rigoureux sacrifice en son honneur et pour sa gloire. Au fond, la morale tout entière gît là : n'y a-t-il en nous que les aptitudes et les attraits nécessaires pour atteindre notre fin ? Si oui, le premier axiome de morale sera : *Sequere naturam*, obéis à la nature, ton guide sûr, et toujours et en tout. Mais la réponse de la saine raison, de la conscience et de l'expérience est, au contraire : Non. Nous portons en nous de bien autres aptitudes que celles dont nous avons rigoureusement besoin pour atteindre notre fin. Et, en effet, les unes sont manifestement contraires à l'ordre que nous fait connaître la raison, et c'est l'office de la vertu de réagir contre elles et de refréner leur essor ; d'autres paraissent excellentes, et le sont même, mais ne peuvent utilement se donner cours qu'autant qu'une volonté d'en haut leur montre un champ d'exercice et comme leur point d'application. Tant que ce mot d'ordre n'arrive pas, elles restent inactives et mortes, ou plutôt silencieuses et secrètement frémissantes, comme la voix d'or du luth qu'une main d'artiste n'a pas soulevé et dont, seules, les brises ambiantes font sourdement vibrer les cordes sonores. « La prétention de juger infailliblement les destinées par les aptitudes nous mènerait loin. » C'est un philosophe, M. Jules Simon, qui dit cela, et je l'admire. Et cette restriction apportée par la philosophie aux prétentions intempestives des jugements humains nous prépare à comprendre pourquoi des êtres admirablement organisés meurent à la fleur de l'âge.

Ut flos succisus aratro,

et pourquoi aussi d'autres êtres également doués vieillissent sans tirer parti de leurs trésors. « Il y avait cependant quelque chose là », disait André Chénier, en se frappant le front, au moment où il gravissait les degrés de la guillotine. « Il y avait cependant quelque chose là », disent aussi, la main sur leur front, sur leur cœur, d'autres condamnés à mort, à la mort de la paralysie, de l'asphyxie morales, qui, au bout d'une longue carrière qu'en se retournant ils embrassent d'un mélancolique regard, tombent sur le sillon où n'a pas levé la moisson de leurs rêves et de leurs légitimes espoirs.

A cela que diront la mystique chrétienne et la foi ? Les mêmes mots, pour ainsi dire, et surtout les mêmes choses, avec, en plus, le rayonnement céleste qui descend comme un sourire vivifiant du visage de Dieu, — *illuminans tu mirabiliter a montibus æternis.* Des uns la foi nous dit : « Ils sont enlevés du monde de peur que la malice ne pervertisse leur âme. — *Raptus est ne malitia mutaret intellectum ejus* » ; — c'est le sacrifice du matin, *sacrificium matutinum.* Des autres : « *Cum consummatus fuerit homo, tunc incipiet* ; Quand l'homme aura été purifié par l'épreuve, c'est alors que commencera pour lui la vie que Dieu réserve à ses élus. » « Dieu, qui ne mérite pas, sans doute, qu'on ne lui abandonne que le rebut des hommes, dit un auteur mystique, mort en odeur de sainteté, donne souvent les talents, l'autorité, le crédit, les richesses, les plaisirs et les commodités de la vie, non pour en user, mais pour lui en faire le sacrifice, et qui osera dire que ce soit être un serviteur inutile que de faire ce que Dieu veut? Le talent que l'on enfouit par son ordre est un grain que l'on met en terre et qui produit au centuple. » (Lombez, *De la Paix intérieure*.) Qui enfouit ainsi son talent ne suit pas, certes, la nature, *Sequere naturam*, mais il suit Dieu, comme Abraham, ayant, comme le patriarche, entendu : « *Egredere*. — Sors de toi-même, et va dans les régions arides que je te montrerai et où t'accompagneront ma lumière et ma grâce. — *Sequere Deum*. » Nul doute que celui qui recueille, au terme de sa vie, l'invisible moisson du talent enfoui de la sorte, n'offre à Dieu le sacrifice du soir, *sacrificium vespertinum*, qui mérite les meilleures récompenses.

La paroisse de Saint-Eustache, sans être, loin de là, une bicoque, n'était cependant plus ce qu'elle avait été autrefois. Ce qui restait comme autrefois c'était l'archaïque presbytère avec son escalier de pierre en spirale autour d'une colonne perdue en haut dans les combles. « Il faut avoir tué père et mère pour habiter ici », disait un jour, m'y rencontrant, un éminent dignitaire du clergé parisien. C'était quelque peu inexact, plus d'un vicaire du lieu ayant encore ses parents, tels y logeant avec leur mère. L'étage supérieur, le quatrième, attribué au second vicaire, n'était, à la vérité, qu'insuffisamment protégé, l'été, contre les ardeurs du soleil, l'hiver, contre l'intempérie, le froid, l'humidité. La sollicitude de M. le curé Quignard et de MM. les marguilliers y a, du reste, remédié, depuis mon départ, en faisant effectuer des travaux de toiture qui ont dû rendre l'habitation moins insalubre. Quant à l'air, « il ne vous manque pas ici, me disait, un jour qu'il était venu chez moi, M. le curé de Saint-Germain-l'Auxerrois, mais il n'est pas de première qualité. »

On ne saurait tout avoir à la fois.

Ce qu'on a incontestablement à Saint-Eustache, c'est une
magnifique église, une des plus belles de Paris. Ses vastes proportions, sa position centrale, les conditions heureuses de son
acoustique l'ont fait choisir, tout le monde le sait, pour les
grandes assemblées religieuses auxquelles prête son concours
l'art musical le plus élevé. Outre celles qui y ont, pour ainsi
dire, domicile élu, à des dates périodiques, il y en a d'extraor-
dinaires auxquelles donnent lieu des circonstances diverses, et
c'est ainsi qu'en 1876 y fut célébrée la messe annuelle de l'œuvre
de la caisse des Écoles du deuxième arrondissement, au cours
de laquelle la parole éloquente de Mgr de Larisse, depuis cardinal Richard, alors coadjuteur de Mgr Guibert, donne une sorte
de consécration à la tradition religieuse et artistique de la
paroisse. Il semble que la beauté du temple, comme celle de
l'audition, ait inspiré au prélat président et orateur les accents
qu'il sut prendre et qui furent fort goûtés de l'assemblée d'élite
et faits pour justifier l'alliance du grand art aux graves solennités
du culte, quand, dominant « l'enceinte de cette grande église,
l'une des plus remarquables de la capitale de la France », il
s'écria avec admiration : « Les chefs-d'œuvre de la musique
religieuse retentissent sous ces voûtes pour glorifier Dieu et
appeler les dons de votre charité. » Et comme les arts sont frères,
de même que les muses sont sœurs, le charme pictural eut sa
part dans la poésie du discours, à côté du charme musical, et on
peut bien citer comme une exquise évocation du sentiment
esthétique le desideratum exprimé par l'archevêque dans l'exposé de la scène évangélique où figure un adolescent disant au
Christ : « Vous êtes un maître plein de bonté ; dites-moi le bien
que je dois faire pour arriver à la vie éternelle. » « Je serais
tenté de me plaindre, disait Mgr de Larisse, de ce que la peinture n'a pas reproduit assez souvent cette scène qui ne me paraît
pas moins belle que celle de Jésus au milieu des enfants. »
Elle est ravissante, en effet, cette scène, et comme elle pourrait
servir de leçon aux maîtres d'ici-bas à qui les adolescents, et
même beaucoup d'autres, ne sont nullement tentés de dire :

« *Magister bone* ! Vous êtes un maître plein de bonté ! »

Je ne saurais oublier en parlant des belles fêtes de Saint-Eustache la traditionnelle exécution du *Stabat* de Rossini, le Vendredi saint. Les fines jouissances du dilettantisme ne sont pas les seuls profits à retirer de ces auditions d'art sacré et l'exemple d'Hermann, converti en entendant les hymnes au saint Sacrement dans la chapelle de Sainte-Valère n'est pas, à beaucoup près, le seul qui serve à démontrer les mystiques triomphes de l'art religieux dans les âmes. A Saint-Eustache sûrement, dans ces grandioses exécutions, plus d'une âme silencieuse et recueillie a cru surprendre les notes des concerts angéliques et célestes dans les strophes admirables de ce *Stabat* de Rossini :

Quis est homo qui non fleret?...
Vidit suum dulcem natum !...

dans cet *Homo factus est* de la *Messe* de Listz ; dans cet « arioso de Jean » de l'oratorio apocalyptique de Ch. Poisot exécuté en 1899 ; dans cet ineffable *Jerusalem* du *Gallia* de Gounod. Quand, dans les dernières années de sa vie, le philosophe admirateur du « Divin Crucifié » qu'était M. Vacherot venait, en compagnie de son éminent ami M. Cauvière, professeur à l'Institut catholique de Paris, à ses solennelles auditions qui, je le sais, l'impressionnaient profondément, j'aime à croire qu'en son âme attentive et émue la voix du « Divin Crucifié » fit entendre le décisif appel de la grâce et du salut.

A l'époque où je fus envoyé à Saint-Eustache l'alliance n'existait plus, hélas ! entre l'école officielle et l'Église. L'élément laïque et l'élément congréganiste ou simplement ecclésiastique faisaient deux, partout. Heureux, quand ils pouvaient encore dire, ici ou là, comme Piron surpris à se découvrir devant le saint Sacrement, au passage d'une procession : « Nous nous saluons, mais nous ne nous parlons pas. » Sans toujours nous saluer, nous nous entendions assez bien, à Saint-Eustache avec les maîtres laïques, pour ne pas nous jouer de mauvais tours, et ce fut assez pour exciter certains tempéraments sectaires. Un article parut dans *le XIXe Siècle*, dénonçant un des maîtres de l'une des quatre ou cinq écoles laïques dont les élèves fréquentaient les catéchismes de la paroisse. Le maître était présenté comme au mieux avec le curé et le vicaire, suivant les processions et rendant même le pain bénit, je crois. Une plainte fut portée contre lui, de ce chef, et motiva l'enquête que fit, avec la haute convenance d'un homme bien élevé et juste, le personnage à qui incombait ce devoir. L'aimable et conciliant curé de Saint-Eustache reçut ce personnage avec sa courtoisie habituelle et voulut bien m'appeler. Pour enlever tout prétexte aux critiques et attaques contre le digne instituteur, le monsieur enquêteur me dit : « Monsieur l'abbé, tout ce que je vous demanderai, c'est de convoquer les enfants une petite demi-heure après la sortie des classes pour qu'ils aient le temps, à la rigueur, de rentrer chez leurs parents, reporter leurs livres, etc. — Soyez persuadé, Monsieur, répondis-je, que s'il y avait quelque mesure à prendre pour vous être agréable et faciliter aux enfants l'observation de leur devoir, nous le ferions bien volontiers. Vous avez dans M. le curé de Saint-Eustache le curé le plus bienveillant et le plus conciliant... — Oh ! quant à cela, la *réputation* de M. le curé n'est plus à faire, interrompit mon interlocuteur. — Mais je dois vous dire, ajoutai-je, que ce que vous demandez, c'est ce que nous avons toujours fait. — Oh ! alors, vous pouvez toujours avoir les enfants... »

Les enfants continuèrent à venir avec assiduité, empressement et bonne volonté, et s'il ne nous a pas été possible de leur faire tout le bien que nous aurions souhaité après la première communion, nous pouvons penser, avec bonheur et reconnaissance pour Dieu, que nous avons réussi à leur faire un véritable bien dans les années de leur préparation à cet acte capital de leur vie religieuse et chrétienne. Plus d'une fois, après avoir quitté le quartier de Saint-Eustache, et plusieurs années après, j'ai reçu la visite de quelqu'un de ces chers enfants ; plus d'une fois, dans la rue, c'était l'un deux que je

rencontrais quand je me trouvais arrêté au passage par une de
ces figures dont le regard et le sympathique sourire décèlent
du premier coup l'ami, l'ami heureux de la rencontre, l'ami
bien sûr qu'on le reconnaîtra comme il a lui-même reconnu. Je
vis ainsi un jour, sous un costume de marin, un jeune garçon
de vingt ans qui me salua militairement et me dit : « Monsieur l'abbé, c'est bien vous M. l'abbé A... ? C'est vous qui
m'avez fait faire ma première communion à Saint-Eustache. »
Sa figure, la plus douce du monde, contrastait avec tout
l'ensemble de rudes manœuvres et de travail pénible que l'imagination, comme la réalité, rattache à la profession du marin.
Le bon petit arrêta la conversation bien poliment, à un certain
moment, sans que je me rendisse compte du motif. Son œil
avait aperçu, à quelque distance, le galon d'un officier qu'il
se mit en devoir de saluer avec la gravité et dans les formes
de correction parfaite que la discipline rigoureuse lui avait
apprises. La conversation en plein air de boulevard continua :
elle devint une confession. Il avait eu un instant de « mutinerie
en commun », et il y avait gagné un supplément de stage, je
crois. Il allait reprendre la mer. A regret je le quittai, en lui
demandant l'adresse de ses parents et le recommandant intérieurement à Dieu.

Un autre, engagé volontaire, m'écrivait d'Indo-Chine ses
campagnes, ses accidents, ses entretiens avec les aumôniers,
ses rapports confiants avec ses chefs, ses pratiques religieuses
conservées ou reprises, et je me disais que le sentiment religieux est comme une ancre que l'âme jette, aux heures de
détresse, d'isolement, de tristesse, dans les régions de ses plus
lointains souvenirs et qui rencontre presque toujours une âme
de prêtre, confidente des premiers secrets, première vision,
première incarnation de Dieu à l'aurore de la vie.

Au moment où j'occupais ma pensée de ces doux souvenirs
pour les retracer ici, un douloureux spectacle me fournit l'occasion d'y ajouter un trait touchant. Sur le boulevard Saint-Germain, je me heurtais inopinément, le dimanche 3 août 1902.

au flot houleux et menaçant de centaines de jeunes gens, d'adolescents, d'enfants, portant sur la poitrine la trop symbolique
églantine. Engagé sur la route, j'avais dû subir pendant vingt
minutes les hou! hou! provoqués par la vue de mon habit,
les *A bas la calotte!* échos sinistres réveillés au pied de la
statue de Dolet. Personne ne criait à l'encontre, et, poursuivant mon chemin en sens inverse de la foule, je m'abandonnais
à mon sort, quand un grand jeune homme, de physionomie
calme et douce, s'approcha de moi, me salua, me tendit la
main en m'appelant par mon nom, et me dit : « Vous ne me
reconnaissez pas, Monsieur l'abbé? C'est vous qui m'avez fait
faire ma première communion à Saint-Eustache. » C'était bien,
en effet, un de nos enfants de Saint-Eustache, dont le nom
figurait sur la liste d'une école laïque. Il m'accompagna
quelque temps et m'épargna peut-être ainsi quelque fâcheuse
aventure. En le félicitant de son acte doublement courageux,
puisqu'il triomphait à la fois du respect humain et de la crainte
pour sa sécurité personnelle, je me dis que de tels actes rache-
taient sans doute devant Dieu bien des lâchetés et des apostasies.

En 1890, la bienveillance de M. le curé de Saint-Eustache
me permit de répondre à l'invitation d'un digne et bon ami,
M. l'abbé de Beauchamp, nouveau curé de Saint-Étienne-du-
Mont, qui m'avait prié de prêcher l'Avent dans son église. Son
ministère, hélas! devait bientôt finir avec sa vie. J'ai souvenir
d'une bien gracieuse épître qu'il m'adressa, un an avant sa
mort, en réponse à quelques bouts-rimés que je lui avais
envoyés au lendemain d'une rencontre où nous nous étions
seulement salués de loin, lui allant à Neuilly féliciter le nouveau
curé de la Madeleine, l'abbé Hertzog, moi me rendant à l'Exposition de peinture, au palais de l'Industrie. Voici les deux
épîtres, l'une explicative de l'autre :

A M. l'abbé Maurice-Aimable de Selle de Beauchamp.

12 mai 1891.

> Hier vous arpentiez l'espace,
> Au triple galop, vers Longchamp,

Et les passants vous faisaient place,
Aimable curé de Beauchamp.

Moi, d'un pas flâneur et tranquille,
Je cheminais pédestrement
Vers le Salon, palais fragile
Qu'habite l'Art en ce moment.

Soudain, on m'appelle, on me nomme...
« Qui donc, me dis-je, pense à moi ?
C'est, bien sûr, quelque galant homme. »
Je ne me trompais pas, ma foi !

« *Quo te pedes ?* — Si mon carrosse
Vous plaît, venez ! » me dites-vous.
— Grand merci ! Une simple rosse,
Un sapin, c'est assez pour nous.

Nous, pauvres diables de vicaires,
Nous faire asseoir en si haut rang !
C'est bon pour les curés, vos frères,
Nous n'en sommes pas à ce cran.

Poursuivez votre promenade
A Neuilly. — N'y allez-vous pas ?
Donnez là joyeuse accolade.
Je crois qu'on vous attend là-bas...

Ce Neuilly a-t-il peu de veine !
Il pleure encore son pasteur.
Pourquoi, aussi, la Madeleine
A-t-elle juré son malheur ?

(*De M. l'abbé de Beauchamp.*)

Ce saint jour de la Pentecôte, 1894.

Cher confrère et ami,

Vous parlez en vers aussi bien qu'en prose.
Votre Muse alerte a repris vingt ans :
Votre automne est gai comme le printemps
Et jette un rayon sur mon front morose.

Votre œil m'aperçoit roulant en carrosse :
Triste char, hélas ! char numéroté.
Je suis par le temps plus vite emporté
Que je ne l'étais par ma pauvre rosse.

Mais puisque la vie est comme un voyage,
Heureux sur ses pas qui trouve un ami !
Fiacre languissant ou cœur endormi,
Tout s'éveille et trotte en ce voisinage.

En tournant le dos à la Madeleine,
Je la poursuivais jusque dans Neuilly.
Quand le fruit est mûr et qu'il est cueilli,
Il faut admirer la corbeille pleine.

Je m'arrête. Adieu ! D'une épitre aimable,
Encore une fois, je vous dis merci.
Vicaire ou curé, je n'en ai souci.
Mais pour les curés soyez charitable...

M. DE BEAUCHAMP.

« Dieu veut que ses prêtres soient gentilshommes », disait un auteur espagnol. On voit que l'abbé de Beauchamp n'y manquait pas. Le 2 septembre de l'année suivante, 1895, le bon et digne curé quittait ce monde à l'âge de cinquante-six ans. L'abbé Hertzog, qui avait remplacé à Neuilly M. l'abbé Bonnefoi, ancien vicaire de la Madeleine, promu évêque de La Rochelle, aujourd'hui archevêque d'Aix, ne devait pas survivre longtemps à M. de Beauchamp, son ami. La mort l'emportait aussi dans la force de l'âge, à cinquante-six ans également, le 31 mars 1901, et ma pensée le revoit encore, dans notre première rencontre due au hasard, sous les ombrages de Passy, la veille de notre entrée commune au séminaire d'Issy, en septembre 1864, vêtu de ce léger costume d'été du petit séminaire Notre-Dame-des-Champs qui s'harmonisait si bien avec la grâce charmante de ses dix-neuf ans. *Adolescentia et voluptas vana sunt*, dit l'Ecclésiaste, et c'est ce que répète la mélancolie de ces souvenirs lointains. Mais cette jeunesse était pure, et cette joie de vivre était faite d'innocence, et voilà pourquoi l'une et l'autre se retrouveront au ciel.

Il y avait à Saint-Eustache, comme dans toutes les paroisses, des enfants arriérés qu'il était nécessaire d'aider dans l'étude du catéchisme. Les dames de la paroisse affiliées à l'œuvre des Dames catéchistes s'employaient à cette mission avec autant de fruit que de consolation, et recueillaient de ce résultat le meilleur témoignage dans le respect et l'affectueuse reconnaissance que leur montraient, longtemps même après la première communion, leurs élèves et patronnés. Il faut dire que ce n'était pas un simple exercice de zèle pieux et charitable, sans travail d'intelligence et sans lumière d'expérience, que pratiquaient ces dames, mais bien un véritable office d'enseignement religieux mettant à contribution l'habileté professionnelle de plusieurs, et de toutes l'influence morale et maternelle dont l'âge et la piété disposent. Peu nombreuses, très assidues, sachant ce qu'elles avaient à apprendre et à expliquer, elles avaient l'incomparable avantage de savoir interroger et instruire. J'étais heureux de constater, aux répétitions qu'elles prenaient la peine de donner et auxquelles, presque toujours, je me faisais un plaisir d'assister, que les enfants venaient avec empressement et sincère désir de profiter.

L'œuvre du Sacré-Cœur, dignement présidée et sagement administrée quant au côté matériel et financier, ne laissait guère au directeur que la charge d'instructions religieuses dont je m'acquittais aux réunions mensuelles ou aux messes auxquelles étaient plus spécialement convoquées les associées. L'œuvre paroissiale de Saint-François-de-Sales dont j'étais aussi le directeur ne remettait au Comité diocésain qu'une modeste somme annuelle d'environ 500 francs; mais si elle donnait peu, elle ne demandait rien à ce même comité central, ce qui n'est pas toujours le cas et ce qui est à considérer dans la contribution réelle, et non fictive, des paroisses. Il y avait une autre œuvre intéressante, au point de vue de la charité, sur la paroisse, et à laquelle la tradition locale associait le premier et le second vicaire, sous la haute direction de M. le curé, l'œuvre dite de Bon-Secours, avec sa double assemblée mensuelle, l'une de messieurs, l'autre de dames, assistant annuellement un grand nombre de familles, sous le patronage respectif d'un membre visiteur chargé d'une enquête dont le résultat était soumis au conseil. M. le curé, très assidu

aux séances, encourageait par sa présence, autant que par sa
parole et sa générosité personnelle, le dévouement des membres
bienfaiteurs tous empressés, non seulement à donner, mais à
se donner, dans les démarches utiles au soulagement des malades et des infortunés. Avec les précédentes, l'œuvre du Saint-
Sacrement, celle de la confrérie de la Sainte-Vierge, celle de la
Sainte-Enfance, celle surtout du Tiers Ordre de Saint-François-
d'Assise, dirigée par un vicaire plein de zèle, absorbaient la
sollicitude pastorale.

M. le curé de Saint-Eustache, qui avait été vicaire de cette
paroisse au début de son ministère, y était profondément attaché. Ses nombreuses et hautes relations ne l'empêchaient
pas de se consacrer aux intérêts religieux de son troupeau et de
se faire *tout à tous* dans ce milieu à part de la population
parisienne. Pour me donner une idée du langage qui, parfois,
s'y entend de la part de certaines dames, et de la façon de
l'interpréter, il me dit un jour : « Quand même elles viendraient
vous dire : « J'veux une messe. Tu me la f... bonne », il ne
faudrait pas vous en scandaliser. » Ce qui voulait dire assurément qu'il faut interpréter les gens, leurs habitudes, leurs
expressions, d'après leurs intentions, plutôt que d'après le code
du beau langage et des belles manières, quand ils n'ont été à
même d'apprendre ni l'un ni l'autre. Ne dit-on pas tous les
jours, en très belle forme, de très vilaines choses, et *vice versa*
Au fond, il s'agit tout simplement de savoir, en pareil cas, ce
que parler veut dire, sans y chercher malice. Je me souviens
que, me promenant un jour avec un bon curé d'une paroisse de
l'Oise, je fus tout suffoqué en entendant une vieille paysanne,
à qui il demandait très poliment un renseignement, lui répondre : « Ah ! pour ça, mon ami ... » Je n'en croyais déjà pas mes
oreilles quand, s'adressant à moi, qui étais beaucoup plus jeune
que lui, elle me dit tout amicalement : « P'tèt' ben qu'oui, mon
p'tit poulot. » Le curé tourna les talons et ne put s'empêcher
d'exprimer la déconvenue qu'il éprouvait dans sa première
promenade à travers champs, sur sa paroisse ; il venait d'y être

installé, « Voilà les br... de ma paroisse, me dit-il. Avoir été professeur de théologie, et grand pénitencier, et finir son existence au milieu d'une population pareille !... » Il faut avouer que le respect trouve d'ordinaire d'autres expressions que celle de la bonne femme. Mais qu'aurait dit mon bon curé si, au lieu d'une vieille femme un peu trop habituée à parler en grand'mère, il s'était trouvé en présence de ce vieux paysan dont me parlait un prêtre limousin, qui répondait aux interrogations délicates et discrètes de son jeune curé soucieux de l'amener à une fin chrétienne : « Ah ! pour ça, à c't' heure, ce n'est pas mon fait. Ça n'est plus de mon âge. C'est bon pour vous, Monsieur le curé. » Grand merci ! J'en conclus qu'il faut consentir parfois, sinon toujours, à entendre et à voir autre chose que ce que l'on voudrait, sans s'en offenser autrement, et ne pas imiter la pruderie de ces deux nonnes dont, au pays breton, l'aventure, je crois, se conte. Elles voyageaient en carriole et se scandalisaient fort des jurons du cocher à sa pauvre haridelle. Or il arriva qu'un jour elles se crurent assez fortes pour conduire elles-mêmes l'animal récalcitrant qui, cheminant cette fois tant bien que mal, leur faisait rendre grâces au ciel du voyage effectué sans gros mots, lorsqu'au beau milieu d'un gué il s'arrêta tout court. Que faire ? User du fouet ? Les blanches mains s'y résignèrent, mais sans profit aucun. Pour ne pas coucher en rivière, l'une des deux exprima tout haut ce que l'autre pensait tout bas : « Si nous faisions comme Mathurin ? — Eh ! quoi ! jurer, ma sœur ? — Oh ! pas précisément : nous ferions *le péché à deux*... — ? — Vous direz : *Sa*... ; je dirai : *cré*... Vous crierez : *Bour*..., et puis moi : *rique*... » ce qui fut fait et, avec un coup de fouet, réussit. Il n'est tel que d'être aux prises avec les difficultés pour devenir indulgent au prochain. On ne peut, cependant, tout passer, eût-on pris pour devise, avec ferme résolution de l'observer, la belle maxime de ce saint prélat breton, Mgr Brossais Saint-Marc : « *Caritas in omnibus*, Charité en tout. » Quand il paraissait y manquer et que, respectueusement, on lui en faisait la remarque, en soulignant l'*omnibus*, il s'en tirait en homme d'esprit, et disait : « C'est que, voyez-vous, je ne mets pas tout le monde dans mon *omnibus*. »

En 1891, un règlement de Son Eminence relatif au baptême des adultes mineurs fournit le sujet du *Cas de conscience* de novembre dont je fus chargé. La question n'était pas difficile ; elle me donna, toutefois, l'occasion d'admirer, plus que je n'avais pu le faire, la prudence de l'Église et, en même temps, son respect des consciences et de la liberté des âmes. Peu de personnes connaissent à fond la législation de l'Église en ce qui concerne l'administration du baptême aux enfants contre le gré de leurs parents. Les enfants ont le droit, bien que mineurs, s'ils ont l'âge qui permet de les considérer comme adultes dans la circonstance, de recevoir le baptême ; mais il faut s'assurer de leur discernement, de leur volonté sérieuse et de leur préparation morale, d'autant plus qu'il y aura pour eux devoir de persévérer et qu'il y a péril de perversion dans l'opposition de leurs parents. Il faut lire dans le rituel, dans le catéchisme du concile de Trente, dans les décisions de Benoît XIV et des tribunaux romains, dans saint Thomas et les théologiens, dans l'histoire de l'Eglise, enfin, ce qui concerne la question, pour apprécier justement l'intransigeance de l'E-glise dans la revendication des droits de la conscience humaine, et sa discrétion pratique dans l'accueil des néophytes ; l'affaire Mortara, sous Pie IX, et celle dite « de la Juive », instruite en France, sous l'Empire, par le juge d'instruction Salneuve, ont mis en lumière l'une et l'autre.

GRANDES FIGURES SACERDOTALES

D'AUTREFOIS

M. MILLAULT. — M. ICARD. — M. LEGRAND
L'ABBÉ LEDREUILLE. — L'ABBÉ CROZES. — M. HAMELIN
L'ABBÉ LATOUCHE

Ce souvenir théologique évoque dans mon esprit celui des conférences tenues à Saint-Germain-l'Auxerrois, dont j'eus l'honneur d'être secrétaire pendant mon séjour à Saint-Roch et à Saint-Eustache. Le président, dont la fine bonne humeur ne faisait jamais défaut, le vénérable M. Legrand, assisté du bon M. Millault et de M. l'abbé Quignard, prenait un réel intérêt aux questions, aux rapports, aux objections, consentant à s'instruire des choses qu'on n'apprenait pas de son temps et rappelant aussi, parfois, d'excellentes autres choses qu'on n'étudie guère dans le nôtre, se prévalant, avec quelle malice charmante ! de son droit d'aînesse auprès du bon curé de Saint-Roch qui n'en manifestait, d'ailleurs, aucun ombrage. Le plus *jeune* des deux, un beau jour, faillit précéder son aîné dans la tombe. Le bruit courut que M. Millault venait d'être trouvé asphyxié. La nouvelle était exacte, mais heureusement l'accident n'était pas mortel. Un samedi matin, ne voyant pas descendre, vers six heures, pour la confession des bonnes sœurs, le vénérable curé, on s'étonnait dans son entourage, tant son exactitude était ponctuelle. On crut à une fatigue accidentelle et l'on s'abstint de l'avertir, mais voyant que l'heure de sa messe approchait sans qu'il parût, on conçut de l'inquiétude et on se décida à pénétrer chez lui. Il était à terre, au pied de son lit, ne donnant plus signe de vie. Une odeur de gaz d'éclairage emplissait l'appartement. On s'empressa d'ouvrir la fenêtre et, par des frictions, de ranimer le bon curé que l'on venait de replacer sur son lit. Un médecin fut appelé, qui constata que la circonstance d'être resté à terre avait sauvé le malade, le gaz d'éclairage, plus léger que l'air, n'ayant pu empoisonner l'élément respirable dans les couches inférieures, ce qui aurait été à l'inverse dans le cas d'émanations d'acide carbonique. Dès qu'il avait pu donner signe de connaissance, le bon curé avait demandé son confesseur. La mort ne voulait point de lui ; en moins de deux jours il fut remis. J'allai le voir dès le lundi. Il était dans ce petit cabinet voisin de la sacristie où se passa la moitié de son existence à Saint-Roch, cabinet de travail, de réception, petit bureau de recettes et, au besoin, salle à manger, et même chambre à coucher ou, du moins, à dormir. Je fus introduit et aussitôt embrassé par mon ancien curé qui se mit à me raconter l'accident, quand le sacristain annonça M. le supérieur du séminaire. C'était M. Icard. Je voulus me retirer, mais, sur la double insistance des vénérés personnages, je demeurai et écoutai le récit que reprit le bon curé. A la fin, rappelant son état d'âme au moment où il se vit sauvé, après s'être confessé comme s'il eût dû mourir, le ressuscité ajouta : « J'eus un sentiment de regret en voyant que le bon Dieu ne voulait pas de moi, parce que je me disais : « Maintenant, au moins, je serais sûr du ciel... » — Ah ! vous seriez en purgatoire, riposta sec M. Icard. — J'y compte bien, reprit l'abbé Millault qui n'était jamais pris sans vert, mais je serais sûr de mon salut. » La scène était à peindre ; elle n'eut d'autre témoin que moi, qui ne l'ai point oubliée, non plus que le froid dans le dos que me donna l'interruption. M. Icard, qui avait le cœur sensible et une nature primitivement très impétueuse, si j'en crois ce qu'il m'a dit à moi-même, que, dans sa jeunesse, il était réputé le plus pétulant des enfants de sa paroisse, M. Icard devait sans doute la sévérité qu'il manifestait quelquefois à l'austère discipline de sa vie. — *Eo durior, quia toleraverat*. Il disait, dans les derniers temps de sa vie, à un prêtre qui me l'a rapporté, qu'il ne se souvenait pas d'avoir jamais remis matines au lendemain, ce

qui suppose chez celui qui dit cela à quatre-vingts ans, c'est-à-
dire après plus de cinquante ans de sacerdoce, une singulière
force de volonté jointe à un soin bien scrupuleux de payer à
Dieu sans la moindre fraude la dette de louanges contractée
envers lui le jour du sous-diaconat, de payer, dis-je, cette dette
sans le moindre compromis avec les mille raisons d'excuse
qui ne manquent pas de se produire au cours d'une vie aussi
longue et aussi exceptionnellement occupée. Comme le bon
Dieu a dû lui dire en l'accueillant au seuil de la demeure
éternelle, le : « *Euge, serve bone et fidelis !* Courage, bon et
fidèle serviteur ! » Plus régulier que moi ! eût pu dire le souverain régulateur des mondes au saint prêtre qui l'avait de si près
imité en l'invoquant :

> *Rerum, Deus, tenax vigor,*
> *Lucis diurnæ tempora*
> *Successibus determinans !*

Le paganisme a bien dit de la force divine qui régit le monde :
« *Semel jussit, semper paret.* Elle a ordonné une fois et s'o-
béit à elle-même toujours. » Mais s'il en était ainsi, où serait
la place du miracle ? et où cette marque de la caducité des
êtres qui se voit dans les lentes défaillances du monde ? Le
système stellaire lui-même n'en est pas exempt, et c'est ce qui
a fait imaginer l'hypothèse de Dieu survenant de temps en temps
pour raccommoder la machine et remédier aux avaries du
monde, hypothèse à laquelle faisait allusion, et non à l'existence même de Dieu, comme on l'a prétendu, Laplace, quand
il disait : nous n'avons pas besoin de cette hypothèse-là.

> Dieu tient en mains la chaîne et n'est point enchaîné.

Quant à l'homme qui, librement, s'est enchaîné aux pieds de
la Majesté divine, et qui reste fidèle, jusqu'à la fin de sa vie,
dans ses chaînes d'amour, gloire à lui ! C'est celui-là qui
possède la vraie liberté, échappant au caprice et à la tyrannie des passions, grandes ou petites. « *Parere Deo libertas :*
Obéir à Dieu, c'est la liberté », disait la sagesse païenne. « *Cui*

servire regnare est : Servir Dieu, c'est régner », dit mieux encore la sagesse chrétienne.

Je reviens à M. Millault que j'ai laissé en tête à tête avec M. Icard, sinon « en purgatoire ». Je crois bien qu'il l'a fait sur terre, son purgatoire, le bon vieillard couronné d'un si long sacerdoce et qui s'obstina si héroïquement à vouloir, comme l'empereur romain, mourir debout. Les hosties lui tombèrent des mains à l'autel ; ses jambes se dérobaient sous lui ; le bras du diacre assistant le soutenait à peine, pendant le saint sacrifice, sans que tous ces accidents pussent avoir raison de son énergie indomptable. Tant que le souffle lui restait, il estimait pouvoir, quand même, commander à son corps et se maintenir à la hauteur de ses fonctions. Sa vénérable mère était morte à plus de quatre-vingt-dix ans, et lui n'en avait que quatre-vingt-cinq encore, lui, à qui cette bonne mère avait dit qu'il était « né coiffé ». C'est, en effet, ce qu'il nous raconta gaiement au déjeuner qu'il offrit, à l'occasion de sa première grand'messe, à M. l'abbé Peuportier, nouveau prêtre, et à sa famille, déjeuner auquel il avait bien voulu me convier avec MM. Blanc et Bonnefoy, ses premier et second vicaires. Il paraît que, prudemment, son père, si j'en crois le témoignage d'un vieil ami de l'abbé Millault, lui avait toujours dit : « N'avance jamais un sou que tu ne sois sûr d'en avoir toujours trois par derrière » ; ce que M. Millault a dû faire, non par avarice, mais par esprit pratique dans le cours de sa vie, et il me semble qu'il a suivi le même principe dans sa dépense de forces, d'énergie physique ou morale, déployées avec méthode et mesure, laissant toujours des réserves intactes. Mais il y a fin à tout. On m'a raconté qu'un jour, — j'ignore si le fait est vrai ; il est, en tout cas, vraisemblable, — il avait remis sa démission à Mgr l'archevêque, lorsque, pris de scrupule, il se fit des reproches à lui-même et se promit de la retirer. Le lendemain matin, à la première heure, il prenait une voiture et se faisait conduire 127, rue de Grenelle, pour convaincre Son Éminence qu'en conscience il n'avait pas le droit d'abandonner le travail, se sentant assez fort pour le continuer. Ce que je sais, c'est le principe qui l'inspirait et dont il donna la formule, un jour, dans un repas que présidait chez lui Mgr l'archevêque, en cours de visite pastorale : « Il faut vouloir tout ce qu'on peut et faire tout ce qu'on veut. » — « Monsieur le curé, lui disait sa servante, si vous vous arrêtiez, ce serait votre fin. Vous avez besoin d'agir pour vous bien porter. » — « Je crois qu'elle avait raison », ajoutait avec un fin sourire M. Millault, en regardant Monseigneur.

Un jour vint où il dut s'aliter. La faiblesse, plus que la souffrance, l'y contraignait. Il dut recevoir au lit la sainte communion. Il y a des gens à qui cela coûte beaucoup d'être vus dans l'impuissance d'agir, et de recevoir à leur tour, de subir, l'assistance qu'ils ont été habitués à prodiguer aux autres. C'était sûrement le cas du curé de Saint-Roch, qui n'avait jamais voulu être malade, ni incommodant pour personne ; qui, bousculé par un fiacre, et assez sérieusement contusionné, avait si peu pris l'accident au tragique qu'il avait fait comme des excuses au cocher pour tout l'ennui qu'il lui causait ; qui, recevant une ordonnance de quinine de son médecin, avait serré le remède dans son armoire, en disant : « Il n'en est jamais entré dans mon corps ; il n'en entrera jamais. » Le bon Dieu était le bienvenu, sans doute ; mais je n'oserais en dire autant du vicaire qui le lui apportait. Lui qui, si vigoureux encore et encore si séduisant, avait prononcé à Saint-Roch, le 1er octobre 1884, en présence du Tout-Paris artistique, l'allocution religieuse à l'occasion du second centenaire de Corneille ; lui qui se sentait si bien au milieu de ses paroissiens, présidant, célébrant, prêchant, ou bien faisant la quête, et remerciant chacun avec son gracieux : *Dieu vous le rende !* qui le faisait appeler par M. de Pontmartin « un charmeur » ; lui qui ne manquait pas un congrès catholique, répétant partout son légendaire *Je maintiendrai !* lui qu'on rencontrait si souvent, et presque toujours à pied, dans les rues de Paris, sur le chemin des assemblées ecclésiastiques, des communautés, des pèlerinages : lui dont la voix d'octogénaire rappelait celle du petit page de la chapelle de Charles X, tant elle était demeurée vibrante et fraîche à chanter ou à se faire entendre dans la parole familière ou publique ; lui qui semblait triturer son bréviaire, tellement l'effort de ses lèvres, pour payer à Dieu sa dette de prière intégrale et ponctuelle, était énergique et intense, et qui m'approuva si significativement un jour que je disais devant lui, avant d'être son vicaire, *Perpetua mentis oratio, corporis defatigatio* : lui, si actif et si vivant, et qui avait si bien su vieillir, être réduit à l'état de retraité, presque de séquestré, oui, cela dut lui sembler dur comme la croix à saint Pierre, quand se réalisa la prophétie du Sauveur : « Lorsque tu étais jeune, tu te ceignais toi-même, et tu allais où tu voulais ; mais quand tu seras devenu vieux, un autre te ceindra et te conduira où tu ne voudrais pas aller. » Avant l'heure de cette impuissance finale, lui voyant encore des ardeurs de zèle jeune, je lui souhaitai un jour la grâce du centenaire saint Denis ranimant sa vigueur au souvenir de ses luttes passées ; *Recordatus emensorum fortis athleta laborum. — Per nova gaudens prælia.* Il disparut de la scène de ses œuvres sacerdotales avant de disparaître de la scène du monde qu'il quitta le 12 juin 1896, âgé de quatre-vingt-sept ans. Mêlé au long cortège de prêtres, de religieux et de religieuses, de paroissiens, de fidèles, d'enfants, je jetai l'eau bénite sur sa tombe, au cimetière Montparnasse, en me disant : « Que mon âme meure de la mort des saints prêtres, et que ma fin ressemble à leur fin ! »

M. Legrand, curé de Saint-Germain-l'Auxerrois, avait précédé dans la tombe M. Millault, le 5 janvier 1894, âgé de près de quatre-vingt-six ans. Ainsi disparaissaient les représentants de l'ancien clergé parisien. Douze ans auparavant, le 26 août 1882, avait également disparu, à l'âge de quatre-vingt-trois ans, une autre grande figure sacerdotale, M. Hamelin, curé de Sainte-Clotilde, auparavant curé de Notre-Dame de L'Abbaye-aux-Bois, où il avait eu M. Legrand pour vicaire.

Quels souvenirs enveloppent ces noms-là ! Il semble que

Dieu ait voulu prolonger au delà des limites ordinaires la vie de ces hommes, et de quelques autres formant avec eux la phalange vénérée des vétérans du sacerdoce, pour en faire, aux yeux des générations nouvelles, les témoins d'un passé de luttes glorieuses qui les avaient merveilleusement trempés. Si elles ont eu leurs taches, ou tout au moins leurs ombres, ces figures sacerdotales, je ne veux pas m'y arrêter ; mais, dans le recul qui ne laisse voir, si je puis dire, que l'ossature grandiose de superbes personnalités, je n'ai d'autre nom à leur donner que celui dont le poète saluait autrefois les descendants des héros, derniers fils de la liberté. — *Ingentium virorum nepotes, illos posteros libertatis.* Ils étaient, eux aussi, les descendants des héros qui traversèrent les heures sinistres de la Révolution ; ils étaient, eux aussi, les derniers rejetons d'un sacerdoce illustre auquel peut s'appliquer l'éloge de l'Ecriture et de l'Eglise, quand elles nous montrent le prêtre vraiment grand, — *Ecce sacerdos magnus !* — l'éloge de saint Pierre, quand il parle d'un sacerdoce royal. — *Regale sacerdotium.* Mais non : l'Eglise a le secret d'éterniser ce sacerdoce, admirable prolongement de celui du Christ. Ne parlons pas de derniers rejetons là où la vitalité est divine et inépuisable. Mais reconnaissons que si ce vénérable sacerdoce continue d'avoir ses dignes représentants parmi nous, le type s'en fait plus rare à mesure que les sujets empruntent au siècle corrompu une ressemblance d'habitudes et d'instincts que condamne l'Apôtre : *Nolite conformari huic sæculo.*

Entre toutes ces figures sacerdotales se distingue celle de M. Hamelin. Sa haute taille et sa noble allure semblaient être un symbole de sa stature morale, supérieure de beaucoup aux proportions des âmes simplement distinguées. Dans le sentiment de ce qu'il devait à Dieu, comme prêtre, et aux âmes, comme apôtre, il ne crut aucune œuvre plus excellente que celle qui entourerait les autels de lévites attentifs et pieux, aucune œuvre plus utile que celle qui formerait des prêtres selon le cœur du grand Dieu qu'il servait, et de là sa fondation de l'alumnat ecclésiastique qui a donné à l'Eglise, en nombre appréciable, des prêtres, des religieux, des missionnaires, des curés, et, rayonnant au-dessus de tous, un archevêque vénéré. Redevable à ses soins d'une partie de mon éducation cléricale, je lui ai bien des fois, à l'autel et sur sa tombe, payé le tribut d'une profonde et filiale reconnaissance.

Comment, évoquant le souvenir de M. Millault et de Saint-Roch, pourrais-je oublier l'abbé Crozes, fondateur, sous l'inspiration du cher frère Arthème, de l'œuvre *morale, religieuse et de bienfaisance* de Saint-François-Xavier, dont le cher frère Jean L'Aumônier et le célèbre abbé Moigno développèrent à Saint-Sulpice le premier rameau, et dont les premiers orateurs et protecteurs se nommaient le P. Millériot, Casimir Gaillardin, professeur d'histoire au lycée Louis-le-Grand, Cochin, Rataud, Ravignan, Lacordaire, et ce sympathique abbé Le Dreuille, d'ouvrier devenu prêtre, et prêtre voué à l'évangélisation de ceux dont il avait connu les labeurs, les besoins, les aspirations et le cœur. C'est à Saint-Roch que me furent signalés les discours de l'abbé Le Dreuille, recueillis et édités par M. Faudet, prédécesseur de M. Millault comme curé de cette paroisse. En parcourant ces discours, tous adressés aux sociétaires de Saint-François-Xavier, quelle surprise n'éprouve-t-on pas à voir le soixante-septième consacré au *Catéchisme des socialistes*, à la date de novembre 1849 ! Il avait grâce pour en parler, ce prêtre qui, laïque jusqu'à l'âge de quarante-huit ans, professeur de philosophie, puis de théologie « à un âge où les autres sont encore élèves », ayant soutenu en Sorbonne des thèses publiques qui ravissaient les auditeurs, auteur d'une traduction en vers de *l'Enfer* du Dante, chevalier de la Légion d'honneur, n'avait pas de plus grand bonheur que de s'occuper du bonheur des humbles et des oubliés. Aumônier du Val-de-Grâce, un jour, il apprend qu'un soldat, dans un moment de désespoir, avait avalé un poison qui devait lui donner la mort. On l'avait secouru à temps, mais le poison lui avait glacé le sang et il fallait le faire marcher pour conjurer l'effet fatal. Les infirmiers n'en pouvant plus, l'aumônier continue la marche, soutenant sous le bras le malade chancelant qui, grâce à lui, est sauvé. Quand Dieu rappela d'ici-bas ce prêtre éminent et saint, le cœur du peuple parla dans la personne d'une pauvre vieille femme qui, au moment où le corps, après la cérémonie religieuse, était replacé sur le char funèbre, s'écria, les bras étendus vers la foule qui en fut émue : *Oh ! que celui-là était un bon prêtre ! et il s'en va ! C'est ça de la vraie religion !* Elle avait raison, cette femme, comme celle qui bénissait autrefois le Sauveur.

Honneur au prêtre qui, par sa vie, donne l'idée de la religion aux âmes ! Tels étaient ceux dont nous parlons. Il fallait les entendre et il fallait les voir, car leur vie accréditait leur parole : ils avaient *les discours et les œuvres*; « leur éloquence jugeait les hommes, au lieu d'être jugée par eux ». S'ils se réclamaient parfois de l'ancien régime, réfractaires aux nouveautés et aux modes, gardant, avec le vieil usage du chapeau haut de forme, comme le portèrent jusqu'à la fin M. Hamelin, M. Deguerry, M. Hanicle, d'inoffensives coutumes gallicanes, continuant de dire et d'écrire « Monsieur l'archevêque », défendant le rit parisien contre les radicaux blancs plus pressés que le pape d'abolir ce qu'il tolérait, ce n'est pas eux, du moins, que l'on eût entendus soutenir des thèses contre le port de la soutane, eux qui, pourtant, avaient dû forcément revêtir l'habit laïque dans la crise des révolutions ; ce n'est pas eux qui eussent plaidé contre le jeûne eucharistique tel que la tradition l'a toujours observé, encore moins, prêtres chastes, fidèles aux engagements de leur sous-diaconat, à la parole d'honneur donnée à Dieu, contre le célibat des prêtres. Quand une apostasie récente, non pas celle dont tout le monde parla un peu plus tard, en 1870, mais celle d'un religieux dont la prédication m'avait fort édifié à Sainte-Clotilde, déconcerta la sérénité de mes rêves sur la fermeté des vertus scellées par un contrat divin, et que je m'en ouvris, jeune séminariste d'Issy, à M. Hamelin, avec l'ingénuité d'un novice, M. Hamelin me dit : « Il ne faut s'étonner de rien », puis, avec un accent que je n'ai jamais oublié : « Je plains les prêtres qui vivront dans quelques années d'ici. Il leur faudra une foi bien forte... *Estote fortes in fide !* » Le manteau et l'esprit d'Elie ont passé à Elisée quand, en 1883, M. l'abbé Gardey, curé actuel de Sainte-Clotilde, succéda à M. Hamelin.

Le nécrologe de l'Eglise de Paris est éloquent. Quand on le parcourt, ayant soi-même fait une assez longue marche dans le chemin de la vie, et connu beaucoup de ceux dont les noms y sont inscrits, on reste songeur et attendri. En refermant ce livre des morts que je viens d'ouvrir tout à l'heure, mon dernier regard s'est fixé sur le nom d'un vieillard mort à quatre-vingt-quinze ans, en 1878, M. l'abbé Latouche, qui avait commencé à cinquante ans l'étude de l'hébreu dans laquelle il s'illustra et à laquelle il consacra le reste de sa longue vie, rapportant à cette langue-mère tous les idiomes de l'humanité, comme il l'établit en thèse dans son savant journal, *l'Echo du panorama des langues*. Avec quelques camarades, c'est de lui que, dans mon enfance, j'ai reçu des notions d'hébreu comparé avec les racines des langues étudiées dans les classes. Des idées philosophiques, autant que philologiques, étaient à la base de cet enseignement auquel auraient pu profiter des élèves plus avancés que des enfants de quinze ans. Un jour que je venais de lui servir la messe, le savant original me dit, en me montrant l'instrument qui sert à allumer les cierges, et aussi à les éteindre : « Voyez-vous, mon ami, nous sommes des éteignoirs. Jusqu'au moment où je me suis mis à apprendre l'hébreu, à cinquante ans, je ne savais rien. » Malgré les quatre-vingt-deux ans qu'il avait alors, celui-là n'était pas un rétrograde. L'Eglise a toujours compté de tels hommes parmi ses prêtres, et, obscurs et oubliés, comme était, après des jours de célébrité, celui dont je viens de parler, ou honorés et encouragés, ils sont la démonstration vivante de ce que disait M. Thiers : « L'Eglise catholique n'a jamais empêché de penser que ceux qui n'étaient pas faits pour penser. »

Je payerai ici un tribut de fraternel et douloureux souvenir à deux prêtres de Saint-Eustache : M. l'abbé Mazabraud, prêtre habitué et directeur de la maîtrise de Saint-Eustache, décédé le 29 juin 1894, et M. l'abbé Koënig, premier vicaire, successeur du regretté M. Tuffou, dans la direction de la florissante confrérie de la Sainte-Vierge ; M. Mazabraud, bien bon pour les enfants dont il était chargé, chéri d'eux, obligeant pour tous ses confrères, bien regretté de tous ; M. Koënig, rappelé à Dieu, le 17 janvier 1903, conduit de Notre-Dame, deux jours après, à sa dernière demeure, au Père-Lachaise. M. Koënig était un des prêtres de l'ordination de 1863 qui, commencée par Mgr Darboy, resta inachevée, par suite d'une syncope dont avait été pris le prélat, et fut renouvelée un mois après, sur avis de Rome qui avait été consultée.

Le ministère de M. Koënig, commencé aux Ternes, s'était poursuivi à Saint-Eustache, puis à Saint-Nicolas-des-Champs, et de nouveau à Saint-Eustache qu'il ne quitta que pour faire partie du chapitre, comme chanoine prébendé. C'était un « ami des monuments parisiens » ; il le prouva en écrivant une docte et très intéressante notice sur Saint-Eustache, qui parut en 1878 ; c'était aussi un ami de « l'esprit parisien », qui n'eût pas manqué de voir s'ouvrir des carrières mondaines devant lui, mais que la piété de ses parents et les bons instincts de son âme orientèrent vers le sacerdoce. Quand, inopinément, m'arriva le billet de deuil, l'image me revint aussitôt du jeune prêtre d'autrefois, élégant, distingué et brillant de jeunesse, au sourire esquissant l'esprit, au regard décochant des traits, entouré de confrères, remarqué de beaucoup. Lui, quelques autres à peu près du même temps, marquant bien, d'esprit parisien, ayant une légende à part comme artistes, littérateurs, musiciens, etc., nous étaient montrés à nous, jeunes séminaristes d'Issy, les jours de grand congé, ou nouveaux prêtres, aux retraites. M. d'Hulst (Maurice Le Sage d'Hauteroche d'Hulst) était de ceux-là, et comment oublier un tel nom, un tel caractère, un tel prêtre, pour ne parler que des qualités morales?

figure royale dans le sacerdoce, que sa charge a écrasé, que
son courage a tué, sur le champ de bataille de son triple
apostolat, intellectuel, religieux, politique, au moment même
où, après un insuffisant repos, il allait reprendre le travail
(6 novembre 1898).

Qu'elle était belle et brillante cette jeunesse de nos aînés, et
qu'elle devenait plus belle encore sous le reflet de la joie de son
sacrifice au Seigneur ! *Signatum est super nos lumen vultus tui,
Domine. Dedisti lætitiam in corde meo !* En en revoyant, à travers
le prisme du souvenir, à trente ans de distance, la rayonnante
image, on se dit qu'elle avait dû entendre, cette lévitique
phalange, au début de la carrière aujourd'hui terminée, la
parole de saint Louis à ses preux chevaliers : « Allant donner
notre vie au Christ, tâchons de la lui offrir pure et sans tache ! »
C'était là, assurément, leur intime pensée et leur plus cher
désir, à ces élus du sanctuaire, quand leur chevelure tombait
sous les ciseaux du pontife dans la symbolique cérémonie de
la tonsure, quand, étendus sur le pavé du sanctuaire, ils disparaissaient pour le monde, cachant en Dieu, avec Jésus-Christ,
leur vie. Heureux lévites ! Heureux sous-diacres ! Heureux
prêtres ! Heureux, si, dans le cours de leur vie, ils ont mille
fois répété : « *Funes mihi ceciderunt in præclaris !* Qu'il est beau,
mon partage, entre les plus excellents ! » Heureux, si, au terme
de leur vie, après l'avoir offerte, ils l'ont remise pure et sans
tache au grand Dieu qu'ils avaient choisi pour leur héritage
éternel ! *Beati immaculati in via !*

CHAPITRE X

SAINT-MICHEL

1894

Six ans après ma nomination de second vicaire à Saint-Eustache, je reçus mon titre de premier vicaire à Saint-Michel des Batignolles. Ce fut encore M. Caron qui me le remit. Dans son antichambre était entré en même temps que moi un jeune prêtre que je voyais pour la première fois. « Vous connaissez ce jeune vicaire ? me demanda M. Caron. — Non. — Il s'appelle M. *Hanbois* et remplace, dans la paroisse où vous allez, M. *Basbois*. Vous savez où ? — Non, Monsieur l'archidiacre. — Saint-Michel des Batignolles... », etc. Innocent jeu de mots, une de ces petites industries charitables usitées par M. Caron pour rassurer dès l'abord, indice de la sérénité des pensées du supérieur traduisant équivalemment, aux oreilles de l'appelé qui ignore pourquoi on le mande, le *Cogito super vos cogitationes pacis et non afflictionis*. C'est une délicatesse et il faut y dire : merci. Délicatesse bien opportune parfois, car s'il est des sujets qui ne savent pas ce que c'est que la peur devant un supérieur, il en est d'autres qui le savent trop, sans être pourtant, à aucun degré, coupables. On raconte que le docteur Quesnay, médecin de Mme de Pompadour, gardant toujours une attitude gênée et timide au milieu des courtisans, Mme de Pompadour lui dit un jour : « Vous avez l'air embarrassé devant le roi, et cependant il est si bon ! — Madame, répondit Quesnay, lorsque je suis dans une chambre avec le roi, je me dis : « Voilà un homme qui peut « me faire couper la tête », et cette idée me trouble. » Il était de l'avis du philosophe ami de l'empereur Marc-Aurèle, qui disait : Je ne contredis pas quelqu'un qui commande à quarante légions. »

« Le premier vicaire dans une paroisse, ajouta M. Caron, est pour assister le curé dans le gouvernement de la paroisse, au besoin pour le remplacer... Dans l'administration, il y a deux manières de voir à cet égard. Les uns veulent que le vicaire aille de l'avant, quand même... Moi, je ne suis pas tout à fait de cet avis-là. Je comprends que, lorsque le curé ne fait pas une chose, il soit difficile au vicaire de la faire. Pour vous, il n'y aura pas de difficulté. » J'acquiesçai aux paroles de bon sens et de bienveillance de M. l'archidiacre et il me demanda ce que je pensais du poste qui m'était offert. « En venant ici, lui dis-je, j'étais résolu à accepter tout ce qu'on voudrait bien me donner. » Il me toucha la main, et je m'en allai voir d'abord M. le curé de Saint-Eustache. Je n'avais fait aucune démarche pour me séparer de lui. Un an auparavant, Monseigneur ayant bien voulu me demander comment je me trouvais à Saint-Eustache, j'avais pu lui répondre : « Eminence, je vous ai remerciée quand vous m'avez envoyé à M. l'abbé Quignard. Je vous en remercie encore aujourd'hui. — Oui, me dit Son Eminence, le bon Dieu lui a donné quelque chose d'aimable qui attire. — Quelque chose d'aimable et de naturel, ajoutai-je, qui n'est pas contraire au surnaturel. » Je me séparai de lui avec l'assurance qu'il ne garderait pas trop mauvais souvenir de moi, et j'allai voir M. le curé de Saint-Michel.

C'était un samedi, au milieu de juin 1895. L'employé à qui je m'adressai me dit : « Si M. le curé n'est pas là à deux heures, c'est qu'il aura quelque grave raison de retard, car je ne connais personne de plus régulier que lui », ce que j'ai pu constater plus tard être un éloge mérité. J'allai le voir chez lui, et, en le quittant après un entretien de quelques minutes, je lui dis : « Permettez-moi de vous offrir, Monsieur le curé, l'assurance de mon respect, de mon dévouement et de mon désir de vous être agréable. » Il fit un signe de tête qui me parut un témoignage de conviction et je pris congé de lui jusqu'au premier dimanche de juillet, jour où je pris possession de ma stalle. Ce jour-là, le premier ecclésiastique que je rencontrai fut le bon M. Huot, que je n'avais jamais vu, mais dont j'avais beaucoup entendu parler, autrefois surtout, à l'époque où il avait été question de lui, comme candidat à la députation, dans le quartier de Saint-Éloi. Tenant compte de son âge et de la modestie de son titre qui eût pu être supérieur au mien, je saisis avec empressement l'occasion de lui donner des marques de respect et de sympathie qui lui furent sensibles. Tout le monde dans le clergé se montra affable et obligeant pour moi.

Ma nomination comme premier vicaire à Saint-Michel m'avait valu, entre autres amicales félicitations, celles du regretté M. de Bréou, curé de Saint-Germain-l'Auxerrois, qui voulut bien me remercier du modeste concours que je lui avais prêté, ainsi qu'à son vénéré prédécesseur, comme secrétaire de la conférence ecclésiastique dont il était président.

Peu de temps avant la promotion de M. de Bréou, un débat assez vif et particulièrement intéressant avait été soulevé, au sein de cette conférence, à propos d'un passage du catéchisme diocésain critiqué par un rapporteur. Les circonstances qui s'y rattachent méritent d'être ici rappelées.

« En terminant, disait ce rapporteur, à la fin d'un travail sur *la Création ex nihilo*, on pourrait peut-être former le souhait que le catéchisme du diocèse de Paris soit mis d'accord avec la théodicée sur cette importante question. Voici la réponse du catéchisme à la preuve de l'existence de Dieu par la raison : « S'il faut un architecte pour bâtir une maison, à plus forte « raison il a fallu un créateur pour faire de rien le ciel et la « terre. » Les enfants laissés à eux-mêmes se disent : «La maison « est faite avec des pierres, et le monde avec quoi? » Les catéchistes détournent leur attention en reconstruisant l'argument logique : à plus forte raison faut-il un être intelligent pour faire le monde qui est bien plus grand et bien plus beau qu'une maison... Telle qu'elle est rédigée cette réponse du catéchisme est à la fois illogique et dangereuse. »

Le rapport général, lu en séance annuelle tenue à l'Archevêché à la fin de l'année 1893, mentionna cette conclusion et la fit suivre de l'appréciation formulée en ces termes : « Une critique si peu justifiée ayant soulevé les protestations unanimes de la conférence, et le procès-verbal ayant pris acte de cette protestation, nous croyons inutile de prolonger l'incident. »

Le procès-verbal, que j'avais moi-même rédigé, avait mentionné, en effet, de très vives protestations. Elles n'avaient pas été, toutefois, absolument unanimes, et j'ai souvenir que le rapporteur eut au moins un chaud partisan à qui M. Legrand octroya libéralement la parole pour soutenir son avis. C'est cet avis et la conclusion du rapport qui me parurent, à moi, « illogiques et dangereux », et, pour avoir l'opinion d'un maître en philosophie et en logique, je m'adressai à M. Ollé-Laprune dont je connaissais la bienveillance aussi bien que l'indépendante franchise. Voici le mot qu'à titre purement privé j'eus l'honneur de lui écrire :

Paris, 30 octobre 1893.

Monsieur,

Vous avez si bien dit naguère aux jeunes gens de Stanislas : *usées les vieilles méthodes*, que j'ose m'autoriser aujourd'hui de votre discours pour vous demander votre avis — un tout petit mot de réponse, si je ne suis pas trop indiscret — à propos d'une question qui a pour moi son importance.

Le catéchisme de Paris, dans le chapitre des preuves de l'existence de Dieu, contient ce passage : « Je dis que, s'il n'y avait pas de Dieu, le ciel et la terre n'existeraient pas, parce que s'il faut un ouvrier pour bâtir une maison, à plus forte raison, il a fallu un créateur pour faire de rien le ciel et la terre. » J'ai toujours cru qu'en tenant compte de ce qu'est le catéchisme, — exposition de la religion mise à la portée de l'enfance, — on pouvait justifier et expliquer ce passage de la façon que voici, ou à peu près : « La matière, dont est faite une maison, n'a pu s'organiser elle-même ; il a fallu un ouvrier pour lui donner cette *forme* de maison. Or, ce qui ne peut s'organiser soi-même, peut encore moins se donner l'être, être à soi-même son principe. Donc le ciel et la terre — matière primordiale, totalité de la matière — ne peuvent être leur principe à eux-mêmes, et il a fallu un créateur pour faire leur fond et leur forme, pour faire *de rien* le ciel et la terre. » Cette question est venue, cette année, dans un des travaux de la conférence ecclésiastique dont je suis secrétaire et j'ai, pour mon compte, défendu le texte attaqué, en accordant que la logique formelle pouvait y trouver à désirer, mais prétendant qu'en somme, le raisonnement était concluant, que les sous-entendus de cette espèce d'enthymème étaient faciles à suppléer, facilement présents à l'esprit de l'enfance qu'un raisonnement plus rigoureux dans la forme ne pourrait qu'embarrasser. Ai-je eu tort de tenir ici pour la « vieille méthode » ? et le souvenir si doux des jours de mon enfance aux catéchismes de Saint-Sulpice n'a-t-il pas un peu inspiré ma défense ? Il paraît que vingt-quatre diocèses en France ont supprimé cette réponse de notre catéchisme parisien, au nom de la seconde règle du syllogisme :

Latius hunc quam praemissae conclusio non vult.

La question reviendra peut-être dans la séance annuelle qui se tiendra à l'Archevêché prochainement, et je serais bien aise de savoir ce que je dois en penser, ne fût-ce que pour me retenir de parler en faveur de mon vieux texte aimé...

Veuillez agréer..., etc.

Le chrétien et éminent philosophe qui accueillait avec une *grâce si souple tous les genres d'hospitalité qui lui étaient demandés*, suivant la délicate et si juste expression de son panégyriste, M. Maurice Blondel, accueillit ma consultation et y répondit par la lettre que voici :

Coteau de Jurançon, par Pau, 3 novembre 1893.

Vous me faites grand honneur, cher Monsieur l'abbé, en me consultant sur la question qui fait l'objet de votre lettre.

Je n'hésite pas à dire que l'article incriminé est à conserver. Il exprime en termes simples, sans aucune prétention scientifique, une vérité de bon sens. Sans doute il faut savoir rejeter les formules usées. Mais ce n'est pas le cas ici. Une vérité de bon sens présentée en termes faciles à saisir n'est jamais démodée. Je crois donc que vous avez raison de vouloir garder ce vieil article. Vous avez raison de le défendre. Il y a dans le catéchisme de Paris des articles difficiles à entendre. Je suis heureux de voir que l'on s'en préoccupe et que l'on a entrepris une revision qui sera bien utile et qui ne saurait être trop sévère... Mais encore une fois ce n'est pas l'article en question qu'il y a lieu de supprimer ou de changer. J'aime beaucoup les vérités simples simplement exprimées, et où sont-elles mieux à leur place que dans le catéchisme ?... Ainsi je conclus : 1° que l'article est à conserver ; 2° que aucune modification dans l'article conservé n'est nécessaire ni peutêtre même souhaitable... Merci de votre bonne lettre et de l'honneur que vous me faites en m'associant ainsi à de si importants travaux. Le catéchisme est une œuvre de première importance.

Bien, bien affectueusement à vous.

J'avais inauguré mon ministère vicarial à Notre-Dame-des-Champs, dans une église de bois, mon premier curé s'appelant

M. du Chesne ; je le poursuivais, et devais l'achever, à Saint-Michel, dans une autre église de bois, sous l'administration d'un curé s'appelant M. Chesnelong. Je n'ai pas de superstition druidique. Si je ne suis pas heureux pour terminer ma vie, je n'en accuserai ni les lieux, ni les hôtes des lieux que j'ai connus. Ne m'est-il pas, au contraire, permis de dire avec Victor Hugo dans *la Légende des siècles* :

> Nos grands chênes n'ont point l'habitude d'entrer
> Dans l'exécution des lois et des sentences.
> Ils n'aiment pas donner tant de bois aux potences.

et avec Victor de Laprade :

> Oui, si les bois, l'ombrage aimé du chêne
> Ont trop caché la lumière à mes yeux,
> Soufflez, ô vents que Dieu sitôt déchaîne,
> Feuilles, tombez, laissez-moi voir les cieux ?

Quelle différence avec la majestueuse église de Saint-Eustache aux nefs élancées et profondes !...

Si le temple de Saint-Michel était petit, la paroisse, en revanche, était autrement grande : soixante-dix mille à soixante-douze mille habitants ! « Soyez bon pour tout ce petit monde-là », m'avait dit, en me félicitant de ma nomination, le bon, l'excellent Père et chanoine Leclerc que nous avions souvent l'honneur de voir à Saint-Eustache, au presbytère hospitalier de M. le curé, et à l'église, les jours de grands offices. Il disait bien, le bon Père, et il avait mille fois raison.

M. le curé de Saint-Michel me confia le catéchisme de la persévérance des jeunes filles et le catéchisme de première communion des jeunes filles d'écoles libres. Lui-même voulut bien présider, à Noël, la première séance de fête à la persévérance. M. l'abbé Quignard, devenu curé de Saint-Louis d'Antin, accepta très gracieusement de présider la seconde, en l'honneur de saint Joseph, et les heureuses impressions de cette belle fête, confirmées par celles de la retraite pascale que prêcha au catéchisme, avec une brillante éloquence, M. l'abbé Ollivier, chanoine de Sens, durent laisser à nos jeunes personnes les plus charmants et édifiants souvenirs.

Le mois de décembre 1895 marquait pour moi, comme pour deux de mes confrères parisiens, — M. l'abbé Blériot, curé de Notre-Dame-de-la-Croix de Ménilmontant, et M. l'abbé Catry, premier vicaire de Saint-Georges, — une date mémorable, celle du vingt-cinquième anniversaire de notre ordination sacerdotale. M. l'abbé Blériot eut la délicate pensée d'en faire une date de fête religieuse et fraternelle qui nous réunirait dans son église et chez lui, et il m'avait, dans cette vue, invité à prêcher la station d'Avent qui me permettrait de consacrer un sermon à ce grand souvenir, le dimanche 15 décembre, où devait se célébrer la fête. J'ai gardé le texte de ce sermon qui fixera ici quelques circonstances mémorables de notre vie sacerdotale.

« *Rememoramini pristinos dies.* Souvenez-vous des jours d'autrefois. » (Hebr., v. 32.)

MES FRÈRES,

Je tromperais votre attente si je n'interrompais aujourd'hui la suite de nos instructions pour évoquer de chers souvenirs et fêter avec vous un anniversaire joyeux. Je suis trop intéressé moi-même à joindre mes pensées aux secrètes dispositions de vos cœurs et aux manifestations éclatantes de vos sentiments pour me taire sur cet objet. J'en veux faire tout le sujet de mon discours et ce sera, je l'espère, pour la consolation d'âmes sacerdotales, pour la consolation aussi de dévoués paroissiens, pour le profit de l'âme de tous. Je vous dirai donc, mes frères, en cette heure qui réunit, pour la première fois depuis vingt-cinq ans, sous les yeux et sous la bénédiction de l'Hôte divin du tabernacle, trois prêtres, trois amis, dont l'un est votre bien-aimé pasteur, je vous dirai, ou dirai devant vous, trois choses qui s'adresseront à Dieu, à nous-mêmes et à vous. Je les résume en ces trois mots : Dieu nous a gardés ; nous vous gardons ; à votre tour, gardez-nous !

En premier lieu, mes frères, Dieu nous a gardés. Je ne le dis pas sans émotion. Nous étions quatre, il y a vingt-cinq ans, cinq même, si l'on rapproche des dates qui furent assez voisines pour qu'on puisse ici moralement les confondre. Le premier de ces cinq, je le vois encore, vous le voyez comme moi, bien-aimés frères du sacerdoce, dans cette chapelle du Nonce apostolique où quelques parents, quelques amis seulement, prenaient place ; cet ancien officier de la marine française, héritier d'un grand nom, qui devait, cette année-ci même, tomber victime de cette charité aveuglément généreuse que nous lui avons connue, sous les balles d'un revolver. Je n'oublierai en ce jour ni la touchante messe, prémices de son sacerdoce, célébrée au catéchisme de persévérance de Saint-Sulpice où ensemble nous avions évangélisé avec tant de douceur pour notre piété lévitique une édifiante jeunesse, ni ces mots par lesquels il traduisait alors son émotion profonde : « Être revêtu du sacerdoce, quelle dignité redoutable ! Et comment oublier que l'Église fête aujourd'hui un saint qui, par humilité et par crainte, a voulu rester diacre toute sa vie, saint François d'Assise ! » Digne et vénéré abbé de Broglie, vous aviez cette humilité et cette crainte, et une immense charité que Dieu maintenant couronne et récompense ! Quelques semaines après, c'était à notre tour de recevoir l'onction sacerdotale. Un sous-diacre nous accompagnait, et celui-là aussi, venu le dernier à la grâce du sacrement, devait nous précéder, avec le signe du sacerdoce, auprès du Prince éternel des pasteurs. Il y a de longues années aujourd'hui que l'abbé Brocard, ordonné diacre le 17 décembre 1870, puis prêtre, et devenu curé de Fresnes-lès-Rungis, a rendu son âme à Dieu. Aujourd'hui, ne l'oublions pas, et pour ces âmes sœurs, mêlons au *Te Deum* de l'action de grâces le *Requiem* de l'espérance éternelle. « Les morts, disait le Psalmiste, ne vous louent pas, ô mon Dieu ! *Non mortui laudabunt te, Domine.* » Oh ! ne le disons pas des âmes sacerdotales qui triomphent avec Dieu dans le ciel et qui, maintenant, sans doute, tressaillent en nous contemplant du haut de leurs stalles de gloire. — *Exultabunt sancti in gloria ; lætabuntur in cubilibus suis.* Et toutefois, leur voix est éteinte pour la terre, leur rôle de louange est fini ici-bas. Mais pour nous qui vivons, c'est à nous de chanter et de bénir, *sed nos qui vivimus benedicimus Domino.*

Oh ! qu'il est doux pour nous de le faire en ce jour ! Dieu nous a gardés, en effet, gardés avec amour, à travers mille tribulations qui signalèrent, qui suivirent peut-être notre naissance sacerdotale. N'est-elle pas présente à vos esprits, en effet, frères bien-aimés, cette heure déjà lointaine marquant un quart de siècle à l'horizon du temps, mais que le souvenir rapproche ; cette heure joyeuse et triste, triomphante et désolée où, côte à côte, avançant du même pas, nous nous prosternions ensemble sur les dalles du même sanctuaire, pendant que nos mères, nos parents, nos amis priaient avec le pontife qui allait nous consacrer prêtres de Jésus-Christ pour jamais ! Oh ! souvenir éternel, mélangé, oui, d'ineffables douceurs et d'inoubliables tristesses ! Dans cette chapelle de Saint-Lazare où la physionomie sainte de Vincent de Paul, planant au-dessus de nos têtes, semblait illuminer la voie où nous engagions nos pas, quels transports et quelles angoisses !

Et en effet, mes frères, le rêve de notre jeunesse lévitique ne se réalisait qu'en partie et de lugubres visions s'agitaient dans nos pensées. D'une part, ce que le jeune lévite a toujours vu autour de ses aînés, et ce qu'il attend pour lui-même au jour béni de l'ordination, nous manquait, hélas ! cette couronne de frères, de prêtres et de fidèles qui forment au novice du sacerdoce comme une atmosphère sainte et comme une forteresse au milieu de laquelle il sent protégée sa faiblesse et soutenu son courage effrayé du fardeau. Oh ! que l'Église a raison de choisir, pour consacrer ses ministres, ces jours solennels et plus saints où elle peut compter qu'un nombreux concours de fidèles entourera l'autel et multipliera les prières autour des oints du Seigneur ! Nous les avions vus ces grands jours, ces belles et sublimes fêtes, et combien de fois, depuis notre enfance, elles avaient fait palpiter nos cœurs et tressaillir nos âmes d'espérance et de bonheur ! Combien de fois, mêlés à la troupe des clercs assistant l'évêque à l'autel, nous avions fait l'office des anges qui servent avec respect ceux que Dieu a marqués pour être ses ministres et ses prêtres ! Et nous, nous étions seuls ! seuls, comme si la race sacerdotale eût dû s'éteindre en nous ; seuls, sans pouvoir dire à Dieu : « Nous sommes des prémices, une génération nous suit, la louange éternelle ne finira pas sur nos lèvres. *Annuntiabitur Domino generatio ventura et populus qui creabitur laudabit Dominum.* »

Seuls, ai-je dit ; mais non, je suis ingrat. Il y avait derrière nous quelques douzaines de parents bien-aimés, d'amis pieux qui venaient pour leur compte et représentaient des absents. La France avait appelé partout, sur son territoire envahi et ensanglanté, ces absents, ses fils et nos frères, et c'était cette seconde douleur qui mettait l'angoisse dans nos cœurs. Que devenait la patrie, hélas ! que devenaient ses défenseurs quand, dans cette enceinte de Paris fortifié, à peine trouvait-on un autel pour offrir en sécurité le sacrifice ; quand le vieux temple aimé de notre enfance cléricale, Saint-Sulpice, — lieu, pour moi, du baptême et de la première communion, — cessait d'être un asile sûr pour notre ordination ; quand la mort menaçait partout, et quand les projectiles homicides de l'ennemi, pleuvant comme une grêle d'enfer, semaient de toutes parts la terreur et la ruine, au sein de foyers désolés ? Je n'oublierai jamais cette nuit terrible où l'une de ces masses infernales qui portaient la mort dans leurs flancs nous la fit toucher du doigt dans l'abri même où les miens et moi nous étions retranchés pour la fuir. Combien pour qui l'obus fut à la fois le messager et l'exécuteur de la mort ! Voilà ce que nous voyions et ce qui remplissait nos pensées et notre cœur d'une désolation indicible, et n'est-ce pas pour nous, ô grand apôtre, qu'invitant les chrétiens à se rappeler les jours d'autrefois, les jours de combats et de souffrances, vous ajoutiez : « En proie vous-mêmes aux tribulations et compagnons attristés de ceux qui les éprouvaient comme vous » ?

Et toutefois notre laborieux enfantement sacerdotal qui n'avait eu ni la douce préparation d'une retraite calme et tranquille, ni le concours précieux de l'exemple, des prières, de la présence de nos condisciples, allait nous engager dans un monde et des maux pires encore que ceux qui avaient entouré notre mystique berceau. Semblables à l'Enfant de Bethléem à peine né et déjà obligé de fuir, nous étions pourchassés au lendemain de notre consécration sacerdotale, et la jeunesse de nos visages, qui ne pouvait se cacher et qui nous désignait à la haineuse inquisition de persécuteurs impies enrôlant dans leurs rangs guerriers ceux dont la mission est de paix, nous condamnait à l'inaction ou à la fuite, douloureuse alternative qui faisait de notre sacerdoce naissant une croix non moins qu'un délice. Je l'ai connue pour ma part, cette croix alliée au délice, — *crux et deliciæ*, — vous me le rappeliez naguère, cher Monsieur le curé de Notre-Dame-de-la-Croix, quand, destiné à ce poste d'honneur, je l'avoue, de vicaire à Saint-Denis bombardé, je m'en allai chercher à la place de Paris ce laissez-passer nécessaire et qu'on refusait à tous. Je l'obtins, je le possède encore, et puisse-t-il me servir devant Dieu de certificat de bonne volonté du moins, en face d'un sacrifice qu'il ne m'a pas été donné de consommer. Vous aviez, certes, aussi vos peines, vous, bien-aimés confrères, l'un contraint de soigner une santé trop fragile au milieu d'une famille aimée, l'autre continuant, à l'ombre des vieilles tours de Notre-Dame de Paris, vos fonctions commencées pendant votre diaconat de directeur d'une maîtrise justement reconnaissante à votre dévouement. Nous avons passé ainsi tous les trois par l'eau et par le feu, pouvons-nous dire comme le Psalmiste : *transivimus per ignem et aquam*. Il y a de cela vingt-cinq ans, et durant ce temps-là, — *grande ævi spatium*, — Dieu nous a gardés. De l'un de nous Dieu a fait un curé honoré, de l'autre un premier vicaire modèle et déjà avancé dans sa charge, du troisième un modeste premier vicaire qui n'a que des mois d'exercice. Mais Dieu nous a gardés tous trois, et nous vivons, et c'est une grâce, et nous en usons pour le louer et le remercier en priant, une fois encore, pour ceux qui nous ont précédés dans le chemin de l'éternité avec le signe de la foi et la grâce du même sacerdoce : *Sed nos qui vivimus benedicimus Domino*. Mais pourquoi Dieu nous a-t-il gardés ? C'est, mes frères, pour que nous vous gardions.

Je dis nous, non pas nous, mais notre sacerdoce. Oui, notre sacerdoce vous garde, et plaise à Dieu que vous le compreniez. En quoi et comment donc vous gardons-nous ? En ce que nous sommes, de par notre sacerdoce, le sel de la terre et la lumière du monde. C'est Jésus-Christ qui le dit, c'est l'histoire qui le proclame, c'est l'expérience qui le prouve, — *Vos estis lux mundi*, — *Vos estis sal terræ*. Il faut au monde une lumière pour s'orienter ici-bas, et quoi qu'on en dise, ce n'est ni la lumière de ce qu'on appelle la science, ni celle de la philosophie, qui suffit à diriger les pas de l'humanité vers le vrai, vers le bien et vers le bonheur. Et ces lumières montrassent-elles le but et le chemin, elles ne fourniraient toujours pas la force nécessaire pour suivre jusqu'au bout le chemin et atteindre au but. L'humanité laissée à elle-même s'égare ; l'humanité sans un secours divin perpétuellement renouvelé s'affaisse ; l'humanité sans un principe et une force de conservation, se corrompt, se dissout et tombe en ruine. Voilà pourquoi Dieu lui envoie, depuis son apparition ici-bas, ses messagers, ses oracles, ses prophètes, ses prêtres. Voilà pourquoi Jésus-Christ, prince des pasteurs, est venu la visiter, — *visitavit et fecit redemptionem plebis suæ* ; — voilà pourquoi il lui a envoyé son Esprit et lui a promis d'être toujours avec elle par le moyen de cet Esprit illuminateur, vivifiant et consolateur, et dans la personne de ses prêtres, anges de la nouvelle alliance, qui ont reçu l'Esprit de Dieu et qui le répandent dans les bienfaits de leur sacerdoce.

Et voyez comme cette influence surnaturellement conservatrice et vitale s'exerce, en réalité, pour les intérêts de l'âme et de la vie tout entière, pour les intérêts du temps et pour ceux de l'éternité. Vous apparaissez en ce monde et l'Église est là comme une mère, anxieuse et pleine d'amour, qui vous attend et qui s'empresse de vous marquer du sceau divin, et de vous armer pour les combats de la vie. C'est le baptême d'abord, c'est la confirmation, c'est la première communion. Direz-vous qu'en tout cela elle ne garde rien en vous ? Elle garde et elle dépose ; elle garde l'image de Dieu dans votre âme, elle la restaure, elle l'embellit, et dans cette âme elle dépose la semence de la vie de grâce qui doit un jour s'épanouir au soleil de la vie de gloire. Plus tard elle gardera dans le chrétien devenu homme et la foi du baptême, et la sainte espérance, et le divin amour, par ses sacrements renouvelés, par ses prières et ses bénédictions multipliées, par ses enseignements prodigués. Elle gardera jusqu'à vos cendres et vos dépouilles mortelles dans une terre sainte où elle ne souffrira pas, sauf quand d'inévitables nécessités l'y contraindront, le mélange de vos ossements avec ceux des hommes qui n'auront pas reçu la vie d'enfants de Dieu. Elle fera plus encore, et honorant ces dépouilles au point de les rendre sacrées, elle portera sur ses autels, pour en faire l'objet d'un culte, les reliques de ses saints et rendre glorieux leurs tombeaux. Tout cela, direz-vous peut-être, est manifeste sans doute, mais regarde une vie mystérieuse et cachée et n'importe guère à nos destinées d'ici-bas. Vous vous trompez. La religion, comme on l'a dit, par conséquent le sacerdoce, « qui semble n'avoir d'autre objet que la félicité de la vie à venir, fait encore notre bonheur dans celle-ci ».

C'est là une sorte de nécessité, d'abord, car l'homme n'est pas tellement divisé en âme et en corps, le chrétien en homme du temps et en homme de l'éternité, que ce qui est utile à son âme au point de vue de la vie à venir, soit sans aucun intérêt pour le bien de sa vie présente. Ou plutôt l'homme n'est nullement divisé : il est constitué en unité concrète, et c'est la personne humaine tout entière, par conséquent l'individu, et, par la collection des individus, c'est la société, ce sont les peuples, c'est l'humanité qui bénéficie du bien fait à la plus noble et à la meilleure portion de nous-mêmes. Ajouterai-je, mes frères, qu'à l'exemple du Fils de Dieu qui guérissait ici-bas toute infirmité, toute langueur, et passait en faisant le bien, le sacerdoce chrétien ne cesse de semer sur son chemin les bienfaits de l'ordre temporel en même temps que ceux de l'ordre spirituel et surnaturel ? Le développement de cette thèse m'entraînerait trop loin. Laissez-moi vous en faire seulement la démonstration indirecte, par comparaison et contraste, en vous priant de remarquer ce que devient, sous nos yeux, à l'heure actuelle, le monde qui prétend se passer de Dieu et de Jésus-Christ, par conséquent du sacerdoce.

. . . .

Ah ! sans doute, mes frères, ce n'est pas l'homme en nous qui procure le salut, qui écarte les fléaux, qui garde Dieu aux âmes et les âmes à Dieu, et qui sauve le temps en assurant l'éternité. L'homme, en effet, n'est rien, ou plutôt il est pécheur, participant à la chair et au sang de ses frères. Il peut même être coupable, parfois vicieux et criminel. Mais c'est son sacerdoce qu'il faut saluer et bénir, comme le plus grand bienfait du ciel, et dans le plus auguste de ses représentants qui s'appelle le Vicaire du Christ, et dans le plus effacé de ses organes qui sera, si vous le voulez, le modeste curé, l'humble desservant de nos campagnes, cet homme qui, dans la pauvreté de sa chaumière presbytérale, continue pour l'humanité « un dogme et une rédemption immortelle, qui sert d'anneau, comme on l'a dit, à une chaîne immense de foi et de vertu, et qui laisse aux générations qui vont naître une croyance, une loi, un Dieu ». (Chateaubriand.) Et c'est pourquoi, mes frères, à votre tour, gardez-nous.

Que voulons-nous dire, mes frères, par ce mot : Gardez-nous ? Est-ce seulement que vous ne nous proscriviez pas, que vous ne croyiez pas rendre service à Dieu en nous faisant mourir, que vous ne prononciez pas contre nous l'inique et sacrilége *Non licet esse vos* du paganisme antique à l'égard des chrétiens : « Vous n'avez pas le droit d'exister » ? C'est un premier sens, hélas ! qu'il n'est pas hors de propos de mentionner dans un temps comme le nôtre, ne le savez-vous pas ? où l'on apprend à la plus tendre enfance, à celle qui bégaye encore, à nous haïr avant de nous connaître et à nous insulter comme des êtres malfaisants et néfastes qu'il faut repousser ou fuir. Allez donc « toucher du fer » à notre vue, jeunes enfants, jeunes gens, jeunes filles, qui donnez à une superstition stupide ce que vous refusez à une religion divine, votre confiance et votre foi. Que vous avons-nous fait pour que vous nous haïssiez ? « L'athéisme, disait Chateaubriand, a toujours la lèpre et la peste à vous offrir. » Est-ce donc nous qui vous apportons ces fléaux ? « Si le monde, disait Voltaire lui-même, était gouverné par des athées, il vaudrait autant être sous l'empire de ces êtres infernaux qu'on nous peint acharnés contre les victimes. » Et encore : « L'ennemi de Dieu l'est de la société et qui osera nier son existence rendra toujours la nôtre affreuse. » Sommes-nous donc ces ennemis de Dieu et des hommes pour que vous nous maudissiez, comme vous faites, vous qu'à chaque pas nous rencontrons le mépris et l'injure sur les lèvres, prêts à se déverser sur nous ? Ah ! nous ne nous plaindrons pas, nous ne vous rendrons pas, du moins, malédiction pour malédiction, disciples que nous sommes de Celui qui s'est laissé appeler Samaritain, sans répondre autrement que par la charité. Il est vrai qu'il est une injure qu'il ne supporta pas, dans sa patience divine, sans protestation, c'est celle de possédé du démon. Il la releva pour l'honneur de son Père et pour l'honneur et l'intérêt des âmes que sa doctrine convertissait. Nous avons ce droit, nous aussi, et ce droit devient parfois un devoir de protection et de défense. Or savez-vous, mes frères, ce qui aide singulièrement notre longanimité, notre patience, notre silence et notre abstention à l'égard de nos ennemis ? C'est ce qui aidait autrefois David à supporter l'acharnement odieux de Séméi contre lui. Abisaï, son serviteur, voulait aller couper la tête à ce criminel et à cet infâme qui, suivant le chemin du roi, à côté, sur le haut de la montagne, le maudissait, lui jetant des pierres et faisant voler la poussière, en répétant avec rage : « *Egredere, egredere, vir sanguinum, vir Belial.* Pars, pars, fuis, homme de sang, fils de Bélial. » Et David répondait dans sa douceur sublime : « Laissez cet homme à qui Dieu, peut-être, a ordonné de me maudire, *car si mon fils Absalon cherche à m'ôter la vie, combien plus un fils de Jémini* me traitera-t-il de la sorte ? » Nos ennemis nous traitent mal. Nos amis nous traitent-ils bien toujours ?

Parlons ici franchement. N'éprouvons-nous jamais les critiques de votre

amour-propre, les récriminations de vos petites passions, les rancunes de
votre vanité, les mépris de votre hauteur, parfois les traits empoisonnés
de vos médisances, si ce n'est de vos calomnies? J'ai tort, peut-être, de
m'adresser à ceux qui, par leur présence à cette heure, témoignent de leur
respect sincère, docile, reconnaissant, dévoué envers leur pasteur et leurs
prêtres. Mais je parle à tous et je poursuis. Savez-vous nous défendre contre
les entreprises des méchants pour nous garder avec vous? Pas toujours.
Sauriez-vous nous soutenir du pain de vos aumônes pour nous empêcher
de mourir de faim? Il est permis d'en douter. Et toutefois ce n'est pas dans
ce sens d'une conservation et d'un entretien matériels que je vous dirai :
gardez-nous. Je vous le dirai dans le sens d'une conservation spirituelle et
d'un entretien moral. Aidez-nous à nous garder prêtres, car vous avez ici un
rôle certain qu'il faut comprendre, une réciprocité d'action qu'il faut exercer
sur le prêtre, une responsabilité véritable dans la sainteté du sacerdoce. C'est
à vous, peuple saint, qu'il appartient d'abord d'élever et de maintenir autour
du prêtre ces barrières protectrices qui l'isolent de la foule dans de certaines
conditions et une certaine mesure pour le bien même des âmes et du peuple chrétien. Cette nécessité d'isolement relatif n'est-elle pas signifiée par le
célibat même auquel ses vœux l'ont engagé, célibat profitable aux études
choisies qui élèvent, aux méditations saintes qui transfigurent, aux collo-
ques divins qui sanctifient? Pour être efficacement à tous dans l'expansion
du zèle, il faut qu'il se recueille dans le secret de son cœur et qu'il y soit
aidé par l'intermittente solitude où il retrouve Dieu seul à seul, comme
Jésus qui avait trois refuges, la barque, le désert, la montagne. Pourquoi le
vêtement du prêtre? pourquoi la tonsure qu'il porte? pourquoi sa vie à
part? pourquoi, d'après les saints canons, l'interdiction pour lui de certaines professions ou triviales ou trop favorables aux passions? Pour lui
rappeler et lui rendre possible sa vie à Dieu et en Dieu qui est sa grande
loi. Ah! que n'avons-nous encore des poètes chrétiens pour chanter aux
oreilles du prêtre que l'évêque vient de consacrer :

> Tu ne boiras plus de notre onde.
> Tu ne tremperas plus tes lèvres ni tes mains
> À ces courants troublés où les ruisseaux du monde
> Versent tant d'amertume et d'ivresse aux humains.
> Tu ne combattras plus sous l'aube et sous l'étoile,
> C'est la paix du Seigneur que ta main doit tenir...
> Et pour prendre et porter tous les fardeaux des autres,
> Ton bras déposera le tien.

C'est la foi des peuples qui leur donne l'intelligence de ces choses et les
leur fait réaliser dans ces mille formes du respect, dans ces touchantes déli-
catesses, dans ces égards et ces honneurs dont ils entourent l'oint de Dieu
sur la terre, quels que soient son origine, sa famille, son éducation, ses
talents. C'est leur religion pratique qui, ensuite, les associe au sacerdoce
dans son acte essentiel de supplication et de prière. Alors on voit, au sein du
peuple chrétien, l'admirable spectacle que vit le peuple juif autrefois lorsque,
Moïse priant sur la montagne, deux hommes sortant des rangs du peuple

vinrent soutenir ses bras défaillants et prolonger par ce secours la prière sainte de l'homme de Dieu jusqu'à ce qu'elle fût exaucée. Enfin c'est le zèle et la charité des peuples qui servent d'organe et de supplément à la ferveur et à la charité sacerdotales dans les œuvres entreprises pour le bien du prochain, œuvres multiples, complexes, difficiles, sans cesse menacées, qui absorbent l'activité du prêtre, et la découragent ou l'excèdent s'il n'y est secondé et soutenu par le bon concours des fidèles. Ne nous laissez pas prier seuls : ne nous laissez pas pourvoir seuls au bien des âmes, aux nécessités spirituelles ou temporelles de vos frères chrétiens. Et alors, vous nous garderez, vous garderez ceux qui vous gardent, et le profit dernier sera et pour Dieu, et pour vous, dans un sacerdoce digne, honorable et honoré, dévoué, actif, fécond, intelligent, confiant. Vous justifierez ainsi la parole de l'Apôtre aux chrétiens : « *Vos genus electum* : vous êtes une race choisie ; — *gens sancta* : une nation sainte ; — *regale sacerdotium* : un sacerdoce royal. » Vous en avez besoin, mes frères, de ce sacerdoce encouragé et soutenu ; nous en avons besoin, nous aussi, maintenant plus que jamais, car vraiment les jours sont mauvais, — *quia dies mali sunt*. Ah ! mes frères, j'ignore quels sont les rêves des mères qui donnent à Dieu leurs fils pour le servir au saint autel, mais je sais bien que plus d'une, même parmi les plus chrétiennes, en berçant sur leurs genoux ceux dont elles essayaient de deviner l'avenir :

> Ange du ciel, que seras-tu sur terre ?
> Homme de paix ou bien homme de guerre ?
> Prêtre à l'autel, beau cavalier au bal ?
> Brillant poète, orateur, général ?

Je sais bien que plus d'une, il y a cinquante ans, aurait reculé d'effroi, si elle avait vu l'horizon d'alors aussi sombre que la réalité d'aujourd'hui. Dieu nous cache, il est vrai, bien des maux de l'avenir pour ne pas effrayer notre faiblesse, se réservant de proportionner chaque jour à nos épreuves ses grâces. Mais si saint Jean d'Avila apprenant qu'un jeune prêtre venait de mourir après sa première messe, s'écriait : « C'en est assez pour avoir un compte rigoureux à rendre au tribunal de Jésus-Christ », et si saint Vincent de Paul confessait, vers la fin de sa vie, que s'il avait su ce que c'était que le sacerdoce, jamais il n'aurait consenti à se laisser imposer les mains, n'est-il pas permis de craindre à ceux qui sentent réunies sur leurs épaules débiles les responsabilités naturelles et ordinaires du sacerdoce et les difficultés inhérentes à son exercice aujourd'hui ? C'est pourquoi, mes frères, aidez-nous : vous, chrétiens de cette paroisse, par votre foi, votre ferveur, votre zèle dans votre concours généreux et dévoué pour votre pasteur bien-aimé et vos prêtres : tous, en priant pour nous, pour la persévérance et l'efficacité, pour la consolation aussi du sacerdoce chrétien.

On raconte qu'un grand pape, Sixte-Quint, quand il n'était qu'un petit pâtre, eut un jour la vision prophétique des grandeurs du souverain pontificat. On raconte aussi que, Murillo assistant, comme enfant de chœur, aux derniers moments d'un vieux peintre espagnol, celui-ci retira de l'encensoir éteint un charbon avec lequel il esquissa sur la muraille une tête de

Christ couronné d'épines. Ce spectacle ne sortit jamais de la mémoire du pieux et illustre maître. Il me semble, mes frères, que cette vision, non pas celle du pâtre de Montalte, mais celle du Christ endolori, nous l'avons vue, mes frères et moi, dans notre enfance sacerdotale : la vision de Jésus-Hostie. Je l'ai vue près du lit d'agonie d'un de mes premiers curés, victime d'une longue captivité pendant les jours de la Commune. Je crois la voir encore dans ce Carmel de la rue de Messine où s'abritait, il y a vingt-cinq ans, pour célébrer les saints mystères, mon sacerdoce naissant et fugitif, dans les sombres profondeurs de ce cloître sanctifié où j'entends résonner encore, en harmonie céleste, l'*O salutaris hostia* que chantaient de douces et suppliantes voix, pendant que le mont Valérien tonnait, et pendant que de mes doigts glacés l'hostie sainte tombait sur le blanc corporal. De l'encensoir assoupi, presque éteint, l'ange de la souffrance tirant comme un crayon mystique traça alors, sur l'horizon de ma vie, avec ce même charbon qui purifie les lèvres du prêtre chaque jour, la figure d'un Christ en pleurs. Qu'elle soit, cette image adorée, ma douleur et mon espérance, au dernier de mes jours, comme elle l'a été dans ma vie !

> *O Christe, dum fixus cruci*
> *Expandis orbi brachia,*
> *Amare da crucem, tuo*
> *Da nos in amplexu mori !*

Mais que ces graves pensées n'attristent pas une fête qui, pour vous surtout, est joyeuse, fidèle et bien-aimé troupeau à qui Dieu, dans sa Providence, pensait avec tendresse quand il créait pour vous le prêtre devenu votre pasteur. Avec le *Te Deum* à Dieu, je dis à lui pour vous tous et du fond de mon cœur : *Ad multos annos !*

A l'occasion de ces noces d'argent, M. Lemoine me fit l'honneur de présider la fête intime à laquelle je conviai mes deux confrères d'ordination. Au bout d'un an, M. le curé, par sollicitude excessive pour ma santé, me déchargea spontanément du catéchisme de première communion, me laissant la Persévérance allégée du tiers des enfants, pour augmenter par cet appoint retenu pour l'église l'assistance paroissiale à la grand'messe du dimanche. Lui-même ne s'épargnait guère et donnait l'exemple d'une grande persévérance dans le travail. Un dimanche qu'il célébrait la grand'messe, fonction sainte qu'il se réservait toujours aux fêtes un peu solennelles, il fut pris de faiblesse et tomba à l'autel. J'aidai à le ranimer, souhaitant sincèrement dans mon cœur de n'avoir pas à le remplacer, suivant les instructions de M. l'archidiacre Caron, ce qui eût été nécessaire dans le cas d'une maladie qu'on pouvait craindre, ou d'un repos momentané du pasteur. Il continua et acheva le saint sacrifice sans rien omettre ni précipiter, le courage suppléant les forces.

Le bon M. Lemoine, ancien professeur de rhétorique au petit séminaire de Notre-Dame-des-Champs, était un littérateur, et il aimait les vers. Il en avait fait, et il était quelque peu dangereux de s'y essayer devant lui. Pour honorer, malgré tout, sa muse, sans prétendre à la fine jouissance dont parle Cicéron quand il dit qu'être loué par un homme qui a respiré lui-même l'encens des louanges est la plus douce des satisfactions, — *laudari a laudato viro*, — j'en ébauchai quelques-uns dans mon recoin de sacristie, deux ou trois jours avant le 31 décembre 1896, pour en envelopper mes vœux au seuil de 1897. « Cela est bon à mettre en vers, aurait dit Sainte-Beuve ; ce qui ne peut pas se dire, on le chante. »

A. M. l'abbé Lemoine.

Fin d'année 1896.

De l'année qui s'enfuit le crépuscule à peine
A répandu sur nous ses brumes et la nuit,
Et voici que déjà sourit l'année prochaine
Dans la naissante aurore et dans l'aube qui luit.

Image de ce flux des pensées des humains
Qui, sans cesse, ici-bas, naissent, meurent, renaissent,
Allumant leurs ardeurs, armant parfois leurs mains,
Feux follets qui, bientôt, s'éclipsent, disparaissent.

Le prêtre, le chrétien, est-il vrai qu'il échappe
A la commune loi qui régit les mortels ?
Est-il vrai que jamais, fût-il évêque ou pape,
Il ne sente en lui l'homme, au pied des saints autels ?...

Mais pour vous, et pour tous, voici le renouveau.
De l'année qui finit vers celle qui commence,
Comme un astre géant s'élançant d'un tombeau,
Brille aujourd'hui pour tous l'arc-en-ciel d'espérance.

L'année fuit !... Qu'elle emporte en ses sombres replis
Nos erreurs, nos péchés, nos ennuis, nos faiblesses.

Oublions ! Dieu le veut. Bénis soient nos oublis
Qui renvolent au néant nos douleurs, nos tristesses !

L'année vient !... Ouvrons-lui et nos cœurs et nos bras,
Car c'est la vie qui vient, c'est la joie, l'allégresse,
C'est le temps qui renaît et sème sous nos pas
Des espoirs de bonheur et des fleurs de jeunesse.

La vie !... Oh ! quel mystère enferme ce grand mot !...
Nous parlons d'oublier... Mais son image austère,
Obsédant nos pensées, a reparu bientôt,
Nous rappelant les maux de l'exil sur la terre.

La vie, c'est à Dieu seul de la rendre sereine,
Heureuse dans la paix et féconde en vertu,
Et de la couronner quand, de mérites pleine,
L'âme peut dire à Dieu : « Pour vous j'ai combattu ! »

Telle je la souhaite au pasteur de ces lieux :
Santé, force, vigueur, autorité bénigne,
Tout ce qui rend la terre un peu semblable aux cieux,
Tout ce qui d'un chrétien, d'un prêtre, est le plus digne.

Mais tous ces vœux — hélas ! je l'aperçois bien tard —
Voulaient être exprimés en tout autre langage,
Avec sonorité, avec souffle, avec art,
Non dans le prosaïque essai de cette page.

Cher pasteur, pour rimer dûment le nouvel an,
J'aurais dû invoquer votre élégante muse ;
J'aurais dû consulter les *Effeuillées d'antan*,
Et alors, sûrement, à moins que je m'abuse,
La poésie prenant son plus suave ton,
Vous eussiez entendu un joli *Carillon*.

Le Carillon auquel je faisais allusion était le journal de
M. l'abbé Huot qui battait alors son plein avec ces *Effeuillées*
hebdomadaires pleines de grâce et de fraîche poésie.

Malgré toute son « endurance », M. Lemoine avait un évident besoin de repos, mais il ne voulait être ni fatigué, ni
malade, pas plus que le bon curé de Saint-Roch qui, chaque
dimanche, en dépit de l'enflure de ses jambes, présidait l'office
de vêpres, sur le tabouret légendaire, — suprême vestige du rit
parisien, — entre deux choristes laïques, à peu près aussi vieux
que lui, mais beaucoup moins assurés sur l'étroit champignon

branlant. Mais M. Lemoine n'était plus, depuis un certain temps, que l'ombre de lui-même, fatigué par un eczéma chronique, épuisé surtout par une excessive continuité de travail. Après la retraite ecclésiastique de septembre 1897 que j'avais suivie avec lui à Saint-Sulpice, cédant aux instances de sa famille et de ses amis, il se décida à prendre un peu de vacances. En me faisant ses adieux, il me dit un mot des sermons du P. Archambault, dominicain, qui avait prêché la retraite. L'émouvante prosopopée dans laquelle le prédicateur avait mis en scène, au jugement dernier, le prêtre coupable et, en face de lui, l'âme perdue par sa faute, l'avait profondément impressionné, et, si peu habitué qu'il fût à ces sortes de communications avec moi, il m'en parla avec le sentiment recueilli et ému qu'avaient, du reste, éprouvé tous les auditeurs du sermon. Il partit. Malheureusement la saison ne fut pas clémente, et il revint plus malade qu'au départ.

La fête patronale de Saint-Michel était proche ; je devais en prêcher le principal sermon, mais le triduum préparatoire, dont M. le curé devait donner les instructions, s'écoula sans qu'il parût à la paroisse. Le samedi, veille de la fête, je crus de mon devoir de m'en préoccuper, tout en prenant des précautions pour ne pas l'inquiéter, ou l'importuner, par un trop grand empressement, puisqu'il ne voulait pas être malade, et j'envoyai quelqu'un prendre chez lui les ordres pour la cérémonie du lendemain. Il répondit qu'il irait lui-même les donner et, en effet, vers quatre heures, je le vis entrer dans mon cabinet, et il me dit : « *Le médecin ne veut pas que* je chante la messe *demain ; alors, je vous prierai* de la chanter. » Le lendemain, il nous fit peine quand il parut, à l'heure de la grand'messe, se surmontant visiblement pour dissimuler sa fatigue. À vêpres, il ne parut pas. Les semaines suivantes furent pénibles, sans indice d'imminent danger, lorsque, le jeudi 25 novembre, un accident survint. Il était tombé chez lui sans connaissance, tout près de son feu, exposé à être carbonisé. Je rentrais chez moi vers neuf heures quand j'appris qu'on venait de m'appeler pour administrer M. Lemoine, et qu'en mon absence un de MM. les vicaires avait cru devoir lui donner les derniers sacrements. Je me rendis immédiatement chez lui ; sa famille l'entourait ; il était calme et reposait ; je respectai son repos. Le lendemain, Monseigneur averti vint visiter M. Lemoine et eut avec lui un très court entretien, après lequel Son Eminence me chargea de la tenir au courant de l'état du malade. Son confesseur habituel vint aussi le voir, et comme M. le curé n'avait pas reçu le saint viatique en même temps que les saintes huiles, il donna à celui-ci, religieux étranger à la paroisse, toute permission pour venir prendre le saint Sacrement à Saint-Michel, en lui disant, avec une pointe de bonne humeur bien conforme à son caractère : « Je suis toujours curé de Saint-Michel. » Ce fut son dernier acte de juridiction ; le lundi 29 novembre, vers les cinq heures du soir, il expirait.

Après l'avoir recommandé à Dieu, je partis à l'Archevêché où je vis Son Eminence et M. l'archidiacre. « Ah ! déjà ! s'écria M. Caron, ce que c'est de nous ! » puis, avec gravité et tristesse : « *Et vos estote parati !*... Pour vous, ajouta-t-il, vous êtes jeune... » Et il m'entretint du détail des obsèques, fixées au jeudi 2 décembre. Dans l'intervalle, l'inventaire sommaire des papiers et fonds appartenant à l'église ou aux œuvres et déposés dans le cabinet et les armoires de M. le curé à la sacristie se fit, après délibération du conseil de fabrique réuni d'urgence, dès le lendemain matin, et deux ou trois membres du conseil voulurent bien procéder avec moi aux constatations nécessaires. La cérémonie des obsèques présidée par M. Caron attira un grand nombre de fidèles. J'en rendis compte dans l'article nécrologique qui parut dans *la Semaine religieuse* quelques jours après, article que je terminai par ces mots, résumé de ma pensée et de mes vœux au souvenir de la vie laborieuse et, dans les derniers temps, éprouvée de M. Lemoine : « Donnez-lui, ô mon Dieu, l'éternel repos, vous qui pesez avec tant d'indulgence et de bonté le travail et la douleur. *Quoniam tu, Domine, laborem et dolorem consideras !* »

Telle était bien ma prière, et telle fut en Dieu ma confiance, lorsque je bénis la dépouille mortelle du prêtre de Jésus-Christ au moment de la mise au cercueil, lorsque je la bénis une dernière fois au moment de la descente au caveau de Montparnasse. On a fait l'oraison funèbre de Bourdaloue en trois mots : « Il prêcha, il confessa, il consola et il mourut. » On pouvait faire celle du curé de Saint-Michel à peu près de même : « Il prêcha, confessa, catéchisa et mourut. » La confession des enfants et le catéchisme absorbaient, en effet, la plus grande partie des journées de M. Lemoine qui fut particulièrement bon aux petits et secourable aux pauvres. Nul doute qu'il n'en ait reçu, dans un monde meilleur, la juste récompense.

Chargé de l'administration provisoire de la paroisse, je n'attendis pas longtemps le successeur du curé défunt. M. Paguelle de Follenay, ancien supérieur du petit séminaire de Saint-Nicolas-du-Chardonnet, ancien aumônier de la maison-mère des Frères de la Doctrine chrétienne, chanoine honoraire, vice-recteur de l'Institut catholique de Paris, se présenta à la sacristie, vers le milieu de décembre, et m'annonça sa nomination de curé de Saint-Michel. Je ne l'avais pas vu depuis dix-sept ou dix-huit ans ! L'usage ne comportant aucune pièce officielle accréditant le curé nommé auprès de l'administrateur provisoire, celui-ci pourrait, à la rigueur, ne pas connaître du tout le nouveau venu ; il pourrait même avoir affaire à un intrus. La fraude serait de courte durée ; mais la mystification serait assez désagréable. M. Paguelle voulut bien me dire qu'il ne serait pas remplacé comme vice-recteur, la personnalité de Mgr d'Hulst, qui cumulait tant de titres et d'importantes fonctions, ayant seule donné lieu à la charge qu'il avait remplie et qui n'avait plus, pensait-il, de raison d'être, Mgr d'Hulst disparu. Il en fut autrement qu'il n'avait auguré, mais il ne dut pas regretter les fonctions qu'il avait abandonnées, ses désirs le portant vers le ministère paroissial qu'il devait désormais exercer. Le successeur de Mgr d'Hulst, Mgr Péchenard, l'installa le jeudi 30 décembre 1897,

et, le lendemain, je lui adressai, au nom du clergé, les vœux de
nouvel an, vœux « bordés de deuil », disais-je, empruntant à
Amyot cette expression, trop juste, hélas ! et que je devais
douloureusement répéter, moins de deux ans après, au successeur de M. Paguelle.

L'ancien vice-recteur se dévoua vraiment à son nouveau
ministère auquel il s'attacha avec intelligence, étudiant sur
place, à l'état concret, ce qu'il ne connaissait jusque-là que
théoriquement, apportant l'utile et précieux contingent de son
expérience dans la partie qui lui était familière : le soin des
enfants, la confession des jeunes gens, les catéchismes, l'instruction religieuse des fidèles. Il s'occupa surtout des hommes,
fonda la « Messe des hommes », messe où il tenait à prendre
lui-même la parole, et il profita, pour consolider le bien commencé, de la bonne influence des exercices de mission qu'y donnèrent les missionnaires diocésains au cours de l'année 1898.

Bientôt la grande question de la reconstruction de l'église
s'agita, quelques signes inquiétants du délabrement de l'ancien
édifice s'étant produits. D'ailleurs, quel contraste entre l'exiguïté
du temple, pouvant à peine contenir un millier de personnes,
et l'importance d'une paroisse de plus de soixante-dix mille
âmes ! M. Paguelle fut plein d'espoir. Il rédigea une *Lettre à
ses paroissiens*, où il annonça qu'il intéresserait l'épiscopat
français à cette grande œuvre, au nom du grand archange,
protecteur de l'église, de l'armée et de la France. Il fonda,
dans cette même vue, un bulletin mensuel intitulé *la Voix de
Saint-Michel*. Sur ces entrefaites, fut remplacé à Saint-Michel
le bon M. Huot.

M. l'abbé Huot était, depuis dix-sept ans, vicaire à la paroisse
quand M. Lemoine mourut. Cette mort l'avait frappé. En
M. Lemoine il avait perdu un ami, d'esprit assez large pour le
comprendre et le traiter avec égard. L'abbé Huot était, en effet,
un type original, connu comme le loup blanc à Batignolles,
discutable dans ses allures, au point de vue des usages ecclésiastiques, mais qui, n'étant pas tout le monde, ne devait pas

être interprété ni traité comme tout le monde. Il avait eu ses heures de succès oratoires, sous l'Empire, ses heures de popularité dans les mouvements politiques, assez de partisans pour grouper autour de son nom, aux élections municipales du quartier des Epinettes en 1897, environ dix-sept cents voix, en face d'un adversaire réputé inexpugnable. Fier de son succès, il en rêva d'autres et fonda, à cet effet, le petit journal hebdomadaire intitulé *le Carillon*, journal politique, littéraire, religieux aussi, en somme très intéressant, dont il fut, on le sut plus tard, le rédacteur en chef, le secrétaire, le gérant, et toute la rédaction. Cet effort, poursuivi toute une année, l'épuisa. La mort de M. Lemoine survenant l'acheva. Il demanda, et obtint, sous M. Paguelle, un congé qui lui permit, sans perdre son titre ni son traitement de vicaire, d'aller quelque temps dans le Midi achever la convalescence d'un mal soigné d'abord à l'hôpital Saint-Joseph, puis à Asnières, chez un ami.

De retour à Paris, il ne put supporter le séjour qu'il avait auparavant choisi et dénommé, un peu ambitieusement, « Villa du Carillon », modeste rez-de-chaussée, un peu froid pour un valétudinaire. Il s'installa à Saint-Jean-de-Dieu, et là fut débattue pour lui et avec lui la question de l'avenir. Déjà remplacé à Saint-Michel, il ne touchait plus le traitement vicarial. L'infirmerie Marie-Thérèse, en dépit de son grand nom et de son beau titre, lui faisait horreur. En attendant, il trouva asile, au sortir de Saint-Jean-de-Dieu, chez une famille amie. Mais le mal aggravé exigeant des soins tout spéciaux, il alla à Lariboisière où l'attirait le renom d'un docteur ami, de préférence à la maison Dubois où il avait passé quelque temps auparavant, et où lui assurait une place son titre de membre de la Société des gens de lettres. Dès qu'il le put, il sortit de l'hôpital pour se fixer à Sainte-Périne, et c'est là que je le trouvai, dans mes dernières visites, toujours gai, malgré la souffrance, comme je l'avais vu à Saint-Jean-de-Dieu et à Lariboisière, refoulant, pour l'instant de l'entrevue du moins, les larmes que, parmi les sourires, on voyait perler dans ses yeux,

De bons paroissiens de Saint-Michel allaient aussi le voir, le consoler, le distraire. Un jour il m'appela, pressé par une délicate préoccupation de conscience. J'y allai, avec un confrère. Il souhaitait communier, mais ne pouvait rester à jeun. Je lui dis ce que je pensais, ce que l'on pouvait faire, sans enfreindre les lois de l'Église, pour satisfaire au pieux désir, et lui nous raconta comment, dans son voyage de retour du Midi à Paris, il s'était préparé à mourir.

En quittant Paris, il avait résolu de faire, avant d'y revenir, une revue de sa vie et une confession générale. Mais Dieu sait combien les obstacles abondent, en voyage et partout. Le bon abbé était déjà en route pour revenir qu'il n'avait point encore réalisé sa promesse ; mais, en homme d'honneur, il voulut l'accomplir avant de toucher Paris. Un arrêt à Bordeaux lui en fournit le moyen. C'était le soir, et il faisait un temps affreux. Il se jeta dans un fiacre et se fit conduire, à l'extrémité de la ville, à un couvent de Capucins. Avec la bonhomie franche du vieux routier de la vie et la foi humble et profonde du bon prêtre, fidèle à son Dieu, il s'entretint avec le Père envoyé par le Père gardien pour l'entendre. L'abbé se confessa : ils pleurèrent tous les deux, et le voyageur reprit le train de Paris. Après cela il pouvait mourir en paix. Des suffocations, l'insomnie, la tristesse de la solitude le vouaient à une fin prochaine. Sans appeler la mort, il s'y attendait, et il s'y résignait, confiant en Dieu, sinon aux hommes, et se gardant bien « de se plaindre de la bonne Providence du bon Dieu », ainsi qu'il disait, essayant de faire du bien autour de lui, à Sainte-Périne, et il en fit. Peu de jours après notre visite, il fut trouvé mort dans son lit, de la rupture d'un vaisseau sanguin dont le flot l'avait étouffé. Les funérailles eurent lieu à Saint-Michel. En le conduisant au cimetière et en bénissant sa tombe, je répétai une fois de plus la prière dite sur le cercueil du curé qu'il avait aimé : *Quoniam tu, Domine, laborem et dolorem consideras !* Heureux qui a reçu la foi dans son enfance ! Heureux qui a vécu près de parents pieux ! Heureux le prêtre qui a recueilli de bonne heure l'exemple d'un sacerdoce saint, comme cet abbé Huot qui avait eu pour oncle un curé mort en odeur de sainteté ! Heureux qui, déçu dans ses illusions d'ici-bas ou dans ses légitimes désirs, revient du long voyage de ses rêves et de ses espérances trompées, comme la colombe de l'arche, dans l'asile sûr du cœur divin ! De toutes ces sources la grâce émane pour sanctifier la vie de ceux qui en ont reçu les célestes effluves, pour sanctifier aussi leur mort.

J'en reviens à M. Paguelle et à sa grande entreprise. Une souscription fut ouverte et M. le curé multiplia ses appels. En même temps, trois projets furent soumis à la commission municipale, le premier pour la reconstruction totale, le second pour l'agrandissement, le troisième pour une simple restauration de l'édifice paroissial. Le devis de 360 000 francs présenté pour la reconstruction totale fut jugé insuffisant pour l'œuvre, excessif pour les ressources de la fabrique ; le projet de reconstruction partielle, supprimant la chapelle des catéchismes pour en ajouter la superficie à l'église agrandie d'autant, fut écarté comme privant la paroisse d'une annexe indispensable, sans compensation suffisante, et engageant dans une dépense encore trop forte, 180 000 francs, je crois, sans compter l'imprévu ; le projet de restauration fut seul admis et réduit, celui-là, à une somme inférieure à l'évaluation primitive, soit environ 90 000 francs. M. Paguelle ne recueillit pas de la souscription le résultat espéré et commença à éprouver des craintes d'insuccès, tout en poursuivant ses efforts. Dans ces conjonctures, un terrain contigu à l'église fut mis en vente, après décès de la propriétaire. Le hasard me fit entrer en relation avec un des hommes de loi s'occupant de la succession qui s'étonnait que personne ne fît des offres au nom de l'église intéressée au premier chef à l'achat du terrain. Cette considération m'amena à prendre connaissance des dispositions principales du cahier des charges qui, primitivement, comportait un lotissement et la possibilité d'acquérir seulement la partie avoisinant l'église,

800 mètres environ, au taux présumé de 80 à 85 francs le mètre. Malheureusement les clauses furent ensuite modifiées, et le terrain ne fut plus mis en vente qu'en totalité, c'est-à-dire pour une valeur dépassant du double celle du lot convoité. Quelques personnes songèrent alors à faire l'achat en commun, et M. Paguelle, à qui j'avais dit quelque chose, m'invita à prendre part à un conseil qui devait se tenir chez lui. Une société civile étant en projet, je fus prié par les personnes présentes au conseil de faire des offres de leur part au notaire désigné pour la négociation de l'affaire. Elles avaient en vue de construire un presbytère sur la partie du terrain non utilisée pour l'église et de tirer de la location des ressources immédiates pour le payement des intérêts de l'argent dépensé dans l'achat. « Vous n'ignorez pas, Monsieur l'abbé, me dit quelqu'un, qu'on construit aujourd'hui des maisons en six mois. » Je l'ignorais d'autant moins qu'une maison de la rue des Apennins, construite dans ces conditions, venait de s'effondrer, un dimanche, et d'occasionner la mort de plusieurs paroissiens de Saint-Michel. L'offre que je transmis au notaire fut jugée insuffisante et on dut se résoudre à y ajouter quelque chose. « C'était auparavant une bonne affaire ; aujourd'hui c'est une bonne œuvre », dis-je au principal membre du comité formé, en lui soumettant l'idée d'une société civile composée de plus de membres, avec mise de fonds respective plus restreinte, par exemple huit personnes dont quatre étaient toutes trouvées, avec apport de 25 000 francs pour chacune. Je ne suivis pas l'affaire et j'appris plus tard que celui à qui j'avais dit cela, et dont la main gauche, sans doute, ignorait ce que faisait la main droite, avait fait la « bonne œuvre » et assuré à l'église la possibilité d'acquérir dans l'avenir le terrain dont elle avait besoin, en en devenant lui même, dans le présent, l'obligeant acquéreur.

Aux conclusions de la commission municipale, il fallait que s'ajoutât la sanction épiscopale. M. Paguelle l'attendait avec quelque impatience, lorsqu'il apprit qu'une circonstance fâcheuse avait empêché l'examen du document officiel dans les délais prévus. Il en fut affecté et aussi de la médiocrité des résultats de la souscription. Il me dit un jour : « Si les paroissiens de Saint-Michel ne sentent pas le besoin d'avoir une église, je me retirerai. Au point où j'en suis, je me répète chaque matin la parole des *Exercices* de saint Ignace : *Oportet me indifferentem esse ad omnia.* » Dieu allait bientôt lui épargner toute épreuve. Il fit la retraite, et je la fis avec lui, à Saint-Sulpice, en septembre. Presque aussitôt après devait se célébrer la fête patronale de Saint-Michel, précédée d'un triduum. Elle devait être présidée par Mgr Lorenzelli, nonce apostolique, qui n'avait pas encore officié pontificalement à Paris. Le mercredi qui précédait la fête, M. Paguelle me fit savoir qu'il prendrait un jour ou deux de repos et qu'il avait, en conséquence, chargé un de MM. les vicaires des instructions qu'il eût dû faire lui-même chacun des jours du triduum. Le samedi, après ma messe, on me dit qu'il désirait me voir chez lui. J'y fus, et je trouvai M. Paguelle au lit. « *Le médecin ne veut pas que je me lève demain,* me dit-il ; *alors, je vous prierai* de recevoir Mgr le nonce et de lui adresser un compliment. — Très bien, lui dis-je. Le médecin a raison sans doute, bien que je ne vous trouve pas mauvaise mine. — N'est-ce pas ? fit-il. — Quant à adresser la parole à Mgr le nonce, est-ce bien nécessaire, puisque vous ne serez point là ? — Ah ! si, reprit-il. Quand un évêque vient dans une église pour la première fois... — Qu'à cela ne tienne. Ne vous inquiétez pas : tout sera fait comme vous souhaitez. »

Le médecin ne veut pas que demain... Ces paroles résonnaient à mes oreilles comme un air connu. Je n'avais pas eu le temps de les oublier depuis deux ans que je les avais entendues, dans des conditions identiques, la veille de la fête patronale, de la bouche d'un curé qui, dompté par le mal, m'abandonnait alors ce qu'il se réservait toujours, sa grand'messe. Elles m'étaient répétées, cette fois, par un curé plus jeune qui, contraint par la maladie, me cédait alors ce qu'il ne m'abandonnait jamais,

son tour de parole. Je chantai donc le lendemain la grand'-
messe, ce que j'avais coutume de faire les jours de fête, depuis
la mort de M. Lemoine. M. Paguelle ne la chantant jamais, à
l'inverse de M. Lemoine. Je fis le prône et, l'après-midi, je
reçus au nom de M. le curé, Mgr le nonce à qui j'adressai le
compliment suivant :

MONSEIGNEUR,

L'absence regrettée du pasteur de la paroisse me vaut l'honneur de souhaiter à Votre Excellence la bienvenue dans cette église. J'en suis confus,
tout en m'en réjouissant. Il y a un an, à peine, cette modeste paroisse de
Saint-Michel recevait la visite du représentant du Saint-Siège que la mort,
si peu de temps après, devait enlever subitement à l'Eglise et à la France.
Elle n'a pas oublié, elle n'oubliera pas les traits de cette physionomie auguste
traduisant si sensiblement l'éminente dignité et, non moins, la suave charité
d'un pontife aimé de tous. Cet honneur, cette consolation, cette édification
profonde, Votre Excellence, Monseigneur, daigne nous les renouveler
aujourd'hui. Soyez-en remercié et béni. Dans la faveur qui nous est faite,
nous apprécions un double bien, un bien que vous nous transmettez, un
bien qu'il vous plaît de nous donner.

Le bien qui nous vient par vous, c'est un rayonnement vivifiant du chef,
du centre et du cœur de l'Eglise, et comme une présence réelle de la papauté
parmi nous. Comme le divin Maître, en effet, vous pouvez dire, et les tres-
saillements de nos âmes font écho à cette parole : « *Et non sum solus, quia
Pater mecum est.* Je ne suis pas seul. Celui qui m'a envoyé est avec moi. »
Celui-là, c'est notre père à tous, et en vous qui le représentez, nous le
saluons, nous le vénérons, nous l'écoutons et nous l'aimons.

A ce bien, Monseigneur, il vous a plu d'en joindre un autre, celui d'une
affection sincère pour le pays où doit s'exercer votre haute mission. Vous
avez bien voulu le déclarer par d'éloquentes paroles en prenant possession
de votre charge apostolique, et je puis dire que vous nous en donnez en ce
moment une preuve dont nous sommes profondément touchés, profondément reconnaissants. Le Saint-Père qui vient de retracer si admirablement
pour le clergé de France, dans la dernière encyclique, l'idéal du pontife et
du prêtre, ne semble-t-il pas avoir voulu accompagner son enseignement
d'un modèle animé et vivant en envoyant, pour le représenter parmi nous,
un pontife riche des qualités qu'avec tant de soin il recommande ? Nous en
sommes reconnaissants et fiers. Qu'il nous soit permis de remarquer,
Monseigneur, et de saluer avec joie, dans l'auréole qui vous couronne, avec
l'éclat des vertus, celui de la science et particulièrement de cette science que
vous avez si supérieurement enseignée, de cette philosophie rationnelle que
prise si fort le Saint-Père, de cette théologie qui « scrute, dit Léon XIII, le
fond des vérités à croire et en montre les rapports avec la raison humaine ».
Cela, avec la charité apostolique que vous nous apportez, Monseigneur, est

un visible et très opportun trésor providentiel que Dieu nous accorde et qui nous fait écrier, avec une triple reconnaissance à Dieu, au Saint-Père, et à vous : *Benedictus qui venit in nomine Domini !* »

L'aimable et gracieuse dignité de Mgr le nonce répandit un charme tout particulier sur cette fête qu'aucune préoccupation sérieuse n'assombrissait, et, en recevant ses compliments de condoléance pour M. Paguelle au moment où, l'office terminé, je l'accompagnais à sa voiture, je n'eus pas la moindre hésitation à le rassurer. Le lendemain, je me présentai au domicile curial pour rendre compte de la cérémonie et prendre des nouvelles : je ne fus pas introduit. Le surlendemain, vers deux heures, allant renouveler ma visite, j'appris que M. le curé venait d'être transporté à Saint-Jean-de-Dieu. Les nouvelles qu'on prit là, les jours suivants, étaient vagues, sans être alarmantes ; on s'accordait toutefois à dire que la convalescence exigerait de grands soins et un repos prolongé dans le Midi. Le dimanche suivant, à l'office du saint Rosaire, je recommandai le cher pasteur aux prières des fidèles et les invitai à entendre la sainte messe que je me proposais de dire à son intention le mercredi suivant, à l'autel et en l'honneur de saint Joseph, patron de M. Paguelle. L'après-midi de ce même jour, j'allai lui porter la bénédiction de la messe, et cette fois j'insistai pour le voir une minute, ce qui m'avait été impossible auparavant. Je fus introduit et je me nommai ; il me reconnut au son de la voix, plutôt qu'en me voyant, car ses yeux vagues et enveloppés de nuages s'ouvrirent à peine, quand il sut que j'étais là ; mais il eut un sourire aimable et un remerciement gracieux quand je lui dis : « Bon Monsieur le curé, je vous apporte la bénédiction de la messe que j'ai dite ce matin pour vous. Bien des fidèles l'ont entendue et y ont communié en l'honneur de saint Joseph, votre saint patron. Vous aviez déjà, n'est-ce pas, une fleur du saint Rosaire que je vous ai envoyée ? — Oui, merci, elle est là. — Maintenant, je ne veux pas vous fatiguer. Ne vous préoccupez de rien. Laissez-moi vous donner une bénédiction en vous assurant de tous nos vœux et de nos meilleures prières. » L'ayant quitté, je me rendis à l'Archevêché. Monseigneur étant absent, je vis M. Caron et lui rendis compte de l'état du malade et lui dis qu'il me paraissait nécessaire de penser aux derniers sacrements. « Mais, ajoutai-je, comme il a des amis intimes qui le voient chaque jour, je pense qu'ils y auront songé. — Dans cette maison de Saint-Jean-de-Dieu, répondit M. Caron, il ne peut manquer des secours religieux. » Deux jours après, le vendredi, une dépêche m'appelait pour assister aux derniers moments du malade. Le P. Soyer, jésuite, l'avait confessé ; M. l'abbé Pisani, chanoine titulaire, son ami, compléta le ministère du Père, récita à genoux près de son lit, les dernières prières auxquelles je répondis ainsi qu'un de ces messieurs de Saint-Michel arrivé en même temps que moi. Ces prières achevées, j'allai en hâte informer M. Caron. « Vous ne m'apportez pas de mauvaises nouvelles ? dit-il vivement en me voyant. — Hélas ! je ne vous apporte pas d'espoir. — Ah ! s'écria-t-il, c'est une grande perte pour Saint-Michel et le diocèse. » Et il me répéta les instructions que, deux ans auparavant, il m'avait déjà données après la mort de M. Lemoine. A trois heures et demie, M. Paguelle Monin de Follenay rendait son âme à Dieu.

Les pouvoirs d'administrateur me furent de nouveau conférés et M. Caron me recommanda de me ménager « parce que, me dit-il, maintenant... » Je ne pensais pas à moi ; mais je le remerciai de sa sollicitude et de sa bienveillance et lui dis que, lui aussi, avait besoin de se ménager pour nous. Il fit un geste d'indifférence à son sort en disant : « Moi, je suis fini. — Je ne le souhaite pas, répondis-je, car... *Decem millia pædagogorum, sed non multos patres.* » C'était le vendredi 6 octobre. Occupé de mesures urgentes pendant le reste de l'après-midi, je revins, le soir, dans la chambre mortuaire, ce que je fis encore le lendemain, samedi soir, au moment de la mise en bière, et m'entendis avec la famille de M. Paguelle au sujet des funérailles qui furent, selon les instructions de M. Caron, fixées et annoncées pour le lundi 9, à dix heures. Cet ordre fut changé ensuite, sur avis de l'Archevêché, pour éviter la coïncidence de cette cérémonie avec celle des funérailles déjà prévues de M. l'abbé de Forceville, curé de Clamart, décédé le 5 octobre.

Un petit mécompte, instructif sur la valeur du reportage, arriva à certains journaux par suite de cette remise de cérémonie. Dès le lundi soir, en effet, on pouvait lire dans un journal « bien informé » que je ne citerai pas, le détail des obsèques célébrées, disait-on, le matin à Saint-Michel, ordre, défilé, importance de l'assistance, etc., tout ce qui, en un mot, eût dû en effet avoir lieu le lundi, mais avait été renvoyé au mardi. D'autres journaux, également « bien informés », ne s'étaient pas fait faute de publier, dès le lendemain du décès, des articles nécrologiques de haute fantaisie où M. l'abbé Paguelle « ancien officier de cavalerie, entré assez tard dans les ordres, fort riche », était représenté comme « ayant voulu prendre à sa charge l'entretien de tous les enfants rendus orphelins par la catastrophe de la rue des Apennins », laissant « le souvenir d'un brave homme qui, pendant la guerre, s'était montré un homme brave jusqu'à l'héroïsme ». Je recevais cet article le 8 octobre ! La fantaisie était là du moins bienveillante. Elle ne l'est pas toujours. Quelle valeur attacher à tant de comptes rendus *imprimés* auxquels nombre de gens croient plus qu'à l'Évangile ! Heureusement le jugement de Dieu n'empruntera rien aux articles des reporters. « Il n'y a qu'un bon jugement, me disait originalement un vieux prêtre alsacien, c'est le jugement dernier. » Heureusement, encore une fois, et puissions-nous trouver là aussi *le bon Juge* !

La cérémonie des obsèques, le mardi, fut belle et touchante. Beaucoup d'ecclésiastiques y prirent part et le cortège fut considérable de l'église au cimetière des Batignolles où fut mis en terre le pasteur regretté.

Avec M. Paguelle disparaissait un prêtre ami des prêtres, de la bouche duquel j'avais entendu plus d'une fois cette parole : « L'abandon qu'on fait des prêtres est le scandale de ma vie. » Et, en effet, il faut que le prêtre soit bien ami de Jésus et Jésus bien ami du prêtre trop souvent isolé misérablement ici-bas, pour que sa vie ne soit pas ou infidèle ou lamentablement désolée en certaines phases affreuses, longues et répétées. « Corromps-toi ! corromps-toi ! Tu ne souffriras plus ! » dit quelque part Musset. Le prêtre entend cela comme les autres. Mais il sait qu'il est *le sel de la terre* pour préserver les autres de la corruption. Comment les préserver, s'il est lui-même corrompu ? O Jésus, soyez-lui le compagnon, l'ami toujours fidèle quand ses amis eux-mêmes, et parfois ses pères, l'abandonnent ! *Tu enim pater noster, et Abraham nescivit nos.*

La mort prématurée de M. Paguelle me toucha ; le souvenir de sa délicatesse attentive, déférante, toujours empreinte de respect, me reste. J'ai la consolation de ne lui avoir jamais fait de peine et de lui avoir quelquefois fait plaisir. Il fut sensible aux vœux du 19 mars 1898, jour de sa fête où je lui offris une azalée rose enrubannée avec cet acrostiche hâtivement improvisés, car j'ignorais la veille que saint Joseph fût son patron :

> **J** e viens, nous venons tous vous dire : Bonne fête !
> **O** uvrez, je vous en prie, vos oreilles, vos yeux.
> **S** ans phrases, j'offrirai la feuille et la fleurette,
> **E** t la corolle rose et son entour joyeux.
> **P** arlez, petite fleur ! Même en restant muette,
> **H** onorez le pasteur ; dites-lui tous nos vœux !

L'année suivante, à la même date, pour varier, j'offris un petit panier rouennais de sucres de pomme et de cerise, avec cet autre acrostiche dispensant d'un long compliment :

> **J** e suis sucre de pomme et sucre de cerise,
> **O** serai-je aujourd'hui me présenter à vous ?
> **S** ans mentir, on me dit de qualité exquise.
> **E** t de fine saveur, et de goût franc et doux,
> **P** renez sucre de pomme et sucre de cerise,
> **H** onorés, trop heureux d'être goûtés de vous.

En gentilhomme de race, M. Paguelle ne dut pas s'offusquer du cadeau. Les sucreries et confitures, on le sait, étaient présents fort honorables au moyen âge, et qui s'offraient aux princes, même aux rois et aux reines, aux juges aussi parfois.

Le petit panier rouennais, qui marquait seulement déférante amitié, n'eût, en tout cas, point enfreint les statuts de Louis XI interdisant de donner à son ami « chose qui piquât », ce qui permit à Chabannes, dit-on, de refuser au maréchal de Gié une épée. Quel plaisir de faire plaisir par un hommage vraiment cordial et sincère ! M. Paguelle goûtait ce plaisir-là, et je me souviens de l'empressement joyeux avec lequel il vint me dire, dans mon cabinet de sacristie, deux ou trois mois avant sa mort : « J'ai vu hier M. X... qui a été *remarquablement gentil* pour vous. Je voudrais pour M. A.... m'a dit M. X..., une paroisse comme Saint... ou Saint... » (deux cures du genre de celles qu'en langage humain on appelle bonnes cures). A quoi je répondis à mon lettré pasteur par un vers des bergers virgiliens, où je changeai seulement le régime en sujet :

> *Me quoque dicant*
> *Vates pastorem : sed non ego credulus illis.*

Le 31 décembre 1898, mon compliment, en prose, m'avait permis de passer en revue, pour en faire l'éloge, les actes administratifs du curé de Saint-Michel et surtout leur tendance intelligente et bienveillante. Il fut assez agréable à M. Paguelle pour qu'il m'en demandât la copie. En voici le texte :

Monsieur le Curé.

L'an dernier, les vœux que le clergé de Saint-Michel avait à vous adresser ne pouvaient rien emprunter d'une connaissance personnelle, puisque votre venue parmi nous datait à peine d'un jour. Ceux qu'il vous adressera aujourd'hui auront cet avantage de s'appuyer sur un passé et sur des relations assez multipliées, puisqu'elles ont été journalières, pour fournir à notre connaissance réciproque le double critérium requis par les plus exigeants, l'observation et l'expérimentation. Ne m'est-il pas permis de constater que ces relations ont été bonnes et que la conclusion de cette tacite enquête que la vie en commun institue parmi les hommes se trouve conforme aux premiers pronostics et aux premières espérances ?

Vous avez, Monsieur le curé, réalisé à l'égard des prêtres de cette paroisse un programme annoncé par vous l'an dernier, formulé autrefois par saint Paul : *Pietas cum sufficientia.* La piété, vous l'avez largement satisfaite selon le goût et les attraits de chacun, et, s'il m'était permis de m'exprimer ici en vieux vicaire de la *Pointe Saint-Eustache*, je dirais que vous avez « *pasteurisé* sans *stériliser* », ce qui est un mérite appréciable. Quant à la *sufficientia*, grâce à votre initiative, tout le monde presque (à l'exception de M. le prêtre habitué et de moi, tout le monde avait vu son traitement augmenté) en a ressenti les bienfaits. Ce *niveau de surface*, aurait dit de mon temps la *Physique* du P. Pinault, donne lieu à d'heureux effets de piston sur les ondes mobiles et sur les volontés dociles. « Qu'il est difficile d'être content de quelqu'un ! » disait impertinemment La Bruyère. Vous avez travaillé à rendre le problème facile. Il est juste que la reconnaissance se mêle ici aux vœux.

Permettez-moi de résumer ces vœux au nom de tous, dans ces deux mêmes mots : *Pietas cum sufficientia*. La piété, je veux dire la satisfaction de vos désirs pieux, la glorification croissante, par l'effet de votre zèle, du grand archange, prince de la milice sainte, qui semble parfois, il faut bien le dire, dormir un peu sur ses lauriers et préférer les honneurs du triomphe sous les portiques célestes aux luttes obscures de cette lointaine et basse terre. Mais voici son excuse, peut être, et c'est ici que je suis amené à vous souhaiter la *sufficientia* : « Vous voulez que je combatte pour vous, semble nous dire l'archange, et vous ne m'offrez pas même une tente où je sois en sécurité. » Et, en effet, les plus braves d'entre nous pourraient dire comme les anciens Francs : « Je n'ai qu'une crainte, c'est que l'église tombe sur ma tête. » C'est pourquoi Saint-Michel vous a montré, Monsieur le curé, ces ruines béantes, jusque-là dissimulées aux regards des gardiens du temple. Un curé *simplement édifiant* ne suffit pas : il nous faut un curé *doublement édifiant*. Nul doute que Dieu ne vous accorde, et pour cela nous l'invoquons, ce qu'il donna à Beseleel et à Ooliab autrefois, et qu'il ne joigne à tous ces dons la grâce d'une santé parfaite, à part la maladie que Symmaque appelait déjà, du temps de saint Augustin, *la maladie de la pierre*, — *Morbum fabricatoris*, — maladie qui, nous l'espérons, sera pour vous bénigne, et, en tout cas, guérissable par le fer. (Le fer devait entrer dans les éléments de construction de la nouvelle église.) Vous dirai-je *ad multos annos* ? J'aime mieux vous dire, Monsieur le curé, en visant le terme de votre grande entreprise, *ad paucos annos* ! Si la *sufficientia* des vicaires ne leur permet pas de doubler la vôtre, ils vous aideront du moins de leur concours zélé, dévoué et pieux.

En souhaitant la « maladie de la pierre », en disant *ad paucos annos*, qui aurait pu supposer, hélas ! que j'étais prophète de malheur ?

Quelques semaines après la mort de M. Paguelle, le hasard d'une rencontre me fit savoir la nomination de son successeur, M. l'abbé Chesnelong, qui fut installé peu après, le mardi 21 novembre 1899.

De mon ministère à Saint-Michel, depuis ce moment jusqu'à celui de mon départ, je n'évoquerai d'autre souvenir que celui de deux distributions de prix, présidées par M. Chesnelong, au catéchisme de persévérance des jeunes filles que j'avais l'honneur de diriger, et qui comptait de quatre cent cinquante à cinq cents jeunes personnes, la première de ces distributions ayant eu lieu le dimanche 10 juin 1900, où je donnai lecture d'une composition intitulée : *Souvenirs de catéchismes* ; l'autre, le 2 juin 1901, où je lus une fantaisie sous ce titre : *Voyage au pays des cloches*, compte rendu d'un concours d'intéressants travaux sur l'un des thèmes suivants : *Eloge de la cloche*, ou *De l'orgue* ou parallèle ou dialogue entre *la Cloche et l'Orgue*, poétique couronnement d'une série d'études sur *les Beautés du culte catholique*.

10 juin 1900.

Monsieur le Curé,

Le plus vieux des persévérants, ici, je crois bien que c'est moi. Me permettez-vous d'évoquer à mon tour, en cette qualité, après ces enfants, et aussi simplement qu'elles, quelques-uns de mes vieux souvenirs de catéchismes, quelques-uns, par conséquent, de mes plus doux et plus chers souvenirs ? Où la grâce de notre vocation sacerdotale, à nous prêtres, vient-elle, pour l'ordinaire, nous chercher, nous parler, et nous marquer, dès l'aurore de notre vie, pour le service des autels, si ce n'est dans ces asiles de la piété innocente et pure de l'enfance ? Je me rappelle encore l'impression que fit sur mon âme d'enfant de huit ans à peine cette belle et grande physionomie sacerdotale que nous avons tous connue plus tard au séminaire, quand le vénéré M. Icard, alors directeur des catéchismes de Saint-Sulpice, vint pour la première fois faire la visite de celui auquel j'appartenais. Je me disais, en le voyant, en l'entendant : « Que c'est beau, un prêtre ! et qu'on doit être heureux quand on ressemble à celui-là ! » Par d'aussi beaux spectacles entrevus à l'aube de nos jours Dieu nous cache souvent les nuages de l'horizon et jette un voile sur les tristesses qui nous attendent dans l'avenir. Mais n'est-ce pas une grâce d'avoir eu au moins cette vision, fugitive mais inoubliable, de la grandeur et de la sainteté du sacerdoce, dès le début de sa vie ?

Que de fois j'ai aimé à me rappeler encore la douce piété, l'amabilité souriante, le zèle enthousiaste et charmant de cette phalange lévitique des catéchistes qui nous instruisaient, que leur bonté nous faisait aimer, que leur soutane nous rendait respectables malgré leur jeunesse et que les blanches ailes de leurs beaux surplis parisiens faisaient si bien ressembler à des anges ! S'il fallait les rechercher aujourd'hui, c'est aux quatre vents qu'il faudrait les demander, à la province comme à Paris, à l'Angleterre, à l'Amérique, à l'Océanie elle-même. Hélas ! c'est aussi à la mort... J'ai connu là, Monsieur le curé, le prêtre qu'à Saint-Augustin vous avez connu, aimé, et dont vous suivez les traces, M. l'abbé Brisset, dont le nom n'est point ici, il s'en faut, celui d'un inconnu. Je n'en nomme pas d'autres dont le souvenir est dans mon cœur également enveloppé d'un crêpe. Que de fois m'est revenue à la mémoire la parole que me dit l'un d'eux au moment où, quittant catéchisme aimé et catéchistes adorés, j'allais entrer au petit séminaire. « Mon petit Henri, me dit-il, il ne faut pas vous attendre à retrouver chez vos professeurs désormais l'affection et la douceur de vos relations avec vos catéchistes. Vous en serez peut-être surpris, mais il faut vous attendre à un grand changement... » Comme il avait raison ! et comme il m'avait bien deviné, celui-là ! Je crois même que lui aussi changea sensiblement plus tard ; il voyagea, devint prédicateur, je le revis un jour, il n'était plus le même. Qu'est-ce que cela prouve, sinon que Dieu nous gâte quand nous sommes enfants, en inspirant à ceux qui le représentent alors auprès de nous des sollicitudes et des tendresses de mère ? Au milieu de toutes ces douceurs qui nous captivent et nous charment et nous font entendre au fond de comme l'âme un écho délicieux de la parole divine : « Ne craignez pas, petit troupeau, car il a plu à votre Père de vous donner un royaume », la foi jette en nous ses racines par la prière, l'exhortation, l'enseignement de la religion sainte.

J'ai dit : l'enseignement. Le meilleur et le plus profitable, le seul que retiennent beaucoup d'âmes, n'est-ce pas celui du catéchisme ? Comme j'étais fier d'entendre parfois, à la suite de mon nom, ou bien de lire sur la couverture de ma *diligence*, — c'est ainsi qu'on appelait alors gentiment les analyses : — « Bon travailleur ». Travailleur de dix ans qui écrivait comme un chat, mais qui n'en a pas moins conservé, et, à l'heure qu'il est, possède encore toutes ses analyses d'écolier, avec tous ses cachets, éclatants ou modestes, quelques-uns d'or, moissonnés sous les voûtes de la chapelle du Péristyle ou de la chapelle Basse à Saint-Sulpice, ou plus tard à la chapelle de Sainte-Valère sur Sainte-Clotilde où résonna, pendant des mois trop courts, la voix délicieuse de l'abbé Péreyve que ceux-là mêmes qui ne l'ont jamais connu se prennent à aimer en recevant la douce et pénétrante onction de ses pages lumineuses comme des clartés célestes et sereines, comme des rêves d'éternité. A trente-quatre ans, il devait quitter ce monde !... Ce que l'enfance ne sait pas assez c'est qu'elle n'aura pas toujours ce qu'elle possède avec insouciance, ce dont elle jouit sans l'avoir mérité.

Quel précieux souvenir encore que celui de ces homélies pieuses que nous adressaient tour à tour nos catéchistes aimés, au tout petit catéchisme, au grand catéchisme, au catéchisme de semaine devant la grande perspective de la première communion, puis à la persévérance ! Il y en avait d'un peu ternes, il y en avait d'éloquentes et de préférées, il n'y en avait jamais que d'utiles et de touchantes. Et puis, les jours de fête, quel plaisir de voir et d'entendre ces présidents choisis qui se faisaient eux-mêmes une fête et un bonheur de venir nous visiter, nous entretenir, nous instruire, nous encourager, s'intéresser à nos travaux, écouter nos billets pompeux, et s'égayer aussi en assistant à nos joutes de dialectique et d'éloquence dans le désopilant exercice des dialogues où, pour ma part, j'ai rempli à peu près tous les rôles, excepté celui d'endormi. J'ai vu là et entendu, entre autres personnages, cet officier de hussards de la garde impériale de Russie, le comte Schouvalow, miraculeusement converti, devenu le P. Schouvalow, barnabite, que Dieu rappela à lui, presque subitement, deux ans à peine après son ordination, puis le vénéré M. Hamon, curé de Saint-Sulpice, Mgr de Ségur, Mgr Chalandon, archevêque d'Aix, M. Mullois, aumônier de l'empereur, M. Duquesnay, plus tard évêque et archevêque, le P. Lavigne, l'abbé Codant. Il n'en est pas un seul dont la parole n'ait laissé des traces dans mon âme. Je n'ai jamais oublié une histoire sur les délais de la conversion racontée par M. l'abbé Bayle, futur vicaire général de Paris, mort depuis dans la force de l'âge.

Je n'ai pas oublié non plus une autre histoire, plus vieille encore, mais d'un tout autre genre et qui m'oblige à changer de ton. C'est l'histoire d'un monsieur qui n'est pas mort et qui, sûrement, ne s'est jamais douté des sentiments que je lui garde. (Il est mort, hélas ! depuis le jour où j'ai écrit ces lignes.) Il était venu au petit catéchisme, présider une fête de Noël (oh ! ce n'était qu'une fête pour les tout petits enfants, et le monsieur n'était pas un gros personnage, je crois même qu'il n'était que diacre ou tout au plus prêtre de la plus récente ordination). Il nous dit qu'en traversant la place Saint-Sulpice il avait vu une foule en fête ; il y avait des étalages de jouets, de la musique et des gâteaux, et, dans sa grande bonté pour nous, il s'était dit : « Il faut que je choisisse dans tout cela de quoi faire un cadeau à ces chers petits enfants. » Je dois dire qu'il ne paraissait pas avoir, comme le philosophe Simonide, emporté tout avec lui : *Omnia mecum porto*, car il avait tout juste un surplis assez plat et pas même, pour l'agrémenter, cette fameuse étole curiale qu'il devait revêtir un jour pour peu de temps, hélas ! car elle lui fut trop lourde (à d'autres elle est légère), et, sans trépasser, il passa en très peu de temps, — je vous le dis tout bas, — de sa cure à une sinécure, dans un chapitre quelconque, à Paris ou ailleurs. Il nous raconta donc qu'il avait d'abord pensé à des sabres de bois. « Mais avec des sabres, mes enfants, même avec des sabres de bois, vous eussiez pu vous blesser. J'ai rejeté, dit-il, cette première idée et j'étais bien tenté d'accueillir la seconde : un tambour ! Ah ! un joli tambour ! Les voyez-vous, me disais-je (c'est toujours le monsieur qui parle), les voyez-vous ces petits grenadiers, marquant le pas, tambours battants ! Ah ! comme cela fera bien leur affaire ! Oui, oui, mais... (il y avait déjà des *mais* dans ce temps-là) que diront les papas ? que diront les mamans ? et les propriétaires ? si, du matin au soir, les enfants brisent les tympans des voisins et des locataires ?... J'ai donc renoncé au tambour », dit le monsieur (comme plus tard fit le général Farre). Je crois bien que si l'air des *Lampions* avait été connu, on aurait tous repris en chœur : « Un tambour ! Des tambours ! C'est des tambours qu'il nous faut ! »

Il était évident que la suprême ressource était du pain d'épice. Si le petit Parisien d'alors était plus friand de gloire, de gloire militaire surtout, que de gourmandises, la perspective d'un beau morceau de pain d'épice, à défaut de gloire, pouvait lui être une fiche de consolation. « Restaient donc, nous dit le monsieur, les bonshommes de pain d'épice. J'étais sur le point de vous en acheter quand je me suis aperçu que la marchande n'en avait pas assez pour tous. Pour ne point faire de jaloux, j'ai pensé à autre chose, et je vais vous donner à chacun... savez-vous quoi ?... un petit miroir ! — Un miroir, allez-vous me dire, mais nous ne sommes pas des petites filles. — Laissez-moi faire et vous allez voir que le miroir que je vous apporte est le plus ravissant de tous. C'est le miroir des vertus du petit Enfant Jésus... » Je goûtai peu la rhétorique du monsieur et le considérai, je l'avoue, comme un fumiste.

À mon tour, j'ai pris place plus tard dans le rang des catéchistes sur ce même théâtre où j'avais été auparavant catéchisé, et bien doux encore, de ces fonctions, de cette époque, sont pour moi les souvenirs. Bien doux, traversés toutefois de tristesses. C'est là que j'ai connu, collaborant à la même tâche, au catéchisme de semaine, à la persévérance, cet ancien officier de marine devenu séminariste, l'éminent et non moins pieux, dévoué et humble abbé de Broglie, qui ne montra sa décoration de chevalier de la Légion d'honneur que le jour où, fait prêtre, il eut à exercer les prémices de son ministère auprès de soldats blessés. J'assistai à son ordination sacerdotale, pendant le siège de Paris, dans la chapelle du Nonce apostolique où quelques amis seulement prirent place, et parmi eux ce noble et grand chrétien qui fut un ami de votre vénéré père, Monsieur le curé, M. Augustin Cochin. Il me semble encore entendre les paroles émues du nouveau prêtre, le jour de sa première messe, dans cette réunion de la Persévérance de Saint-Sulpice que j'eus l'honneur de présider, quand, remarquant la coïncidence de son ordination avec une fête de saint François d'Assise, il ne put s'empêcher de s'humilier devant Dieu à la pensée qu'il acceptait un fardeau qu'avait trouvé trop lourd pour ses épaules le séraphique patriarche resté diacre toute sa vie. Il devait mourir, victime de sa charité, sous des projectiles meurtriers, ce digne et saint abbé de Broglie.

N'y avait-il pas eu un présage des tempêtes de l'avenir dans les circonstances mêmes au milieu desquelles s'accomplirent son ordination, et, à deux mois d'intervalle, la mienne ? C'était l'heure de l'investissement de Paris. Les obus pleuvaient sur nos demeures, sur cette chapelle de la Persévérance des jeunes filles de Saint-Sulpice que j'avais l'honneur de diriger, sur le temple de Dieu lui-même, et cette belle église de Saint-Sulpice où j'avais reçu tous les sacrements, du baptême à la première communion et au diaconat, ne devait pas être celle où je recevrais le sacerdoce. Les engins destructeurs criblant la toiture du temple et menaçant la sécurité des fidèles avaient déjà obligé l'abbé d'Hulst, qui y prêchait l'Avent, à suspendre ses instructions. C'est aux pieds de saint Vincent de Paul, à Saint-Lazare, que nous fut offert un asile et que je reçus l'onction sacerdotale, heureux de ce voisinage de sainteté, triste de voir, au dernier moment, m'échapper ce cortège de souvenirs et d'impressions saintes que j'eusse trouvé à Saint-Sulpice, à défaut du cortège visible et bien-aimé de confrères et d'amis que les événements avaient tous dispersés. Ah ! comme il faut profiter du bien que la Providence nous donne dans l'incertitude où nous sommes si ce bien nous sera laissé !

Et voilà ce que je voulais dire, en votre présence, Monsieur le curé, à ces chères enfants, surtout à celles qui, de votre main, vont recevoir le ruban et la médaille d'Enfants de Marie. Qu'il me soit permis de leur adresser par avance ce mot de l'ange de l'Apocalypse : « *Tene quod habes et nemo accipiat coronam tuam.* Gardez bien ce que vous recevrez et que personne ne prenne votre couronne ! » Il me semble que, si elles les gardent toujours, ce ruban et cette médaille seront pour elles, au milieu des dangers, des tempêtes et des ténèbres de l'existence, le lien et l'ancre du salut jetée du côté du ciel qui les maintiendra sur les flots de l'océan agité et les attirera finalement jusqu'au port. On rapporte qu'à l'époque où un débordement de la mer, un déluge, sépara de la côte le fameux mont de notre illustre archange, le mont Saint-Michel, les habitants de Saint-Vinot, une paroisse aujourd'hui noyée dans la baie de Cancale, cherchèrent un refuge dans la haute et solide église où la Vierge avait un autel enrichi de nombreuses offrandes. Malheureusement ces offrandes étaient toutes des *rachats de péchés* et, tout en les regardant d'un visage indulgent, la Vierge ne pouvait s'empêcher de penser que, sans les fautes qui offensent son Fils, elle n'aurait pas eu ces offrandes. Mais un jour il lui fut offert un voile de pur lin, aussi blanc que la neige, transparent comme les nuées légères que traversent, en s'y jouant, les plus beaux rayons du soleil. C'était l'ex-voto d'un enfant voué à Marie. Or il arriva qu'au moment où la vague montant avait submergé toute demeure, l'enfant seul émergeait sur l'arête du toit le plus élevé, soutenu par sa mère debout elle-même sur le corps submergé de son époux. Mais bientôt la blonde tête disparut et à cet instant la Vierge, fuyant par la plus haute fenêtre, emportait avec elle ses offrandes, le lin, les tissus et les fleurs quand elle vit, sur la cime des flots, l'or de la chevelure enfantine et, tout près, le pli d'une étoffe légère qu'elle reconnut pour la robe de l'enfant. « Cet enfant est à moi », dit-elle, et abaissant sa main vers les boucles flottantes, elle s'apprêta à soulever la douce et innocente épave. Mais, ô surprise ! le corps était pesant, si pesant que la Vierge dut abandonner ses offrandes et s'y mettre à deux mains pour retirer l'enfant. La mère de ses bras crispés le retenait et le père, de la même étreinte, retenait la mère et l'enfant. La Vierge les recueillit tous trois dans un pli de sa robe étoilée, et radieuse prit son vol vers sa demeure éthérée. — Je souhaite qu'il en soit de même pour nos chères Enfants de Marie. Leur ruban et leur médaille aux jours mauvais les garderont, et Marie ne séparera pas d'elles leurs bien-aimés parents quand elle les accueillera dans son royaume éternel.

(Au cours de la distribution un certain nombre de jeunes filles avaient reçu en prix leurs propres analyses sous une reliure de luxe. Un volume me restait, une de nos meilleures enfants manquait. Je remis le livre à M. le curé avec ces mots de souvenir pour l'absente :)

« Il me reste un volume d'analyses à déposer entre vos mains. J'ai lu qu'en certains endroits de Bretagne il était d'usage, le 2 novembre, de mettre à part le couvert de celui qui était mort dans l'année. C'est dans une semblable pensée que j'ai fait ici une place à une absente, Émilie D..., enfant de l'Institution du chemin de fer de l'Ouest, modèle de piété, de simplicité et

de douceur, que Dieu a retirée de ce monde quelques jours avant la fête de
saint Joseph, à l'âge d'environ dix huit ans. J'aurais mis volontiers pour
épigraphe sur ce volume la touchante légende que, dans la primitive Eglise,
comme on le voit aux catacombes, des parents chrétiens aimaient à inscrire
sur le tombeau d'un fils ou d'une fille chérie :

Filius dulcissimus de suo labore sibi fecit.
Travail et fruit du travail de notre enfant bien-aimée. »

2 juin 1901.

UN VOYAGE AU PAYS DES CLOCHES

Le 12 novembre 1900, je venais de faire ma dernière visite à l'Exposition
universelle. Je venais d'entendre pour la dernière fois la rude sommation
des gardiens « On ferme » et de dire le dernier et définitif adieu à ce merveilleux rendez-vous de la science, de l'art et de l'industrie humaine. Je
m'en allais rêveur, regagnant par le long chemin des passerelles (de lugubre
mémoire) le Champ-de-Mars et la très secourable gare de l'Ouest lorsque,
dans l'ombre épaisse d'un passage désert, à l'angle d'un monument la veille
encore fréquenté par la foule, alors silencieux, un personnage étrange me
fit signe et m'arrêta. C'était, — pourquoi différerais-je de vous le dire ? —
c'était tout simplement un bon petit génie.

Des petits génies, il y en avait pas mal à l'Exposition, savez-vous, et
n'était-ce pas justice ? au milieu de tant de grands génies, qui avaient produit ces merveilles, mais il fallait les rencontrer. J'eus donc cette bonne
fortune et comme nul témoin indiscret ne pouvait nous surprendre, sans
peur ni trouble j'écoutai celui qui m'abordait. « J'ai mission de te dire
merci, me chuchota-t-il à l'oreille. — Et de quoi, bon petit génie ? — Des
prières que tu viens de faire. » Il faut vous dire que jamais je ne pensai plus
à Dieu qu'à travers cette Exposition, au milieu de ces machines gigantesques
d'un mouvement si puissant, si harmonieux, si précis, si léger dans sa force,
si élégant dans sa formidable énergie, au milieu de ces incomparables merveilles de l'industrie, de l'art, bref, au milieu de cet univers en petit où
j'admirais l'humanité intelligente, active, laborieuse, et, au-dessus d'elle,
l'idéal divin et vivant qui la crée et qui l'inspire, qui la dirige et la soutient. En arpentant une dernière fois, le 12 novembre, ces routes sillonnées
en sept mois par tant de visiteurs humains, cinquante et un millions,
j'avais éprouvé le besoin d'adresser à Dieu un *Te Deum* d'actions de grâces, un
Miserere aussi, hélas ! pour tant de péchés commis et pour ces pauvres Orientaux infidèles qui n'avaient pas appris au milieu de nous à connaître Jésus-
Christ, un *De profundis* enfin pour ceux que la mort avait moissonnés sur
ces chemins de curiosité et de plaisir, peut-être loin de la patrie, de leur
famille, de leur foyer. Le petit génie avait-il observé le mouvement de mes
lèvres priantes, écouté leur murmure ou bien lu au fond de mon âme ?
Toujours est-il qu'en l'entendant je me rappelai des traits touchants, celui,
entre autres, d'un musulman qui m'avait dit un jour, avec une mélancolie

pénétrante : « Moi je vends les *bénédictions de Mohammed* (des brûle-parfums orientaux). Mais les bonnes, *c'est* celles de Jésus. »

« Quel merci m'apportes-tu donc, bon petit génie? m'écriai-je. — La promesse d'un grand voyage. — Et où donc, bon petit génie? — Au pays des cloches. J'ai remarqué, en effet, me fit-il, que tu écoutais avec charme ce carillon aérien qui, de quart d'heure en quart d'heure, apprenait aux étrangers quelqu'un des airs populaires de la France : *Le temps de la jeunesse passe comme une fleur.* — *Au sang qu'un Dieu va répandre,* — *Ave Maria, car voici l'heure sainte,* etc. Je te régalerai de ces airs-là un de ces jours, et tu m'en diras des nouvelles. » Sur ce, le bon petit génie disparut pour ne plus revenir que vers le 25 mars, fête de l'Angélus. A cette époque, un soir, pour me décarêmer avant le temps, le bon petit génie, après m'avoir un brin lutiné, s'offrit donc à moi pour guide et compagnon de voyage. L'ange Raphaël s'est bien offert à Tobie autrefois sous les traits d'un jeune homme. Je pensai pouvoir accepter, et d'ailleurs, sachez-le pour votre gouverne, quand les petits génies commandent, c'est en vain qu'on voudrait résister. « Vogue la galère ! m'écriai-je, et va pour le pays des cloches ! »

Ah ! mais, c'est que la galère devait voyager dans les airs et voguer comme les pigeons dans les nuages... Je me disais : Quel bateau va-t-il me monter ?... ou dans quel bateau vais-je le suivre?... Point. Rien des bateaux, rien des chemins de fer, ni des automobiles. Rien non plus des ballons. Que voulez-vous? Ce n'est même pas au moyen d'ailes que je devais voyager. Je n'avais qu'à le suivre en le regardant. Lui possédait des ailes, mais le vide qu'il produisait en les agitant m'attirait sans que j'eusse à bouger par aucun mouvement de mes membres, et je planais comme ces oiseaux dont les ailes restent immobiles dans l'espace et qui, par un ressort inconnu, se déplacent sans s'agiter, comme un pur rayon de lumière.

Au bout de quelques instants, le son vibrant de l'airain commença à rapper mon oreille. Il était évident que nous étions arrivés au pays des cloches. Les voir m'intéressait médiocrement ; ce que je souhaitais, c'était de les entendre, mais non pas toutes à la fois. Le bon petit génie le comprit et, doucement, il dirigea son vol vers un village en fête. Il faisait nuit. C'était Noël. Au milieu de blanches maisons un bâtiment sombre s'élève. C'est la prison. Le bon petit génie me dit tout bas : « Ecoute : *Réflexions d'un prisonnier entendant les cloches d'une église.* » J'écoutai, mais j'entendais à peine. Je ne compris que ces mots : « C'est vous, cloches de Noël, qui me rappelez ce passé de mon enfance innocente. Je serais encore heureux aujourd'hui si je n'avais pas suivi les mauvais exemples de ce Mathurin, si je ne m'étais pas lié avec ce Gervais. » A ce nom de Mathurin, je demandai si le prisonnier était breton. « Chut ! souffla le petit génie. Voilà la marraine de la cloche, c'est Camille D... qu'on la nomme. — Mes compliments, fis-je aussitôt, c'est une enfant du catéchisme. » Pendant ce temps-là, le prisonnier, à la fin de son monologue, répétait de toute la force de ses poumons : « Sonnez, sonnez plus fort ! » Il paraît que, bercé par le doux son de ces cloches, il reposa ensuite paisiblement. Le divin Enfant de Noël lui avait rendu la paix. Je n'en fus nullement étonné, n'en déplaise à ce *Mathurin* et à ce *Gervais*.

Le bon petit génie glissa dans un rayon de pure clarté et nous fûmes transportés dans un autre cachot obscur qui s'illumina subitement. Un prisonnier, la tête dans ses mains, l'air triste et abattu, songeait quand, tout à coup, une gracieuse jeune fille apparut et dit au petit génie, qui comprit aussitôt : *Souvenirs d'un prisonnier*, et la douce harmonie se fit entendre, enchanteresse comme l'enfance, suave comme le cantique de première communion, puis triste comme le *De profundis* des deuils, puis allègre et triomphante comme la sonnerie des fêtes. Le prisonnier avait revécu toute sa vie ; il s'était agenouillé, et disait, comme la cloche : *Laudo Deum verum !* « Ah çà ! dis-je au bon petit génie, mais c'est une magicienne. — Quoi ? la cloche ? — Mais non, la demoiselle. — Blanche S..., parbleu ! » fit-il.

Quelle ne fut pas ma surprise d'apercevoir ensuite la longue théorie de visages souriants, dans l'ampleur de vêtements blancs. C'étaient, ma foi, les compagnes de Blanche S..., ayant toutes en main comme un programme de fête. Henriette J..., la première, m'offrit le sien décoré d'un joli dessin, une cloche en branle, sous la verdure d'un souple cordon de lierre, avec ce titre : *Impressions d'un prisonnier au son de l'angélus*. Belle enveloppe de belles pensées. Augustine F..., toute fleurie comme son nom, me fait lire ces deux mots : *la Cloche et le prisonnier*, prisonnier que la cloche sauve en lui rendant la foi et l'espoir en la Reine du ciel. Puis c'est Jeanne E..., qui m'annonce avec du mystère : *Impressions d'un prisonnier en entendant la cloche d'un village*. Oh ! c'est un condamné à mort.. et qui attend l'arrêt fatal ! « Jeanne, que vous êtes cruelle ! — Mais non, Monsieur, me dit-elle. Ce n'est pas moi qui le condamne. Je le console, au contraire. Voyez si vous ne voudriez pas être à sa place. » Et, en effet, ce pécheur est un converti qui se sauve.

C'est égal, ça fait froid aux os... Suzanne R..., je vous en prie, car je vous aperçois, et votre nom me promet une plus riante poésie, apportez-moi un peu de baume, un cordial, un peu de gaieté. — Juste ! Vous avez pris pour titre : *Impressions d'un mondain au son des cloches*. Ah ! je respire enfin et mon lutin de bon petit génie aussi... pas pour longtemps, hélas ! car le mondain est, à son gré, trop sage et pas du tout folichon. « Ah çà ! pourquoi aussi m'as-tu conduit dans cette galère ? lui dis-je enfin avec humeur. — Tout doux ! fit-il : avec les fées bienfaisantes que sont ces marraines de cloches il ne faut qu'un peu de patience pour se trouver enchanté. Voici Suzanne S... Regarde et écoute : *Réflexions d'un prisonnier entendant les cloches d'une église*. L'enseigne y est : trois jolies cloches enrubannées, battant neuf, avec ces trois mots : *Fides, Spes, Caritas*.

Au fond d'un noir cachot, dans une tour obscure...

— C'est un vers cela, mais pas un vers luisant. J'ai peur encore, bon petit génie. — Regarde, l'ai-je dit, et écoute. » Je regarde et j'écoute, en effet. « Un son se répandant en fraîches ondes sur la campagne silencieuse. C'est l'angélus ! » Le prisonnier aussi écoute, et c'est toujours l'histoire de sa naissance, de son baptême, de son mariage et de la mort, et, dans tout ce concert, deux notes qui tombent plus profondes que les autres dans son oreille et dans son cœur : « Espère, expie ! Expie et, finalement, espère ! » J'ai écouté : je regarde. Une larme roule lentement sur la joue amaigrie du prisonnier, et l'ange de l'expiation la recueille pour le ciel. « C'est beau cela, dis-je, bon petit génie. Cela me réconcilie avec la prison. Mais n'en sortirons-nous donc pas ? — Pas encore, puisque voici venir Valentine D.... avec *le Rêve d'un prisonnier.* » Angelo, c'est son nom, à genoux sur la froide pierre, se frappe la poitrine en même temps que le dur battant, au beffroi de l'antique chapelle, redouble ses coups cadencés. Le lendemain, aux pieds du prêtre, le vieux bandit revêtait la robe nuptiale. Lazare était ressuscité, une brebis rentrait au bercail, et, dans le vieux clocher abbatial, l'airain semblait plus joyeux en envoyant à travers la campagne chargée d'enivrantes senteurs l'écho de son léger carillon.

La cloche de Maria L... ne résonne, elle, que le soir, à l'heure où, épuisés de fatigue, les laboureurs rentrent des champs, poussant devant eux leurs troupeaux dont les bêlements plaintifs, avec les aboiements des chiens, forment un concert discordant. Son prisonnier, à elle, écoute les sons argentins, signal de la prière pour tous, et mêlé en esprit à la troupe priante des travailleurs fidèles à l'angélus du soir, lui aussi se frappe la poitrine et demande à Dieu son pardon.

Est-ce le même prisonnier qu'Yvonne du S... invite à implorer Marie, au cours de ses *Réflexions d'un prisonnier en entendant le son des cloches d'une église* ? Il avait oublié l'*Ave* ; il le retrouve quand la cloche de l'angélus l'épelle, et, à genoux, comme autrefois lorsque sa mère lui faisait joindre ses petites mains, il dit avec confiance : « *Sancta Maria*, priez pour nous, pécheurs ! » et il s'endort d'un doux sommeil goûté pour la première fois depuis longtemps.

C'est l'heure du crépuscule ; les moissonneurs reviennent des champs ; les faucheurs la faux sur l'épaule, les faneuses leur panier au bras, chantent de gais refrains. Tout à coup les chants cessent, et faucheurs et faneuses se signent ; c'est l'angélus qui sonne, et c'est Yvonne V... qui va en diriger les ondes harmonieuses vers la prison de ville, car elle aussi, dans son zèle d'apôtre, veut exploiter les *Réflexions d'un prisonnier en entendant les cloches.* « La cloche, messagère établie sur les frontières du temps et de l'éternité, n'exerce-t-elle pas, nous dit-elle, au sein des populations qui l'entendent, le rôle et la puissance du prédicateur ? » « Étrange religion qui, au seul coup d'un airain magique, peut changer en tourments les plaisirs, ébranler l'athée et faire tomber le poignard des assassins. » C'est Chateaubriand qui a dit cela ; c'est aussi vous, Yvonne V... Étrange religion, c'est vrai. N'est-ce pas qu'il faut entendre, comme votre prisonnier, divine ?

> Cependant sur ces murs l'obscurité s'abaisse,
> Leur deuil est redoublé, leur ombre plus épaisse.
> Me trompé-je ? Écoutons : sous ces voûtes antiques
> Parviennent jusqu'à moi les échos des cantiques.

C'est signé : Amélie R..., *Réflexions d'un prisonnier entendant les cloches
d'un monastère*. Et les cloches sonores redisent leurs cantiques...

> Sous ces voûtes le son expire lentement,
> Et quand il a cessé, l'âme en frémit encore.

Frémissement de foi, d'espérance et d'amour qui remue l'âme du prisonnier et bientôt l'aide à s'endormir dans un rêve de paix.

J'étais touché, et malgré tout l'air des prisons me suffoquait. « Trop de
prison, trop de prison, m'écriai-je, bon petit génie ! Emporte-moi ou je suis
mort. » D'un coup d'aile il franchit l'espace et me déposa sur un rocher,
au milieu d'une mer immense qui me sembla rouler des foudres, selon
l'expression d'un vieil auteur décrivant la baie d'Arcachon. « Elle ne roule
pas des foudres, elle roule un cadavre aujourd'hui », me dit mon lutin
d'ami qui savait son Victor Hugo. J'allais le questionner quand il me dit :
« Prends garde et prépare-toi à saluer une grandeur déchue. » J'étais
à Sainte-Hélène, devant le grand Napoléon. Le cadavre que les flots semblaient rouler ce jour-là, l'empereur le connaissait bien, et son âme oppres-
sée portait mal le poids du remords, quand l'angélus sonna au clocher de
l'aumônerie. Il s'arrêta soudain, l'*Ave Maria* monta de son cœur à ses lèvres
et quand les dernières notes se furent égrenées dans l'espace, Napoléon reprit
d'un pas plus calme sa promenade interrompue. Cette entrevue du plus
grand homme de guerre du monde, ému au son d'une cloche, fut un très
grand bonheur pour moi. Le bon petit génie s'en montra lui-même assez
fier, car les Anglais jaloux ne laissaient accéder personne, et mon guide aérien
n'avait pu atterrir qu'en montrant un laissez-passer signé : Marguerite E...

Pour me récompenser de ma longue patience, car si j'aimais les cloches
j'aimais moins les prisons, le bon petit génie m'emmena, à travers le murmure divin de harpes éoliennes, formé par le chassé-croisé des vents, dans
une enceinte immense, toute close de cristal. Là, dans une discussion cour-
toise, la cloche et l'orgue, se faisant entendre tour à tour, devaient soutenir
leur prétention respective à la suprématie instrumentale dans le culte religieux. Chaque cloche avait une marraine ; chaque marraine fut une avocate,
et je vous prie de croire que l'orgue, qui se défendait seul, eut singulièrement
à faire. Une des premières que je rencontrai fut la cloche d'Alice M... Sa
plaidoirie fut éloquente, poétique et logique à la fois, et quand elle eut
énuméré les sublimes fonctions de la cloche. — *Laudo Deum verum*, —
Defunctos ploro, — *Plebem voco*, — *Signo dies*, — *Noto horas*, — *Compello
fulmen*, — j'avoue que je fus de son avis. Dans ma pensée je donnai la
palme à la cloche. « Baste ! me dit à l'oreille le bon petit génie, qui n'entend
qu'une cloche n'entend qu'un son. — C'est pour cela que je veux en entendre d'autres, répondis-je, — d'autres cloches et même d'autres orgues. »

Une gracieuse marraine, avocate aussi, Jeanne G..., m'offrit un nouveau
Parallèle entre les cloches et l'orgue. Elle fit chanter la cloche du village,
le matin, à midi, le soir d'une journée d'août. Oh ! le soir « qui ramène le
silence », pendant que les ombres grandissent tombant du haut des montagnes, et alors la cloche de l'angélus qui tinte, faisant taire les nids querel-

leurs où les petits des oiseaux semblent se disputer l'oreiller moelleux du duvet. Oh ! Jeanne l'avocate, encore une fois, vous avez triomphé. Faites parler, tant que vous voudrez maintenant, après la reine des airs celui que vous nommez le roi des temples sacrés. Mon siège est fait. Vivent les cloches ! Je dirai seulement comme vous : « Gardez-nous, ô Marie, la pureté, pour nous permettre de goûter toujours ces beautés qui ne sont point faites pour le cœur souillé ! »

Que pense de tout cela la marraine avocate Léonie S... dans son *Dialogue entre la cloche et l'orgue* ? Oh ! là, pas de conflit. Il n'y a là qu'accord parfait. Pas de querelle, certes. On dirait une conférence dialoguée entre un curé et son vicaire. On n'entend que des *Ainsi soit-il !* Louis XIV rencontrant dans un passage étroit deux dames qui se disputaient le pas disait pour les accorder : « La plus folle passe la première. » Ici, le roi, sans discuter, cède le pas à la reine. J'ai peur que cela continue par intimidation ou excès de courtoisie, et je demande au bon petit génie de changer de milieu, s'il se peut. En un clin d'œil mon vœu est exaucé et nous voici, loin de l'enceinte de cristal, sous les voûtes gothiques de la vieille Notre-Dame, un soir de fête, à l'heure où les fidèles viennent d'évacuer, à regret, la nef où ils ont prié ! Sur un transparent lumineux où se déroule un groupe de notes traduisant pour les yeux les barcarolles de cloches lointaines, dans l'encadrement délicieux d'un bouquet d'églantines fraîches comme un sourire d'enfant, je lis : *Dialogue entre l'orgue et la cloche*, signé cette fois Cécile L... L'orgue chante divinement pendant que, là-bas, la petite lampe du sanctuaire, sortant de son assoupissement, semble vouloir harmoniser sa lueur vacillante avec le rythme de l'instrument sacré. Puis le silence se fait, où les échos seuls parlent, chuchoteurs et mystérieux, laissant aux cloches le temps de s'ébranler. Un instant a suffi et les vibrations aériennes lancent leurs notes joyeuses dans la sérénité de l'espace et le silence de la nuit. Elles rappellent qu'elles sont à toutes les étapes de la vie du chrétien, au baptême, à la première communion, et, pour comprendre tout, l'agonie et le trépas, quelques notes succédant à la sonnerie joyeuse éclatent à l'instar de sanglots. Une fois encore, pour moi, l'orgue est vaincu par cette voix puissante, voix entendue de tous, voix d'en haut, voix de Dieu.

Il me semble qu'ici le roi des instruments n'ose plus ambitionner que l'égalité d'honneur dans un rôle parallèle. Si quelqu'un pouvait m'ébranler dans une conviction aussi forte, ce serait vous, peut-être, marraine de la cloche et avocate de l'orgue, j'ai bien dit, n'est-ce pas ? avocate de l'orgue, Yvonne D... Par vos lèvres l'orgue s'affirme magnifiquement : « Je suis un orchestre et un chœur ; il y a dans mes notes, à la fois, le bruissement immense des forêts et la plainte éternelle des océans. » C'est vrai ; mais n'avez-vous pas dit, au nom de la cloche, votre filleule, ces mots non moins éloquents : « Mon tintement est un cri de sentinelle que tient éveillée la pensée du salut commun » ? Vivent donc, et au-dessus de tout, les cloches !

Le bon petit génie, je le crois bien, était de mon avis. Par une délicate attention, avant de m'emmener hors de la basilique, il avait fait signe à une artiste de choix qui mit en scène, en ma présence, dans un dialogue où la philosophie, l'érudition, l'histoire se mêlaient à la poésie et à l'art, l'orgue et la voix humaine. Jeanne O... l'artiste en question, avait retenu captifs les accents du prédicateur et les derniers effluves du roi des instruments, à la sortie de Pâques. Vous dirais-je que les prétendants se mirent tout de suite d'accord ? Je ne pourrais le dire sans mentir. Aigres-douces furent presque les récriminations de l'aînée, la voix humaine, à l'égard du frère puîné, l'orgue, un peu vaniteux, je l'avoue. En gens très philosophes, au fond, les plaideurs finirent par s'entendre, reconnaissant que la discorde n'a pas sa place au sanctuaire. Pour mettre un peu d'huile sur la plaie et de baume au cœur de cette pauvre voix humaine méconnue, Blanche R... la fit chanter, — Jeanne O..., si je ne me trompe, l'avait fait seulement parler, — et dans ces conditions, elle lui décerna généreusement la palme. (Il faut vous dire tout bas que, contrairement aux règlements, c'était une dame qu'elle avait fait chanter au grand orgue de Notre-Dame.)

Il vous semble, n'est-ce pas, qu'après tous ces débats je pouvais connaître les cloches et en parler ? Détrompez-vous. Pour bien juger les gens, il n'est tel que les entendre se juger entre eux, et c'est ce qui me restait à faire. *Dialogue des cloches entre elles* : voilà le programme que j'entends annoncer. Quatre cloches sont en présence. L'anonyme (L. M.) qui les fait parler, avec grand appareil, ma foi, leur donne un air grandiose, martial, et à la fois *bon enfant*. Jugez-en. « Pour lui (pour Dieu), dit l'une, nous devons vivre et nous devons chanter. » « J'étais, dit l'autre (fameux bourdon fondu avec le bronze des canons de Sébastopol), j'étais la voix qui gronde et qui jette la mort dans les rangs humains. Quel bonheur d'être maintenant la messagère de la paix ! » La troisième, qui sonne un mariage, dit bonnement aux bonnes gens : « Allons, soyez gais, petits ouvriers. Entrez en ménage sans trop de souci. » N'est-ce pas charmant ? *Dialogue des cloches*, dit une autre marraine, Georgina D..., aux abords de la cathédrale, toujours le soir de Pâques. Il y en a quatre, mais ce jour-là, la quatrième est muette. C'est celle de la mort. La cloche du baptême, la cloche des mariages, la cloche de la prière font si bien qu'elles déterminent cette dernière à se réjouir aussi en souvenir du Dieu vainqueur de la mort.

C'est dans la campagne que nous nous retrouvons avec Madeleine S..., qui dort au pied d'un chêne, tandis que les cloches bercent ses rêves dorés. Une seule cloche est triste, elle s'appelle la cloche des larmes, mais sa tristesse est une compassion qui ne va pas sans espérance. C'est donc une tristesse aimée, et je vais la retrouver bientôt sous la forme mélancolique d'un passé d'innocence évanoui et rappelé par la voix de l'airain à l'âme frivole d'une mondaine que Louise P... fait parler. Je vais la retrouver surtout dans la poétique peinture qu'inspire à Lucie G..., *le Langage des cloches*, cette phrase d'Eugénie de Guérin : « Berceaux, cercueils, ciel, Dieu, elle annonce tout cela », la cloche. « Elle resserre les liens de la fraternité d'un même peuple. » C'est un beau point de vue encore. « Le voyageur surpris par l'avalanche l'entend avec espoir », etc. Une prière émue, je ne m'en étonne pas, consacre ces beaux sentiments : « Que l'Esprit-Saint inspire cet instrument de louange, comme la harpe de David ! »

Qu'elle est touchante aussi, dans sa mélancolie chrétienne, cette voix de *la Cloche compagne de l'homme*, évoquée par Adèle G... qui déroule le poème de la vie, le baptême, la première communion, le mariage, et puis la mort de l'un des deux, — ici c'est la mort de l'épouse, — et après cela, pour l'autre, l'unique consolation en Dieu !

Ce que disent les cloches, Jeanne B... nous le racontera avec les mêmes accents émus, avec le même pressentiment de l'ivresse qu'apportent aux élus les cloches du paradis. Adrienne C..., que je suis dans les champs, me touche, je l'avoue, quand elle me dit : « Lorsque Jésus-Hostie quitte son tabernacle, traverse les campagnes et bénit les moissons, c'est au son de la cloche que les bons paysans quittent leurs hameaux, et, comme autrefois les peuples de la Judée, se pressent sur son passage pour recevoir sa bénédiction. » Quant à sa compagne Jeanne A..., dans *le Chant des cloches*, c'est un philosophe profond qui disserte très solidement sur le rôle moralisateur des cloches. Je lui vote une chaire au Collège de France. Yvonne G... n'a que quatre couplets, mais le souffle poétique qui les anime est le même qui fait vibrer ses cloches de l'angélus, et de l'hymen, et de la mort, et des combats. « Cloche d'airain, que sonnes-tu ? » dit-elle. La réponse est hardie autant que la question. « Par le tocsin, le courage et l'espoir. » Ce dernier couplet sent la poudre. La pieuse prose de Blanche R... sent l'encens, la foi, la charité, l'espérance, l'espérance même dans la mort. Antoinette D... partage en quatre les rôles confiés à ses cloches. A celle du baptême, elle confie les accents joyeux ; à celle des offices, l'allégresse empressée et pressante ; à la cloche des mariages, elle recommande la gravité (par système de compensation, sans doute, aux petits ménages de tout à l'heure qui s'en vont, bras dessus, bras dessous, sans souci). Elle compte enfin sur les salutaires impressions de la cloche des enterrements, et ici sa pensée est juste et ses lignes touchantes.

Et maintenant c'est l'heure du retour aux pénates. C'est même grand temps, j'y pense, car voici la Semaine sainte et les cloches vont aller à Rome où je ne saurais les suivre. Le cycle aérien de mon ailé compagnon nous ramène par la belle campagne. Le soleil est au-dessous de l'horizon. Un clocher lointain apparaît et là-bas, déjà, c'est la nuit. C'est un joli spectacle, n'est-ce pas ? La Parisienne que j'aperçois le sait, et, vite, elle a reproduit par la photographie l'admirable peinture de Millet, *l'Angélus*, auquel, dans son goût artistique, elle donne pour pendant *le Baptême d'une cloche*. Nous avons ainsi deux tableaux signés : Marie M...

Ah ! la charmante histoire que va tout à l'heure nous conter Joséphine D... dans ce coin de la terre d'Afrique où le vent vient de nous pousser. Au fait, nous n'avons qu'à regarder. La scène se passe, en effet, sous nos yeux. « Que fais-tu là, terrien ? dit un officier à un petit zouave pensif qui fixe obstinément la terre, tournant le dos au spectacle de la mer tout ensoleillée. — Ce n'est pas pour voir que je viens ici, c'est pour entendre, répond-il. De la Goulette ici il n'y a qu'une « sabotée » ; quand je ne suis pas de service, je m'offre cette « balade », j'entends la cloche de Ben-Saïd et je crois entendre la cloche de chez nous. Les yeux fermés, je revois mon pays, les

parents, les amis, et cela me console. » Petit zouave nivernais, rêve encore,
rêve toujours. — Quant à moi, il me faut partir, et vite, si je veux
m'embarquer, à condition toutefois que tu le permettes, bon petit génie.
— Et comment donc ? fait mon lutin. N'entends-tu pas la sirène qui hurle,
et *la Cloche du bâtiment* qui presse d'appels redoublés les retardataires
insouciants. C'est encore une de ses fonctions de charité qu'elle remplit là,
la cloche, avec tant de zèle. Sais-tu qui la donna à ce beau navire en
partance ? Tu pourras le lire sur l'airain : c'est Angèle S... »

Si pressé que je fusse, je m'arrêtai encore, l'œil en l'air, au risque de me
casser le cou, devant une banderole blanche, balancée sous la courbe
gracieuse d'un arc de clochettes, et où se lisait ce mot : *Souvenirs !* C'était
bien le moment de recueillir les miens. Pouvaient-ils être plus gracieux,
plus pénétrants, plus doux, plus salutaires que ceux d'Alice C... dont je
lus furtivement quelques lignes seulement : « Un soir d'été j'errais dans la
campagne. J'avais vingt ans, l'âge des illusions, et hélas ! il semblait qu'il
n'y en eût plus pour moi. » Son pied foulait les genêts dépouillés de leurs
fleurs d'or, les herbes alanguies, penchées sur leurs tiges desséchées, image
trop fidèle, pensait-elle, de la vie triste et désolée. Tout à coup, l'angélus
sonne à la vieille église du village. Alors elle redevient petite enfant sous la
parure blanche de la première communion, et « je songe en même temps,
dit-elle, au jour où la cloche sonnera pour moi le glas funèbre. J'étais
vaincue. Dieu fit le reste. »

Jusqu'au bout j'aurai des surprises. À l'heure même où la cloche me
presse, un tableau délicieux me tire l'œil. Du sein des nuages où brille le
nom de Dieu émergent trois cloches peintes en bleu, en rouge, en noir,
portant gravés ces noms : *Gaieté, Allégresse, Tristesse.* Des lianes gracieuses
encadrent le clocher aérien et, pendante à l'extrémité, une clochette ouvre
vers la terre son calice évasé d'où s'échappe ce mot semé comme une poussière de fleurs et vaporeux comme un parfum : *Espoir !*

> Tinte l'Espoir,
> O petite clochette,
> Timide violette,
> Tinte l'Espoir !

Merci, Julia D... ! Je m'en vais avec votre horoscope. Merci à vous toutes,
chères enfants ! Mais quoi ! en ai-je oublié une ?... et me voici déjà sur le
pont balancé, voguant vers les rives de France ! Oh ! pardon, enfant de
Marie, Georgina R..., qui jetiez tout à l'heure à mon petit génie un si mi-
gnon bouquet de myosotis avec ce mot : *la Voix des cloches.* Chantez sur le
rivage ; moi, sur les flots, je chanterai comme vous :

> Céleste voix, toujours, vers la sainte Patrie,
> Encourage mes pas vers mon Dieu, vers mon Roi.
> Toi qui sonnais joyeuse au jour de mon baptème,
> Qui vibrais dans les airs pour ma communion,
> Tu sonneras encore à mon heure suprême
> Pour fêter mon entrée dans la sainte Sion !

Mes plus sincères sympathies restent à cette honnête et laborieuse population de Batignolles où, maintenant encore, puisque je ne l'ai pas quittée, le salut discret des passants, la bonne poignée de main des braves gens, le gracieux sourire des enfants me consolent de mon demi-exil. Sous l'apparente indifférence de ces passants embesognés et souvent besogneux, s'est révélé à mes yeux, bien des fois, un fond de religion, de respect et de dévouement inattendu et touchant.

Les historiens de Pie VII racontent que, quittant Chalon-sur-Saône, il se trouva, au moment où il gagnait son carrosse, tellement pressé par la foule que les deux gendarmes qui l'escortaient ne trouvèrent d'autre moyen de le protéger que de le faire marcher entre leurs chevaux, et ces braves hommes se félicitaient de leur petite habileté lorsqu'une jeune fille se précipita sous les chevaux pour baiser le pied du pontife qu'elle retint un instant pour le faire baiser à sa mère. Sur le point de perdre l'équilibre, le bon pape s'appuya alors contre l'un des gendarmes, contre celui, racontait Pie VII lui-même, *dont la figure n'était pas la plus sainte.* « Signor dragon, lui dit-il (c'est ainsi qu'il appelait nos gendarmes), ayez pitié de moi ! » Et voilà que ce bon dragon, *qui n'avait pas la figure la plus sainte,* se saisit à son tour des deux mains du pontife pour les baiser avec effusion plusieurs fois. Fiez vous donc à la mine ! dit après cela le narrateur, le chevalier Artaud de Montor, chargé d'affaires de France, qui le tenait du vénéré pontife lui-même, et nous disons comme lui. Ce trait touchant et la consolante conclusion qu'il comporte me sont plus d'une fois revenus en mémoire au contact de la bonne et très intéressante population de Batignolles.

Dans les longues marches, on a besoin, de temps en temps, de faire halte pour respirer, pour voir aussi où l'on en est. Il en est de même dans le voyage de la vie. Les saints eux-mêmes les ont connues ces haltes ; c'étaient même de douloureuses régressions qu'imposaient parfois à leur héroïsme ces singuliers accidents que l'interprétation profane appelle des fatalités.

Saint Romuald, par exemple, ne fut-il pas obligé de renoncer deux fois, et définitivement, à ses projets de mission en Pannonie, par suite d'une maladie qui redoublait quand il se mettait en campagne, disparaissait quand il revenait ? Et saint Camille de Lellis ne fut-il pas forcé de quitter, à deux reprises, lui aussi, et finalement tout à fait, le couvent de Capucins où il avait ardemment sollicité d'être admis, vaincu par un mal de jambe qui s'aggravait aussitôt qu'il satisfaisait sa ferveur ?

D'autres fois, sans y être contraints par d'absolues nécessités, usant du droit de leur conscience dans le besoin de solitude et de repos d'âme, les saints les plus apostoliques eux-mêmes l'ont souhaitée, cette halte, et souvent l'ont réalisée. Tel, saint Grégoire de Nazianze venant de ramener à l'orthodoxie la ville de Constantinople et, à la suite de ce succès, voyant la discorde éclater parmi les évêques qui eussent dû s'en réjouir, s'éloignant et disant comme Jonas : « Si c'est à cause de moi que cette tempête s'est élevée, jetez-moi à la mer et cessez d'être ainsi ballottés. » Tel, saint Magloire quittant son évêché de Dol parce qu'il ne pouvait supporter les guerres et dissensions des comtes bretons. Tel M. Vianney qui, par deux fois, voulut abandonner sa cure d'Ars. La dernière fois, un an avant sa mort, il ne revint sur son projet que devant des représentations plus qu'instantes. On lui rappela le mot de saint Philippe de Néri qui, pour être plus assidu au confessionnal, n'avait pas, pendant quarante-quatre ans, une seule fois quitté Rome : « Je serais déjà à la porte du paradis que, si un pécheur réclamait le secours de mon ministère, je laisserais toute la cour céleste pour l'entendre. » Le saint curé d'Ars voulait, disait-il, mettre le bon Dieu *au pied du mur* et pouvoir lui répondre : « Si je suis mort curé, c'est vous qui l'avez voulu et il n'y a pas de ma faute. » Il faut bien reconnaître que, parfois, c'est le bon Dieu qui, à son tour, nous met *au pied du mur* en exauçant nos indiscrets désirs.

Pour d'autres que les saints, des nécessités diverses peuvent imposer cette halte, reposante et à la fois pénible à l'élan de la bonne volonté, à l'ardeur de l'activité : accidents de santé, raisons administratives, deuils de famille, que sais-je ? Quand l'une ou l'autre de ces causes inflige au prêtre un changement de vie, la cessation définitive ou momentanée des occupations qui ont absorbé jusque-là ses pensées, ses sentiments, ses forces, ce peut être pour lui une difficile, parfois même une terrible épreuve. C'est alors qu'il a à pratiquer l'art dont saint Paul donnait l'exemple et la leçon lorsqu'il disait : « *Scio humiliari et abundare et penuriam pati*. Je sais être humilié, être dans l'abondance et dans la privation. »

Au commencement de septembre 1901, les circonstances m'amenèrent à demander à Son Éminence un successeur à Saint-Michel. Son Éminence voulut bien acquiescer immédiatement à mon désir et m'accorder un congé de deux mois. « Je suis loin, m'écrivait-elle, de me désintéresser de votre avenir. »

Ces paroles faisaient suite à de nombreux témoignages de bienveillance de Son Éminence qui avait daigné m'écrire antérieurement qu'elle me verrait avec beaucoup de regret quitter, même momentanément, le ministère paroissial, le ministère actif, et m'invitait à attendre l'heure de la Providence. De mon côté, je n'avais pas dit, loin de là, un adieu définitif au ministère paroissial. Mais l'homme propose et Dieu dispose et, malgré nos désirs et nos bonnes volontés, *non omnia possumus omnes*. (Virg. Ec. VIII.)

Le respect et la crainte
Ferment autour de moi le passage à la plainte.
(Racine, *Bérénice*, II. 2.)

L'année 1901 ne se passa pas sans un double deuil pour Saint-Michel. Le 29 décembre voyait, en effet, disparaître, en même temps et subitement, M. l'abbé Bureau, archidiacre de Notre-Dame, et un bienfaiteur laïque des œuvres de Saint-Michel, ayant fourni un concours essentiel au comité de reconstruction de l'église. Cette double mort me frappa. Plus d'une fois, depuis le 29 décembre 1901, je me suis agenouillé sur la tombe du vicaire général, proche de celle des miens au Montpar-

nasse, et s'il est donné aux défunts d'apercevoir ici-bas ceux qui
viennent prier à leur dernière demeure, il a dû compter de ma
part plus d'assiduités près de lui après sa mort que pendant
sa vie. Le 9 février 1902, Son Eminence daigna m'inviter à
venir m'entretenir avec elle, et dans cet entretien m'offrit une
stalle de chanoine prébendé qu'elle avait déjà daigné m'offrir,
trois ans auparavant, sous M. Paguelle. Je lui demandai la
permission de décliner de nouveau cet honneur. Depuis ce jour,
mon nom figure à l'*Ordo* de Paris dans la liste des prêtres en
congé ou en retraite, liste voisine du nécrologe et qui m'en
parut toujours la préface bordée de deuil. — nécrologe avant
la lettre [1].

Mais le livre d'un prêtre doit se fermer sur l'espérance.

A ces voisins du *nécrologe*, il reste encore un moyen de
servir, un moyen aussi d'être consolés.

Quand saint Étienne le Jeune, dans cette île de la Propontide
où l'avait relégué Constantin Copronyme, entendait gronder la
tempête, il tombait à genoux, et pensant aux matelots : « O
mon Dieu, s'écriait-il, que d'hommes aux prises avec la mort ! »
Et répondant à sa prière, Dieu soudain apaisait les flots ou
dirigeait vers lui les navigateurs en détresse qui, plus d'une fois,
le remerciant comme un ange tutélaire, témoignèrent l'avoir
vu, au plus fort de la tourmente, tenant en main le gouver-
nail et conduisant leur vaissau vers le port. Image touchante
de ce que peut la prière sacerdotale quand, dans l'isolement
de sa vie, l'oint du Seigneur ouvre son âme aux reflets des
humaines misères, son cœur aux contre-coups des catastrophes
du monde, pour demander à Dieu ou secours ou pardon. Qui dit
que, dans sa solitude et au sein de ses tristesses, il ne lui sera pas

---

1. C'est même comme « en retraite, à Paris » que je suis porté sur une des deux
listes de l'*Ordo* diocésain pour l'année 1904, erreur de rédaction rectifiée par le fait
de ma nomination par Son Eminence, en date du 13 mai 1904, au canonicat qu'elle
avait daigné m'offrir une première fois le 12 mai 1899, et que j'ai accepté. Malgré
cette modification des conditions de ma vie j'ai laissé subsister les lignes qui sont
ici, dans mon texte, l'amorce de développements utiles, peut-être, pour la consolation d'âmes sacerdotales vouées aujourd'hui, pour tant de causes, à l'inutilité
apparente et à un douloureux abandon.

donné, un jour ou l'autre, de rencontrer dans le sillon arrosé de ses larmes un secret de salut ou de consolation pour ses frères ?

Thomas Illyricus, huit siècles après Etienne le Jeune, soutenait ainsi son espérance, dans la retraite profonde des bords de l'Océan où se reposait son âme dégoûtée du monde, fatiguée d'un apostolat stérile dans les contrées de France bouleversées par les premiers apôtres de la Réforme. Sur les sables mouvants de sa solitude où, comme saint Jérôme, il traçait le signe de la croix, tandis que la mer *roulait des foudres*, un jour, une épave le frappa. C'était une image de Marie qu'apportaient à ses pieds les flots, image bénie qu'il recueillit pour en faire la Madone de « Bon Port aux marins », et Notre-Dame d'Arcachon, secourable à tant de santés naufragées dans cette oasis délicieuse qu'on appelle le « Port des secours ».

Quel rôle que celui du prêtre priant ainsi dans le silence de sa solitude désolée ! *In silentio erit fortitudo vestra.* — Et quelle récompense que celle qui l'attend quand, à l'heure de sa sortie de ce monde, il entendra les anges, messagers du Très-Haut, répéter sur son passage l'éloge glorieux du prophète : « *Hic est amator fratrum, qui multum orat pro populo.* Celui-là a aimé ses frères et a beaucoup prié pour eux. Ouvrez-vous, phalanges célestes ; accueillez celui que Dieu va placer parmi les princes de son peuple ! »

« Le mérite console de tout », a dit Montesquieu. C'est possible, mais qui se l'attribue à soi-même, le mérite ? Rarement celui qui réellement le possède. Il est pour le prêtre une meilleure et plus certaine consolation. Puisse le prêtre impuissant, isolé, humainement parlant désolé (et combien sont dans ce cas aujourd'hui, *errantes, angustiati* !), la connaître et la goûter, comme ce saint évêque exilé par la Révolution dans les déserts de la Guyane, Mgr de Beauregard, qui la formulait ainsi : « Une bonne messe console de tout » !

TABLE DES MATIÈRES

FIN

La Jeune Fille chrétienne

A l'école de la raison et de la foi

Un volume in-8, illustré de 9 gravures. Paris, V. Retaux. . . . . **5 fr.**

La Mort et les morts

Un volume in-12. Paris, V. Retaux . . . . **1 fr. 50**

PARIS

IMPRIMERIE DE J. DUMOULIN

5, rue des Grands-Augustins, 5

www.ingramcontent.com/pod-product-compliance
Lightning Source LLC
LaVergne TN
LVHW051956060726
842528LV00002B/316